The Six Sigma Way
How to Maximize the Impact of Your Change
and Improvement Efforts
2nd Edition

六西格玛管理法
世界顶级企业追求卓越之道
（原书第2版）

[美]
彼得·S. 潘迪 （Peter S. Pande）
罗伯特·P. 纽曼 （Robert P. Neuman） 著
罗兰·R. 卡瓦诺 （Roland R. Cavanaugh）

毕超 崔丽野 马睿 译

图书在版编目（CIP）数据

六西格玛管理法：世界顶级企业追求卓越之道（原书第2版）/（美）彼得 S. 潘迪（Peter S. Pande），（美）罗伯特 P. 纽曼（Robert P. Neuman），（美）罗兰 R. 卡瓦诺（Roland R. Cavanaugh）著；毕超，崔丽野，马睿译 . —北京：机械工业出版社，2017.1（2025.11 重印）

（精益思想丛书）

书名原文：The Six Sigma Way: How to Maximize the Impact of Your Change and Improvement Efforts

ISBN 978-7-111-55756-2

I. 六… II. ① 彼… ② 罗… ③ 罗… ④ 毕… ⑤ 崔… ⑥ 马… III. 企业管理—质量管理 IV. F273.2

中国版本图书馆 CIP 数据核字（2016）第 315048 号

北京市版权局著作权合同登记　图字：01-2015-3686 号。

Peter S. Pande, Robert P. Neuman, Roland R. Cavanaugh.
The Six Sigma Way: How to Maximize the Impact of Your Change and Improvement Efforts, 2nd Edition.
ISBN 978-0-07-149732-9

Original edition copyright © 2014 by McGraw Hill LLC. All rights reserved.

No part of this publication may be reproduced or transmitted in any form or by any means, electronic or mechanical, including without limitation photocopying, recording, taping, or any database, information or retrieval system, without the prior written permission of the publisher.

This edition is authorized for sale in the Chinese mainland (excluding Hong Kong SAR, Macao SAR and Taiwan).

Simple Chinese translation edition copyright ©2017 China Machine Press. All rights reserved.

版权所有。未经出版人事先书面许可，对本出版物的任何部分不得以任何方式或途径复制传播，包括但不限于复印、录制、录音，或通过任何数据库、信息或可检索的系统。

此中文简体翻译版本经授权仅限在中国大陆地区（不包括香港、澳门特别行政区和台湾地区）销售。

翻译版权 © 2017 由机械工业出版社所有。

本书封面贴有 McGraw Hill 公司防伪标签，无标签者不得销售。

六西格玛管理法：世界顶级企业追求卓越之道（原书第 2 版）

出版发行：机械工业出版社（北京市西城区百万庄大街 22 号　邮政编码：100037）

责任编辑：王　琦　　　　　　　　　　　责任校对：董纪丽

印　　刷：保定市中画美凯印刷有限公司　版　　次：2025 年 11 月第 1 版第 14 次印刷

开　　本：170mm×242mm　1/16　　　　印　　张：26

书　　号：ISBN 978-7-111-55756-2　　　定　　价：109.00 元

客服电话：（010）88361066　68326294

版权所有 • 侵权必究
封底无防伪标均为盗版

目录 | The Six Sigma Way

再版说明
六西格玛管理法指南

第一部分 六西格玛总体概述

第1章 取得持续成功的伟大战略 // 2
成功实施六西格玛的案例 // 4
实施六西格玛的好处 // 9
六西格玛工具和理念 // 11
六个理念 // 13
小结：我们身处何种境地 // 16

第2章 六西格玛体系中的关键概念 // 17
为公司设立六西格玛业务愿景 // 17
六西格玛指标（也就是"大 Y"）// 21
顾客、缺陷、西格玛水平 // 23
六西格玛改进与战略管理 // 26
小结：何谓"六西格玛组织" // 33

第3章 六西格玛在服务业和制造业中的应用 // 36
制造业正在转变的角色 // 37
六西格玛在服务业的机会以及现实 // 38
六西格玛在制造业中面临的挑战 // 46

小结：让六西格玛为我们发挥最大的作用 // 49

第4章 六西格玛实施路线图 // 51

六西格玛路线图的好处 // 51
步骤1：识别核心流程和关键顾客 // 53
步骤2：确定顾客的需求 // 55
步骤3：评价当前的绩效表现 // 57
步骤4：确定改进的优先次序，进行分析并实施改进措施 // 58
步骤5：对六西格玛体系进行推广并加以整合 // 59
重温关于六西格玛的总体概述 // 60

第二部分 做好准备并使六西格玛适合你的组织

第5章 目前是否是恰当的时机开展六西格玛 // 66

六西格玛的准备情况 // 67
在哪些时候六西格玛不是公司正确的选择 // 72
对上述评估进行总结：三个关键的问题 // 73
从成本/收益的角度来看六西格玛 // 73

第6章 怎么开始，从哪里入手 // 79

从哪里入手：目标、实施范围以及时间范围 // 79
进入六西格玛路线图的切入点 // 82
路线图与公司所存在的优势及不足 // 87
对六西格玛工作进行试点（也被称作"星火燎原"） // 90
六西格玛启动阶段总结 // 92

第7章 领导层在六西格玛启动及指导过程中应采取的行动 // 95

形成强大的愿景和理由依据 // 96
积极地参与制定规划和实施 // 97
成为强大的拥护者 // 99
设定清晰的目标 // 101
让自己以及他人负起责任 // 101

　　　　设定有意义的结果评价指标 // 103

　　　　不断地进行宣传 // 104

　　　　坚持不懈 // 105

　　　　小结 // 105

第8章　配备黑带及其他关键角色 // 106

　　　　六西格玛组织中的各种角色 // 107

　　　　带位类型以及角色关系 // 113

　　　　确定绿带和黑带角色时所考虑的各种因素 // 115

　　　　角色清晰度方面的问题 // 117

　　　　对项目团队成员进行挑选 // 117

第9章　对整个组织实施六西格玛培训 // 119

　　　　有效六西格玛培训的基本要素 // 120

　　　　对六西格玛课程进行规划 // 122

第10章　通向成功改善的关键：选择合适的六西格玛项目 // 124

　　　　项目选择与优先度管理的基本要素 // 125

　　　　迈向有效项目选择的步骤 // 129

　　　　了解改进项目的不同类型 // 131

　　　　明确项目选择所采用的判断标准 // 132

　　　　建立项目合理性依据 // 135

　　　　对改进模式进行选择 // 137

　　　　小结 // 139

第三部分　实施六西格玛：路线图及工具

第11章　识别核心流程和关键顾客（路线图步骤1） // 142

　　　　步骤1A：识别核心流程 // 143

　　　　核心流程示例 // 146

　　　　辅助流程概述 // 146

　　　　确定并量身定制核心流程 // 147

步骤1B：定义流程关键输出项及关键顾客 // 153
步骤1C：绘制核心流程的宏观示意图 // 154

第12章　确定顾客的需求（路线图步骤2） // 161

路线图步骤2A：收集客户资料，并制定"顾客的呼声"收集战略 // 162
路线图步骤2B：拟定绩效标准以及客户需求说明 // 169
路线图步骤2C：分析顾客需求并确定优先次序，把顾客需求与战略联系起来 // 178
小结 // 179

第13章　评价当前的绩效表现（路线图步骤3） // 182

关于测量的第一个概念：先观察，再测量 // 183
关于测量的第二个概念：连续型指标与离散型指标 // 184
关于测量的第三个概念：存在某种理由 // 187
关于测量的第四个概念：用于测量的一套流程 // 189
对罕见事件或少数活动进行评价 // 191
路线图步骤3A：根据顾客的需求，对绩效表现进行规划与评价 // 192
路线图步骤3B：建立基准指标并确定各种改进机遇 // 204
各种内部流程/输入项评价指标 // 215
把不良质量成本包含进来 // 219
对各种基准评价指标加以使用 // 220

第14章　采用六西格玛实施流程改进（路线图步骤4A） // 223

DMAIC中的"定义"阶段：阐明问题、目的与涉及的流程 // 227
DMAIC中的"测量"阶段：确定问题的基准并对问题的内容进行完善 // 239
DMAIC中的"分析"阶段：成为对流程进行侦察的探员 // 245
DMAIC中的"改进"阶段：形成、选择并实施解决方案 // 266
如果读者们所在的公司不是AutoRec公司 // 277

第15章　用六西格玛进行流程设计/再设计（路线图步骤4B） // 279

六西格玛设计所带来的好处 // 280
着手开始进行流程设计/再设计 // 282

实施流程设计/再设计的基本条件 // 284
"定义"阶段：确定再设计的目标、范围和要求 // 288
"测量"阶段：建立绩效表现的基准 // 297
"分析"阶段：为再设计奠定基础 // 300
"改进"阶段：对流程进行重新设计并执行全新的流程 // 309

第16章　对六西格玛体系进行推广并加以整合（路线图步骤5）// 327
步骤5A：执行正在进行的各种评价与措施，以保持项目所取得改进（控制）// 328
步骤5B：为流程的所属权及管理确定相应的职责 // 338
流程的所有者 // 339
步骤5C：实施闭环管理并推动实现六个西格玛 // 343
流程管理工具 // 344
小结：迈向六个西格玛 // 346

第17章　六西格玛中的高级工具：概述 // 348
统计过程控制及控制图 // 349
统计学显著性检验 // 354
相关性和回归分析 // 357
实验设计（DOE）// 361
失效模式与影响分析（FMEA）// 364
质量功能展开（QFD）// 369

结束语　取得成功的12项关键 // 372

附录　西格玛计算表 // 377

术语表 // 379

参考文献 // 387

致谢 // 390

译者简介 // 393

再版说明
The Six Sigma Way

1999年第1版问世时，本书是当时为数不多的关于六西格玛的著作之一。如今，无数著作、网站、博客从不同的视角和特性讨论了六西格玛（及精益六西格玛）。然而，值得注意的是本书已经经过考验：《六西格玛管理法》一书被翻译成20多种语言，销量超过20万册，并被《福布斯》杂志评为"过去20年内最重要的商业著作之一"。

在我们创作该书第1版时，整个商业界并不是很理解六西格玛。尽管摩托罗拉在20世纪80年代末期大力倡导六西格玛，但是其没有真正被大家熟知。直到20世纪90年代中期，在通用电气公司首席执行官杰克·韦尔奇的积极支持下，六西格玛才流行起来。很多人听到通用电气及其他公司宣扬实施六西格玛的收益，就很好奇六西格玛究竟是什么。于是，许多公司开始自己尝试实施六西格玛。这是我们写本书的一个原因。我们感到人们对六西格玛有很多误解及狭隘的定义，这限制了六西格玛潜能的发挥。同时，很多人都知道，六西格玛已经过不同形式的过度包装和过度营销，直到今天还是如此。因此，很多人对六西格玛究竟是什么以及它如何为公司提供帮助仍然有很多困惑。

最普遍的问题之一是对六西格玛这个名字本身的误解，尽管统计学只是实施六西格玛过程中的一个（选择性的）元素，但大家仍然认为六西格玛就是统计学。六西格玛这个名字只是一次偶然的结果，但是却被贴上了统计学的标签，因此我们需要简单澄清六西格玛究竟是什么以及它是如何为公司提供帮助的。我们在本书中继续使用六西格玛这个名称（不仅仅是因为本书的书名中包含它），也是由于很多公司仍然在使用这个名称。尽管像精益六西格玛、卓越流程、卓越绩效、业务流程改进等称谓几乎可与六西格玛互换，但是它们都深刻地受到了六西格玛原则和实践的影响。实际上，很多公司对起源于六西格玛的活动都有自己的术语或名称，这么做完全是因为六西格玛这个名称会让人觉得奇怪或望而生畏。

不管我们怎么称呼它，六西格玛都是一种推动组织变革和改进的强大手段，我们（与麦格劳-希尔出版社的同仁一道）觉得是时候对此书进行再版了。那些关于什么是六西格玛，六西格玛如何发挥作用以及怎样运用它并使之适合特定公司的具体要求的基本描述依然真实、准确、有效。但是，我们想把过去十几年来许多公司实施六西格玛的经验（有些非常成功，有些则不然）增加进来。随着大量内容的更新，好消息是绝大多数核心准则及工具仍然适用，而且我们在第1版中提出的很多建议被证明是正确的（尽管我们希望这些内容被牢记在心）。

六西格玛背后的真相、经验教训及潜在的回报

要想在六西格玛实施过程中取得最大可能的收益，很重要的一点就是要认识到那些被误解的真相，即六西格玛是怎样工作的，它的真正价值到底在哪里。绝大部分的真相来自于咨询师，我们也将自1999年之后从更深层次的实践中得到的教训拿出来与读者分享。

背后的第一个真相

六西格玛囊括广泛的业务概念、最佳实践以及各种技能（有些是高级技

能，但大多数都是常识性技能），这些都是实施改进和推行变革的基本要素。然而影响最深刻的是，六西格玛思想远比那些工具重要，也正是六西格玛思想的存在才使得改进的成就能够持久。当被定义为质量活动或统计学方法时，六西格玛能够产生的影响是有限的。

经验教训： 很多公司和培训活动一直在强调工具，开展项目，却忽略了六西格玛最基础的部分，那就是要问正确的问题。学习使用工具和开展项目活动并不能走得很远，然而问问题并有效地回答问题却是在每天的日常工作中都要碰到的。

回报： 将六西格玛工具的使用、项目的实施与其积极主动及创造性的核心思想平衡起来，我们就可以在更大的范围内实施六西格玛。这样，我们不仅仅可以看到六西格玛在正式解决问题时的作用，也可以看到所有员工——从一线人员到公司领导层在日常工作中的行为和对问题的反应。

背后的第二个真相

环顾四周，我们会发现多种方式的六西格玛：按照固定的模式照方抓药，花钱请咨询师来告诉我们需要做什么，效仿其他公司的经验以确保我们不会失败或不出差错。但是，我们必须在公司愿景、目标、能力和文化（或公司内的多元文化，因为很多公司本身就是一个大杂烩）的引领下学习并调整六西格玛的实施手段。还有，六西格玛管理法并不只是（也不应该只是）解决某几种问题。因为六西格玛既是工具，也是一种思考方式，它能够帮助我们应对多种不同的挑战。

经验教训： 相对于第一个隐藏的真相，这里更多的是正面的经验。许多公司很快就发现按照某种标准的模式实施六西格玛并不管用。只有那些不断调整实施方法的公司，才能取得它们当初所期望取得的成就。显而易见，只有坚持不懈才会有回报。

回报： 建立自己的六西格玛管理法是一个很好的学习经历，可以洞悉我们的业务是如何运转的，了解管控我们行动的那些好的和不好的习惯，发现最大的改进机会以及怎样充分利用这些机会。如果我们愿意一直坚持下去，这将会使我们获得最大收益。

背后的第三个真相

与应用在生产环境中相比，六西格玛在服务活动及非制造活动中潜在的收益与之相当或更加显著。如果用于多个交叉职能部门及流程，其收益就更大了。

你将会明白，我们不能把制造过程中实施六西格玛的方式生搬硬套到销售过程。但是在这两个不同的过程中实施六西格玛时，无论是衡量绩效，找出浪费或实施解决方案，六西格玛的基础都是不变的。

经验教训：如果领导者肯花时间同整个团队一起发现职能交叉中的问题并解决这些问题，我们几乎总会取得成果。与之相反，如果六西格玛由那些以部门为中心的各个小组来负责并各顾各地开展项目活动，那么结果通常会令人失望。六西格玛成功的最重要因素仍然是伟大的领导者和整个公司范围内的主人翁精神。公司经常安排某一个部门或小组来开展特殊的项目，然后每年都对是否需要这样的部门或小组进行评估。

回报：如果在更大的范围内寻找机会，并同时解决那些对公司利润及客户影响最大的部门内部问题以及跨部门问题，我们会从所付出的努力中取得更大的收益。这样也更容易让大家知道什么才最重要，并使之成为日常实践的一部分。

背后的第四个真相

就像在技术和质量方面的作用一样，六西格玛对人及其思维模式的改变也有强大的作用。关注客户、有创造力、团队合作、沟通交流、信守承诺、以开放的心态面对变革都是实施有效改进的基础，而这些首先都依赖于人。幸运的是，六西格玛总体构想的基本思想能够鼓励和激发员工产生更好的点子，取得更好的绩效，并使个人才能与高超的技术产生协同效应。为了使员工更加出色，我们必须付出很大努力来调动他们做出贡献。

经验教训：六西格玛在这方面的影响很难衡量。尽管成千上万的员工参加过六西格玛培训，仔细研究过各种问题和流程并实施了改进，但是这些对于他们的能力以及他们对持续改善的态度究竟有怎样的影响呢？当然，很多人认为整个尝试过程都是在浪费时间，但是也有很多人觉得从六西格玛活动中得到了有价值的技能、洞察和能力。在某些情况下，这是一个改变人生的历程。

与很多人探讨后，我们能够得出的最好结论就是：当六西格玛强调人以及稳健卓越的业务运营时，最终给人的印象都是非常正面的；当培训内容和主旨局限于技术层面时，六西格玛的持续收益就没有那么大。

另外，员工固有的沟通能力、将不同想法联系起来的能力、开放的心态以及灵活性对接受并合理运用六西格玛有很大的影响。早些时候让具备上述能力的员工参与进来将非常有助于取得成功。

回报：正确地实施六西格玛有助于我们激发员工最好的一面，包括我们自己、我们的团队和整个组织内的人员。总体而言，六西格玛能够（也应该可以）帮助公司形成一种积极响应、不自满和更专注的文化，以及更高的效率和更好的效果。

背后的第五个真相

成功的改进是六西格玛的本质所在。如果我们在这个过程中发掘出公司内部的人才，那么成功的改进将既令人振奋也有相应的回报。我们见过人们对公司实施的有益变革赞不绝口，对采用新的、更聪明的方法来运行业务深表感谢。我们看到高管团队在六西格玛专题研讨会上放下架子，相互比赛看怎样才能提高某个流程的速度并使这个"破"流程变得完美。本书在描述如何能够使我们付出的努力取得成效时，也尽力与读者分享我们曾经见过和感受到的乐趣和热情（尽管我们试图使本书处处都精彩，但是有时也可能做不到，这里先向读者表示歉意）。

六西格玛也意味着大量的工作。所有的六西格玛活动都需要投入时间、金钱和精力。无论公司是业界的领头羊还是处于困境之中，找出正确的方式来激发员工是其精髓之一。

经验教训：尽管激励和奖赏对吸引员工关注六西格玛及提高他们的参与度有价值，但是也有其局限性和潜在的不良后果（就像我的一个客户，其公司第一批六西格玛受训人员可以获得公司的股票期权，导致其他员工也期望得到同样的回报）。更高明的做法是为组织变革设立愿景，将实际的/有形的目标（成本降低、销售增长）与（建立伟大公司的）激情连接在一起。然后将这些目标与公司对员工期望的绩效指标联系起来。成功的改进既是一项基本的要求，也是大家庆祝的理由。

回报：如果能够正确地实施，六西格玛最终的财务收益（加上无形的收益）可能会超过我们所看到的价值。实际上，流程的改善和信息的分享带来员工态度的转变和热情的提高，相比财务成就，从情感上来讲这种改变会让人更有满足感，尽管财务成就也相当重要。为这两者奋斗，我们就更有可能实现目标和愿景。

《六西格玛管理法》一书的特点

本书的设计思想是使顾客满意度最大化。我们希望读者能够洞悉六西格玛活动的全貌，了解众多公司是怎样得到回报的，以及我们如何实施这个体系去适应各个公司的不同状况。不管你是刚刚开始学习实施六西格玛，还是已经拥有多年的实施经验，我们撰写本书的目的是为读者提供一个灵活的参考资料。

以下是本书的一些特点，这些特点将会使读者获益匪浅。

（1）**让读者可以找到自己需要的那部分内容**。在"再版说明"（以及指南）中，读者可以了解到每个章节的总体内容，然后根据具体目的和实际情况来选择使用（或不使用）哪些部分。

（2）**提供实际的实施指南**。无论要解决一个与流程有关的问题，还是在全公司推行六西格玛，我们都会对重要的信息进行讲解以帮助读者开始实施并持续取得进展。

（3）**对真人实例的评论和洞悉**。那些在公司中推行六西格玛的领导者、专家和管理者会分享他们的想法，以帮助本书提炼并强调我们的思路，我们深信读者将从中获益。

（4）**基于真实公司的案例分析**。这些案例都是真实的，但是公司名称和细节都采用化名。这些案例可以帮助读者了解六西格玛在不同的行业和不同的公司怎样才能运作（而且已经运作过）。这些案例就像不同颜色的盒子，读者很容易根据主要的内容领悟其中的奥妙。

（5）**讲述很多公司在六西格玛上取得成功的真实故事和感悟**。诸如 Adobe 公司、梅西百货、喜达屋酒店集团等截然不同的公司。

（6）**列举出六西格玛改进过程中很多至关重要的步骤**。我们希望读者能够通过阅读本书，为开展六西格玛活动做好准备，因此书中详细描述了重要的步骤以帮助广大读者做出正确的选择。

（7）**列出读者需要问自己的问题**。这些问题对准备或即将从事六西格玛项目是非常重要的。

（8）**对高级的技术工具进行介绍**。本书不是一本技术操作手册，尽管市场上已经有很多关于统计学和高级实验设计的著作。但是本书还是会涉及六西格玛的分析工具，会阐述为什么用这些工具、如何使用这些工具以及我们什么时候需要用这些工具（但是，这些工具只是六西格玛的一小部分）。

（9）**表达本书作者的看法和建议**。在向读者提供六西格玛最佳实务指南的同时，我们也将各自不同的观点综合起来与读者分享。这些观点都基于我们的经验以及我们对什么是最佳方法、在什么时机推行以及如何发挥作用的理解。我们的一些想法可能会向六西格玛专家提出质疑，出现这种情况时，我们也会提供我们的观点的依据。我们与一些在六西格玛方面非常抢眼的公司合作过，并将这些概念应用到不同的行业或公司，因此我们相信这些观点的提出一定能够使六西格玛更加强大。

关于六西格玛的辩证观点

最后,我们很乐意为读者提供六西格玛的主旨。它是六西格玛的重点之一,因此也将是读者取得成功的关键。

吉姆·柯林斯和杰里·波勒斯在《基业长青》一书中对20世纪那些最成功和最受赞赏的公司提出了深刻的见解。他们发现最值得注意的是这些公司有能力,也有意愿来同时实现两种截然相反的目标,比如稳定和革新、全局和微不足道的细枝末节、创造力与理性分析。如果能够同时兼顾这些截然相反的事物,那么就能够造就一个伟大的公司。这种"我们完全可以做"的方法被称为"兼容并蓄"的潜能。

仔细观察,我们便能够看到这种特别的才能在日常业务中发挥的作用。比如说,最好的管理者通常能既设定很宽泛的目标和方向(大局),又给予有效的建议并提出很难回答的问题(细节)。在更广泛的业务背景下,"兼容并蓄"的例子就是公司一直以来既看重长期的业务增长,又关注每季度的业绩。

与之相反,少数公司由于采用另一种方式而成了牺牲品,柯林斯和波勒斯称之为"顾此失彼"。只能选择两种方式中的一种而不能同时选择两种,是一种片面的观点。

我们相信,六西格玛将依赖读者的业务知识来证实其能够做到"兼容并蓄",而且将会帮助大家释放人员或流程中的这种潜能。表0-1列举了一些貌似对立的想法,而实际上同时完成每一对想法是成功的关键。

表0-1 "兼容并蓄"的例子

将差错降低到几乎没有	更快地完成任务
促使员工致力于了解并改进流程及规程	对如何完成工作进行管控
测量和分析我们所做的事情	采用创新的解决方案来"突破极限"
使顾客非常高兴	更多的企业营收

读者从本书中了解什么是六西格玛,为什么要推行六西格玛以及怎样实施六西格玛时,谨记你所追求的成功将依赖于你专注于"兼容并蓄"的能力,而

不是"顾此失彼"。读者可以在本书中找到释放你及你所在公司的这种"兼容并蓄"潜能的关键所在。《六西格玛管理法》一书的目的就是使大家了解什么是六西格玛（一个既简单又复杂的问题），为什么在过去的20～30年内六西格玛能够成为（很可能是）最好的改进业务绩效的方式，以及怎样使六西格玛在各个公司特定的环境下发挥作用。在为高级管理人员和专业人士对六西格玛进行解密的使命中，我们希望向大家展示的是：就像讲述统计学和数据处理一样，六西格玛在追求为客户服务的热情及孵化创新方面也同样在行；就像在生产和工程领域的应用一样，六西格玛同样适用于市场、服务、人力资源、财务和销售领域。最终，我们希望更清晰地向大家呈现六西格玛作为一个系统，怎样明显提升公司保持成功的优势，绝不像我们所看到的有些公司那样，偶尔经历了一波好光景，然后在下一波中就不行了（类似冲浪）。现在我们开始进入正文吧。

六西格玛管理法指南 | The Six Sigma Way

本书可供不同类型的读者使用,包括从刚刚接触六西格玛的新手到那些正在实施大量改进活动的人。尽管你可能喜欢将本书一字不差地从头读到尾,但本书内容被分成三个部分以便读者先选择适合自己目前水平的部分阅读,其他部分则可以等需要时再进行阅读。

以下就是本书的内容指南,先是各个部分,然后是各个章节。

各个主要部分

第一部分 六西格玛总体概述

第一部分为刚刚接触六西格玛的高级管理人员或新手提供主要概念和背景的全面介绍,包括成功的故事、要领、评价指标、改进战略以及六西格玛路线图(一种包含五个阶段的六西格玛组织模型)。我们也会讲述如何避免六西格玛犯全面质量管理所犯的错误,而正是这些错误使全面质量管理活动的名声受到损害。与六西格玛应用于制造流程或业务过程一样,我们还会讲述其在服务过程中的应用。

第二部分　做好准备并使六西格玛适合你的组织

这部分将讨论公司在推行六西格玛时所面临的人员方面的各种挑战，是否要启动六西格玛活动及从哪里开始着手。读者可以在该部分了解到诸如业务领导者、黑带以及其他角色的相应职责。最后，我们还会告诉大家怎样选择合适的改进项目。

第三部分　实施六西格玛：路线图及工具

第三部分主要讲的是六西格玛系统中的主要组成部分和工具。对那些想要开始实施六西格玛来取得成果，或更多地了解六西格玛究竟是怎么具体应用的读者来说，这个部分将回答与之相关的很多问题。比如说，如果你对测量有疑惑，你就可以着重阅读第 14 章；如果正在重新设计一个流程，那么第 16 章对你来说是重点。这个部分还涉及一些很重要的高级工具。最后，我们列出六西格玛管理法取得成功的 12 项关键作为结束语。

各个章节

下面是按所关注的问题对各个章节进行的简要总结。

第 1 章　取得持续成功的伟大战略

怎样将六西格玛应用于新世纪所面临的业务挑战？哪些结果和成功使得当今的企业领导者把六西格玛看得如此重要？这些企业包括通用电气公司、摩托罗拉及联合信号公司。六西格玛给公司带来哪些主要的好处，推动六西格玛改进的主旋律又是什么？

第 2 章　六西格玛体系中的关键概念

六西格玛可以创建什么样的组织"体系"？怎样帮助公司实现短期和长期的成功？"六西格玛"这个评价指标到底是什么意思？核心的改进和管理方法是

什么？什么是 DMAIC 模式？一个六西格玛组织究竟是或应该是什么样的？

第 3 章　六西格玛在服务业和制造业中的应用

为什么六西格玛能够在服务流程或服务行业中发挥与制造领域相同的作用（如果不能说是更好的作用）？什么又是六西格玛在服务业中应用并取得效果的关键呢？将六西格玛应用于制造领域的特殊挑战是什么？我们准备怎样面对这种挑战？

第 4 章　六西格玛实施路线图

推进六西格玛核心能力的最佳顺序是什么？理想的六西格玛路线图的优势是什么？路线图中的各个元素能够给那些积极且具有竞争力的组织提供什么样的价值呢？

第 5 章　目前是否是恰当的时机开展六西格玛

需要问哪些关键的问题以确定公司是否准备好并能够从六西格玛活动中取得收益？哪些时候不适合推行六西格玛？当确定是否开始进行六西格玛时，需要考虑哪些成本/收益？

第 6 章　怎么开始，从哪里入手

在计划启动六西格玛时，我们有哪些选择可以考虑？实施六西格玛路线图有哪些困难点？为了满足需求，我们要付出多大的努力？如何依据公司的优势和劣势来调整相应的资源投入？为什么小范围的试行战略很重要？怎样实施呢？

第 7 章　领导层在六西格玛启动及指导过程中应采取的行动

企业领导者的主要职责是什么？沟通交流、对成果的渴望以及"变化中的市场"这些因素对潜在的成功有什么样的影响？

第 8 章 配备黑带及其他关键角色

在实施六西格玛的过程中通常需要哪些角色？什么是黑带？怎样确定六西格玛黑带的职能？怎样合理安排不同的角色以避免冲突？挑选项目成员时，主要考虑哪些因素？

第 9 章 对整个组织实施六西格玛培训

为了开始实施六西格玛，是否有必要进行数周的培训？有效的六西格玛培训的关键又是什么？六西格玛课程中的通用要素是什么？

第 10 章 通向成功改善的关键：选择合适的六西格玛项目

哪些步骤是挑选六西格玛项目及立项过程中的关键步骤？如何决定哪种改进模式（DMAIC 或者其他模式）最好？

第 11 章 识别核心流程和关键顾客（路线图步骤 1）

哪些流程是核心流程？这些流程如何成为业务的关键流程？哪些流程是常见的核心流程？读者是怎样识别的？怎样识别核心流程的关键客户及关键输出项？什么是 SIPOC 示意图？怎样用 SIPOC 示意图更好地了解具体业务？

第 12 章 确定顾客的需求（路线图步骤 2）

在当今的商业环境下，为什么拥有一个顾客的呼声（VOC）采集系统如此重要？提升 VOC 体系的过程有哪些主要的活动和挑战？我们怎样识别并明确客户的具体需求？更好地了解顾客需求同我们的战略及工作的先后次序又有怎样的关联呢？

第 13 章 评价当前的绩效表现（路线图步骤 3）

业务过程评测的基本概念是什么？哪些步骤是实施立足于客户及流程的绩效测评的基本步骤？如何有效地采集数据及抽样？哪些是六西格玛体系中基本

的缺陷和绩效指标？怎样计算具体流程的"西格玛"值？

第 14 章　采用六西格玛实施流程改进（路线图步骤 4A）

当我们着重于确定并消除造成问题的根本原因时，如何对关键的业务流程进行定义、测量、分析和改进？哪些工具是实施过程改进的基本工具？什么场合使用这些工具最有效？实施六西格玛项目的过程有哪些主要的障碍？

第 15 章　用六西格玛进行流程设计 / 再设计（路线图步骤 4B）

六西格玛流程设计和再设计有何不同？为什么它们是业务绩效最大化过程中的关键元素？实施流程设计 / 再设计项目的根本条件是什么？重新进行流程设计的项目与传统的流程改进项目在执行过程中有何不同？当进行业务流程设计 / 再设计时，我们会用到哪些特殊的工具，又会遇到什么样的挑战？如何测试并克服某些假设？而这些假设会限制重新设计的流程的价值。

第 16 章　对六西格玛体系进行推广并加以整合（路线图步骤 5）

如何衡量并巩固通过六西格玛改进项目所取得的成果？流程控制的方法和工具是什么？流程所有者的职责是什么？关于流程所有者的职责需要考虑些什么？不断演化的流程管理制度怎样维持六西格玛体系以及长期的改进活动呢？

第 17 章　六西格玛中的高级工具：概述

哪些工具是六西格玛中最普遍使用的、最强大的工具？在帮助我们了解并改善流程及产品 / 服务的过程中，每个工具究竟扮演什么样的角色？实施这些复杂技术的基本步骤是什么？

结束语　取得成功的 12 项关键

为了使六西格玛物有所值，公司或领导者主要需要考虑什么，需要采取哪些主要的行动？

第一部分

六西格玛总体概述

The Six Sigma Way | 第 1 章

取得持续成功的伟大战略

21世纪领导者和管理者所面临的最大挑战不再是"怎样取得成功",而是"我们怎样持续取得成功"。

目前的商业现状是很多公司、领导者、产品甚至某些行业都可以"名噪一时",然后逐渐淡出人们的视野。即便像IBM、福特、苹果等强大的集团也会经历濒临倒闭,然后涅槃重生这样的循环。就像驾驭着财富的车轮,客户的口味、技术、金融状况、经济危机以及竞争状况变化得更快。在这种高风险的环境下,那些要求取得绝对优势,阻挡车轮转动或者预测下一次变革的呼声越来越高。这种情况下产生的热门解决方案就像随之产生的新公司一样多。

六西格玛似乎可以看作另一种"热门解决方案"——一定有一些公司尝试过。但是如果更深入地研究,我们就会发现其中明显的不同:六西格玛并不是单一的方法或战略,而是一个提高领导力和业务绩效的灵活高效的管理体系。六西格玛是基于20世纪最重要的管理思想和管理实践,为21世纪的业务成功而创造出的一种新的形式。六西格玛不是理论，它是具体的活动。不管行事高调还是低调的公司均可以证明，六西格玛方法的作用及价值是显而易见的。我们随后会予以证实。

很多公司，从金融服务业到运输业，从医疗保健业、政府部门、高科技行业到传统的制造业都在悄无声息地实施六西格玛和精益（经常被冠以其他的名称），六西格玛是这些公司进行改进活动的基础。这些公司已经包括像3M、阿尔斯通、美国银行、庞巴迪、杜邦、联邦快递、财捷集团、强生公司、辉瑞、乐购、西班牙电信、先锋集团、弗吉尼亚梅森医疗中心等对其实施的改进活动进行宣传造势的公司。

至于六西格玛的价值和有效期，取决于公司从最初尝试中获取的知识，甚至是遭受挫折后是否仍然愿意投入精力来实施六西格玛的意愿。六西格玛最有价值的应用是随着项目的实施和流程的改善，可以帮助领导者建立新的公司架构并进行实践。这样就强化了公司的企业文化并持续取得高水平的绩效。

我们从更大范围的概念来看六西格玛的影响到底有多广泛。2013年8月网上搜索的结果：在搜索网站搜索"Six Sigma"，Google出现1 200多万个搜索结果；Bing的相关结果竟然超过2 700万条；Amazon上有超过5 000种与六西格玛相关的书籍。当然，搜索引擎的目的就是要搜索出大量的相关结果：Google可以搜索出超过4 700万条与美剧《绝望主妇》有关的结果，但是Amazon只能搜索出大概2 500个相关结果。如果搜索"相对论"的话，Google可以搜索出超过600万条结果，Amazon只有大概3 700个相关结果。

不要纠结为什么我们要做以上对比，我们能够看到的是六西格玛的影响很可能被低估了，它已经不仅仅是首席执行官所宠爱的项目。六西格玛对管理思想和改进活动具有意义深远的影响。帮助六西格玛产生更大的影响正是我们编写本书的一个很重要的原因，因为在很多情况下大家并未真正地认识到六西格玛的全部潜能。

成功实施六西格玛的案例

关注六西格玛的成功似乎有些多此一举：我们当然很难看到大量六西格玛失败的案例和对它的失望。实际上，失败的案例给我们提供了很多教训，我们也将会在整本书中涉及这些失败的案例。但是成功的案例还是很重要，因为那些成功的故事会给我们提供线索，来帮我们找到更有效的实施方法。也正因为改进活动的真正开始是直面业务中的不足和缺陷，这些成功的案例能够帮助读者找到实施六西格玛的机会领域。

我们从历史案例开始：六西格玛能够成为一项全球化的改进方法，两家公司功不可没。然后，我们还会重点为读者用更具体的例子讲述其他一些公司应用六西格玛的成功经验和取得的成就。

六西格玛在通用电气公司

"六西格玛永远地改变了通用电气公司。每一位员工，从经历了黑带旅程而成长起来的六西格玛狂热分子到工程师，从审计人员、科学家到即将带领公司迈入新世纪的高管层，都是六西格玛的忠实信徒。这就是通用电气公司现在的运行方式。"

——通用电气董事会主席杰克·韦尔奇

人们听到六西格玛一词时，通常会首先想到通用电气公司。这是因为公司传奇的前董事会主席兼首席执行官杰克·韦尔奇对六西格玛的激情和信奉，以及他带领公司所取得的成就：

- 实施六西格玛的前3年就节约了7.5亿美元，随后又节约了几十亿美元。
- 公司数十年徘徊在10%左右的利润率每个季度都创新高。本书第1版问世时，公司利润率保持在15%以上。公司领导层把利润率的提高看作六西格玛对财务贡献的最明显的证据。
- 照明事业部将主要客户的发票缺陷和纠纷率降低了98%，客户付款更快了,并提高了买卖双方的生产率。
- 资本服务事业部的一个业务部门通过提高合同审批流程的效率,使每个交易可以更快地完成,换句话说就是为顾客提供了更高效的服务——每年节约 100 万美元。
- 电力系统事业群仅仅是改进了新设备的随货文件,就解决了公司同公用设施行业客户之间的棘手问题,客户和公司双方每年都节约了数十万美元。
- 通用医疗系统通过运用六西格玛设计,在医学扫描技术上取得了创造性的突破,进行一次全身扫描的时间由 3 分钟减少到 30 秒,使医院提高了扫描设备的使用效率,降低了每次扫描的成本。

可能有些人会冷嘲热讽地说,通用电气的员工追赶六西格玛浪潮的唯一原因是杰克·韦尔奇的坚持。一开始的确如此,但是随着时间的推移,六西格玛的忠实信徒越来越多,他们在推广六西格玛的实践中担任了重要的角色。通用电气的很多高级管理人员后来相继担任其他公司的领导,包括先在3M、现在在波音公司的詹姆斯·迈克纳尼以及先后供职于家得宝和克莱斯勒的罗伯特·纳德利,他们都把六西格玛作为实施战略中的主要部分。

从一个更微妙的角度,我们可以看出六西格玛对通用电气公司的影响:美国全国广播公司热播的喜剧《我为喜剧狂》成了大家纷纷效仿的目标(美国全国广播公司在很长一段时间都是通用电气公司的一个业务单元,现在是康卡斯特公司的一部分)。

六西格玛在联合信号/霍尼韦尔公司

另一家成功推行六西格玛的公司是联合信号/霍尼韦尔。曾长期在通用电气公司担任高级职位的拉里·博西迪从 1991 年开始执掌联合信号公司,就是他说服了杰克·韦尔奇——六西格玛方法值得考虑。联合信号公司从 20 世纪 90 年代早期就开始了质量改善活动,很快每年节约超过 6 亿美元,这要感谢广泛的六西格玛培训和对六西格玛原则的应用。公司不仅用六西格玛降低了返工成本，还将同样的原则应用到新产品设计领域。例如，公司把飞机发动机设计到认证的时间从 42 个月降低到 33 个月。公司非常认可六西格玛在提高生产率和增加利润率两个方面的作用。

联合信号公司的领导层认为："六西格玛不只是数字——六西格玛代表了我们追求卓越的决心。在这个过程中，我们将尝试所有的工具，也会毫不犹豫地对我们的工作方式进行革新。"

公司的一位六西格玛负责人评价道："六西格玛改变了我们的思考方式和沟通方式。我们一直不习惯谈论流程或者客户，现在它们却是我们每天交流中的一部分。"

六西格玛帮助联合信号公司成为世界上最好的多元化公司（《福布斯》）、全球最受赞赏的航空航天公司（《财富》）。

全球范围的六西格玛

随着通用电气与联合信号/霍尼韦尔以及其他公司建立的典范（其中有些公司是在对全面质量管理（TQM）的效果感到失望后，而采用六西格玛来专注于质量改善）成千上万的组织以及数以百万计的项目运用了六西格玛方法。任何个体的成果不过是沧海一粟，但是这里我们尽量给读者列举出典型的例子。

产品的重新设计：高科技制造。一家电信产品公司采用六西格玛设计方法，使主要的生产设施具有更大的灵活性和更快的生产线切换周期。在这家工厂，一条生产线被用来生产不同特性的产品。由于不同客户要求的电路板不同，所以尽量避免更换工具非常关键。

客户需求、产品设计以及流程工艺参数的紧密统一，大大降低了更换工具的频率和时间。这家工厂也建立了并行流程，当一条生产线的某一部分出现问题时，在不用增加生产周期的情况下，在制品可以很容易地转到其他生产线进行生产。还有，新设计的工厂实现了客户订单传送的电子化，虚拟设计被用来提高对客户的响应速度。

成果：这项创新把总体的生产周期由原来的数天减少到几个小时，同时提高了生产率和资源管理的水平。

提高呼叫中心的绩效：财务信用管理。一家财务信用金融中心用六西格玛方法对呼叫中心的运营进行分析和改善。改进活动主要有两个目标：①降低平均应答时间。②提高第一次呼叫中客户问题的解决率。

成果：六西格玛团队"集中并简化了"呼叫应答系统，平均应答时间从54秒降低到14秒。"第一次呼叫问题解决率"由63%提高到83%。

候诊时间：医疗保健。一家大型医疗保健公司的医疗部门注意到，患者对看病过程中过长的等候时间（已经过了预约时间）很不满意。项目团队发现，患者在挂号之后到见到医生之前需要进行长时间等待的可能性是99%。在把流程进行细分，并对几种导致拖延的假设进行深入研究后，项目团队对早晨最早开始的预约和下午的治疗时间段进行了一些改变（使每天第一个预约准时开始，随后所有的预约就能够准时了）。

成果：患者挂号晚点率从58%降低到3%，长时间等候的问题由原来的99%降低到23%，同时每年还增加了70多个门诊预约能力。这项成功的经验也与公司其他部门进行了分享并如法炮制。

打破常规：航空航天制造。某航空航天制造公司的一个备件销售及物流商想办法着手降低成本并提高对客户的响应速度。一项主要成本是备件的包装：散装的备件从生产厂运到备件销售商的仓库，然后被放到仓库的货架上，接下来就是对备件进行分拣并包装，发给客户。通过设计流程使之专注于客户需求和增值活动，备件的包装被转移到制造工厂。

成果：每年光是包装材料的成本节约就超过50万美元。这项改变同时也是准时交货率改善的主要因素，准时交货率在3年的时间内从不足80%提高到95%以上。

水手安置：美国军方。在被派往海外军事基地的水手及其家属搬进正式住所之前，美国军方的临时安置成本持续上升。这对军方的预算有非常大的影响了,更不用说军中各级将士的不满和对新派来士兵士气的打击及对生产力的影响了。六西格玛团队对不同类型住房要求和相应的拖延时间长短进行研究,发现主要的挑战是提供军事基地以外的住房,并且负责协调其工作的工作小组与批准小组之间的沟通效率低下。改进的重点是提高协作能力,并与那些提供基地以外住房的中介公司建立起更加紧密的联系。改进过程中的一个重要因素是,使全体职员能够拥护这些改变并调整他们的行为。

成果:安排水手及其家庭入住正式住所用时从15.8天减少到5.3天,节约临时安置费70多万美元(超过了最初的预期)。

收回欠款:金融服务。一家英国银行的信用卡事业部意识到,公司收回客户超期未还欠款的流程效率低下,表现远远低于期望,并且已经影响到公司的整体业绩。第一步是通过消减负责催收欠款职员的行政性工作,使他们能够专注于欠款催收工作,有足够的时间同客户进行沟通。采取许多新的工作方法,这些新的方法强调帮助客户找到合适的方法归还欠款,而不是给他们压力。另外,该银行减少了通过外包公司进行欠款催收的客户数量,银行自己进行这项工作更省钱、更有效。

成果:实际成果超过了改进当初设定的提高50%的目标,催款员每小时收回的欠款金额提高了65%,降低了总成本,客户满意度也增加了。

改进复杂的新产品开发过程:高科技。一家知名高科技公司的目标是为客户提供全面、有效的解决方案,但是公司发现那些需要多个业务单元支持的新产品开发更容易延期并超过预算。六西格玛项目小组发现复杂项目中有50%的进度落后于计划,明显地增加了成本并严重地影响了客户的满意度,而单个业务单元的项目落后计划比例却只有13%。正如项目小组的假设,项目超期的原因并不简单,在改变流程的同时还需要改变员工的态度和责任感。改进方案主要的一部分就是明确跨业务单元项目中各个要素之间的相互依存关系,大家对这种相互依存关系的误解是以往项目拖延的主要原因。

成果:经过改变的流程明显地改善了跨业务单元的新产品开发过程中员工之间的协作,显著地提高了绩效。在过去,不同业务单元有自己独立的绩效目标和财务指标。通过项目的实施，公司打破了这些业务单元之间一直存在的壁垒。因此，这些不同业务单元能够为了公司整体的利益及顾客更有效地一起工作。

看到我们总结的这些成功案例，读者不要贸然地认为这太容易了。每一个案例都是在解决那些非常重要的、经常被长期忽视的顽疾（因为没人用六西格玛的思维模式去审视这些问题），或者是实施曾经遭到抗拒的解决方案。通过本书的讲述以及读者自己的努力，大家记住六西格玛不是魔法，并不容易实施，但是它的作用却很强大。

实施六西格玛的好处

六西格玛的影响听起来很让人激动，但是在过去几年内有很多公司仍为之挣扎，这很容易使人怀疑公司是否能够用这些方法。如果公司已经做得不错——就像1995年杰克·韦尔奇在通用电气启动六西格玛时一样，为什么还要考虑投入精力实施六西格玛呢？是什么驱使众多知名的或名不见经传的公司花钱来推行这个听起来有些滑稽的业务改进方法呢？当然，有些公司这么做仅仅是效仿那些大公司，并没有达到其所期望的效果，但也有很多公司发现了六西格玛的巨大影响。归纳众多成功的案例以及变革所面临的挑战，我们总结出以下好处吸引着众多公司走上六西格玛之路。

（1）**六西格玛可以提高公司生存和保持成功的机会**。持续创新和企业改造是公司克服艰难的经济状况，保持增长，立足于不断变化的市场的唯一出路。使公司持续焕发活力需要相应的技能和文化环境，而六西格玛恰恰拥有建立这些技能和文化的要素——正如第2章所讲述的闭环系统。

（2）**六西格玛为所有员工设立绩效目标**。任何规模的公司让员工为了共同的目标，朝同一个方向努力都相当困难。每一个职能部门、业务单元以及个人都有着不同的目标，尽管大家工作的共同之处是向顾客（内部顾客或外部顾客）交付产品、服务或信息。六西格玛用员工共同业务框架、流程和顾客建立一个持续的目标——六西格玛水平的绩效或是所有人都可以想象到的、近乎完美的绩效水平。了解客户需求的公司（哪家公司又何尝不是呢）能够对其绩效实施评估并与99.999 7%这个"完美"的六西格玛目标进行比较，如此的高标准使很多公司眼中曾经的"卓越"显得不值一提。图1-1是99%合格率与六西格玛标准（99.999 7%）的对比，不同之处简直令人震惊。

（3）**六西格玛提升给客户的价值**。当通用电气开始实施六西格玛时，公司高层承认公司的产品没有达到应有的质量水平。尽管其产品质量水平可能高于竞争对手，但杰克·韦尔奇仍然强调："我们应当使产品变得特殊，对客户有价值，对他们的成功来说是如此重要，以至于我们的产品成为他们唯一的真正价值所选。"其他很多努力推行六西格玛的公司也有同样的发现，那些曾经被认为是"相当不错"的表现远远无法满足顾客的期望。还有，所有行业面临的激烈竞争以及政府部门、学校等其他机构所面对的挑战都告诉我们，仅仅提供好的或没有缺陷的产品和服务并不够，六西格玛中关注顾客（包括潜在的顾客）的真谛意味着从顾客的角度了解价值的含义，做好如何将这种价值交付顾客并从中盈利。

绩效目标——你想要达到哪种……	
每投递30万封信件：	
99%的质量水平	六西格玛质量水平
3 000封投递错误	1封投递错误
每50万次电脑开机：	
99%的质量水平	六西格玛质量水平
4 100次系统崩溃	系统崩溃少于两次
500年，每个月的财务结账：	
99%的质量水平	六西格玛质量水平
60次账务对不上	0.018次账务对不上
每周电视转播（每个频道）：	
99%的质量水平	六西格玛质量水平
1.68小时信号中断	1.8秒信号中断

图1-1 99%合格率与六西格玛标准

（4）**六西格玛提高改进活动的回报以及加快改进活动的进程**。这可能是六西格玛最重要的贡献。很多公司，也许包括广大读者的公司，每天都在想方设法表现得更好。鲜有公司或机构一开始就实施六西格玛，但是现有努力所带来的改变距我们所期望的或市场竞争所需要的改变相差甚远。那些能够把对改进活动的投入转换为实际成果的竞争者有更大胜算。借用多种体系的思路和工具，六西格玛可以提供基本的、灵活的方法来加快和影响改进活动，提升绩效的同时对改进活动本身进行改善。

（5）六西格玛提倡学习和博采众长。20世纪90年代诞生的"学习型组织"是一个众所周知的概念，但是却很难采取实际的行动。联合信号公司的领导层评论道："每个人都在谈论学习，但是几乎没人能够成功地将这个概念融入日常的工作。"六西格玛能够增加新的思路，加快新思路的实施并在整个组织内分享。即便对像通用电气这样多元化的公司，六西格玛作为一个学习工具的价值也至关重要。对于那些在流程方面具有专门知识的熟练员工，如何管理并提升他们的水平，从"通用塑料"部门到"通用资本"部门，并不仅仅是一个短期的学习过程，实际上是为他们提供更好的思路以及快速实施的能力。通用电气公司首席六西格玛质量官员皮特·范·阿比伦（他曾经直接向前首席执行官杰克·韦尔奇汇报，后来又汇报给通用电气新任首席执行官杰弗里·伊梅尔特）注意到，以往当公司某个部门收到公司内其他相近领域的意见后，管理者可以认为这些意见并不相干："我们的情况不同，你的想法行不通。"皮特·范·阿比伦说六西格玛能够消除这种排外的想法："好吧，不管那么多，共性才是关键。如果你用的是同样的指标，我们就可以谈谈。"

（6）六西格玛执行战略变革。引入新的产品，启动新的风险投资，进入新的市场，并购新的企业等曾经偶然的业务活动，现在却是很多公司日常事务。对公司流程以及规程更好的理解将会提升我们对公司进行小范围调整和实施重大转变的能力，这正是21世纪商业成功所需要的能力。

六西格玛工具和理念

同大多数伟大的发明一样，六西格玛并不是"全新的"。六西格玛的一些理念起源于那些最新的管理思想突破，很多重点其实是基于常识。如果读者无所谓地抛开起源，我们想借用在欧洲工作时学到的一句谚语提醒大家："常识就是感觉中最不寻常的部分。"从"工具"的角度来看，六西格玛放之四海皆适用。以下列举很多重要的（并不是所有的）方法：

- 持续改善
- 精益思想
- 根本原因分析
- 变革管理
- 流程设计/再设计
- 业务流程管理
- 方差分析
- 平衡计分卡
- 客户的呼声
- 约束理论
- 创造性思维
- 实验设计
- 流程管理
- 统计过程控制

过去这么多年间,我们了解得越多,就越觉得六西格玛体系是将业务中很多分散的想法、趋势以及工具联系起来,甚至是执行。六西格玛应用的热门领域包括:

- 电子商务和服务
- 企业资源计划
- 精益生产
- 客户关系管理系统
- 战略业务关系
- 知识管理
- 作业成本管理
- 以流程为中心的组织
- 全球化

- 准时制生产/库存

六个理念

我们把这个体系的关键元素提炼为六个理念，以此来结束本章对六西格玛的介绍。本书描述的很多工具和方法均支持这些原则，将使广大读者对六西格玛如何在自己的业务中发挥作用有一个简要的了解。

第一个理念：真诚地关注顾客

在20世纪八九十年代全面质量推进期间，很多公司都誓言要"满足或超过顾客的期望和需求"。但不幸的是，很少有公司努力地尝试提高对顾客需求和期望的了解程度。即使有些公司做了，客户信息的采集也只是一次性或短期的行为，它们忽略了客户需求不断变化这一事实。（有多少顾客现在还需要跟五年前一样的产品？两年前的呢？上个月的呢？）

在六西格玛中，关注客户是最重要的事情。比如说，六西格玛绩效的测量始于顾客。六西格玛对客户满意度和价值的影响确定相应的改进活动。我们将讨论企业为什么需要确定顾客需求，衡量满足客户需求的绩效水平，以及如何进行这些工作并始终保持领先地位。

第二个理念：基于事实和数据的管理

六西格玛将以事实为依据将管理的概念提升到新的、更高的层次。尽管近年来大家都开始关注绩效指标、改善信息系统、知识管理等，但是很多公司的业务决策仍然是基于主观印象和假设。六西格玛方法的第一步就是要澄清哪些指标是衡量业务绩效的主要指标，然后运用数据和分析方法了解关键变量并对结果进行优化。

更通俗地说，当管理者以事实为依据制订决策和解决方案时，六西格玛可以帮助管理者回答以下两个本质问题。

（1）究竟需要哪些数据／信息？

（2）如何利用这些数据／信息使业务利润最大化？

（警告：很多实际案例中都出现过妨碍六西格玛发挥其价值的一个问题是，在所谓的"数据驱动"步骤做过了。记住，我们的目的应该是更聪明、更有效地利用数据来确定优先度，识别需求并制订方案。但是这并不意味着不能使用管理学理论或由管理学工具得出的判断，也不是说所有的结论都需要有统计学的支持。）

第三个理念：关注流程、管理、改善

流程是实施改善活动的地方。无论设计产品或服务，测量业务绩效，提高效率，改善客户满意度甚至驾驭整个业务，流程都是取得成功的关键载体。

当然，流程是改善的关键并不是六西格玛最先提出来的。不同之处在于六西格玛强调不同流程之间的连接——从宏观到微观、部门内部到职能交叉、现状到将来的情形。实际上，流程为大家了解重要事实和数据的真正含义提供了背景资料。当我们观察到"数字"变化时，解释这个变化的唯一途径就是对流程进行观察，或看看工作究竟是如何进行的。这种"无边界的"流程和业务体系也会促进团队合作，而团队合作正是保持变革成果的重要因素。

最重要的是六西格玛活动为业务增加的每一块钱或节约的每一块钱，都源自对业务体系的改善，也就是流程。

第四个理念：积极主动的管理方式

简而言之，积极主动就是在事件发生之前采取行动，与之相反的就是被动反应。在现实世界中，积极主动的管理意味着放弃被经验束缚的习惯：制定宏伟的目标并经常进行回顾；设定明确的优先次序；把精力放在问题的预防上而不是救火；质疑为什么要进行我们手头的工作，而不是想当然地认为我们就应该这样开展工作。

真正做到积极主动实际上是有效并有创造性的变革的开始，而不是无聊或过度的分析。对一个接一个的危机进行被动反应让人忙得不可开交，或使人有一切尽在掌握之中的错误印象。而事实却是，这是管理者或公司失控的一种征兆。

我们即将看到，六西格玛所囊括的工具和实践可以让公司用动态的、积极主动的管理来取代被动反应的习惯。考虑到当今的竞争环境不会留给公司犯错误的机会而后东山再起，积极主动是唯一的出路。

第五个理念：变革管理

当强调实施改善活动的工具和方法时，六西格玛中最容易被人忽视的重点可能是人。

所有的组织变革都需要新的实践、行为、态度以及技能。除非能够让领导者、管理者以及开展工作的员工积极参与进来，否则单靠六西格玛技术不可能产生任何收益。好消息是某些六西格玛基础实务可以帮助澄清变革的必要性，为什么某个解决方案是正确的选择（比如说，一个好的"问题描述"应该告诉大家需要对哪些问题进行改善），单靠工具往往不够。变革代言人应该学会评估"人员状况"并建立相关的信息和计划，在整个变革流程（又是"流程"一词）中对个人或团队给予帮助。

在最有效、最持久的六西格玛成功案例中，变革管理都是重要的一部分，并且有很高的优先度。

第六个理念：追求完美，容忍失误

最后一点看起来似乎有些相互矛盾。怎么可能既追求完美又允许犯错呢？然而，从本质上说这个两方面的确是互补的。在追求六西格玛绩效时，公司必须尝试新的思路和方法，而采用新的思路和方法通常都有风险。当员工发现一个可能可以提高服务水平，降低成本并产生新的过程能力的方法（也就是说，一个使流程接近完美的方法）时，如果过于害怕失败带来的后果，他们永远都不会进行尝试。结果就是停滞不前、思想陈旧，然后就是灭亡。（相当残酷，是吧？）

幸运的是，我们将要讲述的提高绩效的技巧包括大量的风险管理内容（如果我们做好了面对失败的准备，就要确保失败是安全的）。最重要的是把六西格玛作为目标时，公司必须不断地追求更加完美（因为顾客对"完美"的定义总在变化），同时也应准备好去接受并管理偶尔经历的挫折。

小结：我们身处何种境地

如果读者到现在还没有对自己说"我们已经做了某些前面所讲的事情"，我们会感到很惊讶。我们已经提醒过大家，六西格玛中相当一部分的内容并不是什么新鲜事物。其真正新颖之处是，六西格玛拥有将所有上述理念整合成一个有条不紊的管理流程的能力。

在阅读六西格玛管理法的说明和指南时，我们鼓励读者记录自己正在应用的那些理念和工具并继续实施，同时鼓励他们坦诚面对公司的优势和劣势。相反，那些吹嘘并声称知道所有答案的公司或管理者无疑处于最危险的境地，会停止学习、掉队，最后不得不奋力追赶——如果还不是太晚的话（我们看到某些曾经辉煌的公司就是如此，其中包括六西格玛的实践者，甚至在有明显的征兆显示其所在市场或行业面临问题时）。

因此，最后的重点可能是避免骄傲自满。很显然，伟大的成就包括我们在本书中即将讨论的，都是由这样的公司所取得的：所有员工都愿意面对挑战和缺点，从中学习，设定优先次序并进行改正。

所以，我们鼓励广大读者解放思想并寻找方法（无论大小）来提高自己的改进手段。在本书此后的章节，我们将先进行总体介绍，然后更深入地探讨怎样在六西格玛之路上发现我们自己的方法。

现在，让我们带着这个想法进一步看看六西格玛是怎样发挥作用的。

第 2 章 | The Six Sigma Way

六西格玛体系中的关键概念

与所有其他体系一样,六西格玛也是由一些基本内容组成的,正是这些基本内容驱使业务绩效不断改进。了解了第 1 章所讲述的成果以及理念,接下来我们将对六西格玛体系中的关键元素进行详细描述,从而对"什么是六西格玛"和"为什么实施六西格玛"这两个问题进行更深入的探讨。

为公司设立六西格玛业务愿景

建立一个闭环系统

想象一下,一个小孩子正在学习骑自行车,你身为父母、亲属或邻居在旁边实施帮助和进行鼓励。你渴望看到孩子成功,就像投资者希望看到其所投资的企业能够兴盛一样。你推孩子一把,然后看到他骑得很漂亮:身体平衡,脑袋端正,有些骄傲。他喊道:"看,我会骑自行车了!"然后,他很快地就冲出道路,一头撞进了路边的灌木丛。当然,你非常清楚,在一开始学习骑车时,撞到路边的灌木并摔下来是经常的事,所以你只是把他扶起来,然后继续练习(有时还会需要先擦干眼泪)。

同样,业务也会偏离预期,出现下滑,陷入困境,也可以掸掉灰尘然后重新上路。然而,如果是严重的失误,就再也没机会"骑车"了,公司也就没机会再发展了。

成功的业务管理(长期来讲)与成功的骑行都依赖于同样的事物——闭环系统。在这个闭环系统里,外部信息和内部信息(也就是反馈信号或刺激因素)告诉骑行者/管理者怎样纠正航线,保持正确的姿势并成功地实施掌控。一个好的闭环系统在处于艰难或变幻莫测的环境时应该发挥同样的作用。当然,学习骑自行车远远比管理业务容易得多。如果两者同时开始,当大多数孩子开始玩大撒把,甚至是开始玩自行车"极限"绝技时,我们的业务仍然在发展的道路上摇摆不定,希望不会再有什么业务拐点出现。

六西格玛在很大程度上就是建立一个闭环系统,来帮助公司降低业务的摇摆不定,并确保公司在追求业绩和成功的曲折道路上平平安安(见图2-1)。在这里,我们需要驾驭的是流程(确切地说是很多个流程),而不是自行车。内在刺激因素(类似于听觉系统中的内耳)是流程内部各项活动的表现。外部反馈告诉公司业务,是否达到目标并仍然在正确的轨道上发展,它包括利润、客户满意度等各种不同的数据。

在六西格玛的词汇中,我们把业务的摇摆不定或前后不一致称为变异。给客户带来不良影响的变异也被称为缺陷。我们把建立、监控和改进这个闭环业务系统的方法分别称为流程设计/再设计、流程管理和流程

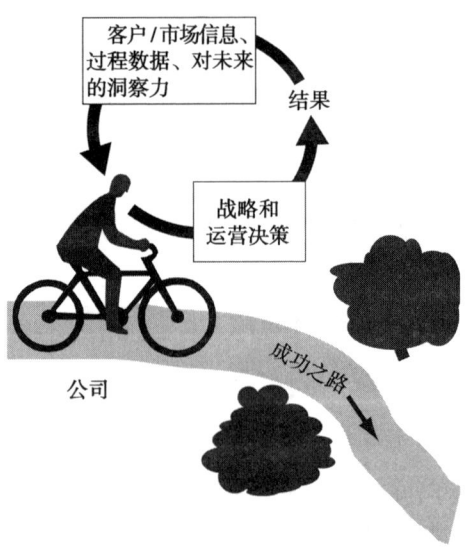

图 2-1 闭环系统:始终保持在通往成功的道路上

改善。

保持系统的一致性：对 X（自变量）和 Y（因变量）进行跟踪

实施六西格玛的公司通常用代数学的一些概念来描述这个闭环系统（这并不是很高深的技术，先到此为止）。如图 2-2 所示，从流程的角度来看待公司的业务模型：

- 最左边是流程（或系统）的输入项。
- 中间是公司的组织机构或流程本身（用流程图来描绘）。
- 最右边则是最重要的，包括客户、最终产品，以及利润（希望有利润）。

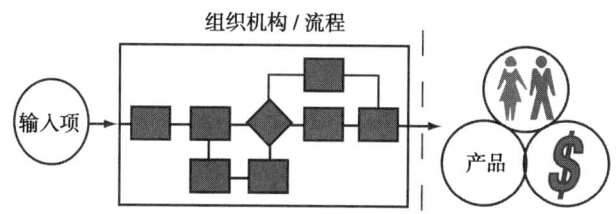

图 2-2 业务流程模型

如图 2-3 所示，我们在整个系统的不同地方加上了代表指标或"变量"字母。系统上游出现的"X"用来表示过程中参数的变化或性能的改变，右边的"Y"是衡量公司业务表现的指标——就像是玩游戏时最后的得分。公式 $Y = f(X)$（"Y 是 X 的因变量"）只是用数学的方法来表示当输入项和流程发生改变或出现变异时，将会大大地影响最终得分——也就是 Y 的结果。

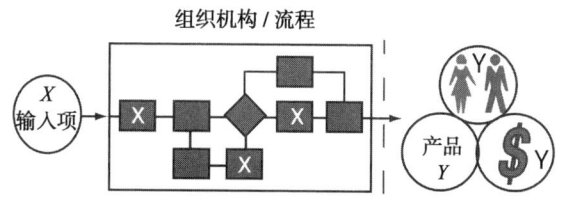

X：输入项或过程变量；Y：输出变量
$Y = f(X)$

图 2-3 上游变量（X）和下游变量（Y）

闭环业务系统具有两个层面的意义：

（1）找出所有输入项以及整个业务过程中有哪些 X 或变量对 Y 或结果的影响最大。

（2）通过改变过程的总体绩效（也就是 Y，还包括其他外部因素）来对公司的业务进行调整并使之持续盈利。

在六西格玛组织中，采用 X 和 Y 的说法司空见惯，这些变量有不同的含义。比如说，Y 可能是：

- 战略目标
- 顾客需求
- 利润
- 客户满意度
- 整体业务的效率

X 可能是：

- 达到战略目标的基本活动
- 业务活动的质量
- 影响客户满意度的主要因素
- 过程变量，比如人员数量、时间周期、投入的技术力量等
- 过程输入项（从客户的输入项到供应商的输入项）的质量情况

大多数公司和管理者对其业务中 X 和 Y 之间的关系了解不足。公司能够处于正轨，只不过是运气好而已，或采取了很多重大的纠正措施。通过六西格玛方法来了解这个系统和变量，公司就能够学会对反馈的信息进行监控并采取相应的措施，这样前行的道路才会变得更平坦，发展速度也会更快。就像技巧熟练的骑行者，它可以"自动"地对过程、供应商、员工，尤其是顾客和竞争对手发出的信号进行相应的调整，因此可以把公司的强项和业绩提升到一个新的水平。

六西格玛指标（也就是"大 Y"）

现在我们将对六西格玛这一术语的本义，以及其所表示的测量指标进行更详细的讨论。在这里，我们只讨论六西格玛指标背后的某些概念，了解这些测量指标到底是什么。读者想要了解更多的具体计算方法，参见第 13 章。

西格玛、标准差以及消除变异

小写的字母西格玛（希腊字母 σ）是用来表示总体数据的标准差。标准差（读者可以回想我们在统计课程中所学的）用来表示一组事物或一个过程的波动或不一致性。比如说，你买的快餐有时候很可口，有时候很烫，有时候只有那么一点点热气——这就是变异。再比如说，你买了相同尺寸的 3 件衬衫，其中的一件太小了，这也是变异。实际上，变异无处不在，因为所有看似相同的事物在某种程度上都有差异，变异是现实生活中的一部分。

邪恶的变异。在谈到变异时，六西格玛工作者喜欢用类似于"邪恶"和"敌人"这样的词语和短语来描述变异，就像狠毒的"变异教授"（邪恶博士的堂兄？）正图谋要统治全世界。实际上，变异影响到顾客真不是开玩笑的。比如说，当我申请房贷时，贷款公司说将在"两三周"内给我答复（意味着流程存在很大的偏差），这对我是否愿意与这家贷款公司合作有很大的影响。因为如果我真的从这家公司贷款，谁知道我是否能够准时拿到贷款？

还有另外一个例子，当我们乘飞机抵达目的机场后，我们永远不知道是在 5 分钟还是 20 分钟内能够提取行李，我们可能需要等 15 分钟，这时我们可以打电话、读书、买瓶冰酸奶或做其他有意义的事情。

产品之间的变异也是个大麻烦。下面举出其中的一些例子：

- 对于复杂的电子产品或机械产品，产品之间所存在的电流、尺寸或重量偏差可以累加（有时候被称作"累计公差"）直至产品彻底失效。
- 一家公司生产的零部件被客户用在其产品上，零部件之间的偏差将导致客户需要花大量额外的精力来进行调整——一个很差劲的价值定位。

- 最后一个例子，如果消费者买了一台烤面包机，有时候烤出金黄可口的面包，有时候却把面包给烤煳了（没有调整任何设置），这将浪费很多面包。

以变异的角度看待业务的好处。 了解变异有助于管理者更全面地知晓业务和流程真正的表现。过去（现在也经常如此）公司用平均值来测量和描述事物：平均成本、平均周期、平均运单量，等等。但是由于变异被掩盖了，平均值实际上也就把问题给掩盖了。

比如说，如果你向顾客承诺其定制的零件将在下订单后6个工作日内完成，当你得知从接单到发货之间的平均时间是4.2天，你可能会觉得这是一个好消息。不幸的是，平均时间漏掉了一个事实，由于流程中存在较大的变异，大于15%订单的到货时间超过6天（也就是说，晚了！）。如果不降低偏差，我们不得不把平均时间降到两天，才可能使所有的订单都满足我们对客户的承诺（6天）。然而，通过显著地减少偏差，我们可以实现平均值是5天，且不会有货物晚到客户手中。因此，了解并解决变异问题可以使公司与客户均受益，因为我们不再需要为了满足客户的要求而花很多精力来进行补救（在很多情况下，实现平均交货周期为5天要比实现平均交货周期为2天的成本低一些）。

追求六西格玛绩效的目的是把变异降低或缩减到很小的程度，直到六个西格玛（也就是六个标准差）可以被客户要求的标准限度范围所涵盖。对于很多产品、服务和流程来说，这个目标意味着重大且非常有价值的改善。

梅西百货公司的家具配送业务实现了这种巨大的改进。梅西百货公司物流和运营总裁彼得·隆戈描述了这家规模排名北美前三的家具零售商是如何改善其盈利能力和业务增长的，尤其是当公司领导层意识到客户对梅西百货公司所提供的家具配送服务简直"深恶痛绝"时。当时，配送服务被看作纯粹的操作性和职能性活动。因为六西格玛告诉我们，公司应该以客户为起点，倒推出前面的工作，于是梅西百货公司开始有条理地进行数据采集。通过这些数据，公司首先了解到其对配送服务的主要假设彻头彻尾地错了。配送运营业务的管理者相信（没有数据或统计资料支持这个假设），送货上门服务唯一重要的一点就是家具要完美无瑕。他们理所当然地觉得："谁还会争论这个呢？"

尽管货物本身状态的好坏是一个重要的因素，但收集了顾客反馈的信息后，他们才发现客户最在意的竟然是送货是否准时。于是，公司着手改善所谓的"到货时间段"，一直以来公司都要求顾客花一天的时间待在家里等候收货。公司一开始把这个"到货时间段"减少到 4 个小时。接着，公司进一步降低这个 4 小时"时间段"的偏差，朝着六西格玛的目标迈进，直到可以为顾客提供两小时的"时间段"，并且一直超出顾客的期望。这的确很难做到！梅西百货公司认识到顾客的期望就是及时到货。

当梅西百货公司及其顾客均在享受这种两小时"时间段"的卓越表现时，公司继续运用六西格玛方法来降低缺陷，并提高在承诺的"时间段"内完成交货的百分比。达到这个目标将会使顾客非常高兴，而这些高兴的顾客会给公司带来更多的销售机会。

梅西百货公司是如何做到这些的呢？公司抛掉了那些"老掉牙"的知识，致力于建立一个新的业务模式来解决顾客觉得很痛苦的问题，或给顾客提供理想的结果。在整个过程中，公司建立起"五星级配送"体系，提供美国杰出的送货上门服务。实际上，在梅西百货公司衡量的所有指标中，"五星级配送"体系在公司全部的服务项目（包括最佳门店所提供的服务）中排名第一。

顾客、缺陷、西格玛水平

摩托罗拉前任质量经理艾伦·拉里森曾与比尔·史密斯（因为开发六西格玛评测体系而大受赞誉）共事，认为该方法的最大优势是简洁明了，我们接下来将对这个方法进行探讨。他解释道："这个方法其实就是一个简单的计算，并不是什么复杂的统计系统。其精妙之处在于，我们只需要知道如何计数，如何相加以及怎样相除——你不需要是统计学家。"

六西格玛基础的第一步是把顾客对产品或服务的需求转换为明确具体的要求，用六西格玛的术语说就是关键质量（CTQ）特性（我们也可以称之为关键结果、流程的 Y，或规格限度）。下一步就是对缺陷进行计数，我们已经提及这个术语很多次了，现在让我们给它一个明确的定义：**缺陷**就是产品或流程不能满足客户要求的任何情形或事件。

一旦我们有了关于缺陷的数据，就可以计算流程的收益率（无缺陷产品或服务的百分比），然后通过简单地查表得出西格玛水平。

我们经常会用 DPMO（每百万次机会里的缺陷数）来表示西格玛水平（见图 2-4）。DPMO 很直接地告诉我们如果重复某个活动 100 万次，会出现多少次错误。摩托罗拉通过计算缺陷的方法来寻找改进的机会，使得不同流程的表现可以进行横向比较。本书第 13 章内容会讲述 DPMO 的计算方法，读者目前可以简单地把它看作描述流程质量或能力的另一个方法。

西格玛换算简表		
合格率	DPMO	西格玛水平
30.9%	690 000	1.0
69.2%	308 000	2.0
93.3%	66 800	3.0
99.4%	6 210	4.0
99.98%	320	5.0
99.999 7%	3.4	6.0

图 2-4　西格玛水平换算简表

使用西格玛指标的好处

那些采用六西格玛系统的公司发现用西格玛水平来评估流程的表现有明显的优势，现简单总结如下。

（1）**以顾客为出发点**。衡量西格玛水平首先要求我们明确顾客需求，从认真思考"究竟什么是最重要的"这个角度出发，澄清顾客需求使公司和顾客均受益。

（2）提供一个连贯的评价指标。六西格玛指标关注的重点是缺陷和产生缺陷的机会，因此西格玛评估体系可以用于公司内所有流程或用于比较不同公司之间的表现。一旦明确了顾客需求，我们就可以定义缺陷并对任何类型的业务活动或流程进行衡量。举例来说：

- 文件中的错别字
- 呼叫中心过长的等候时间
- 货物晚到
- 到货不全
- 配药错误
- 意外断电
- 信息系统崩溃
- 备件缺货
- 售后维修
- 账目差异

（3）与宏伟的目标联系起来。使整个组织朝 99.999 7% 这个完美的绩效目标奋斗可以建立改进过程中的里程碑。六西格玛衡量方法（使我们能够正确地实施某些想法和付出努力）可以在公司所有业务、部门和流程中建立起共同的"测评语言"。

六西格玛指标：可以由公司自己进行选择

在采用六西格玛指标的时候没有什么是强制性的。首先我们要清楚在不查西格玛换算表的情况下，我们照样有可能取得六西格玛绩效水平。其他各种有效的方法也同样可以用来衡量和表示流程或产品/服务的绩效水平，经常被称为关键流程指标或关键绩效指标（KPI）。

事实上，从六西格玛问世之初，很多公司都发现直截了当地找出适合本公司绩效测评的方法，要比死板地使用西格玛指标重要得多。总而言之，既然关于西格玛指标的概念有用，那么是否采用西格玛指标本身只是六西格玛系统中的一个可选项。尤为重要的是要确保指标的有效性，对公司、顾客和员工都要有意义。

最后，这些衡量成果的指标（也就是图 2-3 中显示的 Y）本身并不能帮我们改善绩效表现。如果没有分析方法和改进措施以及用来确定是什么使公司运作更加有效的数据，那么所谓的 KPI、DPMO 或西格玛值也仅仅是最终的报告而已。接下来，让我们探讨驱动六西格玛改进的方法。

六西格玛改进与战略管理

对客户的了解和有效的评估指标是六西格玛体系的燃料。其所推动的引擎由三个基本元素组成（见图 2-5），它们都关乎公司的流程。把这几方面结合起来是六西格玛最重要的（也是最不被意识到的）创新。现在，我们进一步了解每一个战略。

图 2-5　六西格玛的三个战略

第一个战略：流程改进——找出目标解决方案

流程改进是指开发出有针对性的解决方案的战略，这种有针对性的解决方案可以彻底消除业务表现不佳的根本原因。其他与流程改进具有相同含义的名称包括持续改善、逐步改善或日语"Raizen"，意思也就是持续改善。从本质上来看，流程改进就是在保持工作流程基本结构完整的前提下解决问题。六西格玛系统所强调的是，找出导致问题或麻烦（Y，因变量）的"少数至关重要的"因子（X，自变量），并制订有针对性的解决方案。因此，大部分的六西格玛项目都属于流程改进。

在本章中，我们将通过一家已化名的公司来证实我们的观点。我们倾向于向读者讲述真实案例，因为我们经常看到一家公司尝试采用另一个行业的经验时是何等艰难，比如制药公司想推广汽车制造公司成功的范例。我们知道下面的例子有点古怪，但这个例子的确证实了我们的观点。

第1个案例：在客运摆渡公司实施六西格玛

想象一下，你拥有一家提供摆渡服务的公司，细分的市场商机是用小渡船在一条 0.25 英里①宽的海峡上为人们提供摆渡服务。服务的对象主要是非周末期间进行野餐或周末外出郊游的客人，悠闲的海岸是满足这些需求的理想场所。

在非周末的这段时间内，越来越多的乘客是那些竭力避免桥上交通拥堵的客人。这部分乘客对渡船的速度要求很高，他们想尽快地赶到海峡对岸。还有，每条小船一次只能载三名乘客，这意味着海峡两边的小码头上经常排起长队。

通过采集数据，你发现乘客的平均等候时间是 7.5 分钟，正是由于较长的时间周期才造成码头的拥堵。问题显而易见，渡船（流程）实在是太慢了。

在一次管理团队（实际上是你的配偶、孩子以及一些邻居）会议上，你们列出了改善渡船/流程的方法，这样可能可以加快渡船/流程速度，并提高载客能力。这些点子包括：

- 更用力地划船！（你在想："他们是不是觉得我很懒呀？"）
- 每一支船桨配备一个桨手。
- 换大一点的船桨。
- 给每个乘客也配备一支短桨。
- 给小船挂一个船帆。
- 把附着在船身的贝壳清理干净。
- 扔掉多余的负重。（你在想："我还想在划船的时候来瓶儿啤酒呢！"）
- 加装一个船载马达。
- 加装一个巨型船载马达！

---

① 1 英里＝1609.344 米。

最初，你并不知道哪个方法最有效。于是开始收集更多的数据，你发现两个最经济实惠的方案可以从根本上解决公司所面临的问题。你决定报废目前的渡船，再买一艘新船，并把每分钟划桨的次数增加 10 次，而且很有把握这些措施能够把渡船在海峡两岸往返一趟的时间降低 3 分钟。

尽管在接下来的几个月内公司的业务量增加了，但是这个"问题"又出现了，码头又排起了长队。你的下一个解决方案是买一个中型船载马达，所幸收入的增加使公司还能够负担得起这笔投资。船载马达的确很棒，渡船/流程又开始忙碌起来。现在公司把在海峡两岸往返一趟的时间由最初的 15 分钟缩减到 5 分钟。西格玛海滨运输公司（公司的新名字）生意蓬勃。顾客们很兴奋，公司成功地完成了两轮流程改进。

第二个战略：流程设计/再设计——建立更好的业务流程

20 世纪 80 年代，公司管理者对质量活动失去耐心的主要原因之一是改进活动进展得太慢了。这种难堪的状况使得业务流程再造在 20 世纪 90 年代初期和中期风靡起来。尽管流程再造最终以失望而告终，但它的确为提升业务表现提供了一个重要的思路：只有渐进式的改善并不能使公司跟上瞬息万变的客户需求、市场竞争和技术革新。

这就是为什么六西格玛同时把流程改进和流程设计/再设计作为取得持续成功的全面战略的基本要素。在流程设计/再设计的模式中，我们的目标不再仅仅是解决问题而已，而是用新流程来取代老流程或部分流程。这也与产品和服务的设计紧密联系起来，经常被称作六西格玛设计，采用六西格玛原则来设计与顾客需求紧密联系的新产品和新服务，并通过数据和测试进行验证。

在当今的商业环境下，如果不经常重新审视那些关键流程，就没有公司能够在很长一段时间内一直保持领先地位。查克·考克斯是一位演说家、咨询师，同时也是一本流程和产品设计书的作者之一。他认为一个很好的经验可能是："每 5 年对主要的流程进行重新设计，事物的变化就是这么快。"

现在，我们接着来看摆渡公司的做法。

继续第 1 个案例：西格玛海滨运输公司实施的主要再设计

流程改进在水路客运业务上的成功超乎想象，但是岸边的长队似乎比原来更长了。同时，还有顾客想要乘船前往海峡下游并到海湾里去，这对于海滨运输公司的小船来说，不仅路途遥远，而且十分危险。很明显，现有的渡船/流程已经不能够满足实际需求了，公司已经走到流程设计专家所谓的最佳水平——现有设计能力的极限。当一个流程接近其设计的极限时（也就是说，流程的结构或基础已经无法跟上需求的变化或新的机遇），唯一的解决途径是设计一个新的流程。换言之，是时候换一艘新船了！

仅仅这样一个相当简单的决定就能够揭开创新的新篇章，如果公司局限于"补救"出现的问题，是不会做到这一点的。流程设计或再设计（这里指买一艘新船）是一个巨大的改变。首先，买一艘新船是一项巨大的投资，同时必须考虑其他许多因素：

- 技术。你是否知道如何驾驶更大的船？你或与你一起工作的员工需要接受培训，甚至还可能需要取得相关的资质。员工会发现这是一项他们没有想到的、全新的工作，甚至是根本就不想从事的工作。
- 顾客。乘客会有什么样的反应？他们是否会非常留恋有桨小船的便捷性和服务的亲切性？公司是否能够继续吸引足够的乘客？他们为什么要到这里来，交通工具而已，还是想"体验乘坐有桨小船的经历"？
- 竞争对手。其他轮渡公司或游船企业是否会涌入你所在的市场？是否能够保持足够的业务量来充分利用更大的新船？
- 其他流程和设施。你们已经能够处理诸如预订、检票及上下船等事务了，并能对装载马达的有桨小船进行维护。然而，如果使用更大的新船，海峡两岸所有的流程都需要进行改进或重新设计。

尽管有以上这些疑虑，但你意识到公司别无选择。只有通过购买新船来显著地（指数级地）提高业务绩效，才能避免业务停滞不前，避免公司失去当地运输市场的优势地位。于是你投入时间、金钱及创造力来改造流程，并采购了一艘载客能力为30人、崭新的迷你渡轮。经过精心地设计、计划和测试，新的西格玛海滨运输公司全新登场，公司业绩达到前所未有的水平。

第三个战略：流程管理——六西格玛领导力的结构基础

六西格玛的第三个战略是最彻底的进化。流程管理把公司的关注点从对职能部门的监督和指导变成对流程的了解和支持，使之专注于为客户和股东创造价值的流程。在成熟的流程管理方式下，六西格玛方法和理念成了业务运行的一部分。

- 从头到尾对流程进行管理并有成文的流程，职责的设定是为了确保对关键流程进行跨部门管理。
- 明确地定义顾客需求，并经常对顾客需求进行更新。
- 全面地对流程的输出项、输入项和流程活动本身进行测量，且有具体定义。
- 管理者和员工（包括"流程的主人"）使用相应的评价指标和流程知识来实施绩效评估，抓住机会并采取行动来解决问题。
- 流程改进和流程设计/再设计（采用六西格玛改进工具）始终被用来提升公司的绩效、竞争力和盈利能力。

我们把流程管理描绘为一个进化过程，因为公司学习和推广这种方法的过程很漫长。实际上，流程管理作为一项实践，其发展与六西格玛的发展一起造就了一个完整的管理体系。下面我们接着来看流程管理是如何在这家轮渡公司运行的。

继续第1个案例：西格玛海滨运输公司着手建立流程管理

公司的业务和流程改头换面，其完全变成一个全新的轮渡公司。你惊叹道："我一定要抓住这个好机会。"于是你逐步建立起关注客户并以流程为导向的积极方法来管理公司业务。你安排最优秀的员工负责关键工作：销售及市场推广、预订、乘客上船、操作轮渡、乘客下船及上岸。你并没有把这些安排成"部门",而是称之为"流程",用流程图来明确每一项活动并对主要的指标进行考核跟踪。

在西格玛海滨运输公司,每一位管理者都跟踪自己的关键流程,并同与之相关联的流程进行沟通,这样就能确保流程之间的接口畅通(尤其是对顾客)并分享有用的数据。客户招揽(也就是销售)流程的负责人拓展了对客户以及市场竞争的研究,这样公司就能够更好地了解最新的服务情况,了解会出现什么样的新机会。对渡轮到达时间、服务质量、顾客上船以及渡轮效率(比如油耗)这些主要的指标进行考核,在最大化客户满意度的同时也帮助公司维持健康的财务状况。公司再也不会在一个接一个的危机中艰难度日了,而是像一台精心调试过的机器一样运转。

公司开始巩固以六西格玛为基础的管理体系,对新员工进行流程改进或流程设计/再设计方法培训。这种模式称之为定义、测量、分析、改进和控制(DMAIC),为大家提供了统一的方法来管理公司的变革和改进活动。

六西格玛的 DMAIC 改进模式:定义—测量—分析—改进—控制

自从有了质量改善活动,人们尝试过很多种不同的改进模式。大部分都是以爱德华·戴明所提出的计划—行动—检查—实施(PDCA)为基础的,PDCA 的基本逻辑是以数据为基础实施流程改进。

- 计划。评估目前的绩效,发现问题和差距。采集与主要问题有关的数据,确定问题的根本原因。针对根本原因设计解决方案,并针对最有可能成功的解决方案拟定实施计划。
- 行动。对计划实施的解决方案进行实验。
- 检查(或研究)。对实验结果进行评估,看看是否达到预期。如果出现问题,看看是哪些障碍造成改进活动不能取得预期效果。
- 实施。根据实验方案实施的情况及评估的结果,优化并扩展解决方案,使之长期有效，必要时将新的方法补充到解决方案中。然后，再从头开始……

在本书中，我们将使用众多实施六西格玛的公司所广泛采用的这种分为 5 个阶段的改进模式：定义、测量、分析、改进、控制，即 DMAIC（见图 2-6）。同其他改进模式一样，DMAIC 也基于 PDCA 循环，我们将 DMAIC 同时运用到流程改进和流程设计/再设计中。因此，在本书随后的内容中，当我们提到"DMAIC 项目"时，我们指的要么是流程改进战略，要么是流程设计/再设计战略。图 2-7 是流程改进和流程设计/再设的对比，并列出主要的 DMAIC 活动。

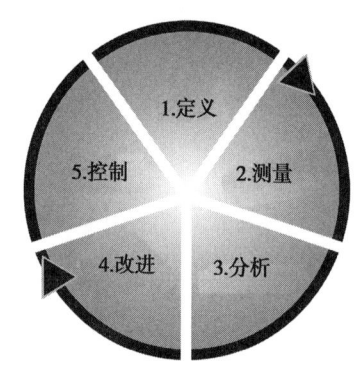

图 2-6　六西格玛的 DMAIC 模式

六西格玛改进的流程		
	流程改进	流程设计/再设计
1. 定义	✓ 识别问题 ✓ 确定需求 ✓ 设定目标	✓ 识别具体的或大范围的问题 ✓ 确定目标/变革愿景 ✓ 明确范围和顾客需求
2. 测量	✓ 对问题/流程进行验证 ✓ 对问题/目标进行完善 ✓ 对主要的步骤/输入项进行测量	✓ 衡量实际绩效满足需求的情况 ✓ 采集有关流程效率的数据
3. 分析	✓ 提出假设的原因 ✓ 确定"少数至关重要的"根本原因 ✓ 实施假设性检验	✓ 确定"最佳实践" ✓ 对流程设计进行评估 　• 增值/不增值的活动 　• 瓶颈/断点 　• 多种备选方法 ✓ 对需求进行提炼
4. 改进	✓ 提出解决根本原因的方法 ✓ 对解决方案进行测试 ✓ 标准化解决方案/对结果进行测量	✓ 设计新的流程 　• 挑战各种假设 　• 发挥创造性 　• 符合工作流程的原则 ✓ 实施新的流程、架构、体系
5. 控制	✓ 建立标准的指标以保持绩效 ✓ 必要时对问题进行纠正	✓ 建立指标并进行评估 ✓ 必要时对问题进行纠正

图 2-7　流程改进和流程设计/再设计的 DMAIC 模式

小结：何谓"六西格玛组织"

让我们了解一下六西格玛组织这个概念，以此结束本章的内容。我们在本书中所使用的对六西格玛组织的定义是：积极地使精益六西格玛的理念和实践（无论是否称之为六西格玛）成为公司的日常活动，并明显地提升过程绩效和客户满意度。

关于这个定义的几个注意事项：

1. 并不需要所有流程都达到实际的 6 个西格玛水平（99.999 7% 完美）才算六西格玛组织。很多人意识到像通用电气等这些所谓的六西格玛公司，事实上从未全面实现这样的质量涅槃。别泄气，即便是将所有的过程能力提升到 4 个西格玛（99.37% 完美），那也将是一项伟大的成果。

2. 简单地采用西格玛作为评价指标或应用一些工具也并不能算一个真正的六西格玛组织。定义中所要求的公司全面承诺和大范围活动使得标准更加苛刻，真正的六西格玛组织敢于面对绩效测量、设定优先次序以及持续改善方面的挑战。其目标是建立公司实施改进的能力，这种能力使绩效得以保持，并能不断地适应新的挑战，借用联合信号的一句名言即"建立一个不断重生的文化"。

3. 成为一个真正的六西格玛组织并不一定非得要使用六西格玛这个称呼，体系、方法和承诺才是最重要的。事实上，我们经常建议客户为他们实施的持续改善活动寻找一个适合公司自身特点、比"六西格玛"或"精益"更引人注意的"品牌"。尽管仍然流行，六西格玛这个名称对有些人来说可能还是有些奇怪。而且，很不幸的是已经有很多称之为"六西格玛弊端"的案例了，以致有些人把应用六西格玛的失败归结于六西格玛概念及工具本身。尽管这有点像看了 3 岁的小孩儿打网球后，就得出网球是一项很没意思的运动这个结论一样，不过也可以理解。聪明地给公司的改进活动冠名，不要以为必须使用六西格玛这个称呼。

比如说，全球领先的通信和图形软件公司——Adobe 公司称之为业务流程改善（BPI）。因为"用这个称呼的人比较少"，公司的业务和流程改善高级经理德温·里卡德（Devin Rickard）解释说。事实上，公司正在使这个名称更人性化，正如里卡德所说："我们公司正在明确将来的称呼，我们发现大家对'BPI'这个称呼倾向于一种思维定式，也许是缺乏了解，并有一种负面的反应，因此新的称呼跟'简化'有关。我们的目标是简化员工的日常工作，简化客户的工作，简化客户同公司之间的接口。这并不表示我们不使用或不提倡六西格玛，但是从改变文化的角度来说，我们没有必要使用六西格玛或BPI这些术语。我们跟员工沟通的重点是，'我们正努力简化我们的工作以及完成任务的流程'。"

事实上，一位从另外一家大型科技公司加入Adobe公司的同事告诉里卡德，"我们首先要改变的事情"是BPI这个称呼。里卡德理解这个想法，因为科技公司常常是在对业务流程改进有先入之见的情况下运转的，这种先入之见不一定都是正面的认识。里卡德相信找到一种能够用业务语言进行沟通的方式非常重要，这样不至于让大家认为："这只不过是接下来6个月我们会经常听到的另一种质量改善活动而已，然后就会渐渐地销声匿迹。"

这就是为什么Adobe公司决定使用简化这个称呼，因为公司想帮助所有的相关人员（包括客户和公司员工）简化工作。正如里卡德解释道："不需要关心我们是怎样做的，也没必要关心我们将使用什么样的改进工具。对大家来说，最重要的是我们同大家建立伙伴关系，使他们工作起来更容易，使公司更容易为客户提供优质的服务。只要我们关注这一点，那么结果就变得尤为重要。为了取得这样的结果，我们使用六西格玛方法，但是没必要非得在公司内部推销'六西格玛'这个名称。我们不想用这样的称呼难为大家，很简单，我们的目的是推动公司进行不断改善，从而使员工工作起来更容易，使客户更容易跟我们打交道。所以，我们选择使用'简化'这个标语。"

在喜达屋酒店与度假集团，有的事业部使用六西格玛这个称呼，其他一些事业部则开始使用"卓越运作"或"运营创新"。喜达屋集团旗下拥有威斯汀、喜来登、W酒店、圣吉（St. Regis）、艾美（Le Meridien）等一系列知名的酒店品牌，并在全球各地都有分支机构。集团的北美团队决定仍然使用六西格玛这个名称。布莱恩·麦圭尔（Brain McGuire）解释道："经过艰苦卓绝的努力，六西格玛这个称呼已经深入人心，所以我们决定坚持使用这个名称。公司六西格玛团队在实施项目时进行了巧妙的调整，我们不会拍着胸脯说'这又是一个六西格玛项目'，取而代之的是根据不同的问题，相应地采用不同的方法完成项目。我们让方法本身来说话，让大家知道合理的方法才是我们的项目能够成功的关键。我们坚持使用六西格玛这个称呼，至今为止，六西格玛一词在喜达屋依然十分响亮。"Adobe公司的里卡德强调，语言的选择总是取决于我们所面对的听众。我们必须了解顾客，了解听众，了解他们可以容忍怎样的叫法。正如他所讲的："有大量的可能遭到大家排斥的术语，如果我们一不小心选错了，不管我们将要讲的是什么，听众们都会立刻反对……对有些人来说，它是'六西格玛'，是'流程'，而对其他一些人来说，它就是'业务流程改进'。"

里卡德还提到："与其他类型的公司相比较，科技公司通常对术语更敏感，这还取决于我们所面对的科技公司的不同谈话对象，不同的人对这些术语的敏感程度也不尽相同。如果同订单管理或类似部门进行对话，我们可以放心地使用'流程'一词，他们完全能够理解我们的意思，知道流程对于他们处理客户订单的重要性。相反，如果我们跟销售部门谈'流程'一词，他们会认为流程只不过是一个不得不要的魔鬼而已。他们可能并不喜欢某个流程，但是也知道他们得遵守流程。最后，如果我们跟工程人员讨论'流程'，他们则认为应该从字典中彻底删除'流程'一词。所以，究竟使用什么语言，完全取决于我们所面对的听众是谁。"

越来越多的公司采用六西格玛，不管是真的采用还是作秀而已，六西格玛组织一词已经栽了很多跟头。但是我们不应该就此否定六西格玛给公司带来的影响。尽管被误用和遭到诋毁，目前六西格玛依然是改进方法的"畅销书"。

The Six Sigma Way | 第 3 章

六西格玛在服务业和制造业中的应用

企业领导者和管理人员广泛关心的一个问题是:"怎样将六西格玛运用到我们自己的公司呢?"这个问题我们已经听过成百上千次,更多来自服务业或事务性业务领域。他们很好奇,这种所谓的以制造业为基础的方法会怎样帮助他们。制造业的管理者也质疑,因为很多制造流程已经不遗余力地实施了质量改善活动。因此,在本章中我们将讲述为什么不管是制造业还是服务业都能从实施六西格玛方法中受益,并向读者揭示如何在不同的挑战下推行六西格玛方法。

首先,我们澄清将要用到的一些术语。

- **服务流程及业务**。凡是不涉及产品设计或有形产品生产的,都属于服务流程或服务及辅助流程的范畴。在任何企业,无论钢铁制造,还是银行,抑或零售店,服务可以是销售、财务、采购、市场活动、客户支持、物流或人力资源等。其他类型的叫法包括事务性活动、商务活动、非技术活动、辅助活动和行政管理活动等。
- **制造流程**。在这里，制造活动特指与有形产品开发和生产相关的活动。其他类似的叫法包括工厂车间、生产、加工，有时也被称作工程设计或产品开发。生产制造所涉及的范畴的确很广。好比呼叫中心和咨询公司，尽管两者都是为顾客提供服务业务的，但是两者的服务流程却差别巨大。与此类似，尽管都是制造业，咖啡杯制造公司和半导体制造公司在流程上却存在很大差异。还有，无论服务流程，还是制造流程，如何使六西格玛发挥效果是最相似的问题。读者将会意识到，公司的服务活动将从六西格玛方法中受益最大。

制造业正在转变的角色

当今社会，没有哪家公司是纯粹意义的"制造"公司。

当然，产品设计、生产和/或销售依然是很多公司的核心业务。提供无缺陷的产品（实现既定的功能并符合顾客需求）比过去显得更加重要。然而，仅仅靠生产出无缺陷的产品却很难确保制造业公司的成功。一家成功的制造业公司需要拥有很多能力，包括：

- 紧跟技术潮流并能够很快地把新技术转换为不同的产品。
- 了解客户的需求和潜在的需求，这些需求可以通过流程改进和/或产品改良/研发新产品来满足。
- 建立并管理供应商网络，以此确保原料和零部件的及时供应。
- 准确无误地接收、处理并满足客户订单，包括根据客户需要设立特别的标准，并保证盈利能力。
- 适应市场条件的不断变化。
- 确定最好的"货源"战略以实现优化的价值，并保持竞争优势。

关于最后一点，很多公司采取把产品的生产转移到中国或其他发展中国家这样一个简单的措施，实现更低的成本。随着某些地区制造成本的不断上升，加上综合考量这种模式下的全球物流成本及复杂性的增加，时间证明这种做法很不靠谱。有迹象表明，欧美公司可能考虑"重新本土化"公司生产过程中的关键部分，使其更接近市场。

尽管确定公司制造活动的正确方式是一项复杂的挑战，但很明确的是，要想取得最佳组合就必须以事实为依据，了解客户，采用适当的流程，而这恰恰与六西格玛所倡导的理念相当接近。

六西格玛在服务业的机会以及现实

随着其在提升业务竞争力过程中所扮演角色重要性的增加，服务活动还有很多未被充分利用的潜能。看看以下这些事实：

- 研究表明，在以服务为基础的业务和流程中，由于质量问题产生的成本（返工、失误、项目中止等）通常能够占到总预算的50%。（这一比例在生产型业务中是10%～20%。）
- 以上这些成本数据与我们及其他机构通过经验所发现的很一致。在实施改进之前，行政管理和服务流程的表现一般为1.5～3个西格玛（50%～90%的合格率）。
- 对服务流程的分析经常向我们揭示这样一个事实，即一个流程中只有少于10%的时间是在从事那些对于顾客来说重要的工作，其他时间都用在等待、返工、把东西搬来搬去、检验以及其他无关痛痒的活动上。

什么使六西格玛在服务领域面临更大的挑战

为了帮助我们解释与制造活动相比，为什么服务活动有更多的隐性改进机会，以下列出某些重要的、可理解的原因。

服务通常是无形的流程。在大多数工厂及车间，我们能够看到、触摸到实际的产品，甚至可以在整个流程中从头到尾对产品进行追踪。简单地以制作汉堡包的流程为例，在快餐店点餐后，我们期望拿到汉堡包之前的等候时间只是比制作汉堡包的时间长一点点而已，这种情况经常发生。从拿起面包、肉饼以及调味料的那一刻起，到最终汉堡包被放到餐盘上或纸袋子里为止，这期间的每一秒都是整个过程总时间的一部分。想把面包和肉饼放在"待发送文件筐"或电子邮件的文件夹里，可不是一件容易的事情。

而且在典型的工厂车间里，受过培训的员工很快就能发现生产瓶颈、生产速度减缓、废品以及产品返工。举一个关于饮料灌装厂的生动例子，生产线上没有被灌入饮料的空瓶子会被传送到用于玻璃回收的容器里，每一个掉进这个容器的瓶子都会发出很响的玻璃破裂的声音。同样，如果有读者见过炼油厂上面的火焰（或"燃烧的火苗"），那可不是用来装饰工厂的，其意味着炼油厂里有异常情况正在发生。

相反，我们很难简单地通过观察识别服务流程中的产品：信息、需求、订单、建议、幻灯片、会议、签字、发票、设计以及各种想法。越来越多的服务过程频繁地涉及对计算机和网络信息的处理，产品是虚拟化的，以电子粒子的形式从一个屏幕到另一个屏幕或从一个服务器到另一个服务器。事实上，以服务为基础的流程通过电子邮件和互联网的形式，可以瞬间从一个地方传到全世界范围内的任何一个地方。在经济全球化的时代，拥有这种信息处理的能力当然是一个很大的优势。但是，这也使得我们更难了解工作是怎样完成的。

喜达屋酒店集团运营副总裁布莱恩·麦圭尔证实了这种困难。喜达屋酒店集团从 2001 年开始实施六西格玛，但是"公司花了五六年的时间才搞清楚在酒店服务业，什么样的项目才是好的 DMAIC 项目，因为喜达屋酒店集团是同行内第一家实施六西格玛的公司。当时没有现成的路线图指导酒店服务业实施六西格玛，公司只好边干边学。在经历了一些错误后，公司发现了正确的方法，然后建立了相应的范本供大家使用。从 2008 年起，公司开始出现真正含金量很高的项目,一直持续到今天。我们对项目的范围有些挑剔,因为我们在判断什么是好的项目方面积累了更加丰富的经验。"

一个很大的挑战是,提供服务的员工对其所从事的工作持有什么样的信念。因为他们所从事工作的流程不是显而易见的,且经常取决于个人风格或当时的实际状况。众所周知,诸如销售、市场甚至软件开发等关键岗位工作的员工因错误地认为"我们的工作不存在所谓的流程",导致他们臭名昭著。实际上,他们的确按照某些流程工作。他们离流程如此之近,以至于想让他们认识这些流程变成了一件极具挑战性的事情。

举一个健康保健领域的例子,很常见的现象是每位护士在当班开始的时候,为了满足个人工作习惯的偏好,通常会重新安排其所负责的区域或病房。这个信号告诉我们流程的确存在,但没有标准的流程,而取决于具体是谁在从事这项工作。这看起来可能没什么大不了的,想一想所有诊所和医院的护士因此花费了大量的时间,而这些时间本应该是用来照顾患者的。

服务活动的工作流程与作业程序经常在不断地向前发展。我们对生产流程进行改变时,一般都涉及对物品进行移动,把原材料送往不同的地方,对工装夹具和操作规程进行改变。正因如此,制造流程的改变通常是经过深思熟虑才实施的。事实上,在当今的制造环境下,能够更快且更有效地按计划实施改变是成功的关键。

然而,非制造型的流程可以很快被改变。尤其是当习惯还没有根深蒂固、易变又很简单的时候,无须资本投入或严密的深思熟虑,我们就可以改变相应的职责,对各种表单进行更新,在流程中添加新的步骤,修改相应的指导手册,等等。很多变化甚至源自员工自己的即兴改变,单个变化的影响可能很小,但这些小改变加在一起却能够产生巨大的影响。因此,很多公司的服务流程几乎在不断地演变、发展、适应不同的环境(跟病毒的变异不尽相同,不过的确是一个很好的比喻)。如果进化是经过深思熟虑且有目的实施的,那当然不错,但是现实是流程的这种不断演变经常是随机且被动产生的。

缺少事实和数据使评价服务绩效变得困难。根据上面所描述的,我们就不奇怪为什么很难有充分的事实来描述服务流程绩效表现。既有数据有很大的局限性，不能称之为事实，抑或过于主观。尽管服务流程本身的特性使得其很难被测量，一旦我们真正地开始了解服务流程，我们仍然可以对其变现进行测量，而且还可以做得很好。

比如，发现并追溯服务过程中的问题远比发现和追溯工厂里或生产线上出现的问题困难得多。积压的工作、返工、工作延迟以及每项工作的成本都很难搞清楚。我们有可能了解部门或小组所花费的成本，但是要想了解花费流程中的具体活动上的成本却非常复杂。

随便翻阅一本有关生产制造或质量工程的图书，我们都会发现大量的关于生产监控设备和测试设备的广告。制造测量本身就是一个规模达数十亿美元的行业。举例来说，得克萨斯州的一家医疗产品工厂，在其产品装配中心有一个用来显示生产线上各种数据的电子屏幕，这些数据每隔几秒钟就更新一次，其中就包括产品的单位成本。

除了在计算机系统记录的销量和呼叫中心所衡量的客户电话次数外，管理者无法简单地在机器上测量服务流程。例如，一家公司曾经尝试简化贷款结案流程，从公司得知，令人吃惊的是，整个过程中有数十人各自对贷款信息进行核查并尝试解决出现的问题，导致公司在每一笔贷款上花费了大量多余的时间和精力。然而，由于相关的工作是由很多不同的员工花费一小段一小段的时间来进行的，所以公司很难精确地衡量花费在这些返工和多余工作上的时间和成本。

服务流程缺少像制造流程一样的"先机"。检验员、质量控制人员、质量工程师以及流程改善大师已经对生产流程进行了数十年的研究，毕竟使效率最大化的管理体系帮助美国的生产力在第二次世界大战后的 20 年内处于全球的领导地位。其他经济体崛起，在主要工业领域运营的有效性和产品质量渐渐超过美国，才使得美国企业的领导者如梦初醒。

然而幸运的是，对服务流程的改善在许多方面已经赶上制造流程。实际上，改善非制造流程与改善制造流程相比，对公司盈利所产生的影响，虽然不敢说更大，但至少是一样大。六西格玛已经不再仅仅局限于制造流程了。

帕特丽夏·斯摩（Patricia Small）是凯图公司（Cartus）的学习与发展副总裁。凯图公司是全球领先的专门为客户企业提供员工安置和商务服务业务的公司，公司在处理这个问题上有着切身经历。为了满足客户要求，凯图公司制定了以结果为导向的绩效目标，采用六西格玛方法来确保公司达到相应绩效水平，公司2012年帮助客户在全球165个国家完成了16万员工的安置。因为公司是一家服务型公司，当斯摩给员工进行六西格玛培训时，她认识到面临的一项挑战是如何在服务领域中使用六西格玛："因为服务领域的例子很抽象，而关于制造流程的例子却更加具体，所以先举制造业的例子，然后再把制造业的例子引申到服务领域，这要比直接使用服务领域的例子更容易使员工理解六西格玛的概念。"

使六西格玛在服务领域发挥作用

我们即将提到的关于怎样使六西格玛在服务领域更有效的这些窍门是比较广泛的建议。具体怎样使这些窍门适合读者所在的不同公司、不同产品、面临的不同客户等，就完全取决于读者自己了。然而总体来说，这些思路应该能够帮助大家在服务领域更快地取得成果，并产生更大的正面影响，同时也更好地得到原本对六西格玛持有"这一套不适合我们"的怀疑论者的认同。

第一个诀窍：以流程为切入点。 回想一下在某个舞会或聚会结束时，灯光全部打开后，现场的景象通常会令人惊讶，甚至令人有些不舒服，但是我们总算有机会更清楚地看到现场的情况。我们可能会发现：

- 聚会的来宾（包括我们自己）看起来究竟是什么样子。
- 有一些我们从来没有见过面的生面孔。
- 聚会的房间是怎样布置的。
- 有些游戏或活动我们还没玩过呢。
- 现场真是一团糟！

大部分提供服务业务的公司着手研究流程就像上述的灯光全开一样，这不仅使公司对现实状况恍然大悟，也促使公司尽快地开始推行六西格玛。当大家看到实际情况后会意识到，尽管这场"聚会"看起来似乎已经结束，但是另一项活动——"聚会场所的清理"才刚刚开始。

顺便告诉各位读者，以流程为切入点对制造业来说也是一个不错的主意，只不过是这一点在服务业务的改善活动中更加关键而已。

第二个诀窍：详细阐述问题。人们的眼睛需要花几秒来适应突然打开的灯光。当服务流程开始清晰地呈献给大家时，要想使他们看到并清楚地了解到周围所存在的问题同样也需要一些时间。想要看到流程真正清晰的景象，唯一的方法就是详细地了解流程、客户需求以及存在的问题。

同时，由于在"把流程整理好"上存在模糊的想象和不切实际的期望，可能会导致公司启动定义并不清晰的项目或改善活动。诱使公司着手处理范围过大、老大难的问题或同时启动过多的小项目，这会增加员工的挫折感并损害到改善努力本身的信誉。

对项目进行有效项目甄选和清楚地定义问题对制造业来说也同样极其重要。只不过起初在服务领域推行六西格玛时，选择项目并明确项目的范围则更加困难。（关于"如何"对项目进行甄选的更多内容，参见本书第10章。）

第三个诀窍：充分利用事实和数据来减少对绩效表现含糊不清的认知。要想在服务领域实施可度量的改进，无法对事物进行合理定义或很好的描述是最大的障碍。比如说，在制造领域，产品的规格要求总是写得很精确，差不多是毫秒和微米数量级，然而在服务领域即便是有，也只是一个大概而已。这就意味着当我们在服务领域着手弄清楚流程和客户时，一项优先任务是想办法把模糊的认知转化为贯穿于整个运营过程的明确的绩效因子和指标。能够定义并测量无形事物和主观因素，是在服务领域实施改进活动所必需的一项特殊技能，在制造领域如果不具备这项技能则不是什么问题。事实上，曾经与我们一起工作过的某些少数六西格玛和质量专家，他们在制造领域拥有极其丰富技能和经验，然而在面对服务领域的含糊不清时，他们却显得无所适从。本书第13章所提到的概念之一——操作性定义对在服务领域创建有意义的流程要求和流程指标至关重要。

帕特丽夏·斯摩用凯图公司的经验证实了，公司是如何将这个流程运用到公司服务业务的：公司把业务分包给某些供应商——尤其是在搬家业务部门，依据公司所掌握供应商过去的绩效表现而决定。这个流程如今更是由数据驱动，过去可不是这样。斯摩进一步解释说："当然，公司一直就有数据，但只是从公司开始推行六西格玛之后，员工们才开始真正地用数据说话，大家不会在没有数据的情况下就参加会议或讨论。我们得到的一个经验就是，公司必须改变简单地说一句'这真是一个重大的问题'就了事的思维模式，要求在没有了解清楚问题究竟有多么严重，以及可能是什么原因导致问题的出现之前，员工是不会参加会议的。"

斯摩同时还强调，在服务行业，任何的客户投诉都很容易导致一场巨大的危机："服务人员习惯于带着个人情绪并凭经验被动地思考问题，这就需要他们把固有的思维转变到'怎样才能够衡量这个过程'这个思路上来。测量才是关键，我们需要后退一步并有逻辑地看待问题，而不是忙于四处救火。我们坚信这样一个原则'如果不能对问题进行测量，那就不可能解决问题'。我们的员工们就需要在'怎样才能衡量客户的体验'这方面发挥创造力。当然会有办法的。"

某些服务过程的业务量太小，这将是一项特别的挑战，当然在制造领域也是一样（参见本章快结尾处给出的美国应用材料公司的例子）。如果每个月只有那么几十桩"交易"，或者只关注为数不多的亲密客户，这种情况下要想采集大量的数据即便是有可能，也会很困难。但是，这一点不能成为公司不以事实和数据为基础进行管理的借口，只不过是公司只能在困难的条件下采集数据和分析数据而已。当然，这种状况下同样也能够对流程进行改善。（关于这方面更多的内容，详见第13章的"对罕见事件或少数活动进行评价"。）

第四个诀窍：不要过于强调统计学。这一点是六西格玛在历史上一直存在争论的由来。尽管我们建议大家避免过度痴迷于统计学的应用，但在相当长的一段时间内，这个建议被对越来越深奥的分析方法的追求淹没了，演变成了一场关于改善工具的"军备竞赛"。人们接受了大量统计学方法的培训，但是很多方法几乎从未被使用过，谢天谢地，随着时间的推移，这场关于工具的"军备竞赛"终于逐步地平息了。更加强调精益方法及精益方法所产生的更大影响已经帮助这场关于统计学的争论恢复了平静，尽管同样也使用数据和流程，但是精益方法通常会避免使用统计学方法得出证据。

我们在服务行业的一个客户的经历有助于帮助读者理解为什么要避免产生如下感觉：只有将所有事物都进行量化并经过统计学确认，我们才是在"实施六西格玛"。这家公司是一个创新型的金融服务公司，业务一直保持着高速增长。我们开始为这个客户提供服务时，他们正处于一边拒绝生意，一边每个月增加200多位新员工的境地。当然，这是一个喜忧参半的状况。公司的高层管理团队认识到，太多的新人被派去处理由于混乱的环境而造成的问题。

我们的这个客户启动了几个优先度较高的改进项目，在推行六西格玛方法和团队合作技巧不到一年的时间内，公司的管理方式明显地变得更加积极主动，以事实为基础，也更加合作。这节约了大量成本，低效的流程得以简化，使得公司能够专注于完成积极进取的增长目标。公司保持着快节奏和企业家精神，并有效地把这种活力引导到客户和市场真正需要的领域。我们听到很多员工谈论六西格玛是如何帮助他们提高解决问题的能力、改善流程的方法，以及六西格玛对公司整体氛围的改善。

当我们与这家公司的六西格玛副总裁谈论他们成功的关键时，他很快指出："我认为我们最明智的选择之一就是没有急着强推员工们采用大量的统计学。"他说原因很简单，有两个层面：一是那些对技术过程和测量并不熟悉的员工还没有准备好使用更加复杂的统计学工具，二是我们手头的数据也不适合用来进行高深的分析。

本书前面曾经提到过的 Adobe 公司也认为不要过于强调统计学。事实上，在 Adobe 公司，六西格玛成功的关键因素之一就是实用主义。德温·里卡德提到："我们开玩笑地说这是'隐形西格玛'。我们确保公司不要把如何使用不同的六西格玛工具放在比我们真正要解决的业务问题还重要的地位。我们想要给业务部门足够的信心,我们清楚业务所面临的问题,我们有一套有效的六西格玛工具可以使用,我们能够确定什么是必要的变革,同时也能够成功地实施这种变革。"

当然,这并不是说在某些时候运用统计学去更好地了解数据,找出原因并验证改进成果不重要。无论在服务业还是制造业,从一开始,六西格玛最重要的一点是大家要学会如何针对流程和客户去问关键的问题:

- "我们是如何真正地了解这些的?"
- "有没有什么方法能够检验我们的假设?"
- "这些数据告诉了我们什么信息?"
- "有没有更好的方法?"

六西格玛在制造业中面临的挑战

尝试在制造业领域应用六西格玛也存在一些特殊的挑战。下面这些普遍存在的挑战是我们应该特别留意的,同时也给出帮助大家克服这些挑战的一些建议。

六西格玛在制造业中面临的第一项挑战:在更大的范围内使用

在某种程度上,工厂或生产车间的员工总是倾向于把自己同外界隔离开来。随着生产制造活动在公司整个业务活动中的比例越来越小,这种与公司其他部门和外部顾客隔离所产生的风险越来越大。然而,六西格玛体系需要公司关键流程之间进行交流与合作,打破生产制造活动与外界的壁垒。当开始清楚制造部门在整体业务活动中所扮演的角色后,下面两点就会浮现出来:

(1)公司面临的大多数问题并不是生产问题。当生产及其他业务部门的人员看到数据证实了生产人员所怀疑的事情,生产人员将会从中受益:不明确的订货需求、在最后一刻发生变化、零部件缺货、人手不足、工程/设计错误等。相对于工厂车间生产出缺陷产品，上述因素对于将正确产品按时送到客户手中所产生的影响更大。具体的实例参见本书第 1 章提到的通用电气公司电力系统的例子。

奇华顿公司的实践也证实了这一点。这家总部设在瑞士的公司是全球香精香料行业的领导者，公司生产的产品被广泛地用于食品、饮料、消费品以及香水制造行业。奇华顿公司采用自动化设备为诸如联合利华和兰蔻等这样的公司生产产品，每一个产品都包括 10～40 种不同的香料成分。这是一个极度个性化的流程，因为不管是洗发香波、香皂、衣物洗涤剂，还是香水，每一个产品都有其独特的配方。

在奇华顿公司的某一个工厂，公司发现添加最后一个组分和第一个组分之间的时间间隔长达 12 个小时，这意味着在很长的一段时间内，他们都是在等待下一个组分的到来。于是运营人员就观察设备是怎么管理的和员工是如何进行沟通的。在几个星期的时间里，公司就把上述的 12 个小时缩短到大概 2 个小时。时间的减少使大家简化了整个过程，因而能够更快地向客户交货。

（2）生产制造需要成为整个业务流程的积极参与者。尽管六西格玛实施过程中的障碍通常不是生产部门的"错误"，但这并不意味着改进不是他们的职责。生产制造系统的人员在改进活动中的角色是既要帮助整个组织解决生产"上游"出现的问题，还要帮助处理像仓储及客户服务这样"下游"部门所面临的挑战，很多公司生产制造系统的人员需要就这个角色接受教育。

有一个办法可以改变生产制造部门只专注于内部要求的问题，那就是把需要制造部门参与的跨部门合作项目作为六西格玛改进活动的目标项目。比如说，让生产车间人员参与到提高订单完成率的项目中，这样就会改变固有的观点：产品的生产是特别流程，跟销售和交货根本没有什么关系。

另一个更大范围内的绝佳机遇就是使用六西格玛方法来更好地整合产品设计/开发（也就是新产品导入）与生产制造。在六西格玛历史上使人印象最深刻的成功案例中，有一些就是根据主要客户的反馈而创造出精心改良的产品，甚至是全新的产品，然后再使用六西格玛的高级方法来确保生产出的这些新产品能够达到六西格玛质量水平。

六西格玛在制造业中面临的第二项挑战：把精力从放在已取得的各种认证上转变到放在流程改善上

几年前，我们听到一家计算机系统制造公司的一位经理抱怨，他在新生产设备和新测试仪器进行计量校正方面遇到了问题。我们针对这个问题进行深入的询问，这位经理描述了公司的设备采购流程。令人吃惊的是公司竟然对新设备进行了两次收货：第一次是从设备制造商手里收到新设备，第二次则是从对设备进行计量校正的供应商手里收到校正过的同一台新设备。

于是我们就开始问一些很浅显的问题，诸如"为什么你们不让设备生产厂家直接把设备送到校准设备的供应商那里？"甚至更简单，"为什么不让设备供应商负责设备的校准？"这时，这家公司质量部门的一位经理发话了。"这是ISO9000的要求，"他解释道。

根据我们的经验，强调对生产制造进行各种审核及认证——最流行的就是ISO9000，的确会阻碍公司尝试对流程进行改进。但很明显在上面这个例子中，以体系认证为借口，说是ISO9000致使公司采用这种迂回（且问题百出的）流程的说法并不正确。然而，有一点的确是对的，那就是某个流程一经"认证"，这个流程就会被视为"法律"。一旦流程被书面记录并得到批准，再对这个流程实施改进犹如经历人间炼狱一样，这种情况在实施过认证的环境下简直太常见了。

当然，很多开明的公司则通过认证来检验公司的流程，改进公司的流程。认证所付出的努力以及认证所提供的流程绩效信息，都是对六西格玛有价值的补充。但是，在质量管理体系的监管机构（比如说ISO）与业务对改进的需求之间建立共同语言通常需要付出努力。

六西格玛在制造业中面临的第三项挑战：让工具适用于公司的环境

截至目前，我们所谈论的关于六西格玛在制造业中的应用，给人的感觉好像是所有的生产运行都一样,当然,实际的情况根本不是的。制造汽车发动机零部件与化工产品的精炼过程截然不同,漂白剂的灌装流程与电脑显示屏的装配流程也截然不同。我们当然没有办法告诉大家如何做才能让六西格玛具体地适用于每一种不同的制造环境。但是,有一点很重要:我们需要灵活地使用六西格玛技术,让六西格玛发挥最大的作用。

美国应用材料公司的经历就是一个绝佳的例子。这家公司为半导体工厂(或大家经常说的"加工厂")制造各种生产设备,公司开始接触六西格玛最早要追溯到一九八几年。

美国应用材料公司的制造系统在应用六西格玛的过程中所面临的挑战是,使用诸如每百万次机会里的缺陷数(DPMO)等这样的概念。"我们制造的设备有一个房间那么大,"戴夫·波尼茨(Dave Boenitz)解释道,其后来成为公司质量部门的主管。"我们处理的设备装置达不到数以百万计,只是数以百计。每一台设备由八九千到一万几千个不等的零件构成。因此,如果我们衡量每台设备的西格玛水平,就很难在不同的设备之间进行横向比较。当然,我们也可以把每个设备视为一个有百万次出错机会的体系,但问题是哪一百万次机会是我们想要衡量的。"

为了减少产品缺陷,公司倾向使用的手段是"防错法(或防呆法)"——一种坚持不懈地找流程中各种失误和差错并防止其再次发生的方法(详见第17章的解释)。"因为看不到衡量西格玛水平或 DPMO 水平有什么真正的价值,我们并没有把精力放在这个上面。"但是,美国应用材料公司实施的改进的确卓有成效。

小结:让六西格玛为我们发挥最大的作用

如果要问在这本书中关于六西格玛的哪一点可以怎么夸大都不过分的话,那就是选择、使用与你所在组织相匹配的六西格玛方法和思路,使这些方法和思路符合公司特定的需求,并与公司对采用六西格玛方法的准备情况相适应。

我们建议一旦有咨询师、专家或图书作者告诉你"瞧，这是你必须要做的"，你就应该礼貌地回绝他们并离开。如何才能最好地在你的业务中实施六西格玛，正如我们一直所强调的，"视情况而定"。

幸运的是，六西格玛是一个很健全的系统，即便在面对公司可能出现的挑战时也是如此。只要你记住并提醒大家，六西格玛并不是真正意义上的一个程序或一项技术，无论在制造业还是服务业，你都能取得成功。六西格玛是一套灵活的方法，它是使公司变得反应更加灵敏、运行更有效、业务更具有竞争力和更加盈利的关键手段。

现在，让我们带着这个观点进入本书第4章，具体了解六西格玛实施路线图中的5个步骤。

第 4 章 | The Six Sigma Way

六西格玛实施路线图

在本章中,我们将讨论建立六西格玛系统以及启动改善活动理想的路线图,以此来阐述我们的综合观点。如图 4-1 所描述的,这 5 个步骤阐明了我们所提倡的 21 世纪成功企业的核心竞争力:

1. 识别核心流程和关键顾客。
2. 确定顾客的需求。
3. 评价当前的绩效表现。
4. 确定改进的优先次序,进行分析并实施改进措施。
5. 对六西格玛体系进行推广并加以整合。

六西格玛路线图的好处

六西格玛路线图(见图 4-1)并不单单只是告诉我们实施六西格玛改善的途径,你很可能需要调整这些步骤的顺序,甚至同时实施不止其中一个步骤。

在本书第二部分中，我们将讨论如何依据不同公司特定的需要和目标来采用合适的路线图。然而，我们之所以制定这样一个"理想的"途径，是因为如果按这些步骤执行，这些活动将会奠定六西格玛体系的关键基础，而这些关键基础将会支撑并保持六西格玛改进活动的进行。更加具体一些，这个路线图的好处包括：

- 清楚地了解业务是流程与客户相互联系的一个体系。
- 做出更好的判断并更好地使用资源，借此从六西格玛改进活动中取得最大可能的收益。
- 由于有了前期更高质量的数据以及更好项目的选择过程，改善流程所需要的时间周期得以缩短。
- 对六西格玛所取得成就的确认，无论是资金、缺陷，还是客户满意度或其他指标，都更加准确。
- 形成更加稳固的基础来支持变革，并使成果得以保持。

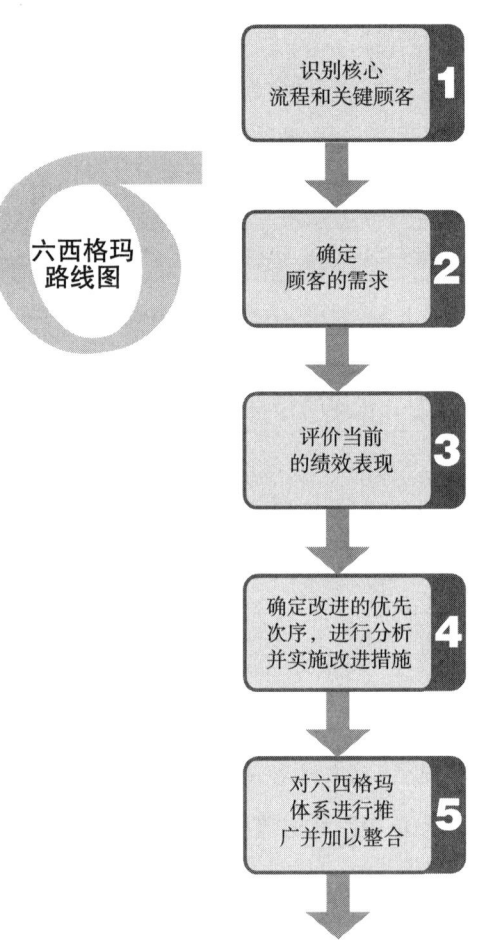

图4-1 六西格玛路线图

如果让拥有丰富六西格玛经验的人投票选出理想的实施方法，这个路线图保证会得票最多。在与我们一起工作过或谈过话的人当中，所有那些已经参与过开展六西格玛活动的人员（高级管理者、具体的实施者以及团队成员）都同意他们过去应该采用这一实施途径。如果将来还有机会，他们将会沿这条途径去实施六西格玛。

这里有一个例子，我们的一个客户（通用电气公司的某个事业部）在将近两年的时间里着手实施了数十个六西格玛改进项目——本质上说就是从路线图步骤 4 开始的。尽管公司有最强烈的意图，并尽最大的努力力求使这些项目有回报，但是项目的成功率并没有达到期望值，项目比预期花费了更长的时间。当项目团队解散后，项目阶段取得的成果趋于消失。经过一段时间后，公司的高层领导开始认识到他们所面临问题的根源之一，用公司二号人物的话说就是："我们真的不知道应该在哪方面努力。跟其他公司一样，我们过去的大多数项目都是把目光集中在公司内部。"

公司从这个惨痛的经历中有所感悟，于是只好返回起点，开始实施公司曾经忽略的路线图中的前几个步骤。比如说，公司建立了相应的系统和流程去收集有关"顾客的呼声"的实时资料（路线图步骤 2），此外还针对客户的"关键质量"特性建立了相应的指标用以评估公司的绩效表现（路线图步骤 3）。如今公司以坚实的数据为基础，把改进的重点集中在真正的客户需求上。

步骤 1：识别核心流程和关键顾客

随着业务变得更加全球化且越来越分散，客户群体更加细分以及更多元化的产品和服务，要想看到工作实际完成过程的"全局"变得越来越困难。实施路线图步骤 1，通过识别业务过程中的关键活动并把握业务体系的概括结构，我们开始更清晰地看到这个全局中的重点。

步骤 1 的目的是对公司最关键的职能交叉的业务活动，以及这些活动如何同外部顾客产生相互影响有一个清楚、全面的了解。这个目的既适用于整个公司，也适用于公司任意一个业务单元。即便是服务于内部客户的部门或职务（如人力资源、信息技术或公用设施部门）都有其自己的核心流程，将产品、服务以及价值交付给顾客。

实施路线图步骤 1 的成果类似于一张"地图"或公司为客户创造价值活动的清单，主要回答以下三个问题：

1. 哪些是核心流程或增加价值的流程？
2. 公司为客户提供哪些产品和/或服务？
3. 流程是在怎样贯穿于整个公司的？

在路线图步骤 1 中获取的知识是步骤 2 了解客户活动的重要前提条件。而且，拥有这些活动清单的一个显著好处是，对公司整体会有一个全新的、更清楚的了解。如果你已经很清楚为什么步骤 1 是一个如此高明的主意，并且知道如何去实施这一步，那么就可以接着往下了解路线图步骤 2。

如果读者还是不确定为什么需要对客户和公司核心流程有全局的了解，那么让我们一起来看看"公司岛"的例子。

🎬 第 2 个案例：缺乏整体全貌的公司岛

公司岛是非常类似于许多公司（抑或公司内各个部门）的一块陆地。岛上有几条河流（流程），河水最终流入大海，并给海里种类繁多的各种鱼类（顾客）带去营养物。尽管忙碌，但是公司岛上的生活还是很愉快的。大部分时间里，大家把时间花在自己所负责的一小段河段上，或提供帮助以确保海里的鱼来进食。（其他临近的岛屿——竞争对手，如新贵岛、摇钱树岛等也在尽力吸引海里的鱼儿去进食。）

问题是公司岛上生活的复杂程度远比领导层想象的复杂得多。比如说，在公司岛的沿岸，我们会发现这些河流并不是经由一条宽阔的河道汇入大海的。取而代之的是，更像一个三角洲上遍布的河道，有些河道可能为海里的鱼类带来大量有益的食物，有些则可能携带着有毒的废弃物。

内陆的情况同样复杂。岛上支流密布，到处都是这些支流的源头，有些支流蜿蜒曲折，以至于河水几乎永远无法注入大海。还流淌着一些被专业管理者（公司岛拥有一所很棒的商学院）所忽略的、未被发现的支流，这些支流则变得杂草丛生且积满泥沙。实际上，岛上有些地方已经由出于好意的岛民筑起大坝来拦截河水，导致大坝下游的居民严重缺水，并对上游的"同事"充满怨言。

有时候，岛上的某些居民看到了这些需要引起注意的问题，并想办法解决这些问题。很不幸的是，解决这些问题的措施有相当大比例实际上对下游造成损害，或者反过来对上游造成损害（当这种情况发生时，那些在海岸线工作并照顾鱼类的岛民会以最大声喊叫起来）。

如果那些发现问题的岛民能够召集更多的岛民，一起讨论公司岛上不同区域所发生的问题，他们就能够把岛上一件件不同的事物拼凑起来，形成一张完整的"地图"。有了这个整体概貌，要想确定哪里的鱼被照料得好，哪里的鱼被照料得不够好并准备游往其他岛屿觅食，就变得容易多了。同时，岛上的居民也能够清楚地了解哪些河流最危险或者流速太慢，并可以把注意力集中在主要问题点上。

有的读者可能会惊呼："纯属虚构！"其他读者则可能会断言："相比较而言，我们的'岛屿'简直就是天堂！"然而，无情的事实却向大家揭示，几乎没有公司真正地了解其所在地盘上的实际状况。公司手上的"地图"往往相当不准确，尤其是企业组织这样的"岛屿"，不会像真正意义上的小岛那样能够很快地实施改变。

无论如何，我们希望读者从公司岛的例子中领悟到一点：在没有全面了解公司是如何运营的，公司都在做什么时，仅靠一些低层面的、不完整的景象，放任各自单独地实施改进活动的状况下，很难管理好公司。六西格玛路线图步骤1使读者开始绘制自己所在岛屿（公司）全局的"地图"。

步骤2：确定顾客的需求

实施六西格玛之后，公司的领导层和管理者都承认（引用某个高级管理人员的原话):"我们的确没能很好地了解我们的客户。"在本书前面的案例中,我们已经知道这个问题如何发生在梅西公司的家具配送过程中。公司相信顾客最关心的是收到的家具是否完美无瑕,但数据显示客户认为这一点是理所当然的,其实他们更在意家具是否能够在某个确切的时间段内送到,这样他们就不用花一整天的时间来等待家具到货。显然,获取客户的需求可能是六西格玛方法中最有挑战性的一点。读者可以从第12章了解到,要想明白客户在某个具体时间的要求,偶尔实施的客户调查是远远不够的。

执行六西格玛路线图步骤2有两个目的:

1. 建立以实际客户需求为基础的绩效标准,这样一来,公司就能够准确地测量流程的有效性/过程能力,并预测客户的满意度。

2. 开发或提升公司的系统及战略,这个系统和战略则致力于不间断地收集与"顾客的呼声"有关的信息。

这一步试图取得的成果就是,对每项输出和每个流程中影响客户满意度的因素有清晰完整的描述(众所周知的需求或标准规范),这些因素主要分为两类:

1. 与最终产品或服务紧密相关的输出项的要求,只有满足了这些要求的产品或服务才能正常地在客户那里发挥它们应有的作用(质量专家们称之为"适用性")。

2. 对服务的要求,描述了公司应该如何跟客户打交道。

实施步骤2的基本理由是:如果不知道客户想要的是什么,那么我们就很难给他们提供其所需要的产品或服务。还有,结合我们想要使公司绩效表现达到六西格玛水平的背景,只有清楚详细地了解客户的需求后才能设计出有意义的绩效测量指标。在不清楚客户的具体需求的情况下只顾盲目地采集数据,我们可能会发现相关的少许缺陷,但是可能完全忽略了那些我们没能满足顾客要求的部分。

执行步骤2的进一步理由是有关态度的问题。"我们知道对客户来说什么是最好的"这种思想导致众多公司(甚至众多的行业)陷入严重危机。同样不好的是另一个误导大家的信条"我们真的变成面向市场需求",然而事实却是公司与变化的需求完全脱节了。20 年前,傲慢和无知可能还可以容忍,但在当今的竞争环境下,公司沾上任何一条都预示着麻烦。

在 21 世纪,只有那些真正倾听顾客呼声的公司才最有可能取得成功并长期的生存。

步骤 3:评价当前的绩效表现

在路线图步骤 2 确定了顾客需求之后,接下来步骤 3 就要看看公司目前在满足这些需求方面表现得如何,以及将来的表现会怎样。从更广泛的意义来看,以客户为重点的绩效指标是建立更有效评价系统的起点。

步骤 3 的目标是针对可以确定的顾客需求来准确地评估每一个流程的绩效表现,并建立一个用于测量关键输出项和关键服务特性的体系。

这一步的具体成果如下所示。

- **基准指标**。当前 / 最近绩效表现的量化评估。
- **能力指标**。评价当前流程 / 输出项在满足客户需求方面的西格玛得分,这样公司就可以将各种截然不同的流程进行横向比较。
- **测量系统**。为公司不断地进行测量提供全新的或加强的方法及资源,这些测量结果所对应的绩效标准则是以客户为重点的。

注意,测量系统还应该采集与流程效率有关的数据:成本、消耗的能源或物料、返工等。如果运行效率非常低下,即便是满足了客户的需求,公司也不会有很好的利润。

针对客户需求去衡量公司绩效水平的必要性是显而易见的。然而,六西格玛路线图步骤 3 所带来的其他好处,使得这一步的价值远远超过绩效报告本身所拥有的价值:

- **建立绩效测量的基础**。这个基础使我们有能力跟踪公司绩效表现的变化——无论是变得更好或是变得更差，并迅速地对各种警示或机会做出相应的反应。经过一段时间后，这些数据就会成为那些反应灵敏、不断改善的六西格玛组织的关键信息输入。
- **设定改进的优先次序并集中资源**。甚至在很短的时间内，从这些绩效指标中获取的知识就会驱使公司做出决定：哪些改进是最迫切的以及/或哪些改进是最有潜力的。主要考虑流程设计、流程再设计或改进项目是否有更高的投资回报率（路线图步骤4）。
- **选择最佳的改进策略**。有了准确的过程能力指标，我们就能判断出公司出现绩效问题的真正原因所在：到底是偶然原因或小问题，还是意味着需要对整条生产线或整个流程进行改革。
- **使公司的能力与对客户的承诺保持一致**。读者是否常常听到销售人员惊叹："我们怎么可能连这点要求都不能满足客户呢？"或运营人员抱怨销售团队做出的承诺是"不可能做得到的承诺"。单靠更好的交流没办法解决这些脱节，在很多企业，这种脱节往往是最大的挑战且最浪费成本。我们需要利用从六西格玛方法中所取得的知识的额外优势，同时囊括客户的真正需求和公司实际上能够兑现的承诺。

步骤4：确定改进的优先次序，进行分析并实施改进措施

现在，有了事实和数据，而不再仅仅是传言和主观意见，我们就准备好在步骤4开始将六西格玛的实际成果进行兑现。

步骤4的一个目标是，确定潜力较大的改进机会，辅以确凿的分析和创造性思维，开发出以流程为导向的解决方案。另一个目标是，有效地执行新的解决方案和新的流程，并提供能够度量的、可持续的收益。

实施六西格玛路线图步骤4的成果如下所示。

- **改进活动的优先次序**。经过项目影响的大小和可行性评估而得到的潜在六西格玛项目。
- **流程的改善**。针对具体的根本原因而制订的解决方案(众所周知的持续改善)。
- **新流程或重新设计的流程**。为满足需求而创造新的业务活动或工作流程,将新技术应用到这些新业务活动或工作流程中,或者是这些新业务活动或工作流程使公司在速度、准确度以及成本等方面取得令人瞩目的改善(众所周知的六西格玛设计或业务流程再造)。

对业务流程实施改进是一件合理的事情,这一点可能根本没必要解释。六西格玛成功的一个关键就是仔细地选择改进活动的优先次序,不要使公司"超负荷"地开展各种改进活动。这个步骤所采用的改进方法的价值是,这些方法囊括了能够消除缺陷,提高流程效率和能力的最好技巧。六西格玛技巧和工具既能用于解决复杂的大范围业务问题,也能够用在相对比较简单的流程改进机会中。

步骤5:对六西格玛体系进行推广并加以整合

仅靠一波改进项目并不能取得真正的六西格玛绩效水平。只有通过长期致力于六西格玛核心理念和方法的实施,才能实现真正的六西格玛绩效表现。

步骤5的第一个目标是,开辟促进业务绩效提高的不间断的业务实践;另一个目标则是确保公司执行始终如一的绩效指标和持续不断地进行考核,并不断地对产品、服务、流程及操作规程进行更新。这一步正是努力实现六西格玛组织的长期愿景的一个步骤。

实施六西格玛路线图步骤5的成果如下所示。

- **流程控制**。保持绩效改进成果的监测指标和控制措施。
- **流程的主人及流程的管理**。倾听顾客、市场以及员工的呼声,对职能交叉的辅助流程和流程的测量体系实施监督。
- **应对预案**。根据关键信息，为了适应战略、产品/服务及流程的变化而采取相应行动的机制。
- **六西格玛文化**。一个把六西格玛理念和工具作为日常业务中的必不可少的一部分，定位于持续革新的组织。

实施路线图步骤5最充分的理由可能是，公司需要致力于大量的工作才能实现六西格玛组织的长期愿景，所以要考虑一下无所作为可能带来的后果。

在过去的几年时间内，我们曾看到某个行业的很多客户转而投靠一家新贵公司，这家公司声称公司有六西格玛体系。经过调查，我们发现这家成长型公司的确比反应迟钝的业界前辈更有优势，诸如：

- 准确、畅通的客户反馈体系。
- 高度整合的"无缝"流程，流程上下游之间精诚合作、畅通无阻。
- 实时测量体系，不仅仅监测资金状况，还监测缺陷、关键活动的变化以及诸如原材料等关键输入项的变异情况。
- 解决问题和实施改进的专门技能，无论是对流程进行微调，还是为了满足变化的客户需求而创造全新的流程、产品或服务。

置身于这样的竞争环境中，公司还能安心吗？公司有足够的信心确保明天不会有一家与此类似的公司，开始侵占公司的盈利和市场份额吗？公司将如何实施防卫来应对这样的竞争对手？哪怕是这些问题令公司有一点点的不安，这就表示路线图步骤5应当是公司六西格玛努力过程中的一个关键组成部分。

重温关于六西格玛的总体概述

在《六西格玛管理法》一书的第一部分即将结束之际，为了再次提醒广大读者什么是六西格玛，以及为什么六西格玛能够给一个组织带来如此之多的潜在收益，我们乐意向读者呈现以下五个摘要。

六西格玛的定义

可以从不同的角度来对六西格玛进行定义：

- 六西格玛是测量流程的一种方法。
- 六西格玛是一个近乎完美的目标，每百万次机会中只有3.4个缺陷（DPMO）。
- 六西格玛是一种改变组织文化的手段。

更准确地说，六西格玛是一个建立并保持业务绩效表现、业务成功以及领导地位的全面综合体系。

换句话说，六西格玛就是一种境界，使公司能够把那些有价值但常常相互脱节的"最佳管理实践"和管理学概念进行整合，包括系统性的思考、持续改善、知识管理、大规模定制以及作业管理法。

六个理念

一个六西格玛组织的愿景包括以下六个理念：

1. 真诚地关注顾客。保持把顾客需求放在首位的态度，拥有能够将业务活动与客户的呼声紧密联系起来的战略和系统。

2. 基于事实和数据的管理。利用有效的测量系统，同时监测结果与输出项（Y）以及流程因素、输入项和其他预测因子（X）。

3. 关注流程、管理、改善。这是业务成长与成功的引擎。编写书面的流程，就流程进行沟通、测量，并不断地进行完善。为了保持流程与顾客及业务需求相一致，还需要时不时地开展流程设计或对流程进行重新设计。

4. 积极主动的管理方式。拥有这些习惯和实践经验：能够预见问题和挑战，运用事实和数据并就目标及"我们如何做事"的各种假设进行质疑。

5. 变革管理。调动员工，解放思想并释放他们的活力，同时帮助员工改善绩效表现并适应新的实践经验。

6. 追求完美，容忍失误。给员工尝试新方法的自由，管控风险并从错误中学习新的知识，借此提高绩效标准和客户满意度标准要求。

历史及演变

六西格玛是 20 世纪 80 年代末由摩托罗拉在全面质量管理的基础上发展起来的，它明确地把重点集中在改进活动上，并帮助公司在竞争环境下加速变革的步伐。六西格玛概念、工具及体系（很多都沿用了数十年）在过去的数年间已经发展和壮大，帮助组织不断地重新提起兴趣并进一步加强在流程改进和质量改善上所付出的努力。因为六西格玛及其他诸如精益、约束理论等类似的体系都相当容易尝试，却又难以持续，导致很多组织在持续改进方面反复地经历好几轮，但是所有的改进都是基于一套已经被整合到六西格玛体系的相同准则。

成果与机遇

诸如通用电气和霍尼韦尔这些早期的六西格玛采用者，六西格玛在短短的几年间就为公司创造了数十亿美元的收益，并生根发芽，经过改良成为公司文化的一部分。过去十几年间，全球范围内有很多组织已经接过了六西格玛（或精益六西格玛）的旗帜。其中许多组织已经取得了显著的成就，并培养了成千上万的接受过改善活动培训的"专家"，他们继续指挥着有关改进活动的努力。然而，建立可持续的不断改进的文化依然是很多公司难以企及的目标。

公司在六西格玛方面的机遇取决于当前的绩效表现、缺陷水平、竞争情况等。同产品生产流程或生产型企业相比较，服务型流程或组织也许会有更大的改进潜力。

实施

制定组织自己的战略以及开展并整合六西格玛活动的计划很关键。很多有经验的六西格玛人员都推崇包含 5 个基本步骤的某个版本的路线图。

1. 识别核心流程和关键顾客。
2. 确定顾客的需求。
3. 评价当前的绩效表现。
4. 确定改进的优先次序，进行分析并实施改进措施。
5. 对六西格玛体系进行推广并加以整合。

另外，读者试图确定目标并执行六西格玛时，会发现本书第二部分的各个章节提供了多种选择。

第二部分

做好准备并使六西格玛适合你的组织

第 5 章

目前是否是恰当的时机开展六西格玛

着手从事六西格玛活动起始于实施**变革**的决定，具体地说，决定学习并采用能够提升组织绩效的方法。在六西格玛最有抱负的各种应用中，同诸如一次重大的企业并购或推广实施一套新系统相比，六西格玛是一个更加重要的基本变革，因为其会影响到业务**如何运行**。由于大家想要达到的结果不同以及六西格玛工具应用的范围大小不一，当然导致六西格玛对管理流程以及管理技巧影响的深度各不相同。

准备实施六西格玛开始于确认组织是否已经准备好，或需要接受"有一套更好的公司运营方法"这种变化，不能靠生搬硬套、鼓捣数字来做决定。对准备情况进行评估时，公司需要考虑一系列的关键问题和事实，本章会涉及这些关键问题和事实。

六西格玛的准备情况

评估业务前景以及未来的发展途径

第一步是对公司目前的状况以及未来业务的短期和长期展望进行综合审查，要回答的关键问题详见工具5-1。

工具 5-1

评估业务未来的发展途径要回答的关键问题

- 公司的战略方向是否清晰？
  - 我们是否充分理解公司给市场和顾客带来哪些价值？
  - 是否有计划采用相应的战略以应对公司正面临或潜在的市场挑战、技术，等等？
- 公司所面临的机遇是否能够满足公司的财务和增长目标？
  - 公司的业务状况是否健康？是否有向客户和股东提供价值所需要的资本和现金？
  - 公司能够满足分析师和投资者的期望吗？
  - 公司对未来是否有明确的主旨或愿景，并被充分了解和不断传达？
- 公司是否善于迅速地对新情况做出有效反应？
  - 公司是否能够对变革（新产品、业务收购、增长等）进行规划和管理，或更倾向于对公司内外发生的事情做出反应？
  - 公司是否正在创造使业务保持领先优势的真正的革新产品和服务？
  - 客户需求的稳定性如何？公司的技术稳定性又怎样？
  - 公司在维护和改善知识资本方面做得怎么样？

通常来讲，如果公司对未来的预测是客观现实的，拥有美好前景的公司并不需要靠六西格玛来保持成功。然而，在21世纪的业务环境下，骄傲自满以及/或者过分自信常常很危险。因此,为了应对不可预见的事件,作为一种保护手段,对乐观的预测打个折扣是一个很不错的主意。

事实上,能够帮助公司创造美好的业务前景也是采用六西格玛不可抗拒的理由。在那些曾经采用六西格玛帮助业务规避将要面临的灾难的公司中,有很多正经历着强劲的业务增长以及对未来业务正面积极的预估。比如说,我们的一个客户(一家综合性的物流公司)在过去十年间业务增长了10倍,由于各大公司还在不断地把公司的物流及仓储活动进行外包,我们这个客户有充分的理由预见公司在未来仍然会保持类似成就。尽管如此,这家物流公司却仍然坚持采用六西格玛来确保并巩固公司的增长势头和竞争地位。

评估公司当前的业务表现

即便公司的业务状况很好,不断地仔细观察并意识到公司存在的问题或不足却依然很重要。六西格玛使得诚实并准确地评估公司现状变得更加容易。在回答工具5-2中的问题时,有说服力的数据越多越好。

工具 5-2

评估当前业务表现时要问的问题

- 目前公司业务的总体结果是什么?
  - 是否达到了销售和利润目标?
  - 有没有表现不好的领域(产品、业务单元)?
  - 就关键指标而言,公司表现得怎样?这些测量结果是否真的有意义(比如说,是否基于真实的数据)?
  - 最终绩效表现是否存在很大的偏差?
- 公司在关注并满足顾客需求方面的有效性如何?
  - 是否理解客户究竟需要什么?
  - 公司与关键客户/细分业务市场的关系怎样?这些客户/细分业务市场

会怎么说？
- 是不是主要进行价格竞争，公司有没有可能找到更好的方式向顾客提供价值？
- 公司提供的服务与产品的质量水平相匹配吗？反之亦然？
- 向市场推出新产品或服务成功的情况怎样？
- 是否只能令供应链中某一个参与者满意，其他的则不满意？

■ 公司的运营效率如何？
- 过程中的返工和浪费处于什么水平？
- 公司是不是"忙于"救火和解决问题，以致从来没花时间对事物进行改进？
- 单位成本是多少，是在不断地改善还是越来越差？
- 公司的辅助流程（财务、人力资源、厂务以及信息技术）是在提高公司向顾客交付价值的能力，还是只简单地强调各种规章、制度？
- 新产品或新服务上市的顺利程度怎样？

在这种评估对业务有各种各样的领悟以及/或者有更多问题要问的同时，从"是否应该采用六西格玛"的角度出发，公司还需要就以下这些基本问题进行评判。

- **是否有足够的改善空间值得公司采用六西格玛？** 如果公司一切进展顺利且有源源不断的收入进账，与可能取得的收益相比，公司可能并不值得再为六西格付出努力。相反，如果公司看到一些重大的改进机会（财务上的以及/或者竞争优势方面），那么这就是六西格玛值得一试的信号。还有，对有些组织而言，六西格玛的潜在价值是能够改善公司文化或业务习惯（比如说，变被动、凭直觉的业务风格为更加积极主动的管理方式）。正是由于被动反应的公司文化对业务的负面影响会体现在成本增加上，只要明确可以取得的财务收益，公司就应该能够支持对"公司文化进行改善"的要求。

- **最佳的改善机会在哪里？** 通过对公司目前的表现进行评估，我们可以对优先度最高的需求有深刻的领悟，这可能就是最开始时的六西格玛项目所专注的领域。
- **客户知识体系及测量系统的有效性怎么样？**

越是难以回答上面这三个问题，公司就应该越认真地考虑采用六西格玛方法来帮助提高收集"顾客的呼声"以及测量系统的能力。

对公司的变革及改进体系和能力进行评估

决定是否启动六西格玛的第三个主要因素是，公司现有的改进流程以及采纳新方法的能力。工具 5-3 列举出公司应该考虑的问题。

工具 5-3

评估公司的变革及改进体系和能力时所涉及的问题

- 公司现有的改进以及变革管理体系的有效性如何？
    - 公司是否已经付诸努力对绩效表现、测评指标、系统等实施改进？
    - 这些努力是被很好地协调一致，或只是孤立的（众所周知的"东一榔头西一棒子"）解决方案？
    - 对改进活动优先次序的选择以及结果的衡量是否有充分的数据支持？
    - 公司在实施解决方案以及推行变革方面表现得怎样——从技术和人员这两角度来看？
    - 持续改善是否已经融入公司文化？
    - 公司是否擅长变革并灵活应对新的业务挑战？
    - 公司的质量活动/团队究竟是把精力集中在改进方面，还是仅仅关注对事物的控制方面？
- 公司的跨部门流程管理得怎么样？
    - 员工是否了解整个流程？还是只了解跟自己相关的一小部分？

- 是否给员工提供充足的机会，让他们学习更多的公司业务知识以及提高员工绩效表现所需的关键技能？
- 公司是否能够很快地适应客户更严格的要求或新需求？
- 职能团队之间是否配合流畅？不同的部门之间是否存在壁垒？
- 制定决策是否需要经过许多审核或检查步骤？公司是否信任员工并让员工自己做决定？

■ 哪些变革活动或努力可能与六西格玛活动发生冲突或对六西格玛活动有帮助？

- 公司最近是否有诸如并购、新产品上市、战略改变、系统实施或其他"重大"活动可能会吸引员工的注意力并占用资源？
- 有没有其他变化使潜在的六西格玛解决方案变得过时了？
- 是否能够借鉴六西格玛用于新的活动（比如说，帮助整合并购流程或流程再设计活动中新的信息系统）？

实施第三项评估的目的是在公司可能付出努力实施六西格玛之前，检查时机是否适宜以及业务的准备情况。即便是第一项评估（公司未来业务的预期）和第二项评估（公司目前的绩效表现）强烈表明公司可以开始实施六西格玛，但是公司可能已经有能力去应对挑战，抑或公司已经把人力、系统以及其他资源都投入到其他活动或变革中。在这种情形下，想要保证公司在领导层、时间以及精力上的投入就会有问题，更不用说六西格玛所需要的资金投入了。

比如说，奇华顿公司应用了 SAP 软件，SAP 为深入研究数据提供了一种新方法，并帮助奇华顿获取本公司在全球范围内是如何运行的，以及哪些因素在驱动销售等更多详细信息。一旦奇华顿公司开始深入地研究这些数据，管理者便对找出一套改进方法更有兴趣了。奇华顿公司日用香精全球运营主管威廉·穆特塞尔兹（Willem Mutsaerts）向我们描述了公司实施六西格的情形：

公司到处都在开展项目，尽管我们被告知六西格玛是一项有重大影响的活动，但我们还是在嘲笑。因为我们认为公司也许在接下来的6个月内这么做，然后我们又能够返回原路依旧按原来的方式工作。3年已经过去了，现在我们依然还处在这个旅程的开始阶段，因为六西格玛是一种彻底的变革。

最初，我们专注于那些我们觉得能够改进的具体机会和项目。接下来，在已经取得成功的基础上，公司决定在全球范围内推行六西格玛，并把培养黑带深深地植入公司的DNA中。相比较于简单地请咨询师到公司来完成一个项目，6个月后就走人，变革管理则要花更多的时间。公司从六西格玛项目上积累的正面积极的经验使我们认识到，我们应该从公司内部获取知识。正因为如此，我们的六西格玛旅程将会更漫长而紧张。我们目前正在对员工进行六西格玛培训，并且已经培训了十几个黑带。

在哪些时候六西格玛不是公司正确的选择

首先，读者要提醒自己：公司可以把六西格玛当作目标手段，因此有限地实施六西格玛总是可行的。更进一步，我们可以从另一个角度来看待这种评估意义。那就是评估结果告诉我们在公司当前的状况下，对（目前）是否采用六西格玛最好的回答可能就是"谢谢！不用了"。以下情况是"不适合"实施六西格玛的状况。

- **公司已经存在一套强大有效的绩效与过程改进方法**。如果在解决问题和流程设计/再设计方面已经有现成的系统和工具，六西格玛可能不会带来更多的价值，反而可能使员工产生困惑。
- **目前的变革正占用公司大量的人力以及/或其他资源**。组织一次只能处理这么多的动荡（变革）。把六西格玛强加于一个或多个主要的业务剧变，六西格玛可能会成为压死骆驼（公司）的最后一根稻草。然而，公司要小心提防"我们太忙了"这样的辩解，因为这种辩解常常会成为知难而退的勉强借口，而知难而进才能使公司成为一个杰出的组织。类似于结婚或生儿育女，人们并不能准确地指定所谓"完美"的时机。成功在很大方面取决于公司怎样有效地整合，并用六西格玛去支持其他正在发生的变革。

- **没有潜在的收益**。实施六西格玛需要投资。如果无法确定现在或将来的、可靠的回报，公司可能最好还是远离六西格玛，至少在彻底搞清楚什么时候且如何能够产生回报之前不要启动六西格玛。

对上述评估进行总结：三个关键的问题

对公司目前的、未来的业务状况以及组织自身的各种因素进行上述评审，最终目标是决定公司究竟是启动六西格玛，还是至少需要再慎重地考虑。具体归结为三个关键的问题：

1. 就公司的总体财务状况、文化或竞争需要而言，变革（无论是大范围，还是有特定目标）是不是关键的业务需求？

2. 公司是否能够就采用六西格玛提出充分的战略理由？（换种方式来说，"是否能够得到公司领导层的承诺，并坚守承诺"？）

3. 为了使公司成为一个成功并具有竞争力的组织，现有的改进体系及方法是否能够帮助公司实现这种程度的变革？

如果对上述三个问题的回答分别为是的、是的、不是，公司可能已经准备好进一步探索怎样在组织中采用六西格玛。附带说一下，读者也可以在工具6-2六西格玛活动启动阶段检查清单中找到这三个问题。（该工具的后半部分主要以下一章的讨论为基础，帮助公司寻找哪些努力对其最有意义。）

从成本/收益的角度来看六西格玛

尽管我们前面已经谈到了几个与六西格玛潜在价值及可行性有关的因素，

但是我们还是经常听到管理者和高级行政人员提出这样直接的问题："确切地说，实施六西格玛的成本是多少？还有，我们又能得到什么样的回报？"不幸的是，在没有核实公司具体存在的改进机会并制订实施计划之前，我们没办法回答这个问题。当然，我们还是能够提供一些指导来帮助大家了解怎样估算并管理公司可能取得的回报。

估算潜在的收益

通过评估与返工、效率低下、客户不满意或丢失客户等有关的成本，然后再估算我们认为通过实施六西格玛可以使其降低多少，公司就能最准确地确定实施六西格玛可能带来的财务效益。比如说，如果公司已经在衡量 DPMO（每百万次机会里的缺陷数），那么公司就可以确定每个缺陷的平均成本（综合考虑人力、材料和其他成本因素），以及缺陷降低某个具体百分比所对应的成本节约。这些数字即大家常说的 COPQ（不良质量成本）越明确，我们的估算就会越准确。

然而，这类评估永远不可能是完美的，其中的一些原因如下：

（1）量化公司全部问题的成本需要耗费大量的工作，只能依赖大概估计或者从更大范围的视角进行评估。

（2）在真正地开始对问题及可能的解决方案分析之前，任何可能的节约都只是猜测。换句话说就是，只有在实际的六西格玛改进工作开始之后，我们才可能准确地知道可以实现的收益。

（3）很难量化对外部产生的影响。比如说，很难通过简单方法来预估公司对关键流程实施改善后，能够赢取多少新客户或防止多少老客户流失。六西格玛努力在某种程度上基于这样的信念：更好的数据和管理将会转化为公司更好的市场形象以及客户忠诚度。

（4）公司在实施六西格玛时无法做到面面俱到，项目的选择将会显著影响六西格玛早期的成功及其所带来的财务收益。本书第 10 章将详细讨论如何选择改进项目，我们尽量确保读者把目标放在最好的机会上。

评估实施六西格玛可以获得多少潜在收益的最好方法可能是采取一种混合手段。首先，对公司存在的几个典型改进机会进行详细的财务收益评估，然后再预估整个公司有多少类似的机会。这样就可以更可靠地回答"公司可以取得多少收益"这个问题，但这仍然只是估计而已。

判断取得成果所需要的时间

曾经有一位同事在她的办公桌上摆着一句谚语："任何事情都比预期要花更长的时间，即使你预料到其要比期望的时间更长。"这个不言而喻的道理适用于许多事物，就六西格玛成果而言，这个道理绝对没错。改进项目实际的完成时间可能比预期推迟数月，尤其是那些一开始就没有好好定义的项目。预测什么时候能够看到真正的财务收益或对主要客户产生影响，在很大程度上取决于公司选择致力于哪些改进活动。

想要知道取得回报的周期有多长既有必要，也很重要。通常，我们应该估计完成第一波 DMAIC 项目并取得实际成果需要 6～9 个月的时间。当然，我们也可以力争更快地取得成果，并寻找"速战速决"的机会。在员工经历这个"学习曲线"的过程中，如果能够让有经验的人员予以指导，尽管会增加成本，但就加速改进过程而言，将是一个不错的方法。根据我们自己以及我们观察到的许多公司的经验，过早预期丰厚的有形收益是个错误，其原因如下。

1. **筛选并找准正确或最佳项目机会需要花时间**。我们很难认识到，公司可能清楚大量的事物需要改进，但通常这些都是最初的想法，公司需要时间，甚至是前期的准备来验证这些机会。

2. **无法立即证实改进所取得的成果**。绿带、黑带或者是改进项目的主管通常都专注于实施解决方案的最后期限，项目成员们满脑子都是这个最后期限。而现实是收集数据并证实改进活动所产生的影响，可能需要数日、数周甚至好几个月。与此同时，大家开始感到气馁并产生不必要的疑惑。

设定项目开始的时间同样会影响到改进成果的计算。许多公司都设定了改进活动收益的年度目标，但项目的启动时间却被推迟到年中，在最终期限之前

"兑现"最初的目标变得非常艰难。因此，如果只要付出就有回报，为了在规定时间内取得成果，大家就需要考虑如何制订项目的启动计划。还可以考虑怎样管理成本，这样一来，回报的紧迫性就不会显得那么重要。

实施六西格玛的成本

20世纪70年代，质量大师菲利浦·克劳士比出版了巨著《质量免费》，书中指出消除浪费和质量问题会带来可观的回报，这个回报远远超过公司在这些活动上的投入。对于很多公司来说，克劳士比的假设肯定没错，但是这并不意味着在不投入种子资金的情况下公司就能得到这些收益。所以，如果你无法得到开展六西格玛活动所需的预算，你可能只能等等再说了。

实施六西格玛的主要成本或投资，包括：

- **直接人员的薪酬支出**。专职致力于六西格玛活动的人员（见第8章"配备黑带及其他关键角色"）。
- **间接人员的薪酬支出**。高级行政管理人员、项目团队成员、流程所有者以及其他人员在诸如测量、收集客户的呼声等活动上所付出的时间。
- **培训和咨询费**。对员工进行技能培训，并（从像我们这样的咨询师那里）得到如何使公司付出的努力获得成功的建议，可能也是很大的一笔投入。
- **改进活动的实施成本**。实施新的解决方案或流程设计的花费可以从几千美元到上百万美元，特别是以信息技术为基础的解决方案。（但公司很可能已经进行了投入，且回报可能并不乐观。）

其他费用还包括差旅、培训场地及设施以及团队成员办公场所和会议室花费。

对成本与回报进行估算和管理

成本的估算依赖于公司执行六西格玛的速度、实施六西格玛范围的大小以及通常公司投资于有潜在收益的活动时的风险偏好。公司的投资决策受许多因素的影响，包括公司总体目标、人员配备、培训以及项目的选择，这些都会在本书第二部分的各章中涉及。

来自我们的客户通用电气资本服务（GECS）的例子，可能会很令人鼓舞。GECS 于 1996 年启动六西格玛并在第一年就花费了大概 0.53 亿美元——相对于控制成本而言，公司花这么多资金主要是考虑到推进六西格玛的速度和实施的范围（这绝对不是在用小本经营六西格玛）。然而，在同一年，公司就取得了 0.53 亿美元的节约和收益。接下来的第二年，也就是 1997 年，GECS 在六西格玛上的投入增加到 0.88 亿美元，因此收获了 2.61 亿美元，利润高达 1.73 亿美元。第三年，公司取得了 3.1 亿美元的利润，相应的投入是 0.98 亿美元。后来其他公司实施六西格玛的规模通常都与通用电气公司的有所不同，但是我们只看到有极少数的公司未能收回在六西格玛上的投入。

怎样才能优化公司的投资回报（ROI）？主要是要通过制定谨慎、明智的决策，借此确定最有可能取得回报的领域。我们曾与某些公司一起工作并观察到，为了从中获得回报，这些公司在六西格玛活动上的投入可能已经超过了必要的数量。而另一方面，试图以"廉价"的方式从事六西格玛将会得不偿失。这会给培训质量以及得到建议的质量带来负面影响；但更重要的是，就公司致力于六西格玛的严肃性而言，这会给整个组织传达一个错误的信息。公司要求员工投入热情和精力进行业务改进时，常常需要他们牺牲一些个人时间，做有潜在职业风险的决定以及跳出舒适带去尝试新技能和工具。此时公司也必须表现出自我牺牲的意愿。

成本 / 收益与启动六西格玛

在本部分一开始就提出的问题是："确切地说，实施六西格玛的成本是多少？还有，我们又能得到什么样的回报？"希望读者理解为什么我们相信，严格地以成本 / 收益来决定是否启动六西格玛通常不是最好的方法。（例外的情况也仅限于一两个项目。）对于大多数公司而言，影响潜在收益的问题太多了，而且成本/收益评估过于粗略,因此公司不能把成本/收益比作为制定决策的唯一依据。我们的意见是,本章前面提到的文化及氛围因素(也就是组织对变革的准备情况,对客户的需求进行跟踪和理解的能力,趋于进行"救火"还是防火)在决定公司是否启动六西格玛活动的问题上,应该与估算的实际资金收益具有相同的影响力。

到目前为止,如果六西格玛对公司仍然具有吸引力,接下来有意义的问题应该是:"如何确保公司在六西格玛上付诸的努力进展顺利,并获得明显的短期及长期回报?"接下来将重点回答这个问题。

第 6 章 | The Six Sigma Way

怎么开始，从哪里入手

在六西格玛启动阶段，我们要做出第一个重要的选择。这个选择会影响到成本、潜在的投资回报大小以及取得投资回报的速度，它归根结底就是"从哪里入手？"读者可以采用本书第 4 章中介绍的六西格玛路径图，设计并指导这些启动阶段的决策制定。本章中我们将着眼于两种方法，来帮助读者们找出最初的实施决策。第一种方法是以对行动规模和紧迫性所产生的影响为标准；第二种方法是对公司的优势和不足进行评估，其中包括我们称之为六西格玛体系的核心竞争力。

从哪里入手：目标、实施范围以及时间范围

"应该怎样开始推动公司朝着六西格玛绩效前进？"面对六西格玛的困难问题，我们倾向于依赖如下两种回答中的任意一个："视情况而定"和"只有老天爷知道"。

对于上述第二种回答，我们无法进一步求证，所以我们只能试图让"视情况而定"这个答案更精确一些。幸运的是，如何量身打造公司自己的方法明确地取决于三个主要因素：目标、实施范围以及时间范围。这三项要素是相互关联的，但是逐个对每项因素进行研究能够为公司六西格玛启动阶段的决策提供指导。当我们对这些因素的标准进行仔细探讨时，读者将会意识到，第5章中有关六西格玛准备情况的评估信息，对公司做出自己的选择有巨大的帮助。

对目标进行澄清

我们想要公司所付出的努力取得什么样的成就？

所有公司都希望从六西格玛中获得成果，但需要的（或可能实现的）成果类型或变革类型可能会显著不同。例如，在解决产品故障或客户服务差距方面没完没了的问题上，六西格玛可能是一个具有吸引力的方法。再然后，公司的业务可能正在增长，也很赚钱，但公司也意识到业务的成功正在培养一种被动式的管理文化，这种文化将会威胁到公司未来业务的成长。每一种不同的情形都会导致不同类型的六西格玛活动。

之前我们曾经定义了三种宏观水平的目标——业务变革、战略改进和解决问题（见图6-1），这取决于公司希望给组织带来影响的范围。当然了，大家都想说："我们想要达到所有的目标！"但是，明确公司实施六西格玛的首要驱动力是什么（至少就目前而言），将有助于公司达成六西格玛启动阶段的最佳战略。

对实施范围进行评估

在六西格玛活动初期，公司哪些部门可以参与进来或应该参与进来？

读者在组织中的职位能够影响活动开展的范围。举例来说，如果你掌管着信息技术部门，你也许就拥有了在公司IT领域启动六西格玛变革的权利和资源，但显然你无法推动其在整个公司范围内的实施。即便如此，试着去影响

目标	描述
业务变革	公司工作方式的重大转变，也被称为"文化变革" 例如： • 树立专注于顾客的态度 • 培养更大的灵活性 • 摒弃旧的业务运营体系或业务方式
战略改进	把解决战略或运营中的关键弱点或抓住其中的机遇作为目标 例如： • 加快产品开发速度 • 提高供应链的效率 • 培养从事电子商务的能力
解决问题	解决诸如高成本、返工或时间延误等具体问题 例如： • 缩短客户申请处理时间 • 减少零部件短缺情况 • 减少预期的应收账款数量

图 6-1　三种宏观水平的六西格玛目标

组织领导者在全公司范围内开展六西格玛活动还是有可能的。事实上，我们有一个客户就是根据公司 IT 部门副总裁所提出的一些早期建议，才开始推行六西格玛改进活动的。

确定实施范围的另一个因素，主要取决于对"哪些是可行的"这个基本问题的回答。同时在所有的业务活动中实施六西格玛可能并不现实。即便是在通用电气公司，某些业务和流程也没被纳入公司最初的一波六西格玛改进活动中。就拿销售流程来说，在公司推行六西格玛最初的一年多时间内，其都没能引起足够的注意。其他业务像 NBC（现在是 Comcast 公司的一部分），也开始得稍晚一些。在寻找公司最初专注的实施范围时，仔细观察核心流程或业务运行情况，能够为公司提供有价值的想法输入。

确定可行性总会涉及取舍的问题（正如之前我们所说的，"视情况而定"）。在绝大多数案例中，主要是以下三个因素在起作用。

1. **资源**。谁是参与活动的最佳人选？大家能够在六西格玛活动上投入多少时间？用于启动六西格玛的预算是多少？其他还有什么活动会争夺现有的这些资源？

2. **注意力**。公司是否能够同时关注多项起始活动？我们自己或公司的其他领导者能否同时对大量的活动进行指导，而且还不会手忙脚乱？

3. **认可度**。不管是什么原因，如果某个区域（职能、业务单元、部门等）的员工存在抵触的倾向，可能最好还是以后再让他们参与进来。这是"挑选你自己的战斗"这句格言的组织变革版。

确定时间范围

在取得结果之前，我们自己或公司能够/愿意等待多久？

换句话说，使用"紧迫性"或"忍耐力"或"恐慌的程度"这些描述可能比用"时间范围"更为贴切。漫长的回报周期会令人沮丧，公司可能会像汽车旅行途中的孩子（"我们怎么还没到呢？"）。实际上，时间因素对绝大多数六西格玛启动阶段的活动都具有最大的影响，而且也是选择这些活动的充分理由。

查克·考克斯曾担任布尔电脑公司（Groupe Bull）服务器事业部的质量改善活动临时负责人，同时也长期担任六西格玛顾问。他指出："除非看到非常立竿见影的投资回报，否则你就没办法说服那些位居要职的家伙把手头资源拱手相让并负起责任。"对考克斯而言，通过速战速决的模式来取得收获，是证明六西格玛理念和价值的最佳方式。

然而考克斯也认可短期的收益并不是重点。真正的目标是建立一个组织，这个组织能够有效地紧紧抓住"忠实的客户群体"，只有通过长期、全面的努力才能实现这种情况。那种纯粹以项目为基础、只是解决问题的实施方式的危害是，公司永远不会为了把六西格玛体系变成一项公司可利用的资本而扩大六西格玛活动的实施范围。

进入六西格玛路线图的切入点

图6-2呈现了与六西格玛努力的目标相对应的可能的起点——进入六西格

玛路线图的切入点。甚至同时选择多个切入点也是可行的,这是一个巧妙的做法,只要我们小心不把资源和精力分配得过于分散。在我们对切入点进行解释之后,我们将通过一个案例来对不同类型起始目标进行说明。

业务变革的切入点

图6-2最上方的切入点适合那些把六西格玛当作一种全面变革举措的有需求、有愿景和有耐心的公司。在开始阶段,把精力集中在准备少数核心流程的示意图上,而不是试图识别并确定全部的流程可能会更加可操作,同时也是一个有学习价值的实践过程。此外,选择了业务变革所对应的切入点并不意味着公司就不能再选择其他的切入点了。实际上,通过付出多方面努力去实施组织变革常常是一个聪明的做法。

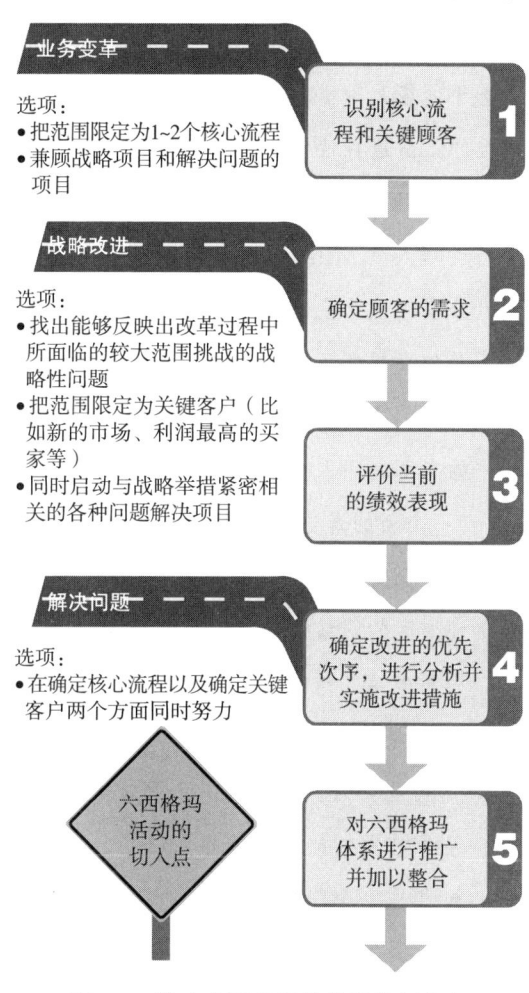

图6-2　进入六西格玛路线图的切入点

第3个案例:Miracle半导体公司利用六西格玛实施业务变革

Miracle半导体公司的管理者一致认为,如果公司希望长期生存下去的话,需要使整个组织重整旗鼓。公司制造特殊数码元件,这些元件用于小型电器以及诸如汽车和洗碗机这类日益高科技化的耐用产品上。尽管仍在盈利,但公司的业务增长在过去两年里持续放缓。随着客户需求变得越来越有挑战性，Miracle 公司在工程设计与技术方面成熟的优势正在减弱。与此同时，公司也不善于同客户建立相互合作的伙伴关系，而开发真正出色的客户定制化产品所需要的正是这种伙伴关系。

把六西格玛作为变革的切入点这个想法来自工程设计副总裁，他在一次高级管理人员 MBA 研讨会上听说了六西格玛这个理念。最初，他跟市场部负责人分享了这个主意。然后，两人在公司的一次高管会议上一起提出了这个想法，其他高层管理人员与他们达成了共识：公司需要一种新文化来取代当前以工程技术为本的文化，这种新文化应该能够使公司在技术创新能力与积极响应客户的态度之间保持平衡。

"一个新的奇迹"（A New Miracle）被选定为这项活动的主题。高层管理团队开始非正式地向经理和团队成员介绍他们的想法，然后在覆盖亚洲、欧洲以及美洲地区的网络视频会议上向大家宣布了这项计划。

公司确定了这项活动中优先度最高的两项主要任务，并开始实施。

- 高层管理团队与公司的两级管理人员开始召开一系列会议，着手绘制公司业务的宏观示意图，用以揭示公司部门与公司现有客户及潜在客户之间在关键接口上的相互关联。
- 组成一个跨部门小组，就潜在客户进行方案开发中的问题进行评估，目标是在季度末之前确定 3~4 个具体的改进项目。

"我知道我们需要强化公司的技术资源，"Miracle 公司的总裁说，"但是，如果不先把这些事情做好的话，我们将只是在浪费时间。"

战略改进的切入点

图 6-2 中间的切入点是拥有最多选项的一个切入点。战略改进活动可以限定为 1~2 个关键的实验性改进项目，也可以通过公司的全员参与和培训来解决公司的战略短板问题。这个切入点既可以是公司雄心勃勃的业务变革举措的舞台，也可以只是公司在其长期战略背景下进行的一场专门的改进

战役。

战略改进的目的还可以是,建立公司六西格玛体系中的某一个基础要素或某一个核心竞争力(例如,测量系统或顾客的呼声收集体系)。

🎬 第 4 个案例:Safety Zone 保险公司利用六西格玛实施战略改进

Safety Zone 是一家经营寿险和财险的保险公司,公司在美国北方的中西部地区通过独立的代理商销售其保险产品。尽管经历过几波艰难时期,Safety Zone 是这个市场上成本最高的公司之一。公司的保单理赔服务非常好,投保的客户们的确相当满意,但公司在核保工作和保单发放上也耗费了大量的人力成本和时间。保险代理对 Sefety Zone 公司在核保和保单发放上的延误深恶痛绝并经常投诉。

公司的首席运营官埃莉诺·左恩(Eleanor Zone)得出结论,仅凭一次次口头告诉大家要"降低成本"无法真正把成本降下来。"我们必须采取更聪明的方法处理客户申请。"她在公司股东大会的筹备会议上沮丧地喊道。(Safety Zone 公司的股价已经比上个月下跌了 10%。)

会后,左恩会见了核保部门总监并建议他们尝试用六西格玛方法降低成本并缩短处理客户申请的时间。

"那不是一套用于全面'文化变革'的东西吗?"这位总监问道。

"据我所知,"左恩回应道,"我们可以只用六西格玛方法帮助处理关键问题,比如说解决成本控制问题。如果这个方法奏效了,我们可以寻找其他的方式对其进行推广。"

因为密歇根州的一些代理商最近写了一封信,威胁要停止代理 Safety Zone 公司的业务,公司随即成立了一个小组来解决这个问题。与此同时,公司成立了一个审查委员会,收集有关成本居高不下以及流程缓慢问题的数据,需要在两周之内提交一份报告……

解决问题的切入点

取得成果的紧迫感几乎推动着每一次六西格玛的启动，绝大多数公司都选择直接跳到以解决问题为目标的切入点（图6-2所呈现的第三个切入点）。然而，虽然从这个切入点入手通常是最快获得回报的一种方法，但仅仅专注于解决问题也可能是六西格玛道路风险最高的捷径。这些危险来自于以下两个方面。

1.项目选择不当。缺乏与流程或顾客有关的数据，业务负责人纯粹根据猜测或假设进行项目选择。这种情况下，公司或许可以很好地解决让大家心烦的目标问题，但对业务或顾客而言却不是真正重要的问题。另一种常见的诱惑是，同时启动了太多的项目。

2.收益有限。在关注更大范围及长期视角的驱使下，路线图步骤4（流程改进和流程设计/再设计）中所涉及的各种解决问题的方法最为强大。TQM在解决问题上付出的努力常常缺乏真正在更大范围内实施变革的愿景，这就是这么多的公司丧失动力的重要原因。

如果读者所在的组织是大多数想立刻实施六西格玛改进项目的公司中的一员，那么你们公司的最佳筹码就是，力求在取得立竿见影的成果与重视公司的长期目标（路线图中的步骤1、步骤2、步骤3和步骤5）之间维持平衡。但是，如果公司全部想做的就是解决某些关键问题，那也没问题。

🎬 第5个案例：Acme公司利用六西格玛解决问题

Acme公司首席财务官看到公司应收账款小组负责人乔·切克（Joe Check）在她的办公室门口徘徊时很惊讶。"进来吧，切克，"她招呼道，"有什么事吗？"

"我有一些很有意思的东西想让你看看，"乔说道，"我们小组有几位成员正在试图减少通过托收代理催收逾期付款的客户个数。我们都以为问题应该源自那些关系不长久的客户，却发现最常出现逾期未支付发票款的竟然是公司的大客户。"

"你的意思是说,我们把托收代理派往付款行为较好的客户那里去催款?"

"这个数量几乎两倍于那些我们称之为'老赖'的客户。"乔确认道。

"哦!"首席财务官说,"但是,如果不按时付款,不管怎样我们都必须进行追讨。"

"好吧,如果发票信息正确的话,我同意你的看法。我们还发现销售代表手中的价格计算公式与发票系统之间存在一些差异。几乎80%的逾期付款都存在着价格不匹配项目。"

"你是怎么搞清楚这个问题的?"

"是这样的,"乔解释道,"我曾经读过有关六西格玛改进的一些资料,觉得很有趣。也就是说,我们花了很多时间去解决我们认为根本就不应该发生的问题。所以,我决定尝试一下这个方法。我们并没有做什么复杂的事情,实际上只不过是对问题进行更仔细的观察,而不是想当然地认为我们知道正在发生的事情。这给部门里的员工们深刻的印象。"

"这也给了我深刻的印象。"首席财务官承认说,"我还能想到其他几个可以采用这个方法的区域。"

在接下来一个月的月末,这位首席财务官就宣布在公司财务部门进行六西格玛活动试点,范围涉及应收账款和投资者关系领域。

路线图与公司所存在的优势及不足

另外一种根据六西格玛路线图(见图4-1)确定公司六西格玛优先度的方法是,对公司在各个步骤上的表现进行能力评估。这些步骤都代表了在21世纪取得成功的组织所具备的核心竞争力。一旦开始就工具6-1中所列的问题进行认真思索,我们就会意识到公司在哪些方面存在最大的不足,继而也知道公司最初改进活动的重点所在。

工具 6-1

帮助组织确定其优势与不足的相关问题

- **第一步：公司整体**
  - 我们是否清楚地了解公司内部是怎样"相互配合"的？
  - 核心流程是什么？
  - 公司服务于哪些关键客户？
  - 各团队之间的接口或边缘区域是否明确并管理得当？

- **第二步：顾客**
  - 公司对客户真正了解多少？
  - 我们对公司竞争对手的客户有多少了解？
  - 公司是否具有能够广泛并有效收集客户呼声的战略？
  - 是否有现成的机制获取来自于顾客和市场的信息，以便公司能够对这些信息进行仔细研究和分析？
  - 公司是否同时专注于服务和输出项这两方面的需求？还是只专注于某一方面的需求，而忽视了另外一个方面的要求？
  - 顾客的反馈是否已经被转化为明确的需求或标准规范？

- **第三步：绩效表现**
  - 针对顾客的需求，我们是否在对公司的表现实施准确的测量？（我们真的知道公司到底表现得怎样吗？）
  - 评价指标是否同时涵盖服务的标准和输出项的标准规范？
  - 公司所采用的评价指标是太少还是太多了？
  - 是否这些数据容易获取？
  - 在利用测得的数据对流程/绩效表现进行评估并实施改善方面，公司做得怎么样？
  - 流程中的工作人员是否理解这些评价指标并知道如何利用这些信息？
  - 为了在问题发生之前就发现潜在的问题或机会，是否应该具备输入项指标或流程指标？

- 第四步：问题和机遇
  - 公司是否有需要引起注意的严重问题或重大机遇？
  - 反过来问，是否每个问题都很紧急？或者说我们是否为改进活动设定了合理的先后次序？
  - 解决这些问题可能带来什么样的回报？
  - 解决问题所必需的资源是否已经到位？或者说我们是否只是采用权宜之计去解决问题？
  - 公司是否已经具有一个清楚的、主动的流程以产生集中于解决问题根本原因的方案？
  - 如果目前的流程设计不再切实可行，公司是否能够且愿意实施流程设计或重新设计？
  - 关键领导是否致力于改进活动并予以支持？
  - 公司是否在对改进结果进行测量并努力确保解决方案取得成功？

- 第五步：持续的评估和管理
  - 针对关键流程持续的评估和管理，公司是否建立了相应的职责？
  - 是否已经设法确保改进措施能够得以持续实施，并保证结果满足要求？
  - 是否对各种评价指标进行收集并报告？这样一来，公司的业务表现就能让人一目了然。
  - 把公司业务作为一个闭环系统进行管理，我们准备好了吗？

从某种意思上说，工具6-1中所示的问题为确定六西格玛改进的优先度提供了一种更加合乎逻辑的方法。与根据公司目前存在的问题或顾虑而着重于切入点的选择相比，上述的评估则关注于组织所存在的系统性优势与不足。例如，通过提高对客户需求的认识或加强公司的评估体系，我们在为六西格玛团队提供更好的环境的同时也建立了更强大的业务，更不用说为改进活动提供了更好的数据。

然而从现实的角度出发，公司目前面临的问题通常都比系统性挑战拥有更高的优先级别。诀窍就是即便把重点集中在公司业务当前的需求上，也要同时确保这些初期的项目为以后建立六西格玛核心竞争力打下基础。

对六西格玛工作进行试点（也被称作"星火燎原"）

尽管不是每个六西格玛的实践者都采取循序渐进的方法，根据包括我们亲眼见证在内的很多推广活动的经验，我们强烈主张大家采用"进行试点的策略"去开展六西格玛工作。其原因之一就是，全面实施所需要的费用高、存在的风险更大，而且大家对失误的宽恕度更低。分阶段地推进使得我们能够对活动的各种要素进行评估，从项目的选择与衡量到培训以及促使大家参与。同时也有助于对投入进行管控，这样我们就能够更快而且也更准确地计算出真正的回报。

针对进行试点的反对意见包括对快速推行有要求，公司缺乏资源进行试点以及/或者担心时间一长大家就对六西格玛活动丧失了动力与热情。然而，一个深思熟虑的逐步切入计划不会造成多大的进度延误，而且通过试点发现并解决存在于培训、项目本身、团队合作等方面的"漏洞"，我们反而为更快地取得更大的成就铺平了道路。

凯图公司的帕特丽夏·斯摩确认了这个观点："这个进行试点的整体概念带来了巨大的不同。在我们最开始实施六西格玛时，大家都认为'凭什么要浪费我们的时间？这只不过是你们强迫我们所从事的一个多余步骤。'但是，我们曾经有过通过试点而避免了某些重大失误的早期经历，现在没人愿意在不进行试点的情况下就贸然实施。即便是对那些从未接受过六西格玛培训的员工而言也是如此。"

对什么进行试点

试点工作能够应用于六西格玛实施的任何一个方面，包括：

- 为业务主管设定方向
- 项目的选择
- 项目团队的构成
- 团队主管的选择
- 测量方法
- 培训的内容与规划（针对公司的执行层、团队主管、团队成员等）
- 培训的组织工作及日程安排

很清楚，试点工作最重要的对象就是六西格玛活动所取得的成果。然而，衡量这些成果可能要花些时间。因此，通过对在试点过程中所发觉的某些因素进行密切注意，就能够提高最终取得强大收益的可能性。

与试点策略有关的关键问题

实施试点的策略起始于我们的态度，这种态度就是在为六西格玛付出努力的过程中，对问题进行管理并采用持续改进的方式。具体的试点策略取决于我们的目标，但是，提出并回答以下几个基本问题有助于促进试点计划的形成。

- **怎样对计划或方法进行试验以确保其能够发挥作用？** 在关键的六西格玛活动上寻找范围小、风险较低的试点机会。即便是这样，也要尽可能确保试验条件与正常条件一致，否则试点所产生的数据可能无法代表以后所发生的情况。
- **为了了解我们所付出努力的表现情况，需要对什么进行测量/观察？** 测量/观察的对象越具体越好。伴随着试点工作，我们需要对哪些活动发挥作用，哪些活动没有效果，认真仔细地进行专门研究。缺乏这种研究，改善成果的大小更多的是根据推测，而不是在试点中所得到的真实的认识。
- **需要花多少时间对试点工作中所取得的认识做出相应的反应？** 这方面向

来都是一个挑战。绝大多数公司一旦决定推行六西格玛，就希望一蹴而就。但是，如果试点策略的最终目的是获得回报，花些时间进行仔细研究并进行完善非常关键。因此，我们强烈建议在评估、确定及实施改进的整个过程中留出一段时间。这取决于对什么进行试点。通常来说，这种研究/完善工作所需要的时间可以是数周或更短的时间，随后就可以雄心勃勃地向前推进，并且对取得回报充满信心。

这并不意味着在整个公司范围内的全面推广就不会获得成功。我们的客户喜达屋集团成功地应用六西格玛并将其融入酒店业务已经超过十年了。喜达屋采用了一种其内部称为大爆炸的方式，在为期6个月的大规模活动中，公司对绝大多数国际区域的管理团队和员工实施培训并启动项目。与此同时，在这个所谓的大爆炸开始之前，公司在为期6个月的"商业理由"确认和规划阶段投入了大量的资金和努力，并且在最初准备阶段与高层团队经历了几个"开展/不宜开展"决策点的讨论。

尽管他们的举措得到了全面的成功，包括在"9·11恐怖袭击事件"所带来的公司业务几乎停滞不前的时期，公司仍承诺持续实施六西格玛活动。然而，公司负责此项活动的高管及其带领的团队在后来的回顾中觉得，阶段性的推进方式或许会更好。

（我们也曾见证过一些彻底失败的案例，印象最深的是一家位于南非的银行。公司CEO主持召开了一次会议，会上电子投票的结果压倒性地支持公司推行六西格玛活动，然后公司什么也没有做。）

六西格玛启动阶段总结

首先，让我们提醒各位读者与准备工作有关的一些基本问题，这些问题都列在工具6-2的六西格玛启动阶段检查清单上。

现将大家应牢记的最重要的事物总结如下。

- **规划出自己的路径**。在实现六西格玛的众多途径中，最佳途径就是能够为公司发挥作用的那条。避开那些声称拥有实施六西格玛方法的一类人。

- **确定你的目标**。设定改进优先度非常重要。采用六西格玛对公司存在的关键问题进行解决是没问题的，六西格玛也可以用于推动文化变革。只要能够满足需求且准备就绪，可以从任何有意义的某个层面（或多个层面）开始。

- **坚持从可行之处着手**。制定与影响力、资源和研究范围相匹配的规划。如果这意味着只能在我们所能掌控的小范围内尝试推行六西格玛方法——正好，这通常是着手开始的一个好方法。

- **采用进行试点或阶段性启动的策略**。如果在全面推行之前对活动的关键部分实施试验和改善，从长远来看会节省时间和精力。

- **权衡短期考虑与长期考虑**。着眼于取得快速成果的重大缺点就是，其带来只纠缠于短期项目的风险。在组织中建立起六西格玛核心竞争力（对客户的了解、评估指标、积极主动的改进等）也同样需要予以关注。

工具6-2 六西格玛启动阶段检查清单

六西格玛启动阶段检查清单

■ 第一部分：目前是否是恰当的时机开展六西格玛？……

对组织（公司、事业部、部门）目前的战略情况和绩效表现进行评估，并回答下列问题。

1. 根据组织在财务、竞争或文化上的要求，变革在目前是否是极其重要的业务需求或机遇？　　　　　　　　　是　　否

2. 是否有足够的战略理由在业务中（以某种形式）应用六西格玛？　　　　　　　　　　　　　　　　　　　　是　　否

3. 现有的管理体系和改进流程是否能够把员工的参与度
   提高到对公司不断成功至关重要的水平？　　　　　是　　否

如果你的回答分别是"是""是""否"，看起来你已经就进一步探讨如何在组织中开展六西格玛做好了准备。

- **第二部分：怎么开始？从哪里入手？……**

仔细考虑一下组织目前所开展的各种活动及优先度之间的组合，在下列描述中选出最能表示其现状的选项。

1. 公司已经准备好并能够集中精力全力推进建立一个
   "六西格玛组织"。　　　　　　　　　　　　　　　☐

2. 业务上高优先级别的重要战略问题或业务流程需要
   集中的改进资源。　　　　　　　　　　　　　　　☐

3. 在推广六西格玛流程之前，当务之急是需要着手处
   理短期问题和项目。　　　　　　　　　　　　　　☐

如果选择是：

1. 你可能已经为实施全面业务变革做好了准备。2. 你最好专注于某种形式的战略改进。3. 立刻开展流程改进项目可能是最好的着手点。

第 7 章　领导层在六西格玛启动及指导过程中应采取的行动

The Six Sigma Way

我们经常注意到，无论开展项目还是改变组织文化，六西格玛的成功都需要领导层的支持。事实上，领导层的支持在很多方面都很关键。然而，随之而来的问题是，这种支持无论如何都不够充分。

举例来说，某位领导者或管理者可以轻而易举地宣称"我支持这件事情"，而实际上则不然。即便这种声明是诚心实意的，但也如履薄冰："我对此非常赞成……但是，如果发生其他事情，我会放弃这件事情。"第三种情形更有希望，但依然充满挑战：虽然拥有强大的支持，却并不真正理解领导者需要为六西格玛的成功做什么。

为了帮助大家克服这个"支持的误区"，我们更喜欢使用诸如主人翁精神、参与度以及责任感（或许是最合适的描述）这些词语来描述六西格玛所需要的有效领导力。好消息是，通过下述方式指挥六西格玛活动是学习成为更胜任的领导者的重要机遇。

1. 领导变革，帮助组织适应环境和进行改进或许是当今领导者的最必不可少的角色和技能。

2. 对六西格玛活动进行指导，能够、也应该促使各级领导团队对他们自己的管理流程进行仔细检查、评估和改进，这会对公司的效率、灵活性、战略重点和团队合作产生巨大影响。

由于这两个主题的涉及面都很广，本章中我们将重点介绍八条行动，在组织中开始实施并发展六西格玛活动或持续改进活动的时候，这些行动对领导者来说至关重要。需要提醒大家的是，避免被其他公司和其他领导者的所作所为诱惑并进行单纯的复制。我们当然可以向他人学习，但具体细节需要与公司所处的环境、文化和目标相匹配。

形成强大的愿景和理由依据

领导者应该能够（首先是向自己，然后再向其他人）描述为什么组织需要六西格玛体系。"这是最近发生的重大事件"或"华尔街的确热衷于六西格玛公司"无法停止这个疑问。理由依据对于组织来说必须要具体，同时还要与公司绝大多数员工都能够理解的收益直接相关。最有效或最令人信服的愿景通常都与组织的核心使命相关，同时还描述了推动变革的能力怎样成为实现使命不可或缺的一部分。

美国医疗保险和医疗补助服务中心（CMS）对其改进活动的理由依据所进行的描述是一个很好的例子。该描述的开头是CMS所称的"三组分目标：更周到的个人关怀、更好的国民卫生保健，通过改进实现更低的成本"。推动改善并实现卓越运营是这个愿景的本质要素，"如果期望对全美国范围内的医疗保健体系的变化产生影响，必须不断地提升我们的工作方式"。

采用六西格玛的理由依据除了与组织的使命或目标相联系，还应与某种程度上的紧迫性相关。即便你所在的组织处于良好的状态（财务上和竞争方面，抑或政府或非营利组织在完成使命方面），你也可以很现实地说明：组织未来的成功没有保障，为了保持优势，公司需要采取积极的行动。

一个强大的愿景通常还应该包括与公司未来所期望的情形有关的某些细节。例如，我们在金融服务领域有一家客户，针对其所处的细分市场，这家公司把改进活动与取得最高的"净推荐值"紧密联系起来，这就意味着这家公司的客户中愿意对其服务进行推荐的客户占客户总数的百分比最高。

响亮的口号或标语也会有所帮助，只要其不是被用来代替真正的改进工作。下面是几个不错的口号：

- "建立一家经久不衰的伟大公司"——这是我们最喜欢的之一，来自一家高科技客户
- "创造一种不断革新的文化"——联合信号/霍尼韦尔
- "盈利并且完全满足客户的需求"——通用电气公司对质量的定义

愿景和理由依据会随着业务条件的变化而改变。但是，在任何组织中，这种变革、适应以及改进能力（至少在我们看来）永远值得进行培养。

积极地参与制定规划和实施

一旦高层领导把责任交给六西格玛管理者或顾问，组织取得可持续性成功的可能性就会骤降。通过获取专家建议和组建核心团队来推动六西格玛活动当然很有价值，但是，执行团队需要参与并积极地为关键决策提供支持，出于三个极其重要的原因考虑。

1. 每项决定和行动都会涉及时间和资源（也就是金钱）。领导者需要直接参与，借此确保六西格玛活动的重点与组织的需求相一致，而且他们也能够对活动给予解释和指导。

2. 改善过程中的每个步骤都是一次学习机会，而且很多步骤都需要时间来适应。那些没能从这些经验教训中获益的领导者很可能会再次进行猜测、再次犯错，然后不停地重复这些错误。

3.领导者的行为会为他们真实的承诺水平传递信号。如果只是听到要求改进、改进的目标这些口头谈论,但是并未看到管理者真正地承担职责(投入时间,对成功和失败进行说明,审视并改进他们自身的行为),人们将会把改进视为一个可选项或一阵风(也就是"昙花一现")。

上述这些指导原则可不仅仅只适用于"启动"阶段。为什么建立持续改进文化的雄伟愿景常常以失败而告终?其主要原因之一就是,几个月或一年之后,领导们就失去了重点或不再致力于这项活动了。或许六西格玛工作仍在继续,但被下放给少数人员以及为数不多的项目上。因此,启动计划不应该只关注项目、培训,挑选各种"带"(如绿带、黑带,等等),还应关注于把改进策略及其实施整合到日常的管理过程中。

Adobe 公司的德温·里卡德相信,六西格玛之所以在 Adobe 公司如此成功,执行层对六西格玛的承诺就是其中的原因之一:"我们确保公司执行层给予合适水平的承诺,他们不仅要参与项目的开始阶段,而且在整个项目的过程中都要露面并积极投入。我们真的期许他们组成一个支持者联盟,尤其是当遇到各种跨职能性质的活动时,我们期盼他们积极地参与信息并在组织内自上而下地传播,这些沟通内容包括什么已经被完成,为什么是公司的优先项,以及为了确保成功而所需要的整个组织的支持程度。"

建立推广宣传策略与计划

作为变革管理在这方面的实践,为了适合具体公司的六西格玛愿景和范围,应该对其进行相应的调整。如果我们所关注的是在为数不多的几个项目中进行六西格玛改进"试验",很显然,公司大范围的推广宣传并不合适。引领六西格玛推广宣传的关键问题如下:

- 谁是关键的受众——公司内部的还是外部的?
- 怎样最恰当地对计划进行介绍以确保得到积极的反应?
- 针对不同的受众群体,需要对信息进行怎样的调整?

- 哪些媒介、推广活动及类似的活动比较合适？
- 如何应对消极的反应？

推广宣传计划还应包括诸如启动、扩充以及持续支持等这类关键词和短语。为六西格玛建立一个令人心动、具有挑战性但又符合实际的推广宣传计划充满了挑战，避免进行过于乐观的大肆宣传。

请大家牢记：推广六西格玛的宣传活动并不能取代在项目或战术层面的变革管理。为了获取支持并克服各种疑虑，每项改进活动都需要在这方面付出某种程度上的积极努力。

成为强大的拥护者

需要向诸如联合信号的拉里·博西迪、通用电气的杰克·韦尔奇这类"早期的采用者"所借鉴的一个战略是，他们始终强调实施改善的能力是组织成功的基本要素。这可不是某个"值得拥有"的或额外的选项，而是公司在面对更严峻的竞争、经济起伏不定、客户需求等这些挑战时所必备的手段。

最高效的**拥护者**必须牢记获取成功的关键：

- **避免"盲目迷信"**。六西格玛绝不是一根魔法棒，即便是采取巧妙的改进方法，难题依然还是难题。
- **建立一个由多个拥护者组成的团队**。如果只有 CEO 或六西格玛副总裁是坚定的信使，那么只要他一离开职位或离开组织，这个气球就会泄气。在改进流程得以持续的每一家公司，拥护六西格玛已经成为公司领导层文化的一部分。例如，许多通用电气公司前高管到其他公司担任领导职位时，都启动了六西格玛活动。
- **对实施改进的所作所为进行说明（真诚地）**。领导者常常把承诺只局限在向他人保证实施变革上。而这项原则将会增加我们的信誉度，并有助于确保对同样需要调查和改善的领导／管理系统予以重视。

随着时间的推移，把与公司实施改进的能力及其影响有关的信息综合起来，应该成为日常沟通中自然而然的一部分，而非特殊情况。例如，凯图公司的帕特丽夏·斯摩，对为什么资深管理人员的参与是凯图公司六西格玛活动成功的一个关键因素进行了介绍。她特别指出，总裁兼 CEO 凯文·凯莱赫（Kevin Kelleher）对六西格玛的支持是整个项目持续进展的主要原因。"凯文非常专心于六西格玛学员的工作，每次我们组织六西格玛培训，他要求每位参加培训的员工在培训结束数月之后跟他进行面谈，更新项目的最新进展情况。这对于保持大家致力于不断学习，而不只是为了在履历上加上一句'接受过六西格玛培训'才参加培训，具有真正的意义。凯文的参与的确促使大家开始使用六西格玛，这一点非常重要。因为如果不对课堂上所学到的东西加以使用，大家很快就会忘记这些内容。"

"在公司全员大会上对其进行谈论并在公司信息更新中提及六西格玛，是凯文支持六西格玛的另一种方式。这对有兴趣进一步学习六西格玛的员工数量有着重大的影响。本人在凯图公司已经工作了 13 年，我最近所从事的工作和学习与发展有关，每当凯文在出版物或发言中提到六西格玛，总会有很多员工有兴趣参加六西格玛培训。就员工在了解究竟什么是六西格玛及使用六西格玛方面所存在的兴趣而言，凯文的支持对其产生了看得见的、可衡量的不同。"

另外，还有一位在公司的艰难时期依然倡导六西格玛的 CEO——巴里·斯坦里克（Barry Sternlicht）。喜达屋酒店集团于 2001 年年初首次开始实施六西格玛，公司的时任 CEO 就是巴里。就在同一年，"9·11 事件"发生之后，喜达屋公司意识到需要对公司进行成本削减，由于六西格玛活动刚刚起步，很多人都建议完全终止这个项目。布莱恩·麦圭尔依然记得当年高层领导团队是怎样下决心保留六西格玛项目的。尽管当时几乎没人出差，尽管其竞争对手（希尔顿、万豪、凯悦）都在削减成本，但喜达屋公司的做法还是在斯坦里克的带领下，公司的高层领导团队承诺对六西格玛进行加倍下注，在满足客户需求并与他们建立伙伴关系的同时也努力使公司变得更加有效。

最后，尽管取得高层管理的支持非常重要，但并不意味着总是需要先从公司的高层那里得到承诺。英国石油（BP）公司的评估总监斯科特·什切潘内克（Scott Szczepanek）指出："很多人坚决主张，如果没有自上而下的强制命令，公司就不能开展六西格玛。对于想要开展涉及大量利益群体的大规模项目的那些组织来说，上述观点可能的确没错。但我发现，无论是在西尔斯（我曾经工作过的公司）还是英国石油，有时候采取自下而上的方式则更好。几乎类似于游击战，通过较小的项目为业务带来唾手可得的收益，借此赢得支持并建立公司自身的六西格玛能力。这么做会建立势头，然后我们顺势而为，取得公司领导对六西格玛的支持并使其成为他们的确愿意支持的事物。两种模式都有效——自上而下和自下而上，具体采用哪一种模式事实上取决于公司的运营文化。"

设定清晰的目标

目标作为宣传推广六西格玛的一项特征，其重要性与沟通计划或主题一样。如果大家能够对其做有意义的解读，概括的业务目标（如取得10倍的改善，5年之内达到5个西格玛水平）当然很棒。适合读者们所处组织的具体目标则会依据公司的特性以及六西格玛活动的范围进行量身定制。无论是在哪种情况下，目标都应该做到易于理解、有挑战性、有意义，而且不应该是不可能完成的目标。

让自己以及他人负起责任

通用电气公司六西格玛活动中最大胆、最有效，同时也是引发评论最多的举措之一就是，每位高管浮动薪酬（也就是奖金）的40%都与六西格玛的成功直接挂钩。这种施压式激励方式向公司的每位员工都传递出与六西格玛重要性有关的强烈信息，当然，同时也有助于避免六西格玛项目被其他重要工作所淹没。

与通用电气公司形成鲜明对比，我们一家客户公司的总裁约我们见面，他对公司的质量活动感到非常沮丧。"两年来，我一直在给公司的员工施压，"这位总裁抱怨道，"但我们仍未看到任何成果。"然而，当我们问他与缺乏成果相对应的后果是什么时，这位领导却没有任何答案。那些未达到改进目标的员工一如既往地得到薪水并获得奖金。

毋庸置疑，推动持续改善的责任始于领导者自己。举例来说，如果某个改进项目遭遇失败，各种质疑不应该只侧重于项目小组或培训，更重要的是领导者应该曾经可以做些什么。

- 是否提供了足够的资源？
- 对项目的定义是否得当？
- 当问题出现的时候，我／我们是否在倾听？
- 我们是否表达了必要的紧迫感？

比如，在前面这个故事中，只要那些直接向公司总裁汇报的管理人员对改进负起责任，很多成果就会实现。

作为高级管理人员的责任，在全组织范围内使薪酬及奖赏的方式与对六西格玛成果的鼓励保持一致，是整个问题所在。我们在大型组织中观察到数量惊人的实例：关于什么是重要的，公司薪酬标准所传递的信号就算不是南辕北辙，但也令人迷惑。例如：

- 某家消费品公司，曾经仅仅按照销售额向销售人员支付佣金。当他们把利润率也作为一项因素加入到薪酬体系之后，员工的态度与行为焕然一新，帮助使客户的行为与公司的业务能力相一致。结果是客户与公司取得双赢。
- 在一家财富500强公司的某个事业部，其信息技术团队受到激励对预算进行削减，但却不考虑对服务水平可能造成的潜在影响。相反，把IT成本与其所支持的事业部进行直接挂钩，公司就会在IT的优先事项及投入方面做出更明智的决策，同时 IT 团队则更像是其内部客户的合作伙伴。（注意这里的前提条件是，公司具有对技术投入与其对事业部绩效所产生的影响进行追踪的能力，而不是采用常见的"分摊公式"。）
- 一家大型电信公司对产品开发/市场推广部门在新品上市速度上的表现进行评估。有意思的是，有时候，项目在销售和客服人员对新品尚一无所知的情况下就已经启动了。把新产品引进作为一个包括生产商业化以及盈利能力在内的首尾相连的过程，进而对整个流程实施评价的那些组织，一直拥有较高水平的成功率，或者起码在新产品引进惨败的次数上更少。

解决这些类型的错位或许是最未被人们所认识到的，但也是实施六西格玛的最大好处。尽管实现整个公司目标的良好一致性可能要稍微花些时间，但是某些短期改进项目的解决方案却取决于公司在薪酬与目标的冲突之间所做出的决定。

设定有意义的结果评价指标

诸如 TQM 等曾经的改进浪潮所存在的不足之一就是过于信赖道听途说的结果，却似乎从未发现问题的本质。有了六西格玛，这个缺点就迎刃而解，而且对领导者坚持强调确保取得有意义、信得过的进展很重要。

与此同时，过去十年间的六西格玛经验教训告诉我们：过于关注"实实在在的资金"节约也会带来负面的后果。如果公司期望对每项收益都要用美元、日元或欧元等进行量化，就会迫使大家只注意对那些可以说清楚的成本进行降低。这听起来似乎没什么问题，但其产生的结果就是避免实施那些能够给客户带来明显好处的改善，尽管这些改善有助于公司提高客户满意度和竞争力，原因仅仅是不可能对这些收获进行同样准确水平的确认。

为了保证适当的平衡，并且依然取得值得信赖和可衡量的成果，领导者应该：

- 要求/鼓励为每项改进活动都建立一套健全的"基准"。除非我们了解改进活动的起始情况，否则就不可能看到进步。
- 既接受看得见的成就，也认可软性成果。某些最有意义的改进却很难用金钱进行量化（比如，把引进新产品的时间周期缩短了数周）。但是，以实施和合理的假设为依据的估测也还可以接受。
- 涵盖一些对公司文化或氛围进行衡量的指标（例如定期进行员工调研）以及顾客评价指标（例如满意度或"净推荐值"等评估系数），以此来获知公司付出的努力所带来的比较不容易直接衡量的改变。
- 关注小型胜利并进行庆祝。在通往改进的旅程中，通常既与我们做什么有关，也与我们学到什么有关，尤其是在早期阶段。即便是项目的失败也会带来启发，因此需要鼓励大家从中吸取教训并吃一堑长一智。
- 面对现实，既期望取得巨大成功，也期望获得小的成功。早期的某些咨询师荒唐地宣称"平均每个黑带项目产生25万美元的节约"并以此来推销六西格玛。没想到的是，某些公司的高管们竟然认可这些数字，全然不顾这些预测的基础是对具体业务所面临的问题一无所知。同样，咨询师们所采用的平均数指标也是个糟糕的指标类型。想要知道究竟能够取得哪些成果，唯一途径就是花时间和精力对公司自身的流程和运营情况进行研究。通常都会经历许多中小规模成果的项目，如果运气好的话，还会有一些重大项目。

不断地进行宣传

管理者需要意识到一个现实：常常是在领导者对发出各种信息已经感到厌倦的时候，员工、客户以及股东才刚刚开始听取这些信息。反复不断地号召大家实施变革，采用更聪明的改进实践，更加注重事实，愿意对已有的假设进行挑战并向着愿景前进，适于领导者身为倡导者的角色以及六西格玛的推广宣传策略有关的要求。赞成对失误进行记录并指出领导者与组织做得较好的方面，事实上，这一点对于组织的学习与进步极其重要。

理想情况下，随着时间的推移，把宣传六西格玛与"日常工作"融为一体，而不再像是某种特殊事情。但是，实现这种转变通常都要花些时间并需要付出有意识的努力，同时需要谨防释放出那些容易被误读的信息。对我们的一家客户（一家拥有大规模商业客户的服务企业），当管理团队开始强调公司所制定的决策需要在财务方面更加明智的时候，员工们的反应是"好吧，我估计'亲近客户'的时代就此结束"，而这根本不是公司想达到的目的。

最后切记，最有效的沟通都是双向的。因此，领导者需要在其所强调内容的发出与接收之间进行平衡（也就是说，倾听下属管理人员和员工的想法）。

坚持不懈

领导者成功地致力于或传承六西格玛活动的所有关键因素背后的深层次原因就是，需要具备质量大师戴明博士所称的"目标持久性"。由于六西格玛的基本原则实际上都是常识性的业务理念，所以不应该随意启动或废止。我们所了解并服务过的组织中，能够从持续改善中获得最有意义的成就的公司，正是那些甚至在面临严重干扰或重大挑战的时候仍然坚持不懈的公司。

小结

毋庸置疑，公司的领导者为改进活动设定基调和方向。他们的所作所为对六西格玛流程的开展具有最大的总体影响。然而，如果没有其他关键人员的参与，没有哪位领导者能够对变革产生有效的影响，或取得有效的六西格玛活动所能实现的成就。在随后的一章中，我们将对六西格玛实施过程中的其他重要角色进行探讨。

第8章 配备黑带及其他关键角色

六西格玛运动中最被推崇的各种特征之一就是，创建一支由黑带、黑带大师、绿带和黄带所组成的持续改进专家队伍。尽管各种"带"很重要，但仅靠他们却无法确保公司能够达成既定的变革愿景或成果。与如何选择并部署各种"带"的重要性一样，同样也必须对其他各个关键角色加以考虑。

一旦着手开始推行六西格玛方法，其中一项关键任务就是为组织确定各种合适的角色并明确相应的职责。这些决定应该是由多种不同的因素所驱动的，包括公司实施六西格玛的目标、实施计划、预算以及员工和资源的现状。在本章中，我们将针对三个关键问题进行深入探讨。

1. 为确保六西格玛能力和文化的持久性，需要哪些重要的角色？

2. 什么是黑带？想要从黑带、黑带大师、绿带和黄带这些角色身上获得最大收益，都有哪些选择？

3. 为了使六西格玛流程能够顺利开始并保持持续进展，需要进行什么内容及什么程度水平的培训？

六西格玛组织中的各种角色

我们把诸如黑带和黑带大师等名词先放一会儿，首先了解一下六西格玛中各种重要岗位的职位描述。这些常见的角色并非全都必须配备。我们所建议的是可能出现角色的最多数量，而事实上各个角色之间可能会出现职责重叠的情况。表8-1列出了我们曾见过的对各种角色的不同称呼，包括日益常见的各种"带"这类称谓。针对这些角色的部署以及可能的"汇报关系"，图8-1为读者们呈现了两种不同的选择。

表 8-1 常见角色、各种带位及其他称呼举例

领导委员会	质量委员会、六西格玛指导委员会
支持者	督导、流程所有者
实施负责人	六西格玛主管、质量负责人、黑带大师
指导人员	黑带大师或黑带
团队负责人	黑带或绿带
团队成员	团队成员或绿带
流程所有者	支持者或督导

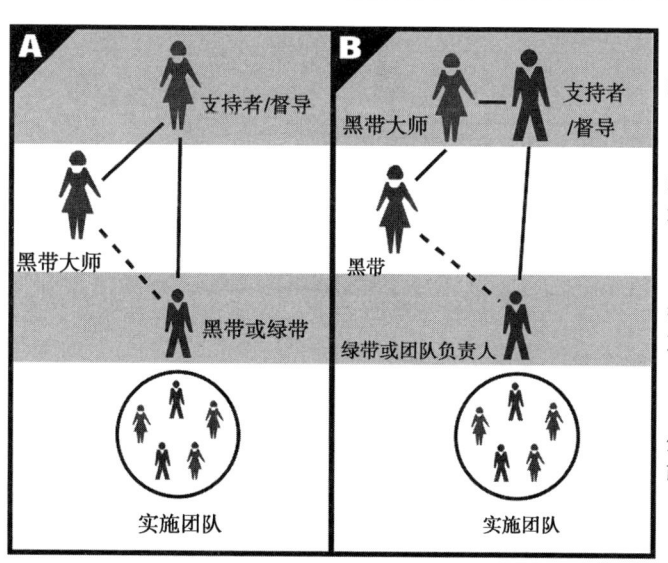

图 8-1 六西格玛中的角色与架构选项

领导团队或委员会

如果高级管理层希望打造真正有效的改善能力并驱使达成有意义的成果（如本书第 7 章所述），就必须建立一个平台，以便他们能够对各种六西格玛活动与结果开展讨论、规划和指导，并从中进行学习。尽管在以往的 TQM 时代，通常都会授权一个特殊的"质量委员会"来承担这项职责，但绝大多数扛起六西格玛旗帜的组织起码都曾设法把责任与权利赋予这些负责组织运营的同一批人员。当然，就改进活动对组织长期成功的重要性传递出正确的信息，也是早期的一个关键步骤。

除了我们稍早所确定的领导层的各项至关重要的任务之外，工具 8-1 列出了高层管理团队的各项具体职能。

工具 8-1

领导团队的各种关键职责

- 设置六西格玛活动中的各种角色和基本架构
- 选择具体的项目并分配资源
- 定期审核各个项目的进度并提供想法和帮助（例如避免项目重叠）
- 担任六西格玛项目的支持者
- 帮助量化六西格玛活动对公司财务效益所产生的影响
- 对工作进度进行评估并找出其中的优势与不足（也就是避免产生自满情绪）
- 在适当的情况下，在组织、关键供应商或客户中分享各种最佳的实践经验
- 在团队遇到各种阻碍时，充当障碍清除人
- 把经验教训应用到个人的管理风格中

对绩效表现进行改善以及各种改进优先事项被纳入到领导团队日程中的频繁程度，能够对整个活动的节奏与深度产生巨大的影响。例如，召开月度会议是一个比较常见的安排，而且通常都足够了。然而，如果要求改进团队向整个

全体委员会汇报进展情况，每两次汇报之间或许会间隔数月，从而就可能导致工作减慢并降低大家的紧迫感。就保持改进活动背后的节奏和能量而言，更加频繁、简短的会议或许更有效，尤其是在六西格玛启动的初期。

关键是要确保六西格玛工作并不是领导者日程中的某个可选项或特殊议题。否则，成功的机会将非常渺茫，而且组织也将白白浪费如此有价值的学习机会。

支持者或督导

支持者是我们在之前的几个故事中所提及的一个角色，是负责对改进项目进行监管的管理者。这项至关重要的职责可能需要某种微妙的平衡。项目团队需要制定决策的自主权，但也需要业务领导者对他们的努力方向给予指导。工具 8-2 列出了支持者的各项职责。

工具 8-2

改进活动的支持者或督导所担负的各项关键职责

- 为其所负责的改进项目设定大致目标并予以保持，包括建立项目合理性依据，并确保项目目标与业务重点保持一致
- 必要时对项目方向或范围的改变给予指导或批准
- 为项目寻找（并争取）各种资源
- 在领导团队面前代表项目团队并充当项目团队的拥护者
- 帮助调解项目团队之间或项目团队与团队以外人员之间所出现的各种问题或交叉重叠
- 与流程所有者一起合作，以确保改进项目结束时的顺利交接
- 将获得的流程改进知识应用于各种管理工作

工具 8-2 所列出的全部职责中，就某个项目以及整个改进活动的成功而言，或许最重要的就是帮助澄清变革的范围并对变革的范围进行调整细化。根

据我们的经验，许多项目的停止或放缓仅仅是由于在需要缩小项目范围或转移项目重点时，处理问题的人员因为害怕让领导者失望而表现得犹豫不决。于是，他们过于坚持进行尝试，但是往往无果而终。由于一个步骤只能解决为数不多的重点问题，因此支持者帮助调整项目方向与规模就显得至关重要。

实施负责人

一方面，由组织的领导者与管理者负责整个六西格玛的所有权最为理想。而另一方面，为了对项目执行所需资源以及各个持续改善活动的一致性予以指导，仍然需要相应的职责及各种资源。取决于活动规模的大小，想要完成工具 8-3 所列出的各项任务，或许一位实施负责人或六西格玛主管就足够了，也可能需要配备一组人员才能履行这些职责。

工具 8-3

六西格玛 / 持续改进负责人的各项关键职责

- 协助领导者开展各项活动，包括沟通、项目选择以及项目审核
- 发觉与 / 或推荐个人 / 团体，以便配齐各种关键角色，还包括协助获得外部咨询及培训支持
- 拟定并实施培训计划，包括课程的选择、时间安排以及后勤组织工作
- 帮助支持者履行他们作为团队后盾、倡导者及吹鼓手的角色
- 对整体进展情况进行记录并摆平各种需要引起注意的问题
- 为了整个活动而实施内部宣传计划
- 确保整个组织所采用方法的一致性，同时帮助每个团体对培训、结构体系以及流程做出调整，以便满足各个团体自己的要求
- 对整体影响进行评估，既包括项目本身所产生的影响（改善活动的投入回报），也包括文化层面的影响（六西格玛实践与日常工作结合得怎么样）

这一核心指导角色可能需要巨大的才能和精力。通常来说，该人员将不

仅只是六西格玛技术专家,更是一位具有战略意义的变革代理人。针对各种有效改善原则的公正运用,其切实地发挥着问心无愧的作用,同时对政治、组织工作以及文化演变进行管理。因此,同其他任何个人相比,六西格玛/持续改善负责人能够对总体成功产生更大的影响,而且应该与高管团队保持密切的联系。

改进活动指导人员

指导人员为流程所有者及六西格玛改进团队提供专家建议和援助,范围涉及项目选择、统计学乃至变革管理。他是成功界定并解决问题的专家并具备一定水平的技术专长,同时根据业务与业务之间对其角色安排以及问题复杂程度的不同,其所具备的技术专长及水平也有所不同。

由于指导人员实际上就是顾问,所以其成功的关键之一是在项目及流程与人员角色以及他们的直接参与程度之间达成明确的共识。"帮助"和"干涉"之间的界线通常只能根据客户的要求来决定,所以灵活性很重要。除了技术上的帮助以外,指导人还需要根据工具 8-4 中所列出的职责提供指导。

工具 8-4

改进活动指导人员的各项关键职责

- 帮助确保对改进机会进行明确的界定且范围合理
- 与项目支持者及领导团队进行沟通并提供反馈
- 为项目建立明确的计划并适时进行修订,力争及时取得成果
- 为变革管理和团队合作提供支持,并解决组织中来自员工的抵触或配合不足
- 估计潜在的成果并对实际成果进行验证(消除的缺陷数、节省的资金,等等)
- 就采用什么工具,什么时间以及怎样使用工具这些问题,为项目负责人和项目团队提供指导

- 解决团队成员之间的分歧、冲突以及其他各种问题
- 收集与团队活动有关的数据并进行分析
- 帮助团队宣传他们的胜利并实施庆祝

团队负责人或项目组长

　　团队负责人是对六西格玛项目工作与结果承担主要职责的人员。尽管很多人认为项目组长通常都应该由六西格玛专家来担任，但大量的案例证明，由业务人员（而非改进方面的专家）来带领团队，同时由六西格玛专家（无论是什么颜色的带位）来担任指导人员，会更加有效。团队负责人所关注的重点也许会是对核心业务流程进行改进或设计／再设计，但他们同时也可以把努力与各种"辅助系统"紧密结合起来，例如客户声音的采集策略、评价指标与绩效指标的汇报过程或者流程的协调一致及流程管理，等等。通过本书第三部分的某些六西格玛故事，大家将会理解，团队负责人对于确保并保持项目沿着正确方向持续进展非常关键。工具8-5列出了团队负责人或项目组长的具体职责，特别是在改进项目中。

工具 8-5

六西格玛团队负责人或项目组长的各项主要职责

- 与项目支持者一起对项目的合理性进行审核／澄清
- 制订项目章程与实施计划并进行更新
- 选择或帮助进行选择项目团队成员
- 确定并寻求各种资源及信息
- 确定并帮助他人采用合适的六西格玛工具，也包括团队管理及会议管理技巧
- 维护项目进度安排并保持朝着最终解决方案与结果推进
- 与职能部门的管理者以及／或者流程所有者一起合作，在新方案或新流程转移至日常运营的过程中提供支持

- 对项目最终结果进行记录并创建项目情节概要报告

团队成员

绝大多数组织都把项目团队作为其大部分改进活动的载体。团队成员是流程测量、分析及改进背后提供支持的大脑和肌肉。同时他们也帮助对六西格玛工具及六西格玛流程的语言进行传播，并成为未来项目的后备力量。

流程所有者

该角色承担一种全新的跨部门职责，对为内部顾客或外部客户提供价值的一系列从头到尾的步骤进行管理。他接过改进团队手中的接力棒，或者成为新设计的全新流程的所有者。注意，支持者与流程所有者可能会是同一个人（详见第 16 章）。

带位类型以及角色关系

在对持续改进中各种最常见的角色以及其所采用的某些选择进行研究之后，我们能够帮助大家更好地理解什么是黑带和黑带大师。与此同时，针对这些人员的配备及发展，我们也为大家提供多种选择。

对于黑带这个术语是如何产生的有多种版本。但是很显然，黑带一词是在 20 世纪 90 年代早期起源于摩托罗拉公司，并代表着那些在统计学和工艺产品／流程改进方面拥有特殊专长的个人。当然，黑带这个称谓源自跆拳道，意味着娴熟的技能与素养；黄带、绿带、黑带及大师的区别在于不同深度的培训与经验水平。在六西格玛的早期，对六西格玛黑带所进行的培训及资格认证是在包括摩托罗拉、德州仪器、IBM 以及柯达在内的多家公司的共同努力之下开发完成的。黑带几乎完全就是一个技术角色，并把重点放在与生产制造及产品有关的改进活动上。

由于没有官方的绿带或黑带（迄今为止最常见的两种类型）职位描述或资格认证，所以对这些职位所要求的技能与职责一直都是各种各样的。尽管诸如美国质量协会（ASQ）等组织在资格认证领域具有一定程度的影响力，但是从公司到大学，再到咨询机构，很多组织都开发了一套它们自己的标准与考核流程。通常，我们可以按照下列方式来划分各种带位的级别。

- **黄带**：接受过一定程度的改进方法和工具的培训（不只是简单的"认知"），这些方法和工具可以应用于比较简单、范围较小的各个活动之中。相对于各种降低偏差的技巧而言，黄带往往更加专注于那些以精益思想为主导的方法。黄带一般都是改进团队的小组成员，而不是改进团队的负责人。

- **绿带**：在改进项目的管理和工具方面接受过相对深入的培训，包括各种分析以及流程精简／精益方面的技巧，通常并不包括较为深入的统计学分析工具。绿带通常都会担任改进团队的负责人，但六西格玛对于他们来说只是一个兼职的角色。

- **黑带**：在改进方法方面接受过全面深入的培训并具有丰富的实践经验，包括一定水平的统计学分析、变革管理、流程分析以及推动技巧。通常而言，具有黑带头衔的人员都会担任（或曾经担任过）全职的改进项目负责人以及内部顾问的角色。

- **黑带大师**：尽管这一类型的角色可能存在着最多的差异，但几乎在每种情况下黑带大师都是职业化的改进负责人／指导人员，并在六西格玛以及／或者精益方面具有多年的经验。某些组织侧重于强调各种技术／分析技巧，而另外一些组织则依靠黑带大师来开展培训。还有一些情况则是，黑带大师几乎"拥有"不幸被组织领导者所摆脱掉的六西格玛流程（这并非好事）。黑带大师一向都是一项全职工作。

对各种带位进行区分所采用标准与技能组合的不同，一部分取决于组织把自己的偏好施加于事物上的要求／意愿。但这些差异的存在也是必然的，因为不同类型的组织"实施改善"所需要的技巧和能力类型实际上相差甚远（比方说，半导体制造商与酒店之间相比较）。这不是、也不应该是一个千篇一律的角色。

好消息是，在决定组织应该配备那些角色时，大家没必要受制于某些严格的带位资格认证准则。但另一方面，为了确保组织所依赖的变革驱动者能够真正完成任务，我们的确需要就此形成某种想法并坚持某些合理的标准或条件。

确定绿带和黑带角色时所考虑的各种因素

如何对各种精益六西格玛的带位进行选择和部署，会受某些我们曾提到过的问题的影响。大家还应该考虑想要怎样为各个职位配备人员以及他们对组织的长期价值。提升管理技能和建立技术专长就是这样的两种考虑因素。

提升管理技能

在某些业务中，培养带位的目的之一是提升现有/未来管理者和领导者的各种技能。在这种情况下，带位的候选人主要来自于公司现有职级的成员，并被安排带领改进项目。担任全职黑带的人员在完成他们的"任期"之后会得到晋升的机会。

优点：

- 让对组织及其流程具有直接经验的人员从事各种改进活动。
- 通过把项目安排给中层管理人员，使他们直接参与到六西格玛活动中。
- 来自于组织内部的黑带通常都很熟悉组织中的人员及政治活动，这就意味着他们能够更加有效地选择团队成员并与支持者进行合作，等等。
- 如果黑带是大家熟悉并敬重的员工，那么他们就能够帮助说服公司其他人相信六西格玛体系的价值。
- 向管理人才逐渐灌输六西格玛的基础知识和技巧。

缺点：

- 或许会使现有的有管理才干或有前途的管理人才脱离组织的日常运营活动。
- 对于缺乏经验的黑带来说，可能会延长培训以及熟悉六西格玛方法所需要的时间。

建立技术专长

另外一种方式是把黑带设定为一个常设职位和职业生涯。以这个为优先考虑因素的公司往往倾向于聘任或挑选那些重点具备六西格玛技巧和才能的人员，并对他们实施培训。尽管他们或许也要带领项目，但是通常来说，指导人员这一头衔却更适合于这类角色，他们职位晋升的范围是不同等级的六西格玛专家。

好处：

- 使（外聘人员的）六西格玛专业技术能够立刻应用于各个项目中。
- 能够提高培训的严谨水平。
- 使接受过培训的六西格玛人员致力于公司认可的各种项目或活动，而不是把这些资源分散到组织中的各处。
- 如果每个黑带能够承担多个项目，就可以实施更多的项目。

坏处：

- 以技术为导向的黑带可能会比较缺乏组织机构方面的知识或经验。
- 错过把经过培训且具有经验的六西格玛项目负责人"安插"到各级管理及专业岗位上的机会。

混合模式

上述两种方式的混合使用通常最有效：拥有一些来自现有管理及职业团队的黑带，同时挑选其他人员或者把其他人员纳入到组织中并明确地作为六西格玛技术专家。在这种混合方式下，我们可以把临时群体中的成员称为绿带或黑带，而把那些技术专家称为黑带或黑带大师。

当然，大家根本没有必要非得采用带位命名体系。读者可以继续使用诸如指导人员或团队负责人等更加常用的术语，或者为各种角色建立公司自己的名称。

角色清晰度方面的问题

即便是表面上看起来很清晰的组织架构，职责重叠及角色混乱也会带来各种挑战。有时这些挑战归咎于个人风格及行为的不同。例如，一位热情洋溢的支持者可能觉得只有通过参加每一次团队会议才能表明其实际的承诺，而事实上这会让团队负责人感觉不自在而且也不重要。同样，面对一支正在努力挣扎的团队，如果指导人员不插手干预而任由其采取行动，这个团队就会感到沮丧并不再抱有幻想。因此，我们既要为每个角色建立清晰的指导原则，同时也应鼓励每位员工就如何使其角色适合于他们的个人风格进行沟通，两者都很重要。

当现有职能与持续改善组织的职能看起来似乎重叠时，可能就会产生其他各种角色冲突。例如，某些公司一直通过审计人员或组织发展人员去帮助各个业务单元或部门开展各项改进工作。在各种六西格玛活动中，把这些人员现有的职责作为考虑因素很重要，忽视他们只会增加产生混乱和不满的可能性。怎样最好地解决角色方面的问题并没有一个固定的公式，最重要的目标是要杜绝出现任何可能重复的角色。

对项目团队成员进行挑选

由于六西格玛的大量工作都是由各个团队来完成的，如果不能够为团队成员的挑选提供一些指导技巧，我们对角色所进行的探讨就不算完整。

在组建各种类型的团队时，较为常见的错误之一就是团队成员过多，称之为"过度装备"。我们经常会在机场或租车公司的穿梭巴士上看到这个问题。人们设法移动几个巨大的行李箱，很显然，他们认为必须把整个旅途中所有可能需要的东西都准备好（当然了，或许他们只是购物狂而已）。

当谈到团队时，更明智的一点是要意识到团队规模的大小的确很重要。规模庞大的团队行事缓慢，而且其团队成员的参与度和热情常常相对较差。关于团队规模的大小，读者们可能听到过大量不同的"经验法则"，但几乎对于任何项目团队而言，团队成员的数量最好是5～8个。超过这个数目，沟通交流就会变得过于复杂，更难做出决定，同时团队的凝聚力也很差。

工具8-6列出了大家在挑选团队成员时需要考虑的某些关键问题。

工具8-6

挑选六西格玛团队成员时需要提出的问题

- 谁最了解将要改进的流程以及/或者谁对公司与客户之间的接触最知情？
- 谁最了解问题以及/或者拥有获取数据的最好方式？
- 整个项目的开展过程中都需要哪些关键技能或思考角度？
- 哪些团体或职能部门受项目的影响最直接？
- 可能需要在多大程度上代表管理/监督/一线人员？
- 在项目过程中，哪些技能、职能部门或组织层级可以根据需要而获得？

在项目的进程中，对六西格玛团队成员进行调整是可以接受的，尤其是在从解决方案的开发到实施阶段的过渡过程中。事实上，为了成功地开展流程改进活动，通常都需要各种不同的技能和人才。还有，拥有一套构建团队的灵活方式，只要不破坏团队的凝聚力，将有助于大家避免"过度装备"这一问题。

一旦参与六西格玛活动的人员到位，如果每个人都准备齐心协力地去实现有意义的变革与改善，接下来的挑战就是为他们提供其所需要的技能、知识和工具。

第 9 章 | The Six Sigma Way

对整个组织实施六西格玛培训

熟练掌握持续改善需要公司成为一个学习型组织，持续不断地从客户、外部环境以及各个流程中获取新的信息与见解；运用这些知识产生新的想法、产品、服务以及各种改进；然后对结果实施评价并不断地进行更多的学习。

培训或者更概括地称之为能力构建，是通过采用六西格玛方式取得成功的一项关键要素，无论是在开始部分还是在保持阶段。回到我们在本书前面所提到的内容，在取得各种持续改善成果及建立持续改善文化的过程中，几乎每项关键的管理技能都会在某一时刻发挥作用。例如，我们对很多六西格玛带位人员进行各种各样内容广泛的培训，主题范围涉及项目管理、变革管理、取得共识与团队建设以及用于测量评价和流程分析的各种工具与技巧。领导者们需要学习如何彼此进行合作，怎样提出问题而不是提供答案，以及如何克服那些导致他们目前处境的各种习惯。

在公司的六西格玛培训中，应该着重于员工履行其直接职责所最需要的各种技能和方法，然后建立一套综合性的持续学习体系，同时进行补充和加强。

有效六西格玛培训的基本要素

好的六西格玛培训与其他任何类型的优秀培训在关键上并没有明显的区别。在我们看来,太多市场上所提供的培训过于强调技术和分析方面的知识,却忽视了有效变革中关于人的一方面。而且,知识的学习完全局限于改进项目,而未能包括各种日常思考及问题解决流程。但是,凭借以下几项基本要素,就能够帮助读者们避免这些容易犯的错误。

- **强调通过亲身实践进行学习**。无论领导者、各种专家,还是实际的工作人员,人们掌握知识的最佳方式是将概念和技能应用于直接的实践工作中。理想情况下,这样的亲身实践工作包括在实际流程、项目及改进需求上所付出的各种努力。例如,凯图公司先对员工进行为期两天半的培训,然后让参加培训的每位人员都返回工作并开展一个六西格玛项目。3~4周之后,这些人员再回到课堂参加另外为期两天半的培训。

- **提供与"现实世界"相关的实例和联系**。如果公司员工正准备对六西格玛的作用进行内化,培训所提供的各种实例和练习必须体现出公司的业务情况及其所面临的具体挑战。通常来说,服务业或服务流程需要使用与服务有关的各种例子,生产制造人员则可以从与工厂车间相关的情形中学到最多的知识。即使公司还未实施六西格玛,熟悉各种方法的高水准培训提供者应该能够想出一些适合于公司环境的不错例子。

- **为知识建立基础**。常见的带位培训材料中都涵盖了大量的内容,这就很容易使人陷入数据的泥潭之中。六西格玛的各种概念可能很有趣并令人激动,但从高深理念及行话开始将会让人失去兴趣,或者致使他们把改进工作复杂化。通过建立常识性的原则及思路基础,用常规语言进行描述,有助于大家更快地运用各种方法,并为学习更加复杂的技能和方法(如果有必要的话)搭建了平台。把工具与使用背景结合起来(例如六西格玛路线图中的DMAIC模式)也同样重要,这样一来,这些工具和方法的应用及其相关性就很清楚。凯图公司就是这么做的,正如帕特丽夏·斯摩所说："对于服务行业人员来说，真正重要的是要避免一开始就轰轰烈烈地使用所有的统计学方法。因此，我们通向六西格玛的途径并不是'先让大家专心投入到为期两周的培训，然后就开始进行某个项目'。取而代之的则是，我们向员工传授各种概念和技能，给他们时间去实践，然后再让他们向人们进行展示并得到关于方法使用方面的反馈。这样一来，我们就把六西格玛的严密性变得适合于公司员工进行融会贯通。"

- **提供丰富多样的学习方式**。各种视觉材料、游戏、练习等应该丰富多样，还应针对绝大多数的培训受众而包含一些乐趣。
- **让培训不仅仅只是学习知识**。培训是六西格玛宣传计划的一项关键要素。培训是传达变革愿景，争取支持，发展变革代理人以及对活动的主旋律及其对业务的价值进行明确的一次绝佳机会。在培训过程中寻找各种方式来强化这些信息。
- **使培训成为一项日常工作**。我们从六西格玛培训的参与者那里最常听到的建议就是，希望能够定期得到知识的"复习"。然而，公司却常常只提供突击式的培训。我们给孩子大概 16 年的时间（从 5 岁到 21 岁）去接受教育，却期望工作领域中的员工用 3 天的时间就能够了解并掌握各种主要的全新概念和工具（如果他们够幸运的话）。正如组织本身的流程需要进行持续的更新和改善一样，几乎毫无疑问，六西格玛组织（也就是学习型组织）必须采用某种持续教育及培训的实践做法。考虑到当今时代的变化速度，偶尔一次的学习或千篇一律的培训都无法达到预定的目标。

凯图公司在这方面的经验教训同样是个不错的例子，正如帕特丽夏·斯摩所描述的"一旦对员工进行了培训之后，让他们专心投入到六西格玛过程中非常重要。我们让那些正考虑或打算把培训用于小规模项目的员工参加培训，但实际发生的情况却是他们从未使用其所学到的知识，这就是我们所得到的教训。我们发现员工必须至少带领一个由其全权负责的重要六西格玛项目,这样他们才能练习各种工具在实践中的使用。我经常听到有人说选择正确的项目是何等重要,其实挑选合适的人员接受培训也同样重要,然后要确保他们返回工作后能够学以致用。"

对六西格玛课程进行规划

许多类型组织的六西格玛成功已经证实,大量能够使组织变得更有效且响应更积极的才能和机会正亟待释放。不过,最初所出现的一种担忧却是:"为了对这种潜能进行发掘利用,是否要开展好几个星期的培训?"

我们的回答是,"不需要非得这么做"。想要掌握六西格玛中的某些高级技能显然需要时间,尤其是对那些在诸如统计学或会议推动方面缺乏背景或经验的人而言。另一方面,只要培训设计得合理且符合参加培训人员现有的技能水平、流程状况等,员工就能够在两周之内准备妥当,然后着手从事于各种改进项目。

由于存在大量不同的精益六西格玛培训方式及版本,所以不可能建议采用某个具体的课程(我们已经开发了许多不同版本的课程,有时候都觉得我们业务中的培训部分就是专门进行"车轮再造")。但存在某些标准和指导准则能够帮助大家判断、开发或者购买适合于自己公司的培训课程。表 9-1 提供了一份通用的培训选项清单:培训天数的差异反映出了参与者现有知识水平、亲身实践经验以及培训内容深度的不同。

表 9-1 典型的六西格玛培训课程

六西格玛概念入门	持续改进的基本原则、研究业务对精益六西格玛的需求、简短的练习与/或者模拟、角色概况及各种期望	全体员工	1~2 天
指挥及支持六西格玛活动	对领导委员会与支持者所扮演的角色及技能要求、项目挑选及管理项目组合、团队项目审核、变革管理	业务负责人 实施负责人	1~2 天

（续）

针对各个负责人的六西格玛流程与工具培训	各种六西格玛测量及分析工具/流程经过压缩与改编的讲解	业务负责人 实施负责人	3~5 天
引领/领导/指挥变革	设定方向，促进并指导持久性组织变革的各种概念与实践	业务负责人 实施负责人 指导人员/黑带和绿带； 团队负责人	2~5 天
六西格玛/精益生产核心技能培训	流程改进、设计/再设计以及各种必不可少的测量及改进工具，再加上变革管理的原则和方法	团队负责人/黑带 管理者/绿带 团队成员 项目支持者	6~10 天
团队合作以及领导技巧培训	用于达成共识，引导讨论，召开会议以及处理意见分歧的各种技巧和方法	业务负责人 指导人员/黑带大师 团队负责人/黑带 管理者/绿带 团队成员	2~5 天
六西格玛中级测量及分析工具培训	用于处理更复杂的项目挑战的各种专门技能：抽样及数据采集、统计过程控制、产品切换、相关性和回归分析、实验设计基础，等等	指导人员/黑带大师 团队负责人/黑带	2~6 天
六西格玛高级工具培训	专业技能及工具培训模块：质量功能展开、高级统计学分析、高级实验设计、田口方法，等等	指导人员/黑带大师 内部顾问	根据主题内容而定
流程管理的原则与技巧	界定核心或辅助流程；确定各个关键输出项、各种需求和评价指标，进行监控以及各种应急计划	流程所有者 业务负责人 各个职能部门的管理者	2~5 天

请注意，我们并不是建议每一个被提及的群体都需要接受培训的全部组成部分。在进入 2000 年以后头几年，"羡慕六西格玛"这一现象导致了某种程度的过度培训，这种情况已经有所缓解。最有效的培训既能够帮助培训的参与者对各种风险进行管控，还能够帮助他们征服各种挑战，这些挑战就是在处理棘手的组织问题的同时还要让人们明白：如果他们掌握了正确的信息，或许在短短的几小时之内就可以完成改进工作。

第 10 章

通向成功改善的关键：选择合适的六西格玛项目

我们曾经在同行中组织过一次非正式的民意调查，这些同行们都曾参与过六西格玛以及其他各种流程改进活动。我们发现了一个出人意料的普遍看法，每个人都认为在推行六西格玛的过程中，项目的选择是最重要，同时也是最容易被处理不当的活动。这是个很简单的道理，选择得当且定义合理的改进项目就等同于更快地取得更好的成果。反过来的道理也很简单：选择糟糕且定义不当的项目就意味着成果的滞后并让人感到沮丧。

事实上，赞成采用理想化的六西格玛路线图（见图 4-1）最强有力的论据之一就是，这么做能够使大家更加有效地选择目标改进领域，并建立一个更有效的流程用于优先度的设定。

项目选择与优先度管理的基本要素

让我们从研究有效项目选择的一些关键入手，这将为我们搭建一个平台用于向大家提供各个步骤，以确保大家能够把这件事做好。我们相信以下四个步骤是必不可少的。

1. 为各个负责人提供指引。
2. 开展数量合理的项目。
3. 正确界定项目的范围。
4. 同时致力于效率和客户利益。

接下来让我们进一步对这四项基本要素进行更详细的探讨。

为各个负责人提供指引

各个负责人需要掌握大量指导六西格玛活动的关键技能。其中，项目选择与优先度的设定通常都具有最迅速的影响，因此也是学习和支持工作中应该予以最优先考虑的事项。根据我们的经验，最有效的方式是召开一次会议或工作讨论，负责人在会上可以对可能遇到的问题进行全面梳理，选择一系列的目标活动，并就改进重点及项目形成最初的理由依据。通过这项工作，各个负责人就会发现（或经过提醒而想起来）有效的改进活动应该重点强调：

- 问题，而不是解决方案。
- 有意义的机会，但范围可控。
- 多种尝试的组合，类似于非常均衡的投资组合。
- 与业务战略及目标之间事实存在的联系（不只是用来进行学习的项目）。
- 利用各种机会对成功进行拓展或加以利用。

开展数量合理的项目

你可能会质疑："同时进行多项工作有什么问题吗？"好吧，想象一下你站在由15个人组成的一个小组面前，你轻轻地把三四个篮球掷向他们。很有可能的结果就是，有人伸手抓住了篮球。现在，让我们假设你掷出了更多也更小的球体，比方说10个或15个网球。如果轻轻一扔的话，大部分网球还是会被接住的，但其中1个或2个落到地上的可能性就更大了。

取而代之，如果你抓一把干豆且仍然还是轻轻地朝这群人扔过去，会是什么结果呢？无论如何，绝大部分豆子当然都会掉在地上或落到桌面上。

寓意：人们或各个组织在同一时间只能专注于一定数量的事物。

由于急于取得成果，很容易导致人们用大量的篮球和豆子对组织进行狂轰滥炸。项目数量太多会降低管理层跟进及指导项目的能力。一波项目的数量太多可能会淹没领导者们对其进行跟踪和指导的能力。过多的项目也会分散人们的注意力并削弱他们充分实施项目的能力。例如，通用电气公司承认曾犯过要求每位管理人员都亲自（或"表面上的亲自"）完成一个六西格玛项目这样的错误。这些个人项目中有许多都是凑合了事，甚至毫无价值，这反而降低了整个努力的总体收益。

正确界定项目的范围

一项持续存在的挑战是人们总是试图解决全球饥饿问题。为了在一个极其巨大的严重问题上取得进展，某个六西格玛专家或团队可能会花费数月的时间进行尝试，由此却使团队感到沮丧，同时也考验着领导者的耐心。理想情况则是在两项普遍标准之间取得平衡。针对项目的选择，我们推荐给各位读者的准则是有意义且范围可控。通常来说，这就意味要保持任务高度集中且数量合理。

据我们观察，那些持续纠结于范围确定的组织，要么是因为他们认为可能会与潜在的巨大成功失之交臂，要么就是他们并没准备好在先期投入时间去确定最应关注的领域。然而，更好的选择则是通过若干个范围较小的活动来取得成果，伴随着其中的经验教训，然后接着解决问题的其他部分或转换到下一个问题。

同时致力于效率和客户利益

在六西格玛活动的早期，某些高级管理人员强烈要求知道他们的努力什么时候以及在哪里将会实现全垒打，也就是迅速取得巨大的资金收益。然而对于绝大多数业务而言，开局后的早期全垒打只能通过削减成本及效率提升才能实现。只要是理解短期财务收益只不过是潜在收益的一部分，并经过权衡，渴望从六西格玛活动中节约大笔资金也是件好事。大多数情况下，最大的潜在好处则来自于对竞争地位及市场实力的提高，尽管获得这种回报可能需要较长的时间。

我们现在来看一个（或许颇具戏剧性）一般怎样选择项目并设定各种期望的例子。

第 6 个案例：Perfecto 意面公司采用六西格玛提升效率并降低成本

Perfecto 意面公司的资深管理人员对公司销售及利润的停滞不前表示担忧。尽管公司所处的用于店面销售的包装面条市场的销量一直在以两位数的速度增长，但 Perfecto 公司的数字却保持稳定，这也意味着其市场份额已经从 25% 下跌至只有 13%。与其他包装意面公司相比，Perfecto 公司的利润率也很低。

一位咨询师向 Perfecto 公司的高层管理团队介绍了六西格玛的概念，并承诺他可以在 6 个月之内为他们实现巨大的成本节约。听到这些概念以及扭转业务状况的希望，公司高层管理团队很兴奋，于是决定启动 3 个实验性的六西格玛项目以提升效率。

- 减少 3 号细面生产线所产生的浪费（预计收益：10 万美元 / 季度）。
- 合理化订单输入及处理流程，包括实施一套全新的行业专属软件系统——PastaPower™，同时可能会裁掉 25 名员工（预计收益：25 万美元 / 季度）。
- 加快开票及现金运用流程以改善现金流，同时减少未付的应收账款（预计收益：8 万美元 / 季度）。

Perfecto 公司对这项新举措所发布的公告得到了股票分析师们的好评，公司股价在两周之内应声上涨 15%。"他们正准备利用该项举措打出几记本垒打。"一位股票观察员在将该 Perfecto 公司的股票评级由"卖出"调整为"持有"时说道。

当各个项目产生回报时，公司的领导们一开始都很高兴。预计年总收益大概是 200 万美元。然而，这种成功的喜悦却很快就被淹没了，Perfecto 公司的市场份额仍然在持续下滑，跌至 10% 以下。

后来实践证明，各个竞争对手之所以能够取得压倒 Perfecto 公司的优势是由于其向零售商提供个性化的出货，以便满足每家门店的消费者对面条的不同偏好要求（某些区域的顾客偏爱波纹通心粉，而在其他一些区域，番茄沙司通心粉和蝴蝶结通心粉则卖得最好）。而 Perfecto 公司却始终只提供含有 8 种意面产品组合的标准订单。

Perfecto 公司最终被卖给了新崛起的竞争对手，一家名叫 NoodleCorp 的原先不起眼的公司。当被问及为什么六西格玛活动未能解决个性化出货这个问题时，"你们知道那要花多长时间才能使我们获利吗？"Perfecto 公司的总裁愤怒地回应道。

当然了，即使早期的持续改善项目仅仅以公司内部的成本节约为重点，我们所处的公司也未必会像 Perfecto 公司那样失败。毫无疑问，许多组织通过提升效率以及减少返工的确能够获得巨大的收益。然而，如果只追求快速获益，那就意味着推迟以客户满意度、服务、价值以及产品性能为目标的各种长期收益。把顾客作为项目选择的唯一重点也很罕见，而且这种承诺需要某种真正的高级行政决策规范。我们所知道的只有一家大型工业公司，这家最近开始采用六西格玛的公司明确表示效率提升并不是他们发起活动的重点，提高客户忠诚度才是公司的首要任务。

我们最好的建议是对各种项目进行平衡，既包括针对公司内部的改进机会，也包括针对组织外部的改进机会。

迈向有效项目选择的步骤

选择好的项目本身就是一个流程，如果大家完全遵守这个流程，就能够充分地提高"命中率"。接下来所介绍的是一些关键问题和步骤，这些都有助于驱动项目选择流程。我们在这里的假设是，项目由资深管理人员所组成的一个小组进行挑选。如果读者们自己正在为所在的组织挑选项目，这些考虑因素同样也适用。

对项目想法的来源进行选择

对任何流程而言，输入项是取得有效结果的关键（即"投入没用的东西，也必然产出无用的东西"）。在公司准备决定把六西格玛活动的重点集中在那些领域时，如果只考虑一些少量的零散数据，就很可能会导致选择一些无关紧要或难以掌控的项目。六西格玛路线图中从步骤 1 到步骤 3 不只是用来让大家对客户、业务以及各个流程产生更好的理解，还能够提供关于改进活动重点的确凿信息。接下来的几个小节对改进想法的各种来源做出了描述，不包括路线图中的那几个步骤。

项目想法的外部来源。源自外部的想法可以分为 3 种类型：

1. 顾客的声音
2. 市场的声音
3. 竞争者对比

基本而言，上述这些来源能够确定更好地满足客户需求的各种机会，对市场趋势做出反应或者对竞争对手的战略与能力予以回击。这类信息的来源千差万别，从各种贸易及商业文章到竞争对手/市场研究，再到来自销售人员的反馈。工具 10-1 针对这些来源列出了大家应予以思考的一些问题。

项目想法的外部来源这类输入项，有助于大家发现在对业务市场与客户战略进行明确以及/或者实现的过程中公司所面临的各种挑战。此外，工具 10-1 同时也列出了一些应该能够帮助大家找出答案的问题。由于对公司以及公司相对于外部环境的定位这两方面都具有明确的价值,所以一些最好的改善机会将会来自于对这些问题的回答。

项目想法的内部来源。公司内部运作过程中所显现出来的各种困扰、问题、麻烦和机会是可能的六西格玛项目的第3个关键来源。读者们可以把这些内部信息来源称作"流程的声音"以及"员工的声音"。工具10-1同样也列出一些问题,供大家在倾听这些声音的时候进行思考。这里的目标是对人们各种各样观点予以更加密切的注意:为了公司业务、客户、股东以及员工的利益,需要对哪些流程进行改善。

工具 10-1

确定可能的六西格玛项目时需要提出的关键问题

- 公司在满足客户需求方面所存在的不足在哪里?
- 我们在哪些方面落后于竞争对手?
- 市场将会如何发展?为了适应这种发展,我们是否已经准备妥当?
- 顾客即将提出哪些新的要求?
- 公司本身与公司的战略目标之间存在着哪些障碍?
- 我们需要对哪些新收购的业务进行整合,以便使它们盈利并与公司所追求的市场形象保持一致?
- 为了更好地向顾客和股东提供价值,我们希望进入哪些地理区域,推出哪些新产品或者发展哪些其他的能力?
- 哪些重大的延误减缓了公司流程的速度?
- 大量的缺陷以及/或者返工出现在什么地方?
- 哪些地方的不良质量成本(COPQ)在上升?
- 公司员工或管理者们提出了哪些担忧或想法?

了解改进项目的不同类型

六西格玛早期应用的重点都集中于相当有限范围的问题上，目标只是较少缺陷以及/或者控制偏差。在为那些渴望建立一种更健全的持续改善能力与文化的组织提出各种挑战这方面，六西格玛与其早期的这类应用一样有效。有一条，降低缺陷的方法并非最适合于所有重要问题的解决，而且坦白地说，作为针对文化变革的一项主题，六西格玛并不是最具有吸引力或最鼓舞人心的行动号召。除此之外，人们也会质疑："这个问题是否适合于六西格玛？"这就意味着这些常识性的方法被视为可选项而不是真正的习惯做法。

许多组织都意识到了这个问题并尝试突破六西格玛应用的局限性（更直接地添加了各种有用的精益生产概念和工具）。但也有很多其他公司，六西格玛被边缘化了，而且只是在一小部分的变革活动中被加以应用，通常都是那些由受过专门培训的专家所开展的活动。

尽管需要根据挑战类型的不同而对"如何运用"加以调整，但实际上六西格玛原则适用于任何的问题。下面是对各种最常见的挑战类型以及它们之间的不同所进行的简要描述：

- **迅速获益**。如果我们已经对问题、解决方案以及实施措施有了充分的了解，而且失败的风险很低，为什么不尽管去做呢？有些人可能会说这种理念可不是真正意义上的六西格玛，但是为了确保或提高这类迅速获益项目的成果，六西格玛概念的应用依然合适并且有帮助。例如，考查对顾客所产生的影响，或者研究如何衡量各种收益能够把对问题进行修复的被动性活动转变成一项大得多的成功。
- **快速改善**。众所周知的持续改善（Kaizen）活动或"努力解决问题"，快速改善最适用于范围较小的各种机会，导致问题的原因相当明确并且一个小型团队就能够制定出解决方案。尽管这种方法可能有多种变化形式，但在每个案例中，精益六西格玛的原则都有助于确保问题被明确地进行定义，在各种事实与想法之间保持平衡，并把想法转变成得以改善的流程以及看得到的结果。

- **流程精简**。当目标是减少浪费，消除官僚作风以及/或者加快流程速度时，六西格玛专家与小组会更侧重于采用精益生产中的工具（许多最初形式的六西格玛培训中事实上都包括了这些工具，而且大量早期的成功都是把重点集中在缩短时间周期上，通用资本公司就是其中的一个例子）。取决于流程范围的大小，流程精简项目可以被分解成种类不同的多个子项目，包括迅速获益、快速改善等。

- **以分析或根本原因为重点的项目**。这类项目与起初规范的六西格玛项目定义最为匹配，其目标是寻找出现错误、偏差、缺陷或其他绩效问题的原因。取决于问题的类型与复杂程度以及失误的风险，分析的深度可能差别很大。（而错误地认为每个项目都必须采用统计学验证，也正是六西格玛时常会被认为"过于烦琐"的一个原因。）

- **设计或再设计活动**。本书第 15 章将会进行深入的介绍，这种方法专注于那些无法通过对现有流程进行简单的处理就能满足的各种情形，要么是由于问题已经超出了简单补救的范围，要么是因为各种外部条件（例如客户需求、技术水平）的变化很可能已经使当前流程变得过时了。

在对项目进行深入的研究之前，想要知道公司存在哪些类型的项目往往并不容易或并不总是能够做得到。如果大家想要自己的六西格玛活动实现其潜在的可能性，最重要的就是跳过"这个项目是否应该是六西格玛改进项目？"这个问题，取而代之的则是把精力集中在："基于我们的要求、目标以及资源，哪些是我们需要解决的最重要的问题或需要抓住的最重要的机会？"

明确项目选择所采用的判断标准

对各个改进活动进行有效管理所面对的一项挑战，与许多业务决策一样，就是不仅仅要约定做什么，还要就不能做什么达成一致。好多事情都很重要。关键词是优先度，我们将首先处理哪些问题/机会？

项目选择的最佳方式是，以发现那些与公司当前的需求、能力和目标最为匹配的问题/机会为基础。工具10-2是一份可能的标准清单，读者们在自己的项目选择过程中可以参考。这些标准被划分为3个类别：各种成果或业务收益、可行性以及组织层面上的影响。

工具10-2

六西格玛项目选择可能采用的判断标准

- **各种成果或业务收益**
  - **对外部客户及需求的影响**。问题/机会对于公司的付费客户或关键的外部受众（例如股东、监管机构、供应链合作伙伴）有多重要？或者其将会怎样从中受益？
  - **对业务战略及竞争地位的影响**。潜在的项目对于帮助我们实现公司的业务愿景，实施市场战略或改善公司的竞争地位有什么价值？
  - **对核心竞争力的影响**。潜在的六西格玛项目将对业务核心竞争力的组合与能力产生怎样的影响？（是否涉及提高某个核心竞争力或摆脱某项不再被视为关键内部技能的活动？）
  - **财务影响（例如成本降低、效率提升、销售增长，赢得市场份额）**。短期财务收益可能是多少？长期的呢？我们对这些数字预估的准确度有多高（谨防偏离事实而夸大潜在的获益）？
  - **紧迫性**。有多少时间可供我们用来解决这个问题或把握这个机会？（注意：紧迫性与影响程度截然不同，一个小的问题可能会很紧急，而某个巨大的问题也许会留给我们很长的时间去解决。）
  - **趋势**。随着时间的推移，问题、麻烦或机会是不是变得越来越大或越来越小？如果不采取行动，会发生什么事情？

- **先后次序或依赖性**。其他可能的项目或机会是否依赖于这个问题的首先解决？对该问题的处理是否取决于其他问题的首先解决？

■ 可行性
- **需要的资源**。该项目可能会需要多少人员、时间和资金？
- **具备专门的技术**。这个项目需要哪些知识或专门技能？我们是否具备这些知识或技能而且其触手可得？
- **复杂程度**。针对改进方案的形成过程，预计其复杂程度或难度有多大？同样，方案实施过程的复杂程度或难度又有多大？
- **成功的可能性**。根据我们的了解，项目成功的可能性有多大（在一个合理的时间范围之内）？
- **支持程度或认可程度**。预计能够获得多少来自组织内部关键团队对这个项目所提供的支持？我们能否使该项目的开展成为一个不错的案例？

■ 组织层面上的影响
- **知识上的收获**。通过这个项目，我们可能会获得与公司业务、客户、流程以及/或者六西格玛体系有关的哪些新知识？
- **跨部门合作方面的好处**。该项目在多大程度上有助于打破组织内不同团体之间的各种壁垒，并建立更好的全流程管理？

工具10-2所列标准的范围相当广泛，公司可能拥有与其自身相对应的其他标准。大家在对项目进行选择时不应该把所有这些因素都考虑进去，相反，选择与现实情况最相关的5~8个标准足矣。只要有可能，坚持采用那些具有更确凿答案的标准是明智之举。请记住，我们的目的是找准符合业务或组织具体需求的最佳重点，并实现能够建立六西格玛能力的成功改善。

在面对一份很长的潜在改进需求清单时，首先通过采用某些限定标准（例如潜在资金收益的底线、给外部顾客所带来的好处）或某种形式的小组投票过程来缩小范围，可能是个不错的主意。为了获得更加严谨的评估，根据我们所选择的标准对每个可能的项目进行评分将会给出一个对比，并能表明哪一个有价值的项目最能满足所有的考量因素。标准矩阵能够帮助大家对项目的比较进行安排。

无论怎样利用或定义项目选择的标准，切记确定某个项目是否值得采用 DMAIC 流程有许多原因要考虑，在项目正式启动之前同样也要考虑很多事情。从根本上来说，所有的原因可以归结为两个宏观标准：项目是否有意义，项目是否可控？

建立项目合理性依据

项目选择活动的最终产物是对项目问题、价值以及团队目标或期望的描述。项目合理性依据为改善活动的团队负责人选择小组成员（如果由他来组建团队的话），以及制订最初的项目执行计划确定了方向。做得好的话，合理性依据还可以成为有助于向组织中其他人员解释项目目的的一个沟通工具，甚至是进行内部推销的某种文件。

最重要的是，项目合理性依据（有时也称为"业务案例""项目使命"或"目标声明"）为改善团队提供了一个起始点，建立团队自己的章程或类似的总体概括文件。项目合理性声明中常见的各个要素包括：

- **对问题或麻烦本身的描述**。重要的是不要把问题/机会归咎于某个原因或加以指责。
- **某个具体项目的关注点（可选）**。有时候可以启动多个项目，分别致力于某个大规模问题/机会（类似全球饥饿这样的问题）的各个不同方面。
- **想要实现的大致目标或成果类型**。通常情况下，合理性依据不应包含具体的目标，在项目支持者或督导的协助下，由项目团队设定自己的具体目的或目标更为合适。
- **关于项目价值的总体概况**。项目的开展在财务、客户、战略或其他方面有什么好处？为什么现在就要开始？

- **项目的限制因素与期望。**这个要素可以让团队对哪些是他们可以利用的资源，哪些是他们可能不予考虑的解决方案等有某种程度上的了解。

项目合理性声明还可以包括其他的要素或者只包含上述各个要素中的一部分。如果大家拥有现成的项目定义格式或文件，也可以被用来当作合理性声明。换句话说就是，我们建议大家采用适合于自己公司业务情况的项目合理性声明。

总之，既要就项目的方向与期望为团队提供明确的指导准则，又不能过于限制选择范围或指定解决方案，在两者之间取得平衡很重要。我们将会在第14章中了解到，一个六西格玛项目团队最初的任务之一就是，要根据业务领导者所建立的项目合理性依据进行诠释并准备团队自己的起始文件。

在结束这个部分并转入到对六西格玛模式进行选择之前，让我们来了解一下选择项目时所"提倡的与避免的"行为。工具10-3列出了这些行为。

工具 10-3

选择项目时所"提倡的与避免的"行为

- 提倡——根据确切的标准对公司的改善项目进行选择。
  - 在结果、可行性以及对组织的影响之间保持平衡。有效的项目选择可能会是获得早期成功的一项关键。

- 提倡——在提升效率/降低成本与关注外部顾客价值的项目之间取得平衡。
  - 以客户为重点这一主题是六西格玛优势的来源。把精力投入到短期受益中只会传递错误的信号并降低提高客户满意度和忠诚度的概率。

- 提倡——针对与项目改善团队之间的有效交接做好准备。
  - 通过类似于项目合理性依据这类技巧对问题和目标进行明确的界定，能够赋予项目一个良好的开端。

- 避免——选择的项目数量过多。
  - 改进活动需要各个领导者及专家们照料与呵护,尤其是在开始阶段。因此要抵住诱惑,避免透支公司的资源和能力。

- 避免——产生解决全球饥饿问题的项目。
  - 比项目数量"过多"更常见的问题是项目"太大"。只要能够取得有意义的成果,迅速完成一个太小的项目要比某个太大的项目拖拖拉拉好几个月更合适。

- 避免——未能就所选择项目的原因进行解释。
  - 所有人都认为自己所遇到的问题需要得到优先解决。要想确保能够对我们所选择的项目提供支持,那就意味着需要为这些优先事项提供一个正当的合理性依据。

对改进模式进行选择

在确定公司的六西格玛手段时,最后一项考虑的因素是公司需要采用哪种改进模式。尽管主要是直接对六西格玛路线图中的步骤 4 产生影响,但模式的选择也会对大家如何开展培训,以及怎样对六西格玛活动进行"推销"产生影响。

正如我们在第 2 章中所解释的,很多公司在六西格玛改进项目中都采用了 DMAIC 模式(定义、测量、分析、改进和控制)或者该模式的某种变化形式,并把这种模式作为企业变革的框架。横贯整个《六西格玛管理法》一书,我们都把这 5 个步骤作为我们的指导框架。然而,如果读者们所在的组织已经在使用或已经教会员工如何使用某种流程改进或流程再设计方法,那就绝对没有必要为了采用 DMAIC 模式而放弃目前的方法。而且坦率地说,某些人曾经经历过六西格玛在技巧方面的过度应用,这种过往的体验使得他们对 DMAIC 模式颇为谨慎,他们会认为这是一个复杂的或难以驾驭的流程。如果读者们在自己的组织中看到这类抵触，或许采用某个不同的模式会更加明智。

无论是决定采取哪种形式的改进或问题解决模式，在组织现有的改善流程中应用本书第 14 章与第 15 章中所提及的各项活动应该不难。但是，一定要重视 DMAIC 思想能够给改善活动带来的某些好处，以便大家可以在自己所采用的模式中对这些思想加以强调。

DMAIC 的特点或优势

营造一个崭新的开始。如果读者们现有的持续改善模式被认为是某项失败的或声名狼藉的质量活动中的一部分，或者很少被使用，那么 DMAIC（或者其他某种有效的模式）或许有助于大家把六西格玛定位于在业务改善方面的一个与众不同的更好手段。这个"新突破"可以帮助大家避免揭开旧日伤口或唤醒在先前的改进过程中所产生的仇恨。如果解释得当，还可以表明公司已经从以往的活动中吸取了经验教训，并正着手于一条经过改进的全新途径——六西格玛。

为熟悉的工具提供一个新的环境。想要给人们一次学习各种熟悉的工具并进行实践的最新机会，引进一种新的（且更好的）改进模式是一个正面的理由，补充新的工具也同样如此。

建立一种连续一致的方法。20 世纪 70 年代到 90 年代期间，几轮质量培训横扫了许多公司，其导致了一种持续存在的效果，同一家公司内存在着多种不同的改进模式。如果跨职能部门的各种努力是致力于某个从头到尾的流程，那么拥有共同的方法及语言就很有必要。因此，为了充分利用六西格玛所具备的能力，决定掌握并坚持采用一种模式可能是一个重要的方法。

把顾客以及测量系统作为一种优先事项。DMAIC 模式的另一项潜在优势是，其对这两个六西格玛体系中至关重要的组成部分的重点强调。例如，对顾客需求进行确认是项目定义阶段中的一个关键步骤，但在以往绝大多数的质量改进模式却未能提及。在其他各种改善模式的路线图中，测量系统被进行专门地处理，但是在 DMAIC 流程中，更多的则是把测量系统作为一个基础的日常活动，而不是简单地作为一项任务。

小结

再次强调，建立持续改善文化并非取决于某个唯一的必要模式。最重要的是要形成一套共同拥有的明确步骤，用以鼓励人们对各优先事项进行仔细研究，明确各种目标，运用事实与数据，挑战各种前提假设，以恰当的推理与风险管理为基础建立解决方案，最终对结果进行评价并从活动中汲取经验教训。

关于对组织的六西格玛进行明确与设计，我们已经阐述了许多与之紧密相关的关键决定和某些挑战。在接下来的第三部分中，我们将会就如何实现六西格玛展开讨论。

第三部分

实施六西格玛：路线图及工具

The Six Sigma Way | 第 11 章

识别核心流程和关键顾客
（路线图步骤1）

在第4章我们介绍了公司岛的例子，在公司中很多工作在四处进行，但是没人真正了解全局。公司在六西格玛方面的努力无论是从路线图步骤1开始，还是回过头来再看公司所付出的努力，这一步的目的是对整个公司有一个宏观的了解，本质上讲就是用一张地图来描绘该岛上的工作究竟是如何完成的。

这里所描述的方法有些类似于拼图游戏。一开始我们需要对整张拼图是什么样的有一个基本的概念，像是从拼图包装盒上得到整幅画面的信息。我们首先从拼图的边缘开始入手，或许是因为拼图游戏与绘制业务地图两者之间有着精妙的类似之处。我们先确定公司岛的海岸线，因为它与顾客相联系。然后我们再拼接拼图的其他部分，进一步澄清一开始勾勒的图画。就像绘制地图一样，在这个过程中需要不断进行尝试并经历失败，有时也需要深入研究。通常情况下，随着整个画面的逐步浮现，读者会发现流程图与你所预料的有所不同，就像查看一张你曾经到过地方的地图，你会发现地图上有一些你从来都不知道的事实存在。

下面是识别核心流程和关键顾客的 3 项主要活动。

1. 识别业务活动中的主要核心流程（详见本章中的步骤 1A）。

2. 确定这些核心流程的关键输出项以及其所服务的关键顾客（详见本章中的步骤 1B）。

3. 绘制核心流程的宏观示意图或战略流程示意图（详见本章中的步骤 1C）。

当我们讨论这些步骤时，大多时候我们讨论的是绘制整个公司的业务或运营部门的流程图。当然，我们也可以运用同样的方法绘制公司某一部分（比如说财务、人力资源或信息技术部门，等等）的流程图，这些部门通常为内部顾客提供服务或产品。即便是小的岛屿，我们照样可以用六西格玛体系去改善其绩效表现。

在本书第三部分，为了使内容更加生动，我们举很多公司的实例或情景来描述这些公司是如何实施这些步骤的，其中包括这些公司在六西格玛之路上的关键步骤、面对的挑战及所采用的六西格玛工具，但是这些公司名称都是化名。第一个公司是一家生产消费用品的公司，其他还包括一家运输公司、一家电子产品制造和销售公司以及一家保险公司。（案例都基于真实的事件，但是公司和人名做了变化。）

步骤 1A：识别核心流程

核心流程是指由不同部门或职能共同参与并将价值（产品、服务、支持以及信息）交付给外部顾客的一条工作链。除了这些核心流程或"价值流"之外，每家公司内都还会存在一系列的辅助流程或促进工作进行的流程，这些流程为创造价值的活动提供了极其重要的资源或输入。

步骤 1A 的开始将先介绍与核心流程有关的三个重要的概念：按流程开展工作、跨职能部门管理以及价值链。再介绍常见的核心流程和辅助流程。接下来将解释如何确定并为公司量身定做核心流程，同时通过一家公司的案例分析来告诉读者这家公司到底是如何做到的。然后我们再介绍步骤 1B。

第一个概念：按流程开展工作

从弗雷德里克·泰勒开始，经过 20 世纪八九十年代的质量大师们的进一步发展，流程一直是管理理论学家和实践者们所关注的主题。在现代制造业的初始阶段，生产规模和专业化程度都很有限，因此核心业务中为顾客创建产品的流程非常显而易见。然而，随着工业组织规模的扩大以及竞争的加剧，按职能管理的架构和专业化的技能分工使工作流程开始出现交叉。虽然工作仍然是按流程进行的，但是主要管理的重点却是部门本身，每个员工都把注意力放在自己的工作任务上。

即使是通过质量活动使流程重新回到其应当关注的重点，对于员工来说依然很难在这个似曾相识的过程中了解自己工作的具体意义。然而，在过去的数年，由于六西格玛以及其他有关方法的影响，通过了解并改进工作流程以获得业务的成功已经成了一项基本的管理准则。

第二个概念：跨职能部门管理

我们对职能化和等级制业务架构的懊恼并不新鲜。很多公司的总裁讥笑、嘲讽且抱怨公司多年来一直致力于将公司打造成一个妨碍决策制定，阻碍快速反应的官僚机构和企业帝国。最早可追溯到 20 世纪 20 年代，像通用汽车这样的公司建立了跨部门关系委员会来处理生产线和行政人员之间的摩擦，处理其分权的组织机构下不同职能之间的摩擦。

现代化企业在历史上已经付出了不计其数的努力来实施组织机构重组、公司架构重建、管理机构大改组等，希望借此去打破公司内部组织机构之间的壁垒，时至今日仍在进行。尝试用职能交叉项目管理团队去打破核心流程和辅助流程之间的壁垒。尽管团队合作有所帮助，但仅靠成立团队来消除由于态度和组织结构而产生的壁垒却收效甚微。

当公司开始认识到流程与部门之间的差别，并着手绘制跨越各职能边界的流程图时，跨部门合作真正的关键所在便开始显现出来。

第三个概念：价值链

能够描述工作怎样通过不同的部门来完成固然很棒，但是对于管理层来说真正强大的方式必须能够清楚地说明其战略利益。因此，除了消除一些内耗和官僚主义之外，如何使用这些跨部门流程来提高企业的竞争力和盈利能力呢？第三个概念，也就是价值链，为我们提供了答案。

按照哈佛商学院迈克尔·波特教授在1985年所著的《竞争优势》一书中的定义，价值链是指产品设计、销售、交付及产品支持这一系列活动的集成。价值链（或是价值流）有三个方面的含义，这三方面的含义最终驱使我们来关注核心流程这个想法。

1. 价值链强调的是公司业务活动与公司成功之间关键的相互关系。每个职能都在（或是说"应该"）为整个组织的基本目标工作，而这个基本目标就是为顾客和市场提供特有的价值。这个链条上任何的薄弱环节或是断点都会减少带给客户的价值。

2. 尽管所有的职能对这种价值都有贡献，但还是有主次之分。主要职能（或基本职能）是指那些实际制造产品（或服务），销售产品，把产品交付到买主手中以及提供售后支持的活动。按照波特教授的分类，辅助职能（或是支持性职能）包括人力资源、财务、采购甚至高层管理。（当然，任何在大公司工作过一段时间的人都知道，"辅助"职能却常常比"主要"职能有更大的影响力或是更容易引起关注——这是一个关于公司版本的狗尾巴在指挥着狗的行动（喧宾夺主）。）

3. 价值链需要定义在组织中具体的业务运营单元层面。囊括公司不同业务单元的全公司范围内的价值链毫无意义。

一开始，波特并不真正的是用流程化视角看待公司业务的倡导者。最初，他所描述的价值链活动类似于在传统的组织机构下开展业务的部门或各个职能。但是，与定义公司业务流程及确定业务流程先后次序的相关信息仍然很明确：那些为顾客提供产品及服务的流程为主要流程，其他的均为次要流程。

核心流程示例

对所有的企业来说，某些业务活动是至关重要的。以下列举的这些活动是确定主要流程的切入点，在不同的公司，它们的叫法可能有所不同或被更加细分。

- **赢取客户**。为公司吸引顾客及保留顾客的流程。
- **客户需求管理**。把顾客对产品或服务的需求进行诠释并进行跟进的活动。
- **完成客户订单**。生成客户订单，准备产品或服务并将其交付给顾客。
- **客户服务或客户支持**。完成客户订单后为了保持客户满意度的活动。
- **开发新产品/服务**。提出新的增值服务概念，然后进行设计并上市。
- **开票及收款（视情况而定）**。收款究竟是核心流程还是辅助流程还没有定论。尽管从技术角度来讲收款并不是为顾客创造价值活动的一部分，但它是公司与客户建立双赢关系的关键组成，因此也是公司取得财务成功的关键部分。所以把开票及收款过程归为核心流程也相当有道理。

辅助流程概述

在公司的辅助职能部门，标准化的工作流程为核心流程活动的顺利开展提供关键的资源和能力。这些职能的内容更加具体详细。下面列出各种辅助职能部门以及这些辅助职能部门的关键流程。

- **资本筹集**。为公司完成工作及执行战略提供财务资源。
- **使资产回报率最大化**。与公司的价值战略保持一致，通过有效利用现有资本（尤其是货币）来取得最大可能的回报。

- **制定预算**。确定如何分配资金的过程。
- **员工招聘及补充**。为公司招募员工。
- **绩效评估与薪酬管理**。评估员工对公司的贡献,并依据评估结果支付相应的报酬。
- **人力资源支持与开发**。使员工能够胜任当前的工作,并使他们具备未来发展所需的技能/知识。
- **合规**。确保公司的活动符合法律、法规的要求,并履行应尽的法律义务。
- **设施和设备**。提供厂房、设备并进行维护、保养,以确保各个职能部门能够正常运转。
- **信息系统**。通过对数据、信息进行传输和处理来提高决策速度以及业务运营速度。
- **职能与流程管理**。确保日常业务中各项工作有效进行的体系和活动。

看完上面这些关于辅助流程的描述,读者可能会认为:"简直太不可思议了!"好吧,我们之前已经提醒过读者,从"职能"的角度来看待组织是如此根深蒂固,以至于当我们按照作业流程以及提供价值的过程来审视公司的业务流程时,反而使人觉得困惑和奇怪。同时是也请读者们注意,以上只是定义这些流程的众多方式中的一种。每位读者定义的流程肯定会与这里所列举的不同,但也会对组织更有意义。

确定并量身定制核心流程

首先,我们必须认识到确定哪些流程是主要流程或核心流程没有绝对的正确或错误之分。在某些情形下,这个过程可能取决于我们希望向整个组织传达什么样的信息。最近,我们在同某公司一位高管的谈话过程中了解到,这家公司将业务流程分为4大"支柱"——创造、交付、关怀以及支持,包括3个核心流程及若干个辅助流程。尽管每根支柱都涉及大量的细节内容，但就统一思想来看，这种"支柱"的概念对公司的确很有效。还有一个例子，我们的另一个客户设计出一个相当简单的模型，他们称之为战略流程，如图11-1所示。该组织中的每一位员工都可以判断出自己对其中某一个或几个核心流程贡献的大小。

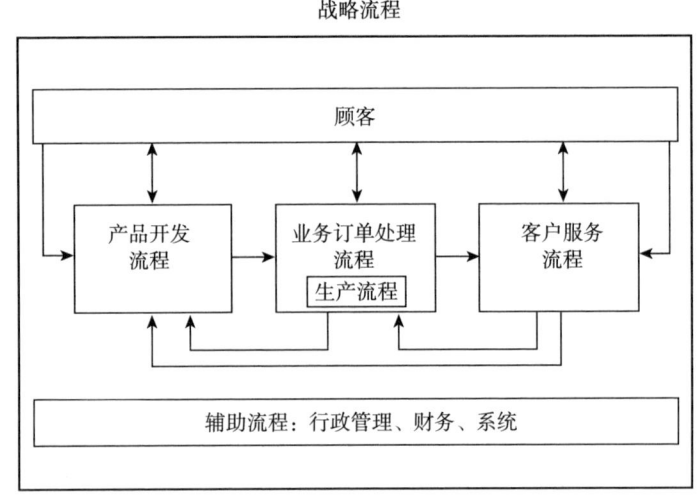

图11-1　例子：简化版的战略流程模型

制定每个公司自己的核心流程模型可能要花不少时间和心思。究竟需要定义多少个核心流程取决于公司业务的不同及其他因素，诸如公司的历史和公司的战略等。然而，一个经验法则是，每一个业务单元应当有4~8个纵观全局的主要流程。回答下列问题将有助于大家确定哪些是主要流程。

1.哪些活动是为顾客提供价值的过程中的主要活动？ 作为定义核心业务活动的基本标准，这个问题是识别核心流程及其价值的切入点。注意，不要包括那些对公司虽然非常重要，但并不能为客户增加价值的活动（诸如法务或合规）。在第15章中的价值分析部分我们还会再碰到这个概念。

2.如何最好地描述这些流程或给这些流程命名。 哪怕是以后还会再对流程的名称进行精炼，但一开始还是要有一个名称，尽量避免使用部门或职能名称。真正的核心流程是不可能只在某一个部门内就可以完成的。

3. 每一个流程主要的关键输出项（1~3个）是什么？ 可以对这些关键输出项进行绩效表现评估和能力分析。衡量流程成功与否最重要的标准就是看交付给顾客的最终产品的质量水平。如果发现某个核心流程有很多个输出项，很可能是因为我们对流程的界定还不够清楚具体，或把不同的业务单元混在一起来考虑了。

截至目前，我们应该对如何界定核心流程有了一个总体的概念，现在我们来看看下面这家公司是如何解决这个问题的。

🎬 第7个案例：FieldFresh公司从全局的角度来界定核心流程

FieldFresh公司是一家超过60年历史的公司，该公司对蔬菜和水果进行密封包装和冷藏，并通过在美国中西部的零售店进行销售。FieldFresh这个品牌主要得益于其非常高的质量声誉，以及公司产品所覆盖8个州的消费者的忠诚度。这家公司一直以来都很赚钱，公司也意识到尽管时代在变，但在过去的60年内公司却没有什么改变。

公司由为数不多的高级经理来掌管，这些高级经理在公司的服务年限都超过20年，而且大多数都接近退休了。FieldFresh一直以来是一个紧密团结、家庭导向的公司（父母和子女同时在FieldFresh工作不是什么新鲜事），公司有很强的传统观念，而且对客户及员工保持很高的承诺。公司的4个主要职能机构（广告促销、生产制造、会计和人事部门）的负责人都把各自的部门管理得非常好。每位负责人对自己所管辖的区域都有绝对的控制权。由于他们在一起工作了这么长的时间并对公司的业务了如指掌，所以一直以来他们都能够使工作在各个部门之间顺利且有效地开展。

对FieldFresh公司领导层来说最大的担忧源自公司董事会成员的施压，是公司将如何应对整个行业的变化，以及即将到来的高层管理人员更迭。"你们的确已经十分幸运了，"公司董事会成员、当地一家银行的总裁玛拉·琼斯

（Marla Jones）说道,"因为不适应也不准备变革,很多类似于 FieldFresh 的其他公司已经被釜底抽薪。可你们公司却仍然还运行得不错,但问题是'在新世纪里,FieldFresh 公司将如何发展?'"

公司领导对 FieldFresh 所面临的挑战进行思考

最开始的时候,公司管理层的成员认为这都是董事会成员们提出的"干涉性"挑战并很抵触这些意见。但随着时间的推移,公司5个高级管理人员中的大多数成员都开始承认问题的存在,这5位高级管理人员包括公司总裁埃利奥特·皮尔戴尔（Elliott Peardale）和公司4个部门的副总裁。"我们的员工很出色,"皮尔戴尔说,"但是我们并没有帮助使他们对业务的了解达到我们应该能够使他们达到的程度。别忘了,几乎每一项重大决策都是由我们几个来处理的。"

公司的一名董事会成员恰巧是美国一所顶尖的州立大学商学院的名誉主席。在这位董事的极力主张下,FieldFresh 公司的高管们参加了一个为期一天的研讨会,会议的主题是关于从六西格玛方法到业务管理背后的概念。研讨会后,公司高层管理团队在每周一次的午餐会上分享他们学习后的想法。"这听起来太像是质量 B——!"公司的制造部副总裁吉米·哈里科特（Jimmy Haricot）发表意见说。"别太早下结论,吉米,"销售及广告主管布伦达·莱寇莎（Brenda Lechosa）反驳道,"这让我觉得是我们把公司带入了困境。真正了解公司的只有我们几个,我们了解客户,熟悉各个部门,我们知道公司的背景。尽管这样,我认为公司还有很多事物我们并不知道,比我们愿意承认的还要多。"

"我想说的是,布伦达是对的。"财务副总裁哈尔·克劳特梅耶（Hal Krautmeyer）补充道,"在我们部门,我没法把事情交给其他任何员工处理几周。当我休完假回到公司的时候,有一大堆悬而未决的问题要处理。如果我和米莉（Millie）前往亚利桑那州待上那么几年,你们大家会花时间处理公司应付款吗?"

"几年前我们曾经尝试过 TQM（全面质量管理），"皮尔戴尔说，"但并没给公司带来什么，我能理解为什么吉米会产生怀疑。"

"但是在我看来这的确不同，"莱寇莎坚持说，"他们说六西格玛，或者不管怎么称呼吧，是用来解决问题的，但我的确喜欢有关采用新方法对业务进行了解那部分内容。"

"所谓的'新'是指什么呢？"哈里科特问。作为公司制造部门的主管，哈里科特是一个典型注重细节的怀疑论者。

人事主管艾尔·冯伊（Al Funghi）最后强调说，"对我来说，所谓'新'就是要向公司其他员工展现我们是怎样在一起工作的。大家一直在说没办法把职责交给其他人，但事实却是我们的确未曾尝试过这么做。如果大家能够帮助员工像我们一样了解公司的情况，也许他们可以做得更多。"

"我不需要任何团队来解决一大堆想象的工厂中的问题！"哈里科特反对道。

"吉米，"皮尔戴尔说，"我认为我们的提议不是你想的那样。"

"没错，"财务部的克劳特梅耶应声说道，"解决问题不是我们想要的答案——至少现在不是。但是，如果我们能够开始让员工了解公司是怎么运行的，而且或许能找到更好的运行方式，那么我们就可以想什么时候退休就退休了，而不是到 80 多岁的时候还在这里工作。"

"这就是我想说的，"莱寇莎表示赞成，"我还想加一句，同我们的退休相比，公司在很多方面都岌岌可危。我认为我们不能期待着公司的传统以及客户对公司品牌的忠诚度会一直保持下去。我们运行公司的方式对年轻一代来说可能行不通。"

"大家知道吗，"皮尔戴尔几乎打断了莱寇莎的讲话，"我猜这就是最近很长一段时间以来一直困扰我的问题，我无法解释。这的确很难接受，但是如果我们想在离开 FieldFresh 的时候给公司留下一个好底子，现在是时候对公司进行改革了。"大家已经达成强烈的共识，他们决定迈出六西格玛路线图的第一步，并决定围绕着 FieldFresh 公司的运作过程绘制流程图。

FieldFresh 开始涉及公司问题的核心

一个月后的一天早晨，公司的 5 位高层管理人员一大早 7 点就开始开会。会议议程是识别出公司业务的主要或核心流程。吉米·哈里科特同意试试，其他的高管也都被说服，认为这是个不错的主意。一名董事会成员还帮他们推荐了一位指导员。

最初的清单囊括了很多活动或类别，包括薪酬支付、种植户联络、开票、媒体采购、标签设计，等等。"太乱了，"人事总监艾尔·冯伊抱怨道，"我们这么做有问题！"

"大家都知道，"吉米尝试着用合作的口吻说，"我们不是应该只看那些与客户有关的内容吗？"

所有人都承认他们已经偏离了轨道。在外聘的指导员的帮助下，他们开始把非核心活动单列在另外一张辅助职能与辅助流程清单上，同时将核心流程分成了几个大类。整个过程简直就像一场搏斗，到上午 10 点半会议结束时，每个人都已经精疲力尽。"我们最好再思考一下。"皮尔戴尔说。

在下次会议之前，布伦达·莱寇莎打电话向前面提到的会议组织者请教，并得到了一些建议。一个半星期后的早晨 7 点，当大家再次聚到一起开会时，布伦达向大家描述她得到的建议："他们建议我们应该避免把一个流程视为某一个部门的事情，我们必须突破职能界限去思考问题，专注于主要的增值活动。"

经过接下来几个小时的工作，伴随着相当多的口头争吵，最后他们终于把清单的内容精简到只剩下以下四个流程：

- 产品供应
- 产品开发
- 生产及配送
- 消费及零售市场活动

然后还列出了他们称之为辅助流程的清单，并给每个流程赋予一个简洁的名称。

- 人员辅助
- 财务支持
- 基础设施
- 战略支持

他们草拟了一张图表清单，然后指导人员帮他们做成了一张拿得出手的像样的图表（见图11-2）。

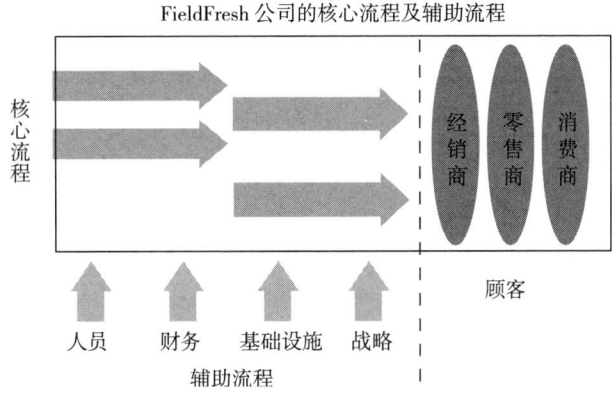

图 11-2　FieldFresh 公司的核心流程及辅助流程

步骤 1B：定义流程关键输出项及关键顾客

尽管这是路线图步骤 1 中最简单的一部分，但还是有困难的。挑战是怎样避免把太多的东西归为输出项这一类。如果读者们所在的公司像大多数组织一样，每天产出很多"东西"，其中某些会最终送到顾客手里。然而，从战略或核心流程的角度考虑，在这里只有最终产品或主要的产出才有实质性的意义。

关键流程的输出项不一定非得是交付给外部顾客而且客户需要为之付钱的事物。比如说，客户招揽流程的产出是与顾客之间达成的某种业务协议（例如订单、分销协议、合同、工作说明、政策，等等）。外部顾客通常会收到某种交易确认信息，但核心流程中的主要用户将是紧接下来的另一个核心流程（比如说，订单管理或生产制造）。

现在我们再回到案例研究中对 FieldFresh 公司流程的输出项进行探究。

继续第 7 个案例：FieldFresh 公司流程的输出项

FrieldFresh 公司的每位副总裁都被安排了一项任务：对他们确定的核心流程的主要输出项和用户进行定义。因为一位客户可以是一个人，也可以是由一群人组成的一个集体，大家决定可以把单个部门当作某个核心流程的顾客，即使这个部门可能又是其他流程的第一步。

例如，财务部的哈尔·克劳特梅耶负责"产品开发"流程。他列出该流程的 3 个主要输出项以及与之相对应的不同用户。

输出项 1：产品配方。用户：工厂技术支持、种植户联络。

输出项 2：工艺流程标准。用户：工厂的工程部。

输出项 3：消费者试验数据。用户：促销策划、代理商/经销商。

人力资源部门的艾尔·冯伊则负责"产品供应"流程。这个流程只有一个主要的输出项。

输出项：农产品（原料）。客户：工厂技术支持部门（负责处理含有配方的产品）或生产部门（直接接收新鲜罐装或冻鲜产品）。

步骤 1C：绘制核心流程的宏观示意图

拼装流程拼图的最后一个步骤是确定核心流程中的主要活动（公司还可以绘制一套辅助流程的宏观示意图，这只是一个选择项，不是必需的）。

SIPOC 示意图是最有用的而且也是常用的流程管理及流程改进技术之一。它使得我们对流程一目了然。SIPOC 这个名字来源于其中所包含的五个元素：

- 供方（Supplier）——为流程提供关键信息、原材料或其他资源的相关个人或单位。

- 输入项（Input）——供方所提供的具体"东西"。

- **流程**（Process）——一系列对输入项进行转化并理论上增加价值的步骤。
- **输出项**（Output）——流程最后的产品。
- **用户**（Customer）——接收输出项的个人、集体或流程。

通常情况下，对关键输入项和输出项的主要要求也会被加到 SIPOC 示意图中，这样就变成了 SIRPORC 图（R 代表需求——Requirements，估计没有人愿意用这个词，也许是因为 SIRPORC 的发音与 Sir Pork——猪爵士的发音相似）。

SIPOC 示意图可以很大程度上帮助人们从流程的角度去看待业务。下面只是 SIPOC 示意图的优势的一小部分。

1.SIPOC 示意图把各种跨部门活动都呈现在一张简单的示意图上。

2.SIPOC 示意图采用的是一种适用于各种规模大小的流程，甚至是整个公司。

3.SIPOC 示意图使我们可以纵观全局，同时还可以添加更多的具体细节。

通过把公司各个 SIPOC 示意图进行首尾相连（也就是说，上一个流程的输出项就成了下一个流程的输入项），我们就可以得到整个公司的宏观流程示意图。

在这一章节的前两个任务中已经为 SIPOC 示意图建立了一个良好的开端：广泛地进行识别并定义输出项和用户。我们既对供方及其对应的输入项感兴趣，同样也对更详细的流程很感兴趣。

识别供方和输入项

为了识别流程的输入项及其供方，我们首先需要知道流程的起点在什么时间，在什么地点以及是哪种活动。在我们确定某个组织的主要流程时，找出流程的起点往往并不是非常困难。我们可以简单地确定哪里是上一个（或上游）流程的终止点，以及其为下一个流程提供了哪些输入项。

总体来说，最好把输入项限定在过程中会消耗掉的项目上，并且不要包括诸如机器、设施或其他相对来说永久性的基础设施。首先，这样做首要的好处是更简单，如果把绝大多数过程中会用到的所有软件、办公桌、电话以及机器设备都包括进来，那可是一个长长的清单。更重要的是，我们绘制流程图的最终目的是了解工作进展的方式以及变化情况。那些在某种程度上永远存在的东西实际已经是流程的一部分了，并且我们可以衡量其对工作产生的影响，但不是作为流程的输入项。

下面这些简单的问题有助于我们识别流程的供方和输入项。

- **哪些关键物料、信息或产品被提供给了整个过程？**对任何核心流程而言，最关键的输入项就是过程要处理的"事物"。在装配车间，其关键输入项就是零部件；在贷款公司，其关键输入项就是贷款申请；在航空公司，其关键输入项就是乘客。其他的关键输入项将对保证整个过程的成功也非常重要，比如说装配车间的工作指令、贷款公司的客户资料以及航空公司乘客的预定信息。
- **哪些输入项对于开展流程中的工作是绝对重要的？**我们只需关注这些关键输入项。如果在缺少某个输入项的情况下工作照样可以进行得很好，那么该输入项就不是关键输入项。
- **这些输入项是否会在过程中被消耗掉，或是作为过程的输出项交到顾客手中？**如果两者都不是，可能会是个工具，但并不是输入项。
- **是谁在提供这些输入项？**一旦定义了输入项，识别流程的供方通常就变得更加容易了。

绘制流程示意图

SIPOC 示意图中的 P（过程）部分最好使用方框图，每一个方框用来表示主要的活动或子过程。同更加详细的流程图不一样，这种方框图通常都是简单、直线型的流程，其中不体现出过程中的决策点、返工循环或者某些步骤的备选途径。为了防止过于详细，我们应该将流程限定在 4~10 个方框。然而，需要警惕的是，在这个过程中大家很容易陷入细节。基于这种原因，我们推荐采用一种被称为类似法的技巧来绘制这种宏观的方框图。所谓类似法，就是先把所有的想法或点子都列出来，然后再把这些想法或点子按照不同的含义归纳成不同的大类。这个过程产生的通常都是宏观的步骤。一旦赋予各个步骤或任务相应的名称,我们就可以把这些步骤或任务按照一定(粗略的)顺序排列起来,形成一个流程。宏观业务流程示意图方框中的内容通常都比较宽泛并且是职能交叉的。

让我们再回到案例分析中,看看 FieldFresh 公司如何识别过程的供方及输入项并生成一系列的流程示意图。

继续第 7 个案例:FieldFresh 公司识别流程的供方和输入项以及过程本身

FieldFresh 公司的管理团队对大家各自分别列出的输出项和客户清单感到很满意。

广告部的布伦达·莱寇莎提出了一个主意:"如果接下来我们要绘制这些流程的示意图,我认为某些部门总监和经理将会很有帮助,而且同我们自己动手相比,这样还会为我们节约一些时间。"

管理团队同意就此进行一下尝试。于是,为了确定输入项及其相应的供方并完成一系列的宏观流程示意图,他们为四个流程委员会起草了一份成员名单。

在当地一家会议中心召开的由公司全体经理人员参加的会议上,这四个工作委员会分别向与会者展示了他们所准备的核心流程 SIPOC 示意图。例如,图 11-3 所表示的农产品供应流程。会后,皮尔戴尔向大家宣布,FieldFresh 公司正在启动一项被他称作"FieldFresh 3000"的项目,把公司通往下一个世纪的发展途径定位于增长及提高竞争力上。

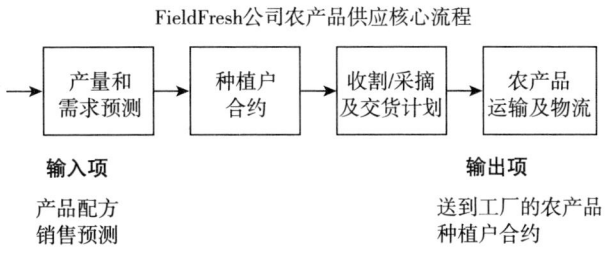

图 11-3　FieldFresh 公司农产品供应核心流程

致力于核心流程示意图的各个委员将继续对每一项关键活动的需求进行定义和测量。"我们将每次只完成一个步骤,"他提醒大家,"我们仍然还不知道六西格玛方法是否真的适合 FieldFresh 公司。到目前为止,所有的迹象看起来都还不错。"

核心流程示意图的使用

清晰明确的核心流程是六西格玛路线图步骤 2 的起点,在路线图步骤 2 我们开始识别顾客对流程的需求。与此同时,从整个组织的视角把业务看作是由关键流程组成的网络的价值是:有助于对业务产生新的理解,对关键流程之间的相互依赖关系产生新的理解。就像在 FieldFresh 公司一样,确定公司流程模型的过程可能会令人大开眼界,同时也会使大家把注意力集中到诸如"为什么我们要这么做呢?""这些活动真的重要吗?""这两个流程之间衔接的效率如何?"这类问题上。

这些问题总是出现在具有丰富六西格玛经验的公司里,这就是我们为什么建议把确定核心流程作为六西格玛活动的理想起点。在开始路线图第 2 步之前,我们先看看 FieldFresh 公司是怎样从六西格玛路线图步骤 1 的这些工作中受益的。在本章结尾,工具 11-1 提供了一张"提倡的与避免的"行为清单,用以帮助读者识别自己所在组织的核心流程和关键顾客。

工具 11-1

识别核心流程和关键客户时所"提倡的与避免的"行为清单

- 提倡——专注于为客户增加价值的活动
  - 你可以把辅助流程也纳入到这个过程中,但是必须清楚事物的优先次序,最重要的是改进那些能让业务成功的事物。
- 提倡——保持宏观的高度
  - 定义核心流程最大的好处之一就是能够获得业务全局观,一旦过多地专注于细枝末节,你就会失去这种全局观。

- 提倡——让各种不同的人员参与进来
  - 对跨部门流程进行描述需要各个部门的参与。好好利用这个机会重新观察业务单元是如何运行的。
- 避免——在流程中增加过多的输入项和输出项
  - 只有在极少数情况下才需要较多的关键输入项或者关键输出项的数量超过 1~3 个。
- 避免——认定核心流程是不能改变的
  - 市场竞争及客户不断变化的需求对组织变革提出了要求，而六西格玛体系的关键就是通过发展技能及组织结构来支持变革，从而使业务取得更大的成功。

第 7 个案例大结局：FieldFrish 公司坚持到底

在接下来的几个月里，FieldFresh 公司管理团队的工作氛围变得开放多了。很明显，公司总监和经理级别的人员已经压抑了很多想法和信息。随着这些关键人员针对如何衡量他们的绩效表现，以及怎样更好地与客户交流提供他们的看法时，那些压抑许久的想法便开始涌现出来。

在随后一年的年底，埃利奥特·皮尔戴尔宣布从总裁的位置上退休，并把公司的管理权交给了布伦达·莱寇莎。另外还有两位副总裁也退休了，继任者是来自于公司业务部门的两位总监，他们了解并懂得 FieldFresh 公司的传统和文化。

莱寇莎承诺将继续推行"FieldFresh3000"项目，并将逐步进入到以六西格玛体系为基础的新型管理实践模式阶段。

从业务成果的角度来看，FieldFresh 公司持续地改革其过时的流程，随着时间的推移，公司同经销商和零售商之间建立了更好的合作关系。从几份地区性报纸商业版的报道（《焕然一新的 FieldFresh 公司》和《新总裁与新做法》）就可以看出公司销售业绩的复苏——在没有损害公司良好声誉前提下成功地更新了公司的品牌标识。

吉米·哈里科特结束了在怀俄明州一个月的钓鱼度假，回到办公室参观。他对曾经一起共事多年的老同事莱寇莎说："这个地方看起来还是老样子，但气氛和原来却大不相同。我也许可以不退休了，回来再次为你管理这个工厂。"

莱寇莎从眼镜上面看着他。

"不会的！"他补充道。

于是这位前制造部副总裁与公司新任总裁一起开怀大笑起来。

第 12 章 | The Six Sigma Way

确定顾客的需求（路线图步骤 2）

这一章的内容全部都与组织在 21 世纪应该建立哪些最重要的、新的核心竞争力，要想了解客户究竟需要什么以及客户的需求和态度是如何随着时间的变化而变化的有关。这需要把条理性、坚持力、创造力、敏感度科学结合在一起，有时还需要一些运气。

以下是六西格玛活动最具广泛代表性的最终成果。

- 对顾客需求、竞争活动、市场变化等实施持续跟踪并更新的一套战略与体系，也就是众所周知的"顾客的呼声"采集系统。
- 针对顾客确定的每个关键输出项，都设置了具体的且可测量的绩效标准。
- 针对公司与客户之间的关键接口，建立了看得见（可能的话）且可衡量的服务标准。

- 根据对客户和客户群体的重要程度以及对业务战略影响的大小，来分析绩效标准及服务标准。

要取得上述这些成就，我们必须着手完成以下任务。

1. 收集客户资料，并制定公司"顾客的呼声"采集战略（详见路线图步骤2A）。

2. 拟定绩效标准以及客户需求说明（详见路线图步骤2B）。

3. 分析这些需求并确定优先次序，同时根据公司的业务战略对这些需求进行评价（详见路线图步骤2C）。

完成上述的第一项任务，也就是一套能够持续收集客户反馈的体系，是一个长期目标。当然，在实施六西格玛的初期阶段，我们或许会把重点集中在那些源自客户的高优先级别的输入项，而不是改革公司的整个客户跟踪体系。由于具备真正倾听客户呼声的能力对业务的成功太关键了，我们将首先介绍这项主要行动。

路线图步骤2A：收集客户资料，并制定"顾客的呼声"收集战略

我们很容易地认为绝大多数公司都相当充分地了解其客户的需求，或者有到位的人员与机制对客户需求进行密切关注。的确有各种各样的公司在市场研究和客户调研上耗费了大量的资金，或许读者们所在的公司也是其中一员。我们想表明的是，当今被用来对客户需求进行密切关注的许多实践经验，给大家制造了一种假的安全感。一旦对这些所谓的实践经验进行更严格的考查，许多公司似乎都会得出一个相同的结论，就像一家大型保险公司的一位高级管理人员所得出的一样："我们开始意识到，我们对客户的了解并没有我们所认为的那么充分。"

收集客户数据

日益完善的数据采集技术，再加上我们许多人在网络搜索、社交媒体、网上购物等活动上留下的电子足迹，无疑增加了公司获取消费者的需求及其偏好

的机会，有时也增加了公司的麻烦。但是我们要表明的是，如果消费者不愿意，利用那些可能被视为具有侵略性的方法进行客户资料采集也不能算是以客户为导向（我们把这个重大的商业伦理问题留到另外一本书中进行讨论）。

即便存在这些技术优势，但各种规模大小的组织（商业组织、政府机构、医疗保健服务机构，等等）中的绝大多数还没有踏入这个门槛，并经常莫名其妙地就脱离了客户的角度和需求。

举个例子，我们的一家客户公司专门为年轻人生产制作新潮的鞋子和服装。这家公司在产品开发和导入的同时，还要安排制作大量的全色印刷产品目录，以供公司的直接客户零售商使用。我们注意到公司在这项活动上投入了很多时间、资金，而且还很焦虑。我们发表看法并提议，或许那些全色印刷的产品目录对客户来说并没那么有用，而且可能还有发布这些信息的更好方式。因为当时是2009年，把什么东西都放到因特网上已经不是什么疯狂的新点子了。作为一家无拘无束且成功的公司（公司的CEO穿着短裤和人字拖上班），读者们可能没想到这家公司竟然把自己跟那种老式的产品目录搅和在一起了吧。尽管如此，取消印刷版产品目录的主意还是令公司感到紧张不安。他们花了好几个月的时间才认识到，公司的直接客户要求的是很容易在需要的时候检索到想要的信息，而不是重达数磅⊖的产品目录。

为了推动真正有意义的改善，必须留意并清楚地了解顾客的需求，这样不但有助于更有效地满足客户的核心需求，而且还可以避免掉入陷阱——好比上述的制鞋公司。对顾客需求的假设会使公司被竞争对手甩到身后，或者把时间和资金花费在满足已经过时的客户需求上。就算是在诸如IT或者HR这样的公司内部辅助部门工作，成功也是取决于（或者应该取决于）这些辅助部门怎样很好地帮助其公司内部达到关键目标。

"顾客呼声"的基本要素

为了倾听市场的声音，无论是通过在公司内部培养这种核心能力，还是依

⊖ 1磅≈0.45千克。

赖于外部资源，我们都需要了解有效的顾客呼声收集系统的一些基本要素。

- 把 VOC 系统作为一项持续的工作
- 对顾客进行明确的定义
- 避免跑偏
- 利用各种方法去发现顾客需求
- 寻找细节数据，并留意各种趋势
- 利用我们所得到的信息
- 制定切合实际的目标
- 准备好挑战我们自己的假设

在进入路线图步骤 2B 之前，我们先对上述这些基本要素的内容进行更加详尽的描述。

把 VOC 系统作为一项持续的工作。有效的 VOC 系统的第一条原则是，这些系统必须一直是公司关注的重点和优先事项。在当今快速变化的商业环境中，像以往那样偶尔使用 VOC 系统的方式已经不够了。看到公司的财富在减少，那些没能睁大眼睛并倾听顾客呼声的公司最喜欢问："真见鬼，到底发生了什么事？"

对顾客进行明确的定义。在第 11 章中，我们概括了如何建立起对核心流程及关键顾客的更全面理解。更认真地对待"谁是我们的顾客？"这个问题，可以使公司及领导们真正地觉醒。

有相当数目的组织觉醒。例如，一项普遍的发现是，公司年销售额的绝大部分都来自于一小部分客户。也经常会发现，公司为支持某些顾客所花费的成本，到头来却使公司赔钱。为了区分不同的客户群体，很多公司在近年来已经实现了一些聪明的战略性改进。公司在保持其产品、服务、产品特性、成本，与各个客户群体的不同情况相一致的方面正变得更加娴熟——双赢的战略。另外还有一些其他的例子，公司不得不做出困难的决定：放弃某一类型的客户，或者把精力专注于那些其需求与公司战略高度相匹配的客户。

本章的目的是帮助大家设计或改进用于了解并确定顾客需求以及市场趋势的系统，而不是对业务战略进行质疑。然而，如何确定业务战略并对客户进行区分，将会对数据的准确性以及建立客户的呼声收集系统所需要的资源产生巨大的影响。

避免跑偏。注意异常情况或令人厌烦的事件是人类的天性。对异常情况加以关注也未必是不好的业务习惯。沮丧的客户或者客户的特殊需求，可以检验公司是否能够面对更大的挑战并为组织发展新的能力。与此同时，我们肯定也不想让那些气急败坏、喋喋不休的客户或顾客到处跟同事/朋友们宣扬与我们开展业务过程中的可怕经历。

然而，一旦客户的牢骚声（类似于车轮发出的吱吱作响的噪音）掩盖了其他所有的一切，那可就是个严重的问题了。客户数据样本就不完整，而且很可能会对市场或客户做出错误的判断。六西格玛中的顾客呼声收集系统倾听到的声音，远比那些刺耳的牢骚要多得多。

上述情形所造成的必然结果就是，公司很容易只对其现有客户的呼声进行了解读。与之相反，如果只重视来自于未来预期客户的意见，却忽略了当前与公司有业务往来的客户（这种问题经常发生在单纯以销售业绩为导向的组织中，这类组织永远只考虑"接下来的一次交易"），这同样也是一个严重的失误。

奥尔迪·基恩（Aldie Keene）是位于印第安纳波利斯的一家客户忠诚度研究中心的一位合伙人，他从数以百计以客户为中心的研究项目中积累了丰富的经验，许多项目都是为美国的顶尖公司而进行的。基恩说，让组织栽倒的最大的绊脚石是"从错误的顾客那里获取信息"。他经常看到一些公司为特定的目标客户群体设计产品和服务。"然后，他们理所当然地把这些产品和服务卖给所有的客户。"再往后就是客户满意度测试："猜猜看，哪些顾客最不满？大部分表示不满的客户都不在公司当初产品/服务策略的目标客户群之列。"

不光是选择了错误的听众，基恩还提到，这些公司紧接着就对这些负面信息做出反应:"他们说:'哇,我们的工作真是做得太差了。'而且开始相互指责:'你那里能不能做好点儿!'完全没搞清楚负面反馈究竟来自哪些顾客,以及这些顾客为什么会不满。"

毫无疑问,关键是要采用多样化的手段并均衡地去了解各种不同的客户群体。

- 对公司表示满意的现有客户
- 对公司表示不满的现有客户(既包含发生过投诉的客户,也包含没出现过投诉的客户)
- 已经流失的客户
- 公司竞争对手的客户
- 公司未来预期的客户(也就是那些还没向公司或公司竞争对手购买产品/服务的潜在买家)

利用各种方法去发现顾客需求。正如我们前面讲到的,满足21世纪顾客呼声采集系统的基本要素需要更多的技巧,这些技巧比大多数公司目前所具备的要广泛。例如,市场或客户调研在获得目标信息和客户偏好方面也许会很棒,但却无法实施详细的跟进。作为直接了解客户的工具,包括访谈和专题小组在内许多传统的技巧都存在缺点,这个缺点就是被采访的对象知道我们想问他们什么。这就不奇怪为什么客户往往是说一套做一套了。

图12-1向我们呈现了采集顾客呼声信息传统的技巧清单和新一代的技巧清单。我们应该注意到,新一代的技巧清单包含着更多的间接方式,这些间接方式是通过顾客的行为来评估他们的需求与偏好,而不是听他们的口头表达。最佳的方法组合在很大程度上取决于公司本身的客户、市场、资源以及公司所需要的数据类别。具体怎样使用这些方法已经超出了本书的范畴,最重要的是,大家要意识到,有必要对公司现有的客户信息采集方式进行评估,而且在大多数情况下还需要对体系进行巩固。

顾客/市场呼声的采集方式

传统的……	新一代的……
• 顾客调研	• 有针对性的多级访谈及调研
• 专题小组	• 客户记分卡
• 正式的投诉系统	• 数据仓库和数据挖掘
• 市场研究	• 客户/供应商"审核"
• 神秘买家项目	• 质量功能展开

图 12-1　顾客呼声采集方式的提升

寻找细节数据，并留意各种趋势。顾客呼声采集系统的核心要求之一，是公司在识别客户需求的同时把握趋势的能力，这种能力有助于公司走在市场偏好变化的前面，察觉到新挑战，等等。能够得到细节数据，是制定目标和准确的标准以及衡量绩效表现的关键。当然，全局的角度也至关重要，否则公司可能会错失新的机会或走弯路，从而使公司无法与顾客保持步调一致，而且容易受到竞争对手的攻击。

从顾客那里获取细节信息并非易事，有效地沟通并不总是那么容易。客户也有大量的事情需要花时间去完成，同时他们也不愿意透露敏感信息。为了清楚具体地明确顾客想要什么、需要什么，公司需要花大量的时间和资源对数据进行有效的探究以及/或者分析。

另外还有一项障碍，客户可能没能力对他们的需求进行定义。在我们举办的一次六西格玛研讨会上，一名销售人员说："很多顾客都一窍不通。"就很多公司而言，她的评论绝对没错，客户不会像我们一样了解自己公司的产品或服务，所以让客户给我们提出清晰、具体的需要，对于他们来说很困难。在收集顾客呼声的过程中，我们可能还需要不断地进行顾客教育，这样他们就会为定义自己的需求有更充分的准备。

利用我们所得到的信息。在当今的公司中有这样一个公认的事实：尽管公司所需要的全部数据都存在，但没人能说出在哪里可以找到这些数据。或者关键的信息已经发布了（上传到了互联网上，等等），但没人利用。关键是仅仅对客户输入的信息进行收集并不能算是完成整个循环，顾客呼声数据只有在经过分析并采取相应的行动后，才能体现出其价值。即便是已经具备了先进且有效的顾客信息收集系统，一些组织仍然还会在如何让高管和经理们关注这些数据上遇到问题。

奥尔迪·基恩指出，绝大多数公司可以对其拥有的、源自多处的客户信息进行统一并进行对比，使公司对其与顾客之间的关系有一个更清楚的认识，这样就能预测顾客未来的行为："我们的客户中几乎没有公司问过'把这些信息综合起来意味着什么？'，哪怕是通过建立最基本的关联以实现信息整合。"

然后，另一个关键问题就是"怎样彻底有效地理解客户和市场数据，并采取相应的行动。"概括回答就是为处理这些信息制定新的流程，如此一来，新制定的流程就可以被用来提高决策的质量，并对变化和机遇做出更有效的反应。

我们的一个客户的高管团队建立了一个被他们称之为"战略性地发现问题与解决问题"的流程，让业务领导者在使用顾客和市场数据方面身先士卒，一种闭环活动的绝佳例子。一旦致力于研究各种输入信息的基本内容（包括一对一的访谈以及定向市场调研），公司的高层管理人员就可以在建立或改进产品供给、服务供给以及上市活动的流程时，做出更明智的决定。尽管这个流程还需要被进一步完善，但已经比每年一次的战略计划制定会强多了。

未能使整个组织就以顾客为中心取得统一的认识可能也是一个严重的不足。奥尔迪·基恩提到："一旦公司能够有效地让员工们了解顾客信息，也就为即将发生的变革奠定了基础。我想，当意识到公司内部对顾客信息的沟通是如此之差——真正获得顾客信息的员工简直少得可怜，绝大多数公司都会感到震惊。"

最后，鉴于信息源自于顾客本身，所以重要的是，要把公司的发现以及相应的回复传达给客户。顾客忠诚度研究中心的研究显示，收到公司回复的客户的满意度明显高于那些没得到任何消息的客户。

制定切合实际的目标。建立并保持一套全面的客户信息及市场数据采集系统可不是一蹴而就的事情。幸运的话，我们所处的组织可能已经具备了很好的基础，那么我们就可以专注于解决整个系统的不足之处（对前面所讨论过的六项基本要素进行特殊关注）。如果没有基础，公司所面临的挑战将更大，然而公司的发现可能会更有价值。不管怎样，把公司新付出的努力定位于收集来自顾客的信息并了解他们的需求，是一个聪明的方法，根据公司核心流程及顾客的具体数量，选择从一个或几个区域开始，然后逐步完善。

准备好挑战我们自己的假设。从顾客的呼声中观察并学习到的东西或许会令人大吃一惊。一旦源自顾客的信息否定了那些一直以来我们都认为对客户很重要的方面，这些信息就很容易遭到否认或被忽略。然而，恰恰相反，公司应该做出的最佳反应是，找出目前公司所提供的事物与客户真正喜欢的事物之间潜在的脱节，这很可能是公司将来取得重大进步的来源。

路线图步骤 2B：拟定绩效标准以及客户需求说明

无论是源自现成的数据，还是来源于已经强化的顾客呼声采集系统，对顾客需求与行为取得深刻的理解，是为提高绩效表现和客户满意度建立清晰的指导原则的起点。完成路线图步骤 2A 并确定了客户具体的需求，我们就能够衡量公司的实际绩效表现，并针对顾客需求和期望对公司的战略及市场重点进行评估。

顾客需求的类型：输出项和服务

定义顾客的具体需求的第一步是要了解并对两种关键需求的类型加以区分：对输出项的要求以及对服务的需求。下面分别是对这两种类型的顾客需求进行的描述。

对输出项的要求。对最终交付给顾客的产品或服务的特性以及 / 或者特征的要求。在对输出项的要求中，有很多都与顾客对公司最终产品或服务的适用性和实效性相关。在很多情况下，只要客户知道自己想要的是什么，就可以对输出项提出具体客观的要求。对复杂产品或服务输出项的要求可能会很多。

对服务的需求。在整个业务过程中，公司应该如何对待顾客，怎样为顾客提供服务。同对最终产品的要求相比较而言，对服务的需求则更倾向于依赖主观判断，且更容易受实际情境的影响，这就意味着更难对其进行具体定义。

为什么要对顾客需求的类型加以区分

图 12-2 通过举例比较了对服务的需求与对输出项的要求之间的不同。能否很好地理解对服务的需求与对输出项的要求之间的不同并加以区分，相当大一部分取决于公司对流程以及流程与客户之间接口了解的清楚程度。某些因素既可以被当作对服务的需求，也可以被当作对输出项的要求，这取决于如何对流程进行定义，因此两者的区分并不总是黑白分明。尽管如此，根据我们的经验，只把那些与关键事务的完成、最终产品的交付或最终服务的交付有关的需求作为对输出项的要求，是最没有争议的。

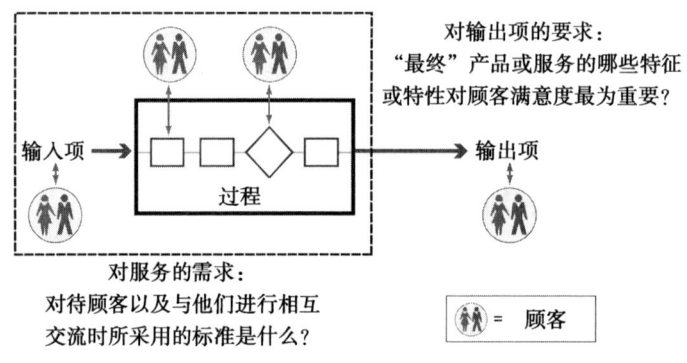

图 12-2　顾客、过程、对服务的需求以及对输出项的要求

在设法确定顾客对服务的需求时，读者们可以采用的一个有用的概念是"关键时刻"——前斯堪的纳维亚航空公司（SAS）总裁詹·卡尔森（Jan Carlzon）创造的一个术语。"关键时刻"就是决定公司在顾客心中的印象（正向的或负面的）的任一时刻。在图 12-3 中，我们提供了在商品零售过程和金融服务活动中"关键时刻"的实例。

	对服务的需求		对输出项的要求	
过程	典型的要求	输出项	典型的要求	
汽车销售/购买过程	• 立刻给予重视（少于两分钟） • 不给客户压力（每次向客户核实情况的时间间隔为10分钟） • 可以试驾（提车场存放着所有的车型以供试驾）	汽车	• 发动机启动时间在5秒钟以内 • 油耗不大于厂家公示值 • 各个车门锁工作正常	
抵押贷款申请/批准过程	• 按客户计划的时间完成贷款申请 • 贷款申请表连同客户需要提供的资料清单一起发放 • 在15天之内通知客户贷款申请的结果	抵押贷款	• 第三方托管账户结账之前资金到账 • 贷款文件上的数据资料准确无误 • 合适的贷款利率	
批发包装食品的订货流程	• 人性化的订货流程（可用传真订货） • 通知客户货物离开时间（电话或传真） • 进行客户追踪，以确保客户对订单的满意度（准时到货、产品完好）	包装食品的运输	• 按照要求的日期到货 • 整托盘码放 • 产品完好无损（没有破损）	

图12-3 实例：对服务的需求以及对输出项的要求

我们之所以强调区分对输出项的要求与对服务的需求之间的各自不同，并且建议读者们也这么做，主要有3个理由。

第1个理由：每位顾客都有这些需求。即便是生产印刷电路板或制造足球，也不意味着顾客对公司没有服务上的需求。公司的销售人员如何对待顾客，客户得到问题答案的容易程度以及许多其他的因素，共同形成了顾客对公司所提供服务的需求。

第2个理由：不敢说顾客对服务的关注程度比对产品本身的关注程度更大，但至少也是一样的。想象一下，最近有一架从纽约飞往达拉斯的航班，该航班满足了对输出项的全部要求：航班准点，飞机降落在正确的机场，而且所有乘客的行李都安全抵达。但是几天之后，还是这些乘客，同样是在纽约的肯尼迪机场（JFK），他们足足等了45分钟才办完乘机手续。也可能出现相反的效果：当我们的朋友格雷格（Greg）拿到了他新买的手机后，却发现车载充电器不管用，由于客户人员在给他进行换货时表现得太好，格雷格总体来说还是觉得非常满意。

第 3 个理由：建立六西格玛绩效表现，意味着同时对输出项和服务两个方面进行改善和监督。近来有一个令人遗憾的倾向，就是把顾客满意度分割成了"产品"和"服务"两个组成部分。例如，大量的专业书籍和文章讲述了服务质量的管理，同时，许多畅销的质量书籍中全都是与产品质量（也就是所谓的输出项）相关的例子。这两方面的确面临各自不同的挑战，并可能需要采用不同的技巧来定义和测量，从这个层面来看，这种分割是有道理的。然而，许多案例的最终结果却是强调一个方面胜过另一个方面，这也就意味着实际上公司只是在处理客户关系中的一部分而已。

组织内的相互孤立会掩盖服务绩效标准与输出项之间的密切联系，这也会使问题恶化。除非把这两种需求更好地结合起来，否则公司就特别容易沦为只推行局部优化活动的牺牲品（也就是说，不同部门之间存在着相互冲突的目标或业务习惯，从而降低了整体的有效性以及/或整个流程的效率）。

就满足顾客需求而言，消除服务过程中的"缺陷"与制造零缺陷产品一样重要。我们提议公司如果从一开始就同时重视输出项和服务这两个方面，就会更好地了解顾客，并能够最有效地专注于改进重点，这样就能够提高客户满意度并提升公司的竞争力。

抓住细节，起草顾客需求描述。"需求描述"是对服务或输出项的绩效标准的一个既简洁又全面的阐述。编写需求描述并不容易。例如，如果来自顾客的输入项不够完整或者相互矛盾，明确顾客的需求将会是一项巨大的挑战。就算是有很好的数据资料，也很容易表达得含糊不清，或者违反对顾客需求进行清楚描述的原则。

首先，让我们为正确书写顾客需求描述或绩效标准设定几个目标。然后再看看实际上怎样编写优秀的需求描述。有效的顾客需求描述应该做到：

1. **与具体的输出项或"关键时刻"相关。** 需求描述中所阐述的问题只有与具体的产品、服务或活动相关联才有意义。图 12-4 提供了一些关键时刻的例子。

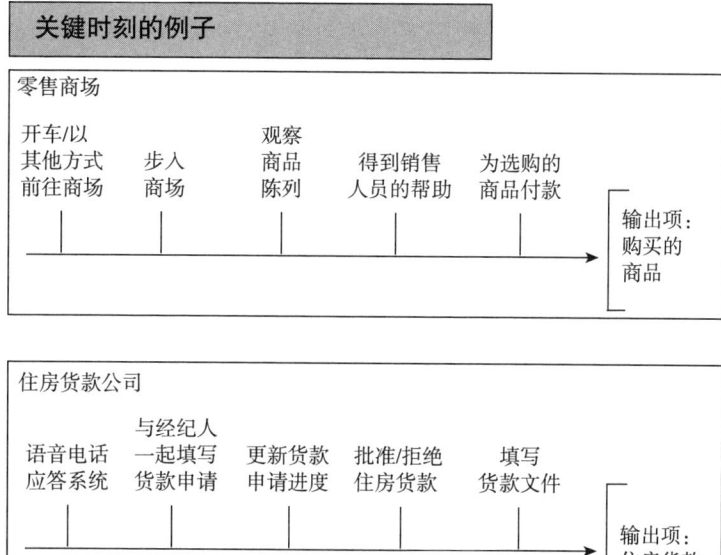

图 12-4　举例：关键时刻

2. 描述一个单一的性能标准或因素。应该清楚顾客希望得到什么或对什么进行评价（例如速度、成本、重量、口感，等等）。对这些因素进行描述通常并不难，但却很容易把所有的因素都混为一谈。

3. 采用看得见的与/或者可衡量的因素。对不太有形的需求，我们可能需要费点心思把这种无形的需求转换成可以看得见的需求。如果发现很难想出一个办法来观察某个需求是否被满足了，那么对需求的描述仍然过于含糊不清。

4. 能够使公司确定"合格的"或"不合格的"绩效表现标准。顾客需求应该有助于为某种缺陷确立标准。某些顾客需求是二元的，这就意味着这些需求要么是被满足，要么就是没被满足。其他的则需要要对客户的标准规范有一个明确的界定（例如总量必须大于 2 磅并小于 3 磅）。

5. 抓住细节，但要简洁明了。需求描述可能出现的最大的缺点之一就是过于简短。我们很难根据简略的顾客需求对流程或者服务进行评估。同时，如果内容过于啰唆，没人愿意读下去。那么，诀窍就是努力争取做到言简意赅。

6. 与顾客的呼声相一致，或者采用顾客的呼声予以确认。最重要的就是，需求或标准规范要符合顾客的要求/期望。流程中的每一项需求都应该能够与外部顾客的需求联系起来。

顾客需求描述举例

表 12-1 向读者们提供了对有效的顾客绩效标准进行正反面对比的一些例子。

表 12-1 需求描述举例

快速交货	收到订单后 3 个工作日内交货（采购订单必须在下午 3 点之前收到）
像对待家庭成员一样去对待每一位患者（作为指导原则没问题，但这不是需求描述）	• 在患者进入等候区 20 秒之内向他们打招呼 • 在姓氏后面加"先生"或"女士"来称呼每一位患者 • 如果患者允许，可以直呼他们的名字
产品容易安装，不需要太多的专门技术	只需要扳手和改锥，任何一位成年人就能够在 15 分钟之内组装一辆型号为 1200 的自行车
无条件退货政策	任何 200 美元以内的零售产品都可以无条件退货，并全额返还货款
样品申请	样品申请表不超过两页

为了测试顾客需求描述的有效性，读者们应该提出的问题包括：

- 某项需求是否真正地反映出了对顾客重要的事物？
- 我们能不能核实顾客需求是否被满足以及/或者被满足的程度怎样？
- 对顾客需求的描述是否浅显易懂？

对顾客需求进行定义的步骤

我们可以把澄清顾客需求的过程分成 6 个主要的步骤。

1. 确定输出项或服务。 这就是关键的起点，需要什么？

2. 识别客户或客户群。 是谁将接收公司的产品或服务？范围缩得越小，就越容易确定谁是客户或客户群。当考虑的是外部顾客时，务必确保对经销商或供应链伙伴与最终用户或消费者加以区分。

3. **对与顾客要求、期望、意见、抱怨等有关的现成数据资料进行仔细研究。**尽可能地采用客观、量化的数据对顾客需求进行定义。竭尽全力地防止猜测什么对顾客重要，或单凭零星的输入信息就对顾客需求进行定义。

4. **起草需求描述。**这一步所面临的一个巨大挑战就是，把顾客所想要的转化成大家看得见的事物并定义一个明确的绩效标准。起草完需求描述之后，在其他人员那里对其进行检验，以确保需求描述的内容清晰、具体、看得见/可衡量、容易理解，等等。

5. **对顾客需求进行验证。**验证是为了确保能够准确地反映出客户要求和期望，对顾客需求描述草稿进行反复核实所能采取的任何步骤。可以采取的一种方式是，根据我们起草的需求为客户提供实例并评估他们反应，或者干脆就直接询问他们。对需求的验证还可以包括与流程所涉及的人员进行核实，这些人员在实际工作中需要解读并满足顾客需求。

6. **完善需求描述并最终定稿。**一旦发现所能做到的与顾客要求之间存在差距，公司所面临的挑战就是与顾客协商一个切实可行的需求标准，或者更进一步：实施流程改善。最终确定了顾客需求之后，为了确保公司员工都知晓这些绩效指标以及对绩效水平的期望，公司需要对顾客需求描述进行发布并/或者进行沟通。

工具 12-1 所提供的表格有助于读者们从头到尾地全面熟悉以上整个过程。

工具 12-1　顾客需求定义表格

顾客需求定义表格

1. 确定输出项或服务（关键时刻）。

_____

2. 确定这些需求将适用的客户或者客户群。

_____

3. 说明"顾客的呼声"输入项的数据来源（必要时附上有关数据）。

_____

4. 起草需求描述（应该包括用以核实需求是否被满足的那些客观的、看得见的因素）。

_____

检查需求描述草稿的内容是否清楚、具体，等等。

5. 说明对顾客需求进行验证所采用的方法（必要时附上验证过程中的发现）。

_____

6. 最终定稿的需求描述：

_____

同具体的事实相比而言，如果我们最终觉得初步的需求描述更像是猜测，这也并不是个别现象。含糊的需求（由于对客户或过程能力认知的不足）在很多流程中都是常态。了解客户并巩固绩效标准需要时间。我们接下来要举具体情况下的两个例子，将有助于向大家说明在制定需求描述过程中所面临的问题和要付出的努力。

第8个案例：款待酒店入住的客人

在酒店服务业，一个比较重要的顾客满意度因素就是，酒店工作人员对客人所提要求的响应速度及服务的体贴程度。制定类似于"体贴客人"这样的一个绩效标准并没有什么特殊帮助。通过对客人满意的关键要素多年的评估，酒店业已经开发出一种衡量服务体贴度的方法，针对每次酒店职员与客人遭遇的机会确定了一套服务需求标准。

这个被称为"10 — 5 — F — L"（F 代表 First，L 代表 Last）的服务标准明确要求酒店工作人员：①距离客人 3 米远时即向他们微笑致意。②距离 1.5 米以外就要对客人进行礼貌问候。③在与酒店客人对话的过程中，永远是第一个开口致以问候以及最后一个致以祝福的人。对于酒店所有的客人来说，或许这样的标准并不是十全十美，但这个标准的确很好地反映了大多数住高品质酒店的客人们想要的并期望得到的款待。

第9个案例：产品包装设计

假设你们公司生产隐形眼镜消毒液并在市场上进行销售。产品包装上的内容清晰且方便消费者阅读当然尤为重要，但是，产品包装对于产品的安全性和市场化运作同样也非常重要。客户数据资料显示，隐形眼镜佩戴者希望能够容易地找到隐形眼镜产品，并快速了解其用途。第一份描述产品包装设计要求的草稿可能就是"易读"。然而，这样的需求描述根本就不够具体，这种要求既看不见，也没法衡量。

在这个或与之类似的案例中，我们几乎肯定需要测试顾客在找隐形眼镜消毒液时，他们距离货架有多远。经过调研之后，可能会这样描述对产品包装的要求："产品标签能够被正常20/20视力的消费者清晰辨认的距离必须不短于两米。"

注意，这个需求描述并没有阐述标签的实际设计，只是简单地设定了任何一个包装设计都应该达到的性能标准或技术规格。本书第17章所涵盖的六西格玛中的高级方法之一——质量功能展开，常常被用于帮助权衡利弊，维持各种需求之间相互关系的平衡，尤其适用于产品和服务的设计。

有时候，把源自客户的各种信息输入提炼成有形的绩效标准是一个艰难的过程，各种各样的工具及数据组织技巧可以帮助我们顺利完成这个过程。比如说，采用亲和图可以把各种各样的顾客问题或意见按照一定的逻辑划分为不同的集合，这种不同的集合则能够帮助公司从海量的客户反馈数据中挑选出有意义的需求。树状图则有助于把大概的特点及满意要素同具体的特征和需求联系起来。

路线图步骤 2C：分析顾客需求并确定优先次序，把顾客需求与战略联系起来

本章内容从着眼于建立一套收集顾客呼声的有效系统的粗略目标开始。同时我们也对更具体的活动进行了研究，也就是为流程输出项及每次遭遇客户制定具体的绩效标准。在最后这部分，针对在对顾客要求进行更详细地描述过程中会出现的问题和决策，我们将进行仔细研究。

很显然，不是顾客所有的需求都同等重要，不同客户对同一种缺陷（也就是说，没能达到需求标准上的要求）的反应也各不相同。我们或许对不得不进行长时间排队等候才能办理乘机手续感到很恼火，但是，如果飞机降落到错误的机场（这可的确发生过），我们则会更加恼火。那么，定义顾客需求的另一考量维度就是，对绩效标准及其对顾客满意度影响的大小进行分类和排序。这种研究还可以帮助公司预测顾客的期望将会怎样演变，使公司有机会处在客户需求变化和竞争对手的前面。

有一种模型正在被越来越多的公司用于分析顾客的需求。这种模型是基于日本的一位名叫狩野纪昭（Noriaki Kano）的工程师兼咨询师的研究开发出来的。在狩野纪昭分析最常见的应用中，顾客的需求被分成三类：

1. 不满意因素或基本要求。这类因素、特征或者性能标准都是顾客期望绝对应该被满足的。达到这些要求，公司并不会获得额外的称赞，但是如果做不到这些，公司的客户肯定会不满意。当我们把电视调到某个频道而且看到了图像，我们并不会说："哇！这个频道真棒！"看得到某种形式的电视画面是最低期望，真正评判一个电视频道的好坏还有其他更多的要求。

2. 满意因素或需求变量。公司在顾客的这类需求上表现得好与坏，将决定客户给公司评分的高低。价格肯定是这类因素中最为普遍的一个，在大多数情况下，价格越便宜，客户也就越满意。绝大多数日常业务竞争都是围绕着这类因素展开的。如果公司已经满足了顾客的基本要求，其流程改进的重点多半都会集中在增加产能或者具体针对这类需求来提高绩效表现。

3. 愉悦因素或潜在的需求。这类因素或特征超乎了顾客的预料或目标要求，未曾有公司解决这些需求。当然，我们可以给大家提供一些有关愉悦因素的例子，但是，我们并不想泄露我们值大价钱的点子。实际上，读者们可以容易地找出自己公司的例子。设想一下我们希望供应商提供某一重要事物（愉悦因素不一定非得是免费的，但却常常是免费奉送），很有可能我们所想到的就是一个愉悦因素。

狩野纪昭分析涉及各类需求之间相当多的细微差别，其中最重要的就是特征或需求所属的类别会发生转变，有时候转变得很快。例如，经济航班提供餐食曾经是一个满意因素：乘客们预料到飞机上会提供餐食，并会根据食物的质量和数量对航空公司进行打分评价。现在，只要能在飞机上吃顿饭，很多乘客就会很高兴了。

当然，大多数情况下，这种改变是朝着另外一个方向，一旦客户们对起初被他们视为特别的或超值的事物习以为常，这类属于满意因素的需求就会转变成不满意因素。获得巨大成功的福特金牛座汽车，曾经因为其拥有很多令人惊喜的特性而轰动一时。然而，当福特公司为了降低成本而放弃这些曾经的愉悦因素时，金牛座随后几年的销量出现了大幅下降。

追求为顾客提供更多以及客户也倾向于期待得到更多，是促使竞争与提高的主要驱动因素之一。当公司对顾客需求形成更加客观完整的画面时，还可以应用诸如狩野纪昭分析这样的概念，就各种各样的特征及能力对顾客满意度和公司的竞争优势意味着什么，获得更好的看法。

小结

在本章中，我们对那些直接影响公司战略问题（例如，目标市场以及顾客价值主张）的概念及分析方法做了深入的讲解。六西格玛对公司战略的影响程度不应该令人惊讶；六西格玛方法能够而且也应该推动公司的战略决策，或者至少应该为读者们所处的公司或其他公司提供信息，使领导者做出更好的决策。然而，简单地以公司现成的顾客需求信息为基础开始确定关键战略的选择，还为时过早。

首先，我们需要有效的事实和数据，对公司流程在满足顾客需求方面的表现进行衡量。采用这些评价指标，有助于读者们就实施业务改进的先后次序做出更好的选择，并允许对公司现有战略的准确性开始进行检验。工具12-2是在定义顾客需求时所"提倡的与避免的"行为清单，如何采用有效的评价指标是本书第13章的重点。

工具12-2

在定义顾客需求时所"提倡的与避免的"行为清单

- 提倡——建立一套全面的体系，用以收集并利用顾客及市场输入的信息。
    - 外部数据是满足现有客户以及赢得新客户的关键，同时也是公司能够看到正在发生的变化的关键。调整好公司的"听力"，倾听客户的呼声！

- 提倡——对服务需求和输出项需求给予同等的关注。
    - 产品达到六西格玛水平，但服务和客户关系却很差劲，这样的公司或许可以生存，但也只能幸存到顾客找到替代者之前。

- 提倡——努力制定清晰的、看得见的、有相关意义的需求描述。
    - 即使最开始的需求含糊不清，但公司在建立清晰、可衡量的需求的过程中所学到的知识与规则，对真正地了解顾客并评估公司的绩效表现非常关键。

- 避免——忽视与顾客真正的需求有关的新信息。
    - 来自顾客的数据可能与公司一直相信的事物相矛盾。在这一点上，公司及个人常常会否认、拒绝承认已有的假设是错误的或者不再有效。对数据进行质疑这个行为本身没错，但是，不要仅仅因为数据与假设发生冲突就忽略数据。

- 避免——突然地让大家对新确定的需求负责。
    - 如果对顾客要求的最新认识显示公司目前所提供的产品或服务与顾客需求之间存在差距，在没有对改变流程的方式进行研究之前，还要避免给员工施压要求他们"做得更好"。
- 避免——把新的需求变成新的思维定式。
    - 时刻关注顾客需求的变化。一旦顾客新的呼声显示有必要，针对重新定义绩效标准需要实施的评估以及执行机制制订相应的计划。
- 避免——未能针对顾客需求对绩效表现进行测量和跟踪。
    - 更好地理解并定义顾客需求，是下一个重要问题（第 13 章的议题）的关键前奏："我们在满足这些需求方面表现得怎么样？"

第13章 评价当前的绩效表现（路线图步骤3）

本章所关注的重点是测量。尽管我们会花绝大部分的时间来讨论、理解并贯彻实施合理的与测量有关的各种"具体细节"，但根本目的是让大家能够获得准确的数据，以便用于规划公司的六西格玛改进活动并实施跟踪。不幸的是，除非从一些可靠的测量措施着手，否则根本不可能做得到。

取决于目的不同，测量或许只是小事一桩，也可能会需要付出重大的努力。例如，针对具体问题进行数据收集可以相当迅速：如果数据是现成的，那么收集工作或许只需要区区几个小时而已。另外一方面，为了对各个核心业务流程进行对比性的评价，获得足够的数据可能需要数周或者甚至是好几个月时间的努力。有效的测量基础是成功的持续改善文化与能力的一个关键组成部分。然而，一旦建立，就需要不断地对其进行改良和提高。

这个测量步骤涉及两项主要的任务：

- 根据顾客的需求，对组织绩效表现指标进行规划与实施（本章中步骤 3A）。
- 建立基准评价指标并确定改进机会（本章中步骤 3B）。

另外，概括而言，这个步骤的关键成果包括：

- 针对客户对输出项以及/或者服务的要求，对公司流程目前绩效表现进行评估所需要的各种数据。
- 源自数据的有效评价，通过这些评价可以找出公司各个流程的内部或者流程之间相对的优势与不足（这是路线图步骤 4），对项目进行合理的选择所需要的一项关键输入。

本章中所涉及的技巧（建立在第 2 章中介绍过的某些基本概念的基础之上）可能是通往六西格玛之路至关重要一部分。我们先从用于各种业务评价的四个基本概念开始，然后再转到步骤 3A。

关于测量的第一个概念：先观察，再测量

只要一面对测量这个想法，很多人就断言："根本没办法对我们所做的事情进行评价！"我们的回应则是，尽管可能需要付出一些努力，但是业务中所开展的绝大多数工作都可以被评价。对测量活动的头号要求就是要具备实施观察的能力。实际上，在测量活动及统计学中，"观察"一词是一项技术术语，指的是一次事件或者是被算作一次。

在第 12 章中，我们介绍了酒店业所采用的一项绩效标准"10 — 5 — F — L"（距离客人 3 米远时即向他们微笑致意；距离在 1.5 米以外就要对客人进行礼貌问候；在与酒店客人对话的过程中，永远是第一个开口致以问候以及最后一个致以祝福的人）。有了这项明确定义的标准，就可以很容易地对酒店员工进行观察并评价该项标准的执行情况。在洛斯（Loews）酒店，我们获悉了这

项标准，这个要求已经成为酒店自评及其客人评价的一项关键。观察人员与选定的客人在洛斯酒店的走廊里四处转悠，同时记录酒店员工是如何同他们打招呼的。针对目光接触、问候距离，每次打招呼时谁先开口以及是谁说的最后一句话，收集具体的数据。酒店甚至能够对这些测量结果进行分解，以便指出在这四个因素中，哪个因素经常被漏掉或者哪个通常都会被满足。请记住，这项在酒店中用于评价顾客关怀程度的测量体系，最初看起来或许是一种"比较模糊"的事物。

最容易测量而且也是当今商业界中最重要的事物之一，就是时间。只要我们能看懂日历或者启停计时器，那么就可以收集与时间有关的数据。很显然，资金也是一项基本的评价元素。通过更好的信息系统以及更加重视不良质量成本与作业成本管理，我们对如何准确地跟踪各种成本的认知已经得到了提升。最重要的步骤是把准备要衡量的"事物"归结为客观上看得见的某种事件或者行为。在第12章中，我们已经介绍了把客户需求变得能够看得见并且可以测量的必要性，在对操作性定义进行时，我们会再次返回到这个概念上来。

关于测量的第二个概念：连续型指标与离散型指标

了解连续型评价指标与离散型（或称"计数型"）评价指标之间的不同很重要，因为这不仅影响到大家怎样确定各种评价指标的类型，同时还会影响到如何实施数据收集以及大家能够从中获得哪些知识。在抽样时以及晚些时候对数据分析和各种高级工具进行讨论时，我们还会碰到这个概念。

由于有时候两者之间的区别似乎让人感到困惑，所以让我们先尽可能地明确规定以下相应的规则：

连续型指标只是那些能够在无限细分的连续区间或量程范围内进行测量的因素（例如重量、高度、时间、分贝、温度、欧姆、金钱，等等）。

任何其他不符合连续型标准的评价指标就属于离散型指标。离散型指标可能会包括：

- 各种特性或特征，比如说：教育程度（高中毕业、学士学位，等等）或者类型（例如，一架客机的型号可能是波音737、波音747或者空客300）。
- 单独事物的个数（例如信用卡的张数、处理订单的个数）。
- 认为制造的等级，譬如对一首歌按1～5分进行打分（合适的节奏、容易跟着节拍跳舞）或者描述我们对某项服务的满意程度。

离散型指标有时候可能会看起来貌似连续型的，尤其是当各种计数或特征被转换为百分率之后。例如，性别是一个离散型的特征，每个人不是女性就是男性（当然，如果想的话，读者也可以增加"不确定"这个类别）。然而，如果我们得到某些与性别有关数据并表示某个团队中有72.3334%为女性，但这并不能使其成为连续型的评价指标，指标的源头依然是离散型的数据。各种按等级进行评分的调查可能看起来也像是连续型数据，但是它们同样也是离散型的。

为了方便起见，各种连续型的评价指标经常被转化为离散型的评价指标。例如：交货时间被记为"准时"或者"晚到"，而不是采用天数和分钟数。在汽车仪表盘上，通常都会采用报警灯（离散型）的形式来表示燃油的压力（连续型）。在测量类似于温度或时间等这类量具上，如果大家没有看到的数字，那么就应该知道自己正在处理一个离散型的指标——区间。图13-1提供了某些常见的例子，包括离散型评价指标与连续型评价指标，同时还包括由连续型评价指标转化而成的离散型评价指标。

离散型评价指标的优点

当然了，离散型评价指标最明显的好处就是：很多因素只能被界定为离散型数据或者特征性数据。这些例子包括地理位置（州、城市、街道）、顾客类型（新客户或回头客、商业用户或家庭用户）、产品编号、损坏或者未损坏，等等。

无形的因素经常能够被转化为可以进行衡量的离散型特性。例如，为了衡量客户的看法或者满意度，调查人员通常都会采用某种实际上为离散型的评分标准。如果想要评价某个广告所产生的效果，我们可以询问顾客是否记得曾经看到过该广告。几种可能的回答（记得、不记得、不确定）就是离散型的。

获取离散型数据的观察结果通常会更快也更容易。相对于用测量器具对某件事物进行测量，用"是"或"否"的标准加以留意则更加迅速（而且产生的干扰也更少）。

在六西格玛以及业务流程改善的过程中，最重要的观测结果之一（缺陷）就是一种离散型的因素。因此，如果大家准备减少缺陷，那么就必须在某个离散型的评价指标上下功夫。

离散型评价指标以及连续型评价指标举例

离散型	连续型	→	离散型
• 印刷排版错误数量 • 服务水平评分 • 每天交货的个数 • 与新服务项目有关的来电所占的百分比 • 纠纷中涉及索赔的次数 • 订单满足率（准时供货且数量完整所占的百分比）	• 每次来电的持机等候时间 • 每小时的平均温度 • 登机所用的时间 • 油箱中的汽油量 • 芯片的宽度（微米） • 产品单位成本	→ → → → → →	• 持机等候时间超过30秒的来电次数 • 温度超过85华氏度的时长（小时） • 发生推迟登机的次数 • 油箱是空的/满的 • 超出规格标准的芯片数量 • 高出目标成本的产品个数

图 13-1　各种评价指标举例：离散型、连续型以及由连续型转化而成的离散型

离散型评价指标的缺点

很不幸的是，离散型评价指标也存在着一些缺点。当有机会进行选择并且能够负担得起相应的时间、资源以及可能出现的干扰时，只要有可能，人们都希望获得连续型数据。

针对离散型数据，我们不得不对其进行次数更多的观察（也就是进行次数更多的测量）以便获得有效的信息。而且，绩效表现越是接近"完美"，由于缺陷变得极为罕见，为了得到准确的数据，我们所需要包括的样品数量就越多。某些统计学家提出，对于连续型数据来说，无论流程所涉及的数目有多大或者缺陷有多少，一个仅仅包含200个样品的样本就能够达到我们想要的准确度。因此，收集离散型数据所需要的花费可能会更加昂贵。（关于确定样本量的大小，我们在本章晚些时候会展开更多的讨论。）

离散型指标可能会埋没一些重要的信息。如果读者正在训练某个运动队，并采用"合格"或者"超重"这样的评价指标对队员的体重加以记录，那么随后将很难对这些信息进行分析。具体超重多少？采取什么样的改变可能会让我们获得想要的结果？想要打造一支拥有漂亮身材的运动队，如果没有具体的连续型测量数据，那将是一个更加漫长的过程。（而且我们甚至还没考虑是不是有的队员太瘦了……）

就统计学而言，相对于离散型数据，针对连续型数据可以开展更多潜在的有效分析形式。例如，许多更高级的六西格玛技巧只能适用于连续型测量指标。

所有这些并不是说大家不应该使用离散型数据。正如前面所述，在很多情况下，我们没有选择的机会；另外一方面，我们可能并不具备相应的资源或者能力去收集连续型数据。幸运的是，稍后我们会了解到，如果我们只有离散型数据时，仍然还有大量的工具可供使用。

关于测量的第三个概念：存在某种理由

测量需要耗费资源、注意力以及精力，这也就意味着如果不是必需的，我们就不要实施评价。除非拥有明确的目的（需要为某个关键问题找出答案或者想要对某个因素进行跟踪），否则，进行测量就没有任何价值或者实际的意义。

只要记住存在不同类型的评价指标可供选择，我们就能够确保在不同的评价指标之间做出更好的选择并保持均衡。下面我们了解一下对评价指标进行界定所采用的两种方式。

预测指标与结果指标

我们曾经强调指出：六西格玛测量的宗旨无外乎都是了解上游因子（各个 X：供货商、原材料、流程、作业程序）的变化与其对顾客满意度、忠诚度以及盈利能力（各个 Y）所产生的影响之间的关系。另一种描述 $X-Y$ 概念的方式（采用更加通用的语言）就是考虑以下两种类型的指标。

- **预测指标**。类似于各个 X，预测指标就是各种我们能够予以测量的因子，通过这些因子我们就可以预测或者预见流程下游将会发生的各种事件。例如，如果我们看到原材料的订购时间延长了，或许就可以预言延迟交货次数的增加。
- **结果指标**。类似于以流程输出项为重点的各个 Y。各种结果可能会即时实现（例如准时交货），也可能会是长期的（例如客户保留或客户流失）。

效率指标与效果指标

这种对评价指标加以分类的方式密切关注谁是绩效改善的既得利益者：公司自己、顾客，或者两者同时受益。

- **效率指标**。这类评价指标对产品生产和服务提供过程中所消耗资源的数量进行跟踪。流程的效率越高，其所使用的资金、时间以及各种材料就越少。效率与公司的收支表现密切相关并最终决定盈利能力。尽管大家或许可以通过降低售价来把效率提升的好处传递给顾客，但效率仍然是主要以公司内部为重点的测量指标。
- **效果指标**。另一方面，效果则是以顾客的眼光来评判公司的工作：公司如何密切满足顾客的要求和需要？客户收到了那些缺陷？基于公司的表现，顾客的满意度及忠诚度怎么样？

一套完全成熟的组织测量体系应该是所有各种类型指标的一个组合：预测指标与结果指标、效率指标与效果指标。传统的业务盲点是仅仅强调结果指标，在各种改善活动中，公司难以抵挡的诱惑就是对效率进行提升（对潜在的财务受益产生迅速的影响），却未充分考虑如何对为客户创造价值过程的有效性进行彻底调整。

关于测量的第四个概念:用于测量的一套流程

就像对待各种日常的工作流程一样,测量体系也应该不断地得到改进。如图 13-2 所示,实施任何一项测量,其基本步骤就是这么直截了当。工具 13-1 列出了一些关键的问题/行动,在整个测量过程中的每一步,大家都应该对这些关键问题进行回答/采取这些关键行动。

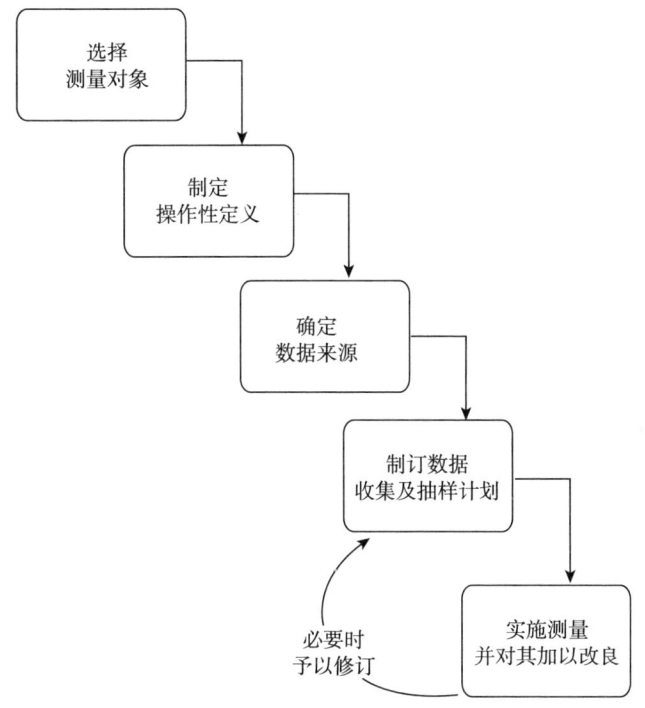

图 13-2　一个包含 5 个步骤的测量实施模型

工具 13-1

针对顾客需求对组织的表现进行测量时需要提出的关键问题。

- 选择测量对象:
  - 我们试图回答关键的问题是什么?

- 哪些数据会为我们提供答案？
- 针对顾客的需求，哪些输出项或者服务要求将最有助于我们对绩效表现进行测量？
- 哪些上游的因素可以帮助提醒我们对随后可能发生的各种问题保持警惕？
- 我们将会怎样呈现、分析并使用测量结果？

■ 制定操作性定义：
- 怎样才能够清楚地描述我们正设法进行跟踪或者清点的因素/事物？
- 假如由不同的人员收集数据，他们会以同样的方式对事物进行解读吗？
- 为了确保无懈可击，怎样对我们所制定的各种操作性定义进行测试？

■ 确定数据来源：
- 为了提供测量结果，我们可以在哪里获得数据或观察到数据？
- 以往的经验（或者历史数据）是否仍然有效？
- 想要获取公司信息系统中的数据是否容易，而且数据的格式是否有效？
- 如果采集新的数据，我们是否能够负担得起（时间、资金、干扰）？

■ 制定数据收集及抽样计划：
- 由谁负责收集或整理数据？
- 为了获得数据并进行整理，他们需要哪些表格或工具？
- 为了能够有效地分析数据，我们还需要其他哪些信息？
- 为了得到准确的测量，我们需要多少个观测值或物品？
- 我们需要间隔多久进行一次测量？
- 怎样才能够确保我们所得到的数据具有代表性？

■ 实施测量并对其加以改良：
- 在转入全面正式实施之前，我们是否能够对测量指标进行测试？

- 怎样对数据收集人员进行培训？
- 怎样对数据收集过程实施监控？
- 可能会出现哪些问题（或者已经出现了）？针对这些问题，我们可以采取哪些措施？
- 我将对下一次测量做出哪些改变？

在接下来的内容中，我们会涉及与测量过程相关联的一些最重要的步骤和概念，以便帮助大家更顺利地挑选并实施测量。在介绍这些步骤和概念时，我们把注意力集中在六西格玛初期活动的头等大事上：对公司在满足顾客需求方面的表现进行评价。

对罕见事件或少数活动进行评价

幸运的是，航班坠毁事故相当罕见。话说又回来，对坠机事故数据的收集也已经经历了很多年。但想象一下，假设明天有一架航班发生坠机事故，而且以前从未发生过这样的事故。我们当然不希望听到官方发言表示："为了开始调查，我们不得不任由更多的飞机发生坠毁，这样我们就能够获得足够的数据。"

然而，这种论调听起来却类似于我们经常听到的一种辩解："这种情况太少见了，我们根本无法对其进行测量。"如果永远都不尝试从流程中收集数据，我们当然不会学到什么知识了。

此处所面临问题的一部分是唯一只强调量化的数据。尽管各种罕见事件或者少数活动给以数字为基础的评价提供了较少的机会，但认为获取量化的数据是唯一有价值的目标则是一个错误。针对某个罕见的或者一次性的事件，就算只是提出问题并得到真实的信息，也仍然至关重要。统计学家当然可以坚持他们的主张：根据一次性的事件就得出结论很危险。但是，我们仍然还得依靠这些信息来解决问题。

还要记住，收集各种事实是测量活动的起点。随着时间的推移，各个孤立的事实就会变成有意义的评价。

带着这些目标和指导原则，我们现在可以进入到如何建立合理的评价指标以及测量系统的流程中。

路线图步骤 3A：根据顾客的需求，对绩效表现进行规划与评价

接下来的部分对工具 13-1 中所列的各项任务进行简要的介绍：

- 选择测量对象
- 制定操作性定义
- 确定数据来源
- 制订数据收集及抽样计划
- 实施测量并对其加以改良

选择测量对象

在理想的环境下，只有在充分具备客户对组织所提供的产品或服务的完全评价的情况下，我们才会开始测量。如果与顾客呼声有关的资料以及各种需求并不怎么复杂，我们仍然可以开始进行测量，但使用未加筛选的测量指标会存在较大的风险。

既然只能选择最合适的绩效指标（因为我们无法对所有的事情都进行测量），这就意味着我们需要在两个主要的因素之间保持平衡：①切实可行。②最有用或最有价值。确定顾客需求的优先度是对价值进行判断的合适起点。那些我们怀疑存在绩效表现差距的区域，可能也正是公司开始实施评价的正确领域。针对可行性和价值这两项因素，图 13-3 提供了测量对象选择标准的部分清单，供大家在选择测量对象时参考。

测量对象的选择标准	
价值/有效性	可行性
• 与高优先级的顾客需求相关联 • 数据的准确性 • 存在问题或潜在机会的区域 • 可以与其他组织进行对比参照 • 有益于日常正在进行的各种评价	• 随时可以获得数据 • 需要多长时间 • 收集数据所需要的成本 • 复杂程度 • 可能出现的阻力或者"担心因素"

图 13-3 测量对象的选择标准

制定操作性定义

如果我们让读者与另外一位朋友立刻跑到外面，并数一数你们所看到的红色轿车的数量（但相互之间不要讨论），那么你们答案的接近程度有大？由于以下各种原因的存在，我们认为你们的答案之间会相差甚远。

- 对于皮卡和 SUV 怎么办？这两类车属于"轿车"吗（如今这两种类车的数量似乎要比"轿车"多）？

- 什么是"红色"？一些你认为是红色的轿车，你朋友却可能称之为"赭色"（并非真正意义上的红色）。

- 只算行驶中的轿车还是也包括停着的轿车？这项选择的不同势必对最终数字产生很大的影响。

- 如果开着自己的轿车（或者皮卡或 SUV）四处寻找不管是什么样的红色轿车，显然还会得出不同的数字（况且我们并没要求你们俩必须得待在一起）。

上述例子表明，在寻求有效的业务流程评价指标的过程中，最大的缺陷之一就是未能制定合适的操作性定义以及与之对应的数据收集程序。通过制定操作性定义，我们对将要测量或观察的对象就会拥有一个清晰明确且容易让人理解的描述，这样一来，每个人都能够始终以这种定义为基础来进行操作或实施评价。

针对在没有合适的"操作性定义"的情况下就试图开展评价可能会招致的挑战，给各位读者讲一个真实的例子。我们曾经与一家大型公司的公共宣传团队一起工作，当时他们正在为客户组织一场重要的媒体发布会。他们的目标是改善发布会的安排和管理流程，以便提高正面新闻报道的可能性。客户（在最后一分钟）决定对各个发言人的发言情况进行跟踪调查，跟踪的问题涉及各种不同的因素（例如"语调"以及"主题"，给予正面、负面或中性的评价）。他们指派了两三个人利用一份清单对数据进行记录，清单的内容包含30个左右的选项。

读者可以想象，果然，结果是一团糟。由于记者经常把好几个问题都联系在一起，通过数据收集人员所记录的问题数量甚至都有所不同。确定每个问题的口吻尤为主观，而且对回答内容的记录过程也毫无计划。

幸运的是，上述对数据的收集并非是完全的失败，我们可以看到足够明显的趋势：客户的确从各种问题及回答的跟踪过程中获得了一些好处。客户学到了与媒体发布会过程有关的一项宝贵经验（我们发现，高管们最终在过道里的非正式交谈中所回答的问题要比在新闻发布会所回答的问题多得多），以及为整个测量制定切合实际的目标。"确切的数据"并非一定真正有用，如果想要得到某种可靠的量化输入，未来的测量活动很显然都需要严密得多的操作性定义。

对测量技术定义的错误理解甚至会带来巨大的不良后果。1999年9月，当火星极地卫星烧毁在火星的大气层时，整个美国太空探索项目组都很震惊。事实是航天器飞行的高度过低，其原因竟然是一组工程师在计算轨道运行指令时所采用的单位是每秒多少磅，但计算机却将这些数据的单位理解为每秒多少克。六西格玛专家们或许会感叹道："哎哟，不会吧！"

大家在为各种测量制定操作性定义的时候，除了专心工作以及对用语的选择进行仔细推敲之外，别无选择。

确定数据来源

在一个组织中，各种数据来自于许多可能的来源。最重要的考虑是要确保我们所选择或能够掌握的来源，即拥有准确的数据，并且能够代表我们所想要评价的流程、产品或服务。理想情况下，大家应该把那些拥有适当数据来源的评价指标作为目标。

针对在流程中从事工作的人员,作为一种常见的数据来源,我们大胆地向读者们提供几个提示。如今,尽管在开始进行测量时,许多管理者或团队都期望从信息系统中获得各种数据,但结果却常常发现系统并未捕捉到公司真正需要知道的信息。或者就算系统中存在,但是也需要花大量的工作才能把这些信息从其他数据中提取出来。在这类情况下,在人员和流程中人工收集数据则是一项更好的选择。然而,当数据的来源是人本身,尤其是由各个人员对其自己的工作进行测量时,我们就会面临着明显的风险。疏忽大意和人为失误最为常见,还必须要对多疑及猜忌因素引起重视并加以评定。如果大家能够记住下面几项忠告,就能确保收集到的数据是完整且准确无误的。

- 清楚地解释为什么要收集数据。
- 对准备用数据干什么进行说明,包括与数据收集人员分享研究结果的有关计划,确保个人信息保密,等等。
- 仔细选择参与者,避免把数据收集变成某种奖励或惩罚。
- 让数据收集过程尽可能地简单。
- 为数据收集人员提供机会,让他们对数据收集过程提供建议。

制订数据收集及抽样计划

与实施测量有关的全部细节可以写满一整本书,所以我们对该步骤介绍的仅限于三项主要的因素:数据收集表格、数据分层以及抽样。

数据收集表格。合理设计的电子表格和各种记录表是收集数据的利器。即使已经存在某些标准形式的表格,但我们也应该根据实际想要收集数据的要求对每种表格加以调整。下面的各项原则将有助于大家设计数据收集表格。

- 保持简单。简单化和清晰化将会对我们事实上能够收集到多少数据产生影响。如果表格很难被理解或拥挤不堪,大家就会面临着出错或不符合要求的风险。
- 充分标识。关于什么数据"应该被放在"什么位置,要确保没有人存在任何疑问。
- 包括日期（与时间）以及数据采集人员的姓名。人们容易忽略这类明摆着的信息，但是一旦缺乏，随后就会导致令人头疼的事情出现。
- 始终保持数据收集表格与数据汇总表格（把数据汇总到一起所采用的表格或电子表格）的一致性。如果这两类表格相互匹配，我们就可以让原始数据的录入变得容易得多，同时也更不容易出现错误。
- 包含对数据进行分层所需的关键因子。一会儿再对这条原则做更多的介绍。

表 13-1 列出的一些常见类型记录表。

表 13-1 各种常见类型的记录表

缺陷或原因记录表	用于记录缺陷的类型或导致缺陷的原因	• 导致需要进行现场维修的各种原因 • 操作记录中所存在的各种差异的类型 • 导致晚发货的各种原因
数据记录表	采集各种读数和测量结果，或者对清点出的数量加以记录	• 发射机的功率水平 • 正在排队的人数 • 温度
频率分布图记录表	沿着一个计数范围或连续区间，对一件事物的某项特征进行记录	• 某类贷款申请人的总收入 • 每个订单从下达订单到发货的周期时间 • 包装物的重量
集中度示意图记录表	在一张图画上体现出被观察事物或文件的特征，然后数据收集人员在图上标出他们看到的问题、缺陷或损坏所在的位置	• 租车代理所使用的汽车损坏示意图 • 在发票上标出发现的错误
跟踪记录表	记录表随着产品或服务一起沿着流程"移动"；然后把关于产品或服务的数据记录在表格中合适的位置（见图 13-4）	• 记录工程变更订单中每一个步骤的周期时间 • 随着某个部件在装配车间移动，对处理该部件所经手的人员数量进行标注 • 对保单理赔工作中的返工进行跟踪

表 13-1 最后所提到的跟踪记录表，给我们提供一个很好的机会向读者们指出数据收集过程中的一项重要因素。在对流程进行观测时，随着事物在流程中的移动，人们通常都希望能够一次收集到与该事物有关的各个不同方面的信息。这种做法的陷阱就是，人们在流程中的 A 处抓住一堆东西（各种零部件、表格、订单）并记录有关的数据，然后再换到该流程中的 B 处，抓住另外一堆

东西并记录有关的数据。一旦我们在流程中 B 处所抓取的东西与在 A 处所取的东西无关,那么问题就出现了。如果我们正试图找出各种根本原因或者正设法确定上游变量(预测因子或 X)对下游结果(Y)所产生的影响,这个问题就变得尤为严重。

贷款申请到审批过程跟踪记录表		
贷款编号: 3256-879		
贷款类型: ☒一般贷款 □大额贷款 □美国退伍军人贷款/低收入政府补助贷款		
申请贷款金额: 194 000美元		
客户位置: □西北部 □西部 ☒西南部 □东部		
步骤	接收日期/时间	缺陷的数量
贷款申请的填写	6月23日/13:42	III
放贷方案的准备	6月26日/09:00	IIII
贷款审批	7月15日/16:30	IIII I

图 13-4 跟踪记录表实例

数据分层。针对顾客的需求,获取公司绩效表现的基准数据,是六西格玛路线图步骤 3 中的一项关键目标。然而,在某种情况下,大家很可能想要对这些数据做更多地了解,这就是需要实施数据分层的原因。这个单词本身的意思是数据的层次(或"层级"),我们喜欢将其视为对测量数据"进行切片或切块"。层次有助于大家运用自己的好奇心,进而清楚解释究竟在发生什么事情。

举例来说,假设我们制造各种计算机系统,而且有数据表明系统退回的比例很高,我们自然会问:这些退货来自于哪里?哪些系统存在问题?哪些客户受到了影响?但是,如果最初的数据收集并未捕捉到这些元素,那么我们就无法对这些问题进行回答。基于这个原因,大家需要尽量提前考虑清楚,我们随后很可能会需要哪些分层因素（见图 13-5）。

为了是确保我们在流程中各个步骤所取得的数据之间保持相互关联，跟踪记录表是一个很好的方法。

抽样概述。对于今天的许多人来说，抽样（选录）就是指对其他艺术家的音乐录音进行节选（比如某段很棒的低音部）并创作一份全新的作品。虽然这并不是我们所讨论的主题，但大家还是会发现两者的相似之处的。

在数据收集领域，抽样自然就意味着利用某个集合或流程中的一些事物来代表全体事物。整个统计学的原理都是以抽样为基础，然后就能够根据对整体的一部分所进行的研究得出各种结论。关于如何实施抽样，六西格玛测量环节所提供的各种选择，很可能比我们在大学统计学课程中所遇到的还要多。如果大家想要知道这是为什么，那么我们就需要简单地解释一下总体统计学与过程统计学之间的差异。

- **总体统计学**。在绝大多数教科书中，统计学课程都把重点集中在各种各样的抽样以及对两个或更多个集合（不同的客户、公司、产品、投票人、棒球队，等等）之间的相互关系进行测试的方法上。在总体中进行抽样就像是从一池静止不动的水中取水，只要确信长柄勺长柄勺中的水与水池中所剩下的水一样，就可以放心了，我们拥有了合适的样品。

- **过程统计学**。实施业务评价往往会提出一种不同的挑战，在这种情况下，从某个流程中取样就像是对一条流动的溪流进行考查。除了溪流中青蛙的数量少点之外，由于水流每时每刻都在发生改变，所以溪流与水池或池塘之间存在差别。我们在某一刻取出的水样会不同于我们稍后在另一时刻所取出的水样，而且再过一会儿所取出的水样又会有所不同。溪流中可能会发生变化的事物包括水温、含氧量、鱼的数量、水流速度，等等。还有，如果两个人在溪流中不同的位置同时取样，那么两份样品很可能也会存在差异。

数 据 分 层	
因素	举例（按照以下各项对数据进行分割）
谁	• 部门 • 个人 • 客户类型
什么	• 投诉类型 • 缺陷类别 • 来电原因
何时	月份、季度 星期几 几点钟
何地	• 地区 • 城市 • 产品上的具体部位（右上角、开关按钮等）

图 13-5　测量与各种数据分层因素

在业务环境中，公司有可能实施任何一种抽样——总体或过程。如果是从"静止不动的"一群人或一组事物（包括某个流程中的一堆事物中提取数据），那么就可以认为这是一种总体抽样。然而，当大家为了解流程中所存在偏差的类型和程度，正设法对随着时间所发生的各种变化进行跟踪时，那就需要一种过程抽样。针对这两种类型的抽样，表 13-2 为读者提供了各种对比性的例子。

表 13-2　总体抽样与过程抽样举例

• 统计一批贷款申请人的平均贷款金额。 • 对目前库存中所有零部件的存货时间进行记录。 • 对顾客的感受进行一次调查。 • 针对过去 6 个月期间全部电话，对各种来电原因进行汇总。	• 获取每天、每周、每个月的平均贷款金额。 • 对零部件的平均存货时间每周进行一次跟踪。 • 每天选取所有的每第 10 位客户，就他对服务的感受进行调查。 • 每 15 分钟记录一次来电数量。

在上述任何一种情况下，获得一个有效的能代表整体的样本都将是一项明显的挑战。抽样技术（有时候是艺术）是一个重要的话题。因此，为了帮助读者们对制定一个抽样计划所采用的各类决策进行理解，我们在接下来几页中的目标也只能是提供一些背景资料和几个粗略的步骤。即便是有了深入的指导，抽样很可能仍然还是很具有挑战性，因此，如果所面临的情况看起来很复杂，我们建议大家在开始收集大量的数据之前先请教一下这方面的某位专家。

现在，让我们转向一个假设的场景，用这种方式对抽样中的某些关键概念进行介绍。请留意黑体字部分的条目，我们在后面会对这些条目展开进一步地讨论。

第10个案例：Pivotal 物流公司如何处理抽样过程

Pivotal 物流是一家为各种零部件与原材料企业提供仓储和运输服务的公司，公司的一个流程管理小组正致力于解决一项明显的问题：公司收到的提单上存在着各种错误。不知道为什么，各种纸质的随货文件似乎与物流追踪系统中的数据之间存在差异。如果真是这样，那就会导致库存不准确、账单错误以及其他各种对 Pivotal 公司的客户造成直接影响的缺陷。

因此，大家能够理解可能出现的文件工作差错的程度及其所产生的影响，该小组想要在收货过程中搜集与提单有关的数据。然而，由于每天处理的到货超过1 500次之多，根本不可能对每一笔到货都进行检查。另外一方面，大家还担心收集到的数据会出现某种偏倚。例如，只收集少数几个关键客户的数据或许并不能反映出文件工作中所发生的真实情况，或者在错误的时间进行信息收集，这也会影响到结果的准确性。"我们所需要的是一套合理的抽样计划。"流程负责人莱斯·洛马斯（Les Lomas）表示道。

针对如何才能收集到具有代表性的合适样本，再设法拿出一套计划的时候，他们分别考虑了以下几种选择：

第1种选择。让卸货平台上的工作人员在不是很忙的时候对到货情况进行检查，这样就可以避免测量活动对正常工作产生干扰并导致仓库人员无所适从，这似乎是一种不错的方法。但小组中来自 IT 部门的蒙迪·维斯塔（Monty Vista）指出："那可不合适——这是随意抽样。"

第2种选择。选择那些看起来与每天到货情况最为相似的到货批次，这就意味着卸货平台上的工作人员需要查看当天的到货时间计划，并挑选为数不多的到货进行检查，而且选中的到货还要能够代表当天全部到货的整体情况。来自计划部门的马克·德拉萨尔（Mark De la Salle）反对道："他们怎么能做出这种判断并为我们提供准确的样本呢?"

第3种选择。让卸货平台上的工作人员对数目如此庞大的到货进行每笔检查,找出海运提单上所存在的缺陷。"这种选择更加合理,"莱斯·洛马斯表示说,"这种抽样方法要系统得多,而且在我看来我们似乎可以得到更有把握的结果。"

"实施随机抽样是不是更好一些?"德拉萨尔问道。

"我认为随机地进行抽样会让我们很痛苦,"洛马斯回答道,"我们无法在没有某种猜想的情况下对到货进行挑选,而且按照第3种方式我们还能够保留数据的先后顺序,这样我们就可以看出在一天中是否有某些规律可循。"

整个团队都觉得他们距离制定出一套合适的抽样计划更近了,但他们仍然还有某些工作要做。

与抽样有关的重要概念。正如 Pivotal 物流公司的项目团队所注意到的那样,某些抽样方法要比另外一些更胜一筹。他们所遇到的问题包括:

- **偏倚**。抽样偏倚就像是海上航行路线上的冰山。收集到存在偏倚的样本就意味着数据并不是完全有效,而且根据这种数据所得出的任何结论很可能都是错误的。几乎所有的抽样方法都会存在某种形式的偏倚,技巧则是如何使其保持最小化。
- **随意抽样**。收集那些最容易得到的样品不仅仅只是图省事的表现。这也是一种容易导致数据出现偏倚的抽样方式。
- **判断抽样**。几乎同样糟糕的(尽管看起来似乎是更好一些)是试图根据"经验知识"对哪些事物或人员具有总体的代表性而做出各种猜测。猜测本身就是一种偏倚。
- **系统抽样**。多数业务测量活动都推荐采用这种抽样方法。系统抽样就是按照一定的区间间隔(例如每半个小时、每20件事物,等等)在流程中抽取样品。一种系统性的总体抽样例子就是对数据库中每10条记录进行检查。系统抽样注意事项是,一定要确保取样频率不要与会导致数据出现偏倚的某种规律发生重合。

- **随机抽样**。尽管大家听说这是一种最佳的方法，但在现实的世界里，实现真正的随机比我们想象的可要困难。绝大多数业务在运用随机抽样时都会涉及以计算机技术为基础进行随机选择。

其他一些与抽样有关的概念还包括：

- **分层抽样**。对样本进行分层有助于确保得到的数据能够代表所有各个关键的集合。假设 Pivotal 物流公司有两种主要类型的到货，为了确保每种类型的到货都有足够的数据，他们可能需要对每种类型分别进行取样。
- **置信水平**。这个术语描述的是，针对收集到的数据并得出能够反映总体或流程真实情况的结论（又叫作"事实"），我们对其有多大的把握。通常都采用百分比来表示置信度，而且在业务流程的各种评价中，95%的置信水平是个不错的标准。
- **精确度**。测量的准确性实际上与量具的类型或操作性定义的详细程度有关，而且精确度还会对样本量产生影响。例如，如果想要把对周期时间的衡量精确到以秒来计，那么我们就需要确保使用的计时器特别精准。

抽样的各种前提条件。在制订一套可靠的抽样计划的过程中，大家所面对的"第 22 条军规"（左右为难的困境）就是，必须对要收集的数据有所了解。结果是由于早期数据的获得只能以含有猜测成分的抽样计划为基础，所以早期的测量通常更不可靠。测量进行得越多，我们就越了解测量对象的各种特点，那么我们的样本选择就越合理。

下面是读者们需要知道的一些最为常见的事项。

- 测量指标是连续型的还是离散型的？
- 如果是连续型的测量指标，那么流程的变化程度（标准偏差）有多大？
- 如果是离散型的测量指标，我们所寻找的事物多长时间出现一次（通常是指总体或过程中的"次品比例"）？
- 整个流程每天要处理多少件事物？每周呢？或者说，整个总体的数目是多少？

- 我们希望我们所进行的测量达到什么样的置信水平？
- 针对连续型数据，我们所期望的测量精确度是多少？

在表 13-3 中，我们对其他几种与抽样有关的重要术语/概念进行了介绍。

表 13-3　其他与抽样有关的重要术语

抽样活动	从流程或总体中抽取将要进行测量的事物
子组	每次抽样活动中所抽取出的一组连续样品。一个子组可以只有一个样品，也可以是多个
抽样频率	每天或每周的取样次数，每段时间内的抽样活动次数。在某个流程中，随着循环或变化次数的增加，抽样频率往往也需要随之增加

记住，一开始对样品的获取通常都含有猜测成分（直到我们得到了数据的一些早期读数），而且不幸的是，样品的获取还受到找出我们想要观察的事物的可行性的影响。总的来说，牢记一条经验法则：（只要数据没有出现偏倚）抽样量越大，数据就越准确。

实施测量并对其加以改良

为了确保各种表格、抽样计划以及各种定义能够按照计划发挥作用，如果能够对我们的数据收集计划进行测试，情况经常就会更加理想。如果大家无法针对数据收集工作开展试运行，那么至少要在开始收集数据时仔细地留意其工作情况。如果大家计划动用许多不同的人员来收集数据或对数据进行汇总，实施某种类型的培训会很有必要，无论是正式的、还是非正式的培训。

对测量的准确性及数值进行考查。有各种不同的方法可以用于考查测量的准确性并确保这些测量一直保持准确。在制造业领域，对测量系统的有效性进行考查的最常见方法就是"Gage R&R（测量系统的重复性与重现性）"。Gage R&R 涉及的活动就是在不同的状况下对某种测量进行重复，以便考查测量系统在以下 4 个重要指标上的表现。

1. **准确性**。测量或观测的准确程度如何？
2. **重复性**。如果同一人员或同一测量设备对同一事物进行多次测量或观测，是否每次都能够得到相同的结果？

3. **重现性**。如果两个或者多个人员或设备对同一事物进行测量，他们是否能得到相同的结果？

4. **稳定性**。准确性或重复性是否会随着时间的变化而出现恶化或者改变。

虽然 Gage R&R 最常用于连续型数据的测量——而且通常都涉及各种测量仪器（例如：磅秤、米尺）的使用，但类似的方法也可以用于考查离散型数据的测量。某种形式的测量系统对准确性的核实可以作为我们实施测量之前的考查，而且也是对长时间数据收集的一种核实。

路线图步骤 3B：建立基准指标并确定各种改进机遇

在任何类型的业务与绩效表现的衡量中，制定有效的数据收集流程都很重要。因此，为了判断各个流程目前的运行状况，我们此时此刻的目标重点是建立绩效表现的基准。然后，大家就能够决定把改善工作的重点集中在那里，随后再对各种解决方案的表现加以评估。我们首先研究一下输出项或最终结果评价指标，然后再对各种涉及内部绩效表现的评价指标进行研究。

输出项绩效评价指标

正如我们在第 2 章中所讨论的，在传统意义上，六西格玛测量专注于对流程中的缺陷进行追踪和降低。在讨论这种对比性的评价指标时，我们重拾缺陷指标的这一主题，并对各种各样的选项及概念进行讲解，这些选项及概念都是大家在选择并实施自己的评价指标时所应该知晓的内容。使用与缺陷有关的评价指标有几个优点：

1. **简单**。每个人都能理解"好"与"坏"。关于以缺陷为基础的各种评价指标的计算，使用基本的数学技能就可以完成。

2. **统一**。缺陷指标可以应用于任何流程，只要对该流程存在绩效标准或绩效要求，无论是连续型数据还是离散型数据、无论是制造流程还是服务流程。

3. 可比。 六西格玛评价指标可以跟踪所有类型流程的绩效改进比例，并且还能够对业务中不同领域的绩效表现进行比较。

这种对结果进行测量的六西格玛方法与精益生产的原则完全一致。由于交付时间（速度和/或准确性）几乎永远都是一项客户需求，所以对表现是否准时实施测量，为我们提供了对一个周期时间的恰当的整体看法。把存在缺陷的产品及服务交付给顾客无疑也是产生浪费的一项主要根源。

缺陷指标也存在一些缺点。理由之一就是，只对好与坏加以注意，可能会掩盖掉数据中所存在的各种关键信息或细微的差别，尤其是连续型数据的测量。因此，我们在这里的目的是帮助大家为测量体系建立一套基础，在对流程的总体有效性开展评估时，可以以这套基础为基本的出发点。在第14章中对数据分析进行讨论时，我们再了解一下其他各种测量方法，这些方法能够对流程的绩效表现提供一个更加详细的情况描述，并帮助大家确定各种根本原因。

以缺陷为基础的评价体系中的重要概念

如果我们想要理解各种缺陷评价指标，就需要对以下几个简单的术语进行仔细研究或清楚解释：

- **产出单位。** 着手处理的某件事物，抑或是交付给顾客的最终产品或服务（一辆汽车、一笔抵押贷款、一次酒店住宿、一份银行对账单，等等）。
- **缺陷。** 未能满足客户需求/绩效标准的一次失败（曲轴箱出现裂缝，抵押贷款延误，酒店预订记录丢失，对账单存在某个错误，等等）。
- **次品。** 任何一个存在缺陷的产出单位（因此，在技术上而言，一辆只存在1个缺陷汽车跟另一辆存在15个缺陷的汽车一样，都是次品）。
- **缺陷机会。** 由于绝大多数产品或服务都拥有多项顾客需求，所以每个产品或每项服务也就存在着多种机会或可能性产生缺陷（例如，一辆汽车身上所存在的缺陷机会可能很容易就超过了100个）。

最后一项要素：记住，数据中必须包含针对顾客需求的绩效表现信息。因此，如果准时交货是一项关键需求，但我们却只收集了每个订单的成本数据，那么我们还需要再收集与交货有关的数据。

次品与收率指标。我们首先从以次品为重点的各种评价指标开始入手。对于那些在业务本身或其产品中出现任何缺陷都意味着严重问题的公司而言，次品指标尤为重要。比如说，一个杂志广告上的任何印刷错误都会损害该杂志的声誉，一件衣服上的任何缝纫瑕疵都会使其无法按全价出售。

下面是与次品的测量有关的两种表述方式：

- **次品比例**。存在缺陷的样品占比或百分比。图 13-6 显示了次品比例的计算公式以及一些例子。针对每种类型的缺陷评价指标，我们都采用这几个相同的例子。

次品比例
公式：$\dfrac{\text{次品数量}}{\text{产出单位数量}}$
服务业的例子： • 250 份贷款申请中有 43 份存在缺陷 $\dfrac{43 \text{ 份次品}}{250 \text{ 份产出单位}} = 0.172$（或 17.2%） • 186 份广告合同中有 66 份存在缺陷 $\dfrac{66 \text{ 份次品}}{186 \text{ 份产出单位}} = 0.354$（或 35.4%）
制造业的例子： • 750 个微型芯片中有 97 个存在缺陷 $\dfrac{97 \text{ 个次品}}{750 \text{ 个产出单位}} = 0.129$（或 12.9%） • 1 150 根钢制托梁中有 99 根存在缺陷 $\dfrac{99 \text{ 根次品}}{1\,150 \text{ 根产出单位}} = 0.086$（或 8.6%）

图 13-6　次品比例的计算公式与例子

- **最终收率**。记作 $Y_{\text{最终}}$，计算方法是用 1 减去次品比例。最终收率告诉我们，在生产与/或交付的总单位数中，无缺陷的产出单位所占的比例是多少（用最终收率乘以100，就可以得出正确产品所占的百分比）。图13-7为读者们列举了一些最终收率的例子。

最终收率
公式：1－次品比例
服务业的例子： • 250份贷款申请中有43份存在缺陷 　1－0.172＝0.828或82.8%的收率 • 186份广告合同中有66份存在缺陷 　1－0.354＝0.646或64.6%的收率
制造业的例子： • 750个微型芯片中有97个存在缺陷 　1－0.129＝0.871或87.1%的收率 • 1 150根钢制托梁中有99根存在缺陷 　1－0.086＝0.914或91.4%的收率

缺陷指标。每个产出单位上的缺陷数DPU反映出在抽取的样品总数中，所有类型缺陷的平均数量（见图13-8中的公式和举例）。举例来说，如果读者计算出的DPU是1.0，那就表示很可能每个产出单位都会存在一个缺陷，尽管某些产出单位上所存在的缺陷数可能会超过一个，而另外一些产出单位却没有缺陷。DPU等于0.25则表示在每四个产出单位中，可能会有一个产出单位存在某个缺陷。

图13-7　最终收率的计算公式与例子

这三种最初的评价指标既能帮助大家清楚流程表现的好坏，同时也有助大家了解缺陷在工作活动的分布情况。

确定缺陷机会。我们在第2章中曾提到，六西格玛评价体系的创新之一就是，根据出现缺陷的机会数量或其复杂程度对评价指标进行相应地调整。这么做的目的是为了建立公平的对比环境，从而能够把复杂的服务或产品与简单的产品或服务放在一起，对其绩效表现进行比较。我们首先了解一下迈向以机会为基础的评价指标的几个步骤，然后再看看如何表达这些评价指标。

对一只咖啡杯外观的好坏做出评价，我们可能不会认为它是一件极为复杂的产品。但是，假设有一对夫妇希望购置一套房产，翻开他们的抵押贷款申请，尽管与咖啡杯是两码事，但也很容易看出抵押贷款申请要复杂得多。再以大家放在公文包中的计算器为例，虽然我们很难看到计算器的内部，但是它还是要比抵押贷款申请更加复杂。因此，在六西格玛评价指标中，**复杂**一词被解释为有更多的机会出现缺陷。为每个产品或服务确定具有实际意义的缺陷机会数量,是大家所面临的挑战。尽管在很多情况下,对机会数量进行界定是一项主观判断,但我们还是能够指出该过程中 3 三个主要步骤。

每个产出单位上的缺陷数(DPU)

公式: $\dfrac{\text{缺陷数量}}{\text{产出单位数量}}$

服务业的例子:
- 250 份贷款申请中存在着 52 个缺陷(43 份次品)

$$\dfrac{52\ \text{个缺陷}}{250\ \text{份申请}} = 0.208\ (\text{或}\ 20.8\%)\ \text{个 DPU}$$

- 186 份广告合同中存在着 321 个缺陷(66 份次品)

$$\dfrac{321\ \text{个缺陷}}{186\ \text{份合同}} = 1.73\ (\text{或}\ 172\%)\ \text{个 DPU}$$

制造业的例子:
- 750 个微型芯片中存在着 99 个缺陷(97 个次品)

$$\dfrac{99\ \text{个缺陷}}{750\ \text{个微型芯片}} = 0.132\ (\text{或}\ 13.2\%)\ \text{个 DPU}$$

- 1 150 根钢制托梁中存在着 233 个缺陷(99 根次品)

$$\dfrac{233\ \text{个缺陷}}{1\ 150\ \text{根托梁}} = 0.202\ (\text{或}\ 20.2\%)\ \text{个 DPU}$$

图 13-8　DPU 的计算公式与例子

第 1 步:形成各种类型缺陷的初步清单。让我们在这里以咖啡杯为例(然后再研究一下一个服务方面的例子)。那么一只咖啡杯上可能会出现哪些类型的缺陷呢?下面是各种可能性的一份初始清单:

- 漏水
- 釉面/漆面存在各种瑕疵
- 杯体变形
- 把手变形
- 破裂

第 2 步:确定哪些是实际存在的、对顾客具有至关重要意义的具体缺陷。

我们可以凑合着使用最开始阶段的清单，简单指出每只咖啡杯都存在着 5 种缺陷机会。但实际上某些缺陷可能并不会出现，抑或同时出现两个类型的同一种缺陷。因此，对最初的草稿清单进行仔细审查是个好主意。而且在大家计算西格玛指标时就会明白，把更多的机会计算在内会使我们的西格玛绩效看上去更好一些。坦率地说，我们不想为了夸大得分而填满各种滥竽充数的机会；还有，如果一开始就描绘出一幅过于肯定的画面，那将会使随后的改善更加难以被显现出来。基于这种看法以及少量的常识，针对咖啡杯上可能出现的缺陷机会，我们建议只限定于以下 3 种：

- 釉面/漆面存在各种瑕疵
- 变形（杯体或把手）
- 破裂

我们之所以把漏水这一项从清单上剔除出去，是因为这类缺陷太罕见了，以至于在日常的绩效测量过程中根本没有实际的考虑意义。另外，把所有各种变形合并为一种机会加以考量，即简单又具有实际意义。

当然了，宣称存在 5 种可能的机会也并非不对。这个数量还是落在一个"正确"的答案范围之内。在对机会数进行确定时，我们建议大家采用切实可行的、合理的且具有实际意义的评判标准，最重要的是要保持标准的一致性。

第 3 步：**根据其他标准对提议的各种机会数量进行核实**。假设大家所在的公司生产咖啡杯，与咖啡杯缺陷机会有关的各种指导原则或习惯做法极有可能会随着时间的推移而发展。正如早先所提到的，针对机会数量的计算，有些公司是让一个专门的委员会负责制定各种标准，这样他们就能够确保各种流程的一致可比性。

解决了怎样计算咖啡杯的缺陷机会，我们再来看另外一个例子——发票。从技术上而言，对于类似于发票这类非常重要的文件，每次敲击按键的输入都可以被看作一次产生缺陷的机会，但是，对按键的每一次敲击都进行计数显然既不具有可操作性，也缺乏一致性。还有，发票上有些部分是标准的或出自某个模板，这就使得这些部分的内容能够保持固定不变。因此。针对发票上缺陷的查找，我们想要把重点集中在每次开具发票时都需要进行改变的那些元素上。

保守估计，一张普通发票上所可能存在的缺陷机会可以多达 17 个，包括：

- 客户名称
- 合同名称
- 客户地址：街道及门牌号、城市、州、邮政编码、邮递点
- 客户编号
- 采购订单编号
- 采购的物品
- 采购数量
- 单价
- 折扣
- 总价
- 税金
- 运费
- 付款到期日
- 汇款地址
- 打印错误
- 发票折叠 / 装填错误
- 及时性

这无疑是一份冗长的列表。分别追踪每个缺陷类型将是一项挑战。而且，包含这么多的机会将导致西格玛得分过于漂亮。因此，或许另一种选择就是采用以下 4 种机会：

1. 客户信息（名称、地址以及采购订单编号）
2. 订单信息（物品、数量、到货地址）
3. 价格信息（单价、折扣税金，等等）
4. 制作（打印质量）

于是，通过对最初的总共17种缺陷类型进行削减，我们可以实现只剩下4种机会。但实际上，只要我们能够做到始终一致并且推理过程合理，不管是4种还是17种机会，或某个介于两者之间的数量，都可以发挥作用。

真正复杂的产品所存在的缺陷机会数可能会大得多。有一个来自于自德州仪器公司的例子，公司有一种电子设备显现出的缺陷机会超过4 000种，但是，如果考虑到制造该设备所需要的单个元件数量（每个都会出现各种缺陷），以及对如此复杂设备的各种要求，这么多缺陷机会的存在也就不难理解了。

我们通过为大家提供一些指导原则，对怎样才能为自己的产品或服务想出合理的缺陷机会数量进行总结：

- **把重点放在各种"常规的"问题领域**。各种罕见的缺陷不应该被考虑为缺陷机会。
- **把紧密相关的各种缺陷归类为一种机会**。这种方法既能简化大家的工作，又能确保阻止对各种机会进行夸大。
- **确保选中的缺陷对顾客很重要**。如果重点是经过客户确认的各种需求/绩效标准，那么遵守这条原则会更加容易一些。
- **保持一致**。如果公司计划采用各种以机会为基础的评价指标，那么大家就应该考虑就如何对机会的进行界定而设定一些标准。
- **只有在必要时才做出改变**。只要对机会数做出改变，我们就改变了西格玛评价指标计算公式中的分母，这就意味着改变之后的结果与先前结果之间的比较基本无效。应该只有在必要的时候才可以改变规则。

我们曾一起工作过的一些组织（例如，一支航空部件物流团队以及一家设备租赁公司）通过只界定出一种缺陷机会使问题得以简化，实质上就是把次品作为关注的重点。在这种情形中有一项争议：那就是顾客不希望收到任何缺陷，但这种以次品为机会的计算方式却可能会让事物看上去比实际状况更好。另外，这种只选择一种机会的方法还会使不同流程之间横向比较的效果大打折扣。

计算以机会为基础的评价指标

针对各种以缺陷机会为基础的评价指标的计算和表达，我们可以采用以下的几种方法：

- **机会缺陷率（DPO）**。这个评价指标表示，在某个集合中，缺陷在总机会数量中所占的比例。例如，如果 DPO 等于 0.05，那就表示发生某个缺陷的机会是 5%。图 13-9 给出了 DPO 的计算公式，并举出了几个例子。

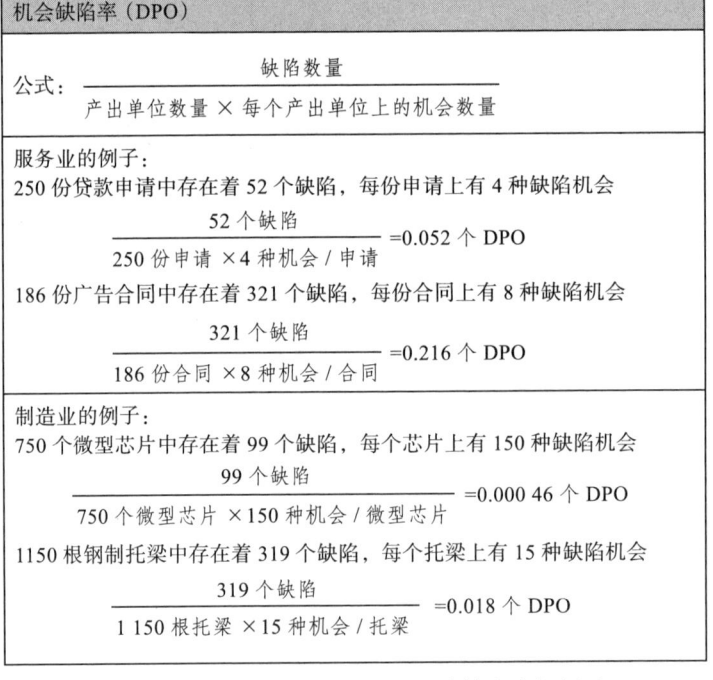

图 13-9　机会缺陷率（DPO）的计算公式与例子

- **百万机会缺陷数（DPMO）**。绝大多数的缺陷机会评价指标都可以转化为这种形式，DPMO 反映出在一百万个机会中会出现多少个缺陷。尤其是在制造环境中，DPMO 经常又被称作 PPM，也就是百万分之几。图 13-10 给出了 DPMO 的计算公式，并举出了几个例子。
- **西格玛指标**。如今，获得西格玛绩效表现得分简直就是小事一桩。正如我们在第 2 章中曾提到过，得到西格玛数值的一种简单方法就是通过使用换算表对缺陷评价指标（通常都是 DPMO）进行转换。图 13-11 例子中的各个西格玛数值正是源自于图 13-12 所示的六西格玛换算表。如果每个例子中的数据都是准确的，并且用于确定缺陷机会的各个指导原则连续一致，我们就可以得出结论：微型芯片的制造过程表现得最为有效，而广告合同的制定过程则是最糟糕的。这样的结果在现实世界中颇具代表意义。

百万机会缺陷数（DPMO）
公式：DPO × 1 000 000（10^6）
服务业的例子： • 贷款申请 　　0.052 × 10^6 = 52 000 个 DPMO • 广告合同 　　0.216 × 10^6 = 216 000 个 DPMO
制造业的例子： • 微型芯片 　　0.000 46 × 10^6 = 460 个 DPMO • 钢制托梁 　　0.018 × 10^6 = 18 000 个 DPMO

图 13-10　百万机会缺陷率（DPMO）的计算公式与例子

西格玛
根据计算出的 DPMO 值查表
服务业的例子： • 贷款申请 　　52 000 个 DPMO = 3.1 个西格玛 • 广告合同 　　216 000 个 DPMO = 2.3 个西格玛
制造业的例子： • 微型芯片 　　460 个 DPMO = 4.8 个西格玛 • 钢制托梁 　　18 000 个 DPMO = 3.6 个西格玛

图 13-11　西格玛指标举例

六西格玛换算表

收率（%）	DPMO	西格玛	收率（%）	DPMO	西格玛
6.68	933 200	0	45.025	549 750	1.375
8.455	915 450	0.125	50	500 000	1.5
10.56	894 400	0.25	54.975	450 250	1.625
13.03	869 700	0.375	59.87	401 300	1.75
15.87	841 300	0.5	64.565	354 350	1.875
19.08	809 200	0.625	**69.15**	**308 500**	**2**
22.66	773 400	0.75	73.405	265950	2.125
26.595	734 050	0.875	77.34	226600	2.25
30.85	**691 500**	**1**	80.92	190800	2.375
35.435	645 650	1.125	84.13	158700	2.5
40.13	598 700	1.25	86.97	130300	2.625

图13-12　六西格玛换算表

收率（%）	DPMO	西格玛	收率（%）	DPMO	西格玛
89.44	105600	2.75	99.87	1300	4.5
91.545	84550	2.875	99.91	900	4.625
93.32	**66800**	**3**	99.94	600	4.75
94.79	52100	3.125	99.96	400	4.875
95.99	40100	3.25	**99.977**	**230**	**5**
96.96	30400	3.375	99.982	180	5.125
97.73	22700	3.5	99.987	130	5.25
98.32	16800	3.625	99.992	80	5.375
98.78	12200	3.75	99.997	30	5.5
99.12	8800	3.875	99.99767	23.35	5.625
99.38	**6200**	**4**	99.99833	16.7	5.75
99.565	4350	4.125	99.999	10.05	5.875
99.7	3000	4.25	**99.99966**	**3.4**	**6**
99.795	2050	4.375			

图13-12 （续）

西格玛与标准差之间的不同。西格玛换算表中所存在的一种异常现象或许在此值得一提，尤其是为了精通统计学知识或只是出于简单的好奇。我们将尽量通过外行语言对这种现象进行简要地解释，如果大家计划借助表格得出西格玛绩效得分，那么可能就会发现这个说明比你们所需要知道的内容还要多。

在六西格玛中，这种换算是通过采用一种评分体系所完成的，与经过几个星期甚至是几个月的数据收集所得出的典型偏差相比，这种评分体系所使用的流程偏差要更大一些。举例来说，假设我们在一个客户服务呼叫中心工作，并发现整个季度的"首次呼叫解决"率达到了95.44%。折合成一百万次客户来电，大概有45 600次会被视为是缺陷，或者说有这么多次未能在客户的首次来电中就把问题解决。

然而，我们在单独某个月中所看到的往往并不能代表一年或两年的时间里会出现的情况。经过一段更长时间的观察，我们可能会发现我们的表现更加多变，而且可能也不是很好。根据从电子产品制造业所总结出的各种假设，69.2%则更加切合实际，或者是在每一百万次来电中出现了308 000次缺陷。

简直不敢相信!

幸运的是,这种换算所采用的方法会减轻大家的沮丧。该方法并不是简单地降低西格玛得分,取而代之的则是对评分过程本身做出了改变,这样一来,基于由一个月数据所得出的95.44%,我们认为我们的短期西格玛水平(专业上记为 σ_{ST})大概是 3.2 个西格玛。就可能存在的缺陷水平,这个得分反映出了一个更加切合实际的预期,假设我们能够长期达到 3.2 个西格玛水平(也就是说不存在上述评分过程中的那种漂移),各种标准的统计学表格会告诉我们:每一百万次来电中所存在的缺陷将会少于 3 000 次。然而,六西格玛所采用的换算表格则会告诉大家:如果我们认为流程目前的表现是 3.2 个西格玛,那么估计出现的缺陷应该会超过 45 000 个。

如果读者们觉得这个计算结果实在让人一头雾水,其实我们也一样。这个所谓的"1.5 个西格玛的漂移",正是各统计专家在怎样定义六西格玛指标这一问题上所存在争论的关键部分之一。庆幸的是,只要一贯采取一种习惯做法并加以运用,它就仍然有效。鉴于我们所知道的每家公司都采用这种方法计算他们的西格玛得分,所以我们可以向大家保证:这种方法使用起来不会有问题的。唯一的挑战就是:如果大家试图把上述公认的六西格玛评分体系与正态分布情况下精确的标准偏差等同起来,那可就麻烦了。

各种内部流程 / 输入项评价指标

到目前为止,我们所介绍的各种基准评价指标只对流程或系统的总体或最终绩效表现如何这个问题"我们交给顾客的最终产品或服务怎么样?"进行了回答,但这并没告诉我们整个完整的故事。公司或许拥有完美的输出项,但运营效率却很低下,为了生存,公司只能付出各种艰苦卓绝的巨大努力,或者公司正把其大部分的利润都浪费在那些顾客一点也不会在意的各种徒劳的活动中。那么,现在让我们一起来研究一下确定流程内部绩效表现基准所采用的一些方法。

找出浪费、确定周期时间并对两者进行量化

关于六西格玛与精益生产的争论，人们经常提及的一项差别就是：六西格玛所关心的是各种缺陷，而精益所关心的则是浪费。尽管这种差别有些言过其实，但既然两者都是考虑如何提高业务的效率和效果，所以总体而言，把精益生产和六西格玛纳入到一个统一的系统已经成了一项积极的进步。

找出八种浪费并对其进行评价。浪费就是不能为组织或顾客提供价值的工作、时间或材料。（在本书 15 章中，我们将会就如何区分增值活动与非增值活动展开更多的讨论。）可能大家认为发现并消除浪费是一件容易且显而易见的事情，但事实却是浪费经常被人所忽视而且也很难被消除掉。出于多种原因，浪费并不容易被察觉，但可以确定的最主要原因就是：我们对浪费已经习以为常了，以至于未能把浪费看作一件有害的事情。

譬如说，我们曾与医疗保健组织有过合作，多年以来，为了从一位患者到另一位患者那里、为了拿到各种医疗用品和药品、为了拿到化验报告，等等，护士们（同样还包括其他的专业人员）不得不走很长的路程。很显然，在护士从一个地方步行到另外一个地方的过程中，她并未从事对提供医疗保健具有价值的工作：这就是浪费。只有怀着明确找出浪费的心态进行密切地观察、真正地开展测量并对行走的距离进行描绘，才能使价值的损失程度变得清晰可见。

就所谓的"八种浪费"，工具 13-2 为读者们提供了一个总体的介绍，这些分类可以帮助人们对自己所处的工作场所、供应链、流程或其他环境进行仔细检查，以便找出他们原本会忽略掉（而且可能就像行走很长距离的护士们一样，已经习以为常了）的浪费。大家常常会发现各种浪费之间存在着许多重叠的部分（例如生产过剩势必会导致库存过量），但有这么多不同类型的浪费，其好处就是有助于我们找出流程中所存在的全部浪费。

工具 13-2　八种浪费

1. 生产过剩——制造的产品或者预备的服务超出了内部顾客或外部客户实

际所需求的数量。

2. **时间**——导致设备闲置或人员处于空闲状态的各种延误或等候。

3. **缺陷**——未能满足顾客需求的产品或服务，导致出现废品、返工以及/或者引起不满。

4. **流程效率低下**——过于复杂、缺少标准化、不必要的审核或检验、多余的活动，以及其他各种增加成本并干扰流程顺利运行的因素。

5. **搬运**——对产品、物料、信息或人员所进行的不必要的、不增加价值的移动。

6. **库存**——材料、货物、在制品（包括文件工作）或信息的数量水平不合理（过高或过低）。

7. **动作**——由于不合理的人机工程学、工作区域布局或组织安排，从而造成人员需要进行过多的移动、动作，或者付出更多的努力。

8. **才能使用不当**——从能力和知识的角度而言，被安排任务或执行任务的个人并非最佳人选，包括由于对员工缺乏有针对性的培训/准备工作而产生的各种差距。

建立浪费的基准评价通常都是较为容易的计算，大家只需要把浪费的时间、材料或其他浪费的数量与金钱联系起来就行（例如护士走来走去所耗费的时间 × 薪水/小时，更多内容见"不良质量成本"部分）。真正的关键是开展工作，以便发现浪费并对其进行加总，加总所得到的数目之大通常都会让人感到震惊。但是，一旦大家意识到这些浪费，就可以开始消灭这些浪费了！

节拍（Takt）：根据顾客的需求对速度进行评价。 节拍是另一种与精益改善有关的评价指标，其所考查的是某项工作对顾客需求做出反应的能力。Takt 一词在德语中就是"打拍子"的意思，通常有两种计算方式。

节拍速度（Takt rate）： 在一定的时间内，客户所需要产品的数量或收到的客户查询次数。例如，假设某个服务中心每天工作 12 小时，如果在此期间一共接到了 900 个来自于客户的电话，那么节拍频率就是每小时 75 次来电（900

次来电÷12小时)。

节拍时间(Takt time):客户所需要的每个产品或每次服务之间的平均间隔时间(为了满足需求,公司内部必须按照这个速度对"单位产品"进行处理)。采用相同的例子,节拍时间则是0.8分钟,这就意味着该服务中心必须能够做到每0.8分钟处理一个客户来电(720分钟÷900次来电)。

当然了,在上面的例子中,每一个12小时内所收到的实际来电次数可能会存在差别,因此为了更加准确,可能需要针对一天之内不同的时间段对节拍速度进行分别计算。

关于一项工作的进行必须要达到什么样的速度才能避免成为瓶颈环节,以及为了避免出现产能过剩(一种浪费形式)需要在什么时候对操作活动加以调整,各种节拍评价指标能够为我们提供一些有用的见解。

内部收率评价指标

内部收率是评价内部流程绩效表现的另一个的指标,该指标着眼于流程中各个步骤所生产出的"正确"产品或服务的百分比(收率)。由于差劲的内部收率往往都会被返工所掩盖,所以这类评价如果不能让人震惊,或许也会给人以启发。我们从一个虚构的流程(既可以是服务业,也可以制造业)入手。如图13-13所示,在该流程的输出环节收集到的数据显示其最终收率为0.985 (98.5%),3.7个西格玛。在流程的起点总共投入了1 500件产品(订单、零部件,等等)中,最终产出1 477件无缺陷的产品。

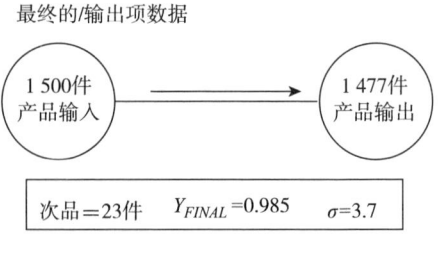

图13-13 收率举例1:最终收率

现在,让我们看一看流程内部的情况。从图13-14中我们可以看出,在三个主要的"次级流程"中,每一个的收率都在90%以上。公司已经注意到各种缺陷的存在并且能够对其实施返工,在整个过程中有89件产品经过了返工。所以对内部数据进行收集的最后结果显示，在最终产出的 1 477 件无缺陷产品中，有 1 411 件产品真正地从头到尾都没出现过缺陷，剩下的 89 件产品都经过了某种程度的返工。

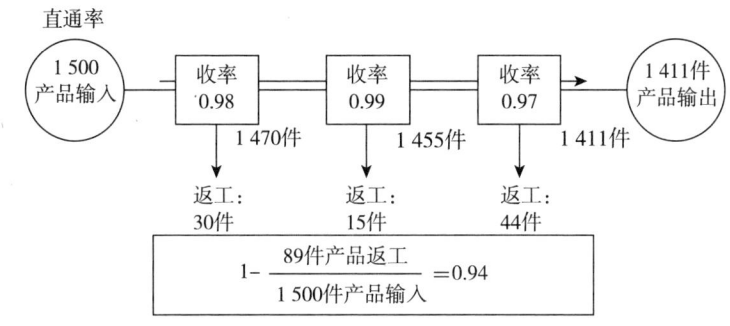

图 13-14　收率举例 2：直通率

图 13-14 包含"直通率"的计算方法，记为 Y_{NORM}，具体就是根据返工事项总数和输入事项总数来进行计算。在这个例子中，Y_{NORM} 的比 Y_{FINAL} 差了不少：0.94 和 0.985。换句话说就是，最终的收率数字掩盖了在流程中已经修复的各种缺陷。

最后，根据已经核对的缺陷数据，我们可以针对流程中每个步骤的表现都给出相应的西格玛得分。我们可以看到的，根据图 13-15 中所示的收率以及西格玛数字，该流程中的第三个步骤最需要被加以留意。

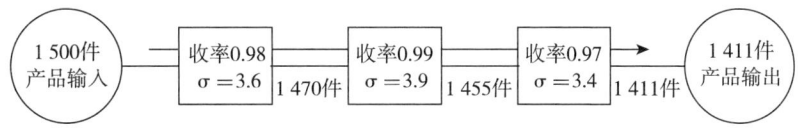

图 13-15　收率举例 3：各个步骤的收率以及西格玛得分

把不良质量成本包含进来

未能被各种缺陷或西格玛评价指标所涵盖的一个重要的绩效表现纬度就是各种缺陷对公司资金所产生的影响，通常被称之为不良质量成本（COPQ）。举例来说，如果公司有两个流程，他们的表现都是 3.5 个西格玛，两者以缺陷为基础的绩效表现看起来一样。然而，当我们分别对两个流程的资金损失进行汇总时，可能会发现其中一个流程对成本所产生的影响要远高于另一个流程。

鉴于这个原因，我们强烈建议六西格玛团队以及实施者们一开始就把COPQ作为其测量工作中的一个关键部分。这种方法需要把各种问题或缺陷转化为每次事故所产生的资金成本，包括为了实施返工或客户关怀所需要的人力成本与材料成本，同样还包括机会成本或业务丢失成本。COPQ数据对业务负责人或其他没有六西格玛背景的人员通常都更有意义，这是由于不同于西格玛或DPMO，COPQ所采用的语言几乎每个人都能理解：金钱。在提高大家对改善活动的统一认识，以及帮助大家选择那些具有明确财务收益的问题方面，COPQ评价是一种有用的方式。针对各种问题所产生的外部影响，如果我们在COPQ中能够包含合理的金额估算（例如，对分顾客满意度得分的每一下降所导致的业务损失进行量化），那么我们就可以为以客户为导向的改善活动提供更强大的理由。

对各种基准评价指标加以使用

之所以对这些不同的流程评价指标进行探讨，直接原因就是为了在各位读者即将为改善活动设定优先事项的时候，给你们以及你们所在组织中的领导者提供更好的输入信息。有了合理的数据以及诸如收率、DPMO、西格玛或COPQ等这样的流程绩效表现评价指标（尤其是如果指标覆盖了公司中以顾客为中心的绝大多数关键流程）组织就可以寻找那些差距最大或最为关切的领域了。还有，由于已经获得了当前绩效表现的数据，所以公司就具备了迅速开始项目的有利条件。最后，这些评价指标还是将来对改善活动实施跟踪的一个很好的起点，使得大家能够以确凿的数据为基础对各种收获和绩效表现的提高予以书面证明，而不是依靠各种传闻。

工具13-3总结出了六西格玛测量阶段中所"提倡的与避免的"的行为。

各种新的评价指标以及测量技巧也为组织日常的测量体系奠定了基础，在打造一个反应更加积极的公司的过程中，这种测量体系可以发挥很大的作用。从错误中汲取教训，并运用良好的数据收集及测量习惯，将会使测量体系的长期目标变得更加能够得以实现。在路线图步骤 5（本书第 16 章）中，我们将会重拾测量体系的要点，并仔细讨论如何把六西格玛方法与测量体系中的全部关键因素结合起来，以便促使组织取得持久的成功和不断的进步。

通过对流程、客户以及评价指标所进行的仔细研究，我们已经为实际的改善工作打下了基础。在接下来的第 14 章中，我们将把话题转到怎样实施有意义的改进活动上。

工具 13-3

六西格玛测量阶段所"提倡的与避免的"行为

- 提倡——根据公司的资源情况而设定测量的优先次序。
  - 如果公司能够负担得起并掌握了对全部核心流程开展评价的诀窍，那么就大胆地开始吧。然而绝大多数公司的资源都是有限的，因此，在大多数的情况下，我们应该对目标测量区域进行挑选，确保得到的知识最有帮助并切实能够获取知识。

- 提倡——除了对各输出项进行测量以外，还要想办法对服务实施评价。
  - 为了简单起见，我们所进行的讨论以及各个例子都更侧重于那些与输出项有关的评价指标。在帮助大家确定改进项目的过程中，对重要服务方面的绩效表现及缺陷实施评价或许同样有用。

- 提倡——对测量体系本身实施持续改善。
  - 拥有合理的业务测量体系并不容易。在各种评价过程中，人员方面的重要性和挑战同技术层面的一样。在大家及大家所在的组织在测量方面变得更加娴熟的过程中，难免会犯错误，准备好从中汲取教训。

- 提倡——放弃各种不需要的或者没用的评价。
  - 假如无法为保留某项评价指标提出合理的理由,那就放弃这项评价。只要一不留神,就会出现一种与测量有关的官僚主义,试图对所有的评价指标进行保护,然后目标就变成了"为了测量而测量"。

- 避免——使用各种西格玛或精益评价指标,如果他们并不能增加价值的话。
  - 某些组织把对六西格玛评价指标的运用作为建立统一且易于理解的绩效表现指标的一种有效方式,采取措施对其进行适应并持续地加以运用。但很多组织之所以这么做,却仅仅只是因为其被认为是取得成功的一项必要条件,而实则不然。因此,请大家谨慎地采用各种新的测量方法,并且只有在真正需要的时候才开始采用新的测量方法。

- 避免——指望数据一定能够证实我们的各种假设。
  - 人们往往会发现收集到的基准数据与他们所认为的情况正好一致。然而,各种测量结果让人大吃一惊的情形也屡见不鲜。一旦出现这种情况,予以重视。如果需要的话,进行更深入地研究,不要认为"不可能"出现这种数据而对其置之不理。

第 14 章　The Six Sigma Way

采用六西格玛实施流程改进
（路线图步骤 4A）

在这一章，六西格玛引擎真正地开动起来了。我们在本章及第 15 章带领读者们逐步经历流程改进的各个步骤，其目的是帮助大家取得达到或超过第 1 章中所描述的收获。本章的重点是分析、开发并实施以根本原因为出发点的解决方案。我们计划通过讲故事的方式举例说明 DMAIC 项目过程中的定义、测量、分析以及实施阶段，这个故事将向大家揭示典型的团队如何完成典型的项目。在故事中间还穿插着各种令人着迷的小插曲，这些小插曲就是我们对活动及工具的讲解。当然，现实中并没有真正意义上"典型的"团队或项目，每一个团队和项目都很特别，并拥有其特殊的挑战。即便如此，就了解需要完成哪些工作以及怎样才能把工作做好而言，例子会让读者有更深刻的体会。

顺便说一下，读者可能已经注意到我们并没有提到 DMAIC 中的 C（控制阶段）。控制阶段是 DMAIC 项目的结束阶段，但也是保持改进成果并对六西格玛体系进行整合的真正开始。因此，我们把控制阶段的概念与工具放到第 16

章，在路线图步骤5，对六西格玛体系进行推广并加以整合中进行讨论。

本章也会对很多DMAIC的基础知识（比如说，项目章程所包含的几个元素）进行讲解，然后在第15章重点讨论设计/再设计所产生的偏差。如果读者预计自己将参与流程设计/再设计活动，就需要对这两章的内容进行阅读。如果到目前为止你还是只对流程改进（也就是渐进的改善）感兴趣，那么可以把精力只集中在这一章的内容上。还有，由于第13章已经涉及了很多关于测量的基础知识，本章对项目测量阶段的讨论将会包括团队如何对概念进行运用（比如说，在选择测量指标并建立指标的基准数据的活动中）。在分析阶段，我们进一步讨论怎样使用各种测量数据来找出为什么流程中会出现问题。

我们将描述DMAIC流程中一些常见的和/或有价值的改进工具和技巧，并举例说明。我们强调的重点是，在什么时候，使用哪些工具以及为什么，这一点是公司和从事六西格玛活动的团队所面临的最大挑战之一。本书最后参考文献部分列出了其他资源，读者们可以从这些资源中得到与这些技巧有关的更详细信息。

无论是什么时候，我们就改进工具进行培训时，我们的担心都是人们可能会不当地使用或滥用这些工具。拥有各种各样的工具能够应用到不同的业务问题上固然重要，但是人们也因此变得因工具而沾沾自喜。下面这些关于工具的指导准则，请读者们牢记在心：

1. **不管是在任何时候，当决定使用某个工具时要有一个明确的目标**。永远不要因为"书本里有"或"我们还没用过"某个工具去为了使用工具而使用。只有在需要钉钉子的时候才使用锤子。

2. **我们有自己的选择权去挑选看起来最有可能满足要求的技巧**。六西格玛的工具包里有各种各样的技巧，可能有帮助的常常不止一种，小心谨慎地选择将要尝试的工具。

3. **尽量保持简单，工具的复杂程度和细节应该同情境相匹配**。最常用的工具应该是些最基础的工具。如果在每个问题或项目上都使用复杂的统计学工具，那一定会把事情搞得过于复杂。

4. **让方法去适应需求**。尽管一些组织或咨询师喜欢扮演"工具警察"的角色，但公司创建一套自己的不同方法也没问题，前提是如果不做修改的话就没人能懂，而且能够避免从这套方法中得出错误的结论。

5. **如果某个工具不管用，就停止使用**。把每次对工具的应用都当作是一次试验。如果无法得到我们所需要的答案或者工具不管用，就尝试使用其他的工具。

接下来，我们就通过对一家的案例研究来了解流程改进究竟是怎样进行的，在本章我们将一直使用这家公司的案例。

第11个案例：AutoRec公司试图用六西格玛解决公司的业务增长之痛⊖

手持式语音识别输入记录仪市场的增长简直是一个巨大的成功。无论是在汽车里、大街上，还是在餐厅里等许多场所，人们是如此习惯于使用移动电话通话，以至于没有通话时，人们还喜欢自己跟自己进行聊天。因此，一类利用数字存储和迷你光碟技术的新设备应运而生。市场上很有多种类型的记录仪可供消费选择，这些记录仪被统称为"自动会话设备"。

在过去的18个月，自动会话设备市场的领导者之一，AutoRec有限责任公司，通过把语音识别技术同各种不同格式的语音输入装置结合起来取得了重大突破。这样一来，这种设备实际上就能够自动地把语音转换为文字内容。销售人员自动化领域的新市场已经向AutoRec公司敞开，比如说，业务人员能够更容易地完成客户拜访记录，除此之外，他们还可以在不需要行政人员协助的情况下通过口述来起草信件和建议。

然而，公司在满足日益增长的集团客户的特殊需求上却面临着挑战。由于自动会话设备必须同客户现有的技术进行对接（也就是像手提电脑、网络、文

⊖ 在本书第1版完成时，语音文字转换技术的效率加强版已经相当"成熟"了。目前，AutoRec的技术看起来像智能电话一样精巧，在软件和新工具方面有了大幅的飞跃。但是，从了解并展示持续改善是怎样发挥作用的角度来看，AutoRec公司的故事仍然相当有意义！

字处理以及通讯簿的应用，等等），就需要对每一个集团客户的大批订货进行特殊设计和生产。很不幸的是，客户订单交货失败率始终居高不下，而且还在继续攀升。AutoRec公司的领导层一直都听说六西格玛改进活动对其他公司产生了巨大的影响，于是他们决定看看这种方法是否能够帮助公司解决所面临的问题。

"在其他公司赶上我们的技术和客户开始寻找其他供货商之前，我们只有几个月的时间了。"公司的CEO说，"我们必须一起采取行动，要不我们就会被称为'自动毁灭'公司。"（实际上这家公司已经被冠以这样的称呼了。）

公司管理团队起草了一份项目基本原理说明：

> 有问题的交货影响公司接近40%的客户订单发货。每个月的返工成本高达30万美元，有两家全国排名前25强的公司一直都是公司的主要订单来源，现在这两家公司要求我们的交货能够有保证。如果我们不提高公司在满足客户需求方面的有效性，在今年秋季TalkNBox（主要的竞争对手）推出他们的语音整合系统后，我们公司就有被TalkNBox公司赶超的风险。公司成立项目小组负责找出为什么会出现这么多不合格的订单交付，并迅速取得成果。

7名从不同职能部门挑选出的员工组成了项目小组，2名来自于装配（制造），订单管理、采购、产品设计、运输和销售各1名。最开始，团队只有6名成员，但销售副总裁坚持要包括1位销售人员。（项目团队选择指南在第8章。）产品设计总监被选为组长。组长和团队成员一起参加了一个为期一周的专题研讨会，使大家对执行以六西格玛为核心的流程改进项目有一个总体的概念，并了解其关键方法。公司CEO亲自拜访了每1名项目成员，并许诺对项目予以支持。

在对项目小组成员的培训时，总体介绍了DMAIC模式的5个阶段。因为知道时间非常关键，项目小组成员意识到他们必须专注于解决当前流程中出现的问题，没时间去尝试对工作流程进行重新设计。

在进一步讲述AutoRec公司的故事之前，我们应该强调一个重要的事实：

DMAIC 方法中的各个阶段不是截然分开的。一旦开始探索、采集数据等，项目小组几乎总是对问题和流程有所发现。举例来说，这些意外的发现意味着即使是在方案实施阶段也还可以对项目目标进行修订，或者是在对某个方案进行测试后，可能需要做更多的"分析"工作。通常，改进小组可以用 D—M—A—I—C 这几个阶段来描绘项目的进展情况，但总体来说 DMAIC 是一个循环往复的过程。

DMAIC 中的"定义"阶段：阐明问题、目的与涉及的流程

作为项目成功的准备阶段，定义阶段帮助我们回答以下 4 个关键的问题：

1. 我们将要关注的问题或机遇是什么？

2. 我们的目的是什么？（换而言之，我们想取得什么样的成果？在什么时候？）

3. 问题或流程所服务以及/或所影响的客户是谁？

4. 我们研究的流程是什么？

在拟定项目目的和范围（习惯地被称作项目章程）最初，改进小组可以帮助确保项目团队的工作符合公司领导者和项目资助人的期望。下面就让我们通过案例来了解具体怎样发挥作用。

继续第 11 个案例：AutoRec 公司开始准备项目章程

项目团队首次会议议程只有一项："对问题进行定义。"一些成员质疑，既然公司高层在项目申明中已经把情况说得很清楚了，为什么大家还要花整个会议来讨论这个。然而，经过会议最开始 5 分钟的讨论，大家就发现仅问题本身还包含着几个不同的方面：

- 客户对 AutoRec 公司的产品的期望太高了。
- 装配车间员工的失误导致交付给客户的产品出现问题。

- 没有被严格遵循订单上的产品标准规范，这就意味着发货的产品没有按照客户要求进行配置。
- 货物的晚到使客户很气愤，因此即便是发现微不足道的问题，客户也会把这些产品剔除出来。
- 客户的销售人员（换而言之，就是 AutoRec 公司产品的最终使用者）不知道怎样使用这些产品。

鉴于大家对问题有如此广泛的见解，项目小组决定先对问题进行一个总体描述，随着收集到更多的数据，他们可以对问题进行精炼。

项目小组还拟定了最初的项目目的，确定将要取得的成果。有些项目成员对设定的项目截止时间感到不安，但是大家都承认他们的确需要尽快地取得项目成功。

"不错，"来自销售的代表说，"这是一个相当泛泛的描述。我们还得尽快地收集更多的细节信息。"

准备公司自己的六西格玛项目章程

每家公司在设计并准备项目章程方面都面临多种选择。到目前为止，AutoRec 公司的项目小组已经完成了章程中最重要的两个元素。下面是对项目章程中最常见的一些条目的解释，除此之外，还为读者们准备自己公司的项目文件提供了一些指导方针。

起草问题描述。简明扼要地对"出现的错误"进行有针对性的描述，这些错误可能是问题给公司所带来的痛苦，也可能是公司要抓住的机遇。在某些情况下，对问题描述可以是项目申明的精华版，但通常都需要项目团队把问题定义得更加详细具体，这是因为即使是最好的项目申明也只是泛泛而谈。

问题描述及其起草过程可以如下：

1. 核实改进小组是否清楚地理解了项目申明的内容。
2. 确保项目成员就即将解决的问题达成一致意见，并夯实主人翁精神。
3. 确保团队专注于解决问题既不要过于狭隘，也不要过于宽泛。

4. 评估定义问题所采用的支持数据是否清晰明确。

5. 设定一个可以对过程和结果进行跟踪的基准指标。

当团队成员第一次聚在一起参加讨论的时候，可能无法获得上述最后一项的好处——基准指标，因此这也告诉大家，随着时间的推移，我们需要对问题描述中的某些要素进行不断澄清。图14-1是在起草问题描述时大家应该提出的4个问题。

目标陈述。对问题的陈述和目标陈述是相辅相成的。对问题的描述描绘的是痛苦或症状，目标陈述则就实际成果而言定义了何谓具体的"解救"。目标陈述的构成可以被标准化为以下3个要素：

1. 描述将要实现的成就。目标陈述应该从一个动词开始："减少……"；"提高……"；"消除……"（但要尽量避免使用"改善"等这类过于含糊不清的用词）。

问题描述的内容组成	
什么问题？	• 涉及哪个流程？ • 出现了什么错误？ • 差距/机遇是什么？
哪里出了问题？/什么时间发生的？	• 问题/差距出现在哪里？ ✓ 部门 ✓ 区域 ✓ 等等 • 什么时候观察到的问题/差距？ ✓ 年、月，或一天中的具体时间 ✓ 某个时间点之前/之后 ✓ 等等
问题有多大？	• 问题/差距/机遇有多大？ • 我们准备怎么衡量问题的大小？
造成了什么影响？	• 问题/机遇造成了多大影响？ • 采取行动会带来什么好处/听之任之的后果又是什么？

图14-1 问题描述中的各个要素

2. 就想要取得的成果有一个可度量的目标。目标应该对要达到的成本节约、消除的缺陷或时间的减少等以百分比或数字的形式进行量化。如果即便猜测这一数据也还为时过早，那么就放一个"预留位子"来提醒大家以后再补上。项目团队和业务领导们将使用这个可度量的目标来判断项目成功与否。

3. 项目取得成果的截止时间和/或项目时间段。项目早期设定的时间可能在以后还需要进行修改，但设置截止日期依然会对项目获得资源和取得承诺并缩短项目周期有所帮助。

给读者们一个建议：为了清楚起见，可能需要在目标陈述中包含两个截止日期，一个是开始实施解决方案的日期，另一个则是期望看到可衡量的项目成果的时间。

很多项目团队都说，就问题和目标达成一致是六西格玛项目最大的挑战之一。来自不同部门的员工会从不同的角度看待问题，使大家很难达成共识。更糟糕的是，最初的草稿往往更多的是基于猜测，而不是令人信服的数据，这样就使大家更多地出现意见分歧。避免在问题描述及目标设定上做无用功的一个方法是，请记住：随着大家对流程和数据有更多的了解，这些内容描述将会不断地演变发展（把项目章程形容成"有生命的文档"很正常）。

记录前提条件和假设。项目章程的这个部分也可以被称作"资源和期望"，它会帮助大家对项目的限制条件，以及其他可能会影响团队所付出的努力的有关因素进行澄清，并予以记录。很常见的一个例子就是时间：改进小组成员需要把全部时间都用在项目上吗？是否有足够的资源从事他们留下的"日常"工作？也许某些可能的解决方案并"不合情理"（例如，就时间而言，公司可以肯定：对信息技术进行一次大的升级根本就不可行）。为了避免项目团队误入歧途或同意任何不切实际的期望，最好提前对这类现实情况进行澄清。

当然，也没有必要对所有的这类因素都进行限定。大家可以假设"项目团队会针对要实施的解决方案做出关键的决策"或"财务部将会安排一名全职人员来帮助收集不良质量成本数据。"其他假设还可以包括预计的团队会议频率、项目支持者的贡献，等等。即便前提条件和假设不是项目章程的正式组成部分，但围绕着这些因素提出质疑也是个不错的主意。

对最初问题或机遇的数据进行概括。因为不想让问题描述的长度超过两三句话，任何大家觉得与确认或了解问题有关的数据或事实，都可以在项目章程中作为单独的一部分进行总结。随着项目的进展，我们可以对这些数据进行概括，或者是仅把这些数据作为项目最初的事实，让其保持"原貌"。

确定项目小组成员及职责。项目章程还把项目将要涉及的人员列出来，包括项目小组成员、项目辅助人员、项目指导或顾问以及项目资助者或发起人。

建立团队准则。诸如对项目团队如何进行合作的期望也可以是项目章程的一个组成部分，可以包括项目小组的基本规则、会议管理中的角色、制订决策的流程或团队合作的其他各个方面。

制订初步的项目计划。在六西格玛项目的整个征程中,仅仅依靠项目最终截止日期并不能让一切都按正常进行。针对项目的关键里程碑找出并确定日期,这将有助于保持项目团队更高的斗志并给人一种紧迫感。让项目成员自愿地进行承诺,而不是简单地把达到里程碑的时间强加给他们,通常都是首选,但有时候稍微施加一些压力也是有必要的,尤其是当项目成员还需要继续从事他们的"日常"工作时。

请读者们注意,某些公司的项目章程中经常包括的另一个元素就是众所周知的范围,我们将等到在第 15 章讲述流程设计/再设计进行时,再进行讨论,因为项目范围在流程设计/再设计这类项目中更具有意义。

现在,我们一起看看 AutoRec 公司的项目章程准备过程是怎样逐渐明朗起来的。

继续第 11 个案例:AutoRec 公司

完成其项目章程

仅仅是准备最初的问题描述和目标陈述,AutoRec 公司的项目小组就整整开了两个小时的会。第一次会议过后几天,在第二次会议之前,项目组长草拟了项目章程中其他几个部分的内容,包括项目参与人员和项目小组成员名单,以及项目的假设和前提条件。

大家就期望每位项目成员需要在项目上投入多少时间展开了激烈的讨论:项目章程草稿中指出每位项目成员将要把 25%~50% 的时间投入到项目中。"我的办公桌上已经堆积了一大堆要做的工作,"来自于采购部门的代表说,"如果没人代班,我没法每隔一天就参加一个两小时的会议。"其他项目成员也有类似的抱怨。为了确保大家有时间从事项目工作,项目组长同意跟项目资助者谈谈。

到目前为止,在有关问题的大小上,问题描述还是含糊不清。这时,来自发货部门的项目成员开口了。"我终于找到了与有问题的交货有关的一些数据,"她解释道,"数据显示8%的订单晚到了,30%的订单出现了配置错误,存在林林总总的问题。"

根据这些新的数据,项目小组对问题描述进行了修订,并完成了最初的项目章程(见图14-2和图14-3)。

客户交货六西格玛项目小组
项目章程

问题描述
　　AutoRec公司40%的订单交付没能满足客户的要求,其中由于产品不符合标准而被客户拒收的比例占总数的30%,货物晚到订单的占总数的8%。这些缺陷正在破坏公司的形象、造成客户不满,而且公司每个月要花35万美元来对不合格订单进行返工。持续居高不下的交货问题正威胁到公司在这个增长的行业中的领导地位。

目标陈述
　　在今年第三季度末之前,把有问题的交货的比例降低70%(占总交货的比例少于12%),并把返工成本降低50%。

前提条件
　　项目小组成员需要要把25%～50%的时间投入到项目工作中。他们目前工作的后备支持方案是……(将项目支持者进行仔细研究)。

项目假设
　　任何合理的方案都在项目解决方案的考虑之列,然而,项目团队将专注于对现有的流程实施改进,不会对流程进行设计或重新设计。

团队准则
　　项目小组至少在周二早上9点至10点召开一次会议。必要时按照相关标准进行分析,项目决策需要在项目成员协商一致的情况下制订。如果无法取得一致同意,最后由项目组长拍板决定。

项目章程:第一稿,第1页

图14-2　AutoRec公司的项目章程(第1页)

识别顾客的需求并倾听顾客的呼声

　　下面是在项目的定义阶段对顾客的呼声进行评估能够带来的一些实际的

好处：

```
项目章程，续前页……
项目成员
项目团队成员包括：
    - Ravi Gosai，订单管理
    - Al Johnson，产品设计（项目队长）
    - Daphne Martine，产品组装
    - Mike Moshivitz，产品组装
    - May Yamamoto，销售
    - Elena Zarzuela，采购
    - Arnold Ziffle，发货
其他成员还包括：
    - Pat Delia，客户满意部门副总裁（项目支助人）
    - Martin Wyck，六西格玛指导
    - Eleanor Carajota，财务联络人/财务支援
    - Bob Megabyte，IT联络人/IT支持
项目初步计划
    为了在目标日期之前达到项目目标并取得成果，项目团
队必须积极迅速地工作。以下是DMAIC各个阶段的里程碑：
    定义—3月15日
    测量—4月15日
    分析—5月15日
    改进—6月15日
    控制—7月15日

项目章程：第一稿，第2页
```

图 14-3　AutoRec 公司的项目章程（第 2 页）

1. 确保项目要解决问题及项目目标真正地同客户的关键需求相关。

2. 避免制订实际上会损害客户服务或破坏客户关系的成本消减及时间缩短的解决方案。

3. 为实施解决方案后可能需要进行跟踪的输出指标提供有关信息。

4. 强化项目成员认识到以客户为中心的重要性，并让他们付诸实践。

如果你所在的公司已经拥有了有效的 VOC 战略，而且有现成的数据（就像第 12 章所描述的一样），那么 DMAIC 项目团队就可以很容易地对客户需求以及标准规范进行验证。相反，如果没有很好的前期资源，得到有关顾客的输入可能需要耗费时间和金钱。面对取得项目成果的压力，流程改善项目团队将不得不在保持 DMAIC 项目进展与彻底了解客户需求之间寻求平衡。

继续第 11 个案例：AutoRec 公司开始与客户取得联系

在项目章程定稿会议的最后，项目小组同意由来自于销售部门的梅和来自于发货部门的阿诺德一起负责联络多方资源，借此来更好地了解交货问题对 AutoRec 公司的集团客户造成了什么样的影响。

因为速度关系，他们两人决定开始分头工作，每个人只专注于同一来源的客户数据：

1. 来自销售部门的梅准备了一份简单电话调查问卷，并分别致电给 10 位客户方的 IT 经理和 10 名 AutoRec 公司的销售经理，借此形成一份包含客户需求及其先后次序的详细清单。

2. 与此同时，阿诺德则对公司集团客户的来函和投诉记录进行查阅，从中了解是否有什么规律可循或可以得出某些结论。

一周之后，梅和阿诺德两人一起对他们的调查结果进行比较。结果有些令人吃惊：集团客户对快速交货的在乎程度并没有他们想象的那么高。

"所有的客户都告诉我，他们非常渴望利用这套系统去提高集团的效率，"梅解释道，"如果不得不等几个星期或一个月才能拿到我们的产品，那也不会是什么大问题。"

阿诺德从客户来函和投诉记录中也总结出同样的结论："我花了将近 3 个小时才把与集团客户有关的资料挑出来（所有资料都混在一起），我只找到了 6 份与货物晚到有关的客户投诉记录或来函，而且都比较轻微。而客户对系统不能立刻启用几乎都全体一致地表现出勃然大怒——总共超过 150 起。"

梅和阿诺德把他们的发现总结在一页纸上（见图 14-4），并在会议上和项目成员一起进行讨论。

当其他项目成员看到这个清单及数据时，他们都目瞪口呆（大家都很富有表现力）。对 AutoRec 公司所有的员工来说，尽快把产品交付给客户一直他们最首要的任务，这么做的道理是 AutoRec 公司把尽快将产品送到客户手中当作是"唯一的选择"。

权重	顾客需求	类别
	顾客： 公司的集团客户	
	产品： 自动文字输入"设备以及辅助材料	
10	与现有硬件兼容	DI
10	与现有软件兼容	DI
8	语音到文字转化的准确率（至少要达到95%）	SA
5	学会使用最多只要花5分钟来阅读说明书	SA
5	交货数量正确	DI
3	按订单上的日期交货	SA

SA=满意因素
DI=不满意因素（最基本的要求）
DE=愉悦因素

AutoRec

图 14-4　AutoRec 公司顾客需求的分类及权重

"客户的时间紧迫感根本就没有我们要求的那么强烈，"梅解释道，"快固然是好事，但并不是什么大不了的。然而，产品出错可就是大事了。"

项目小组结束了这次会议，把剩下的思考留给了大家。

对流程进行识别并记录

在项目定义阶段的最后，一项必不可少的活动就是把项目所涉及的流程形成一幅"图像"。某些项目小组会试图跳过这一步，但有几个充分的理由使得这项活动成为在 DMAIC 项目开始阶段必不可少的一环。

- **了解问题发生的背景**。了解出现问题的工作流程及其周围的工作流程，有助于清楚阐明可能影响绩效表现的不同因素。
- **精简项目范围，或实施重点分析**。帮助项目团队集中注意力的一种快速手段是建立流程图。当大家通过流程图开始认识到项目涉及的流程是如此之广，立即减少项目关注的重点就显得有必要了。
- **揭示可能存在的、明显的根本原因**。我们不主张直接就跳到结论，但是在某些时候，仅仅对流程如何运行（或无法运行）进行记录就会有助于项目团队看到问题产生的原因。

- **清楚阐述流程的输入项、角色，以及供方/客户关系。**这些阐述能够帮助项目小组更好地理解大家在流程中的角色，并明白这些角色将怎样对项目产生贡献，这还有助于确定项目团队成员的构成是否合理。
- **帮助确定测量目标以及在什么地方进行测量。**对流程有一个全面的认识会使大家清楚：具体哪些步骤需要关键数据，并且/或在什么地方可以找到这些数据。

与 DMAIC 项目早期记录的流程有关的一个重要问题是："对流程的详细程度有什么样的要求？"一如既往，答案是："视情况而定。"通常，我们建议大家从第 11 章介绍过的 SIPOC 示意图入手。一旦完成了 SIPOC 示意图，就能决定是否需要一份更详细的流程图。AutoRec 公司的项目小组决定绘制一个宏观的 SIPOC 示意图（见图 14-5）。

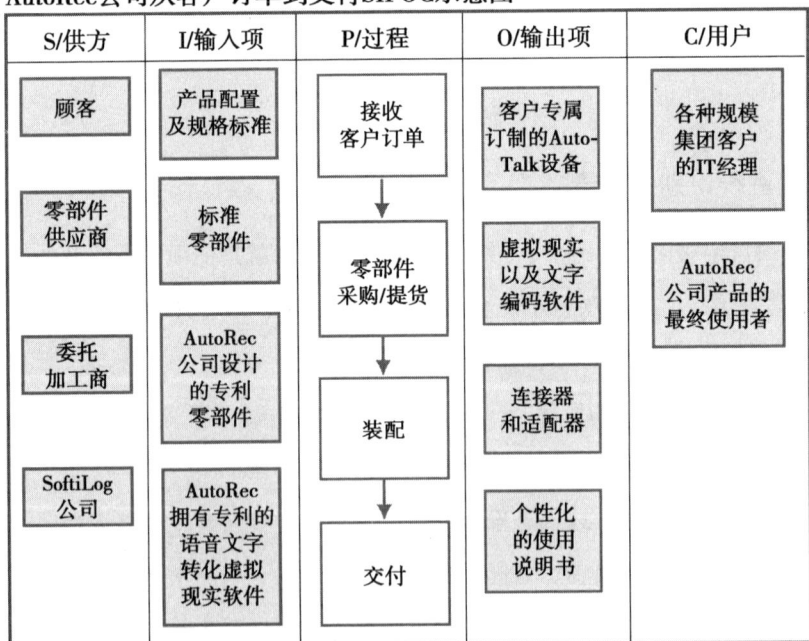

图 14-5　AutoRec 公司从客户订单到交付 SIPOC 示意图

随着 SIPOC 示意图、客户需求以及项目章程的建立，项目小组可能已经准备好进入 DMAIC 项目流程的测量阶段了。最后一项非强制性的任务是画一张详细流程图，用以帮助确定需要对哪些地方进行测量，但只有在真正需要的时间和场合才绘制详细流程图，最好避免过早地准备过于详细的流程图。

在进入 DMAIC 项目的下一个阶段（测量阶段）之前，工具 14-1 列出了在项目定义阶段什么是"提倡的与避免的"事情，需要读者们牢记在心，工具 14-2 还提供了一张检查清单，大家可以在自己项目的定义阶段使用。

工具 14-1

六西格玛项目定义阶段所"提倡的与避免的"行为

- **提倡——对问题的描述尽量具体并以事实为依据。**
  - 专注于观察到并经过确认的事实，而不是怀疑或假设。
- **提倡——利用项目章程确定方向并使大家对问题、目标以及项目指标取得一致意见。**
  - 尽早同团队及项目资助人一起花时间解决大家对项目存在的疑问及不确定性，有助于使项目进展的道路更加畅通。
- **提倡——让项目章程"引人注目"并在必要时进行修订。**
  - 项目章程是使一切都保持专注的工具，是需要维护的"有生命的文档"。
- **提倡——倾听顾客的声音。**
  - 六西格玛改进都是以客户为重点的。即使是进行提高效率的项目，也需要密切注意其在价值及其他方面对顾客所产生的影响。
- **避免——说出所怀疑的原因，或者把问题的责任归咎于某些个人或部门。**
  - 六西格玛改进的一个秘诀就是假设不知道问题产生的原因，即便是我们有各种各样的猜测。
- **避免——过度宣扬最初的项目目标。**
  - 既然宏伟的目标不会导致大家产生错误的期望，设置有野心的项目目标没什么不妥。

- 避免——在项目章程上过度"咬文嚼字"。
  - 这个说起来容易做起来难,因为人们都希望在这些内容上的文字表达"恰到好处"。然而,如果花太多功夫,就会磨灭大家的热情和承诺。
- 避免——深陷于流程的细节。
  - 对流程有一个基本的宏观了解是关键,通常在项目的开始阶段这也就足够了。只有在额外信息会立刻有用时,才需要准备详细的流程图。

工具 14-2　项目定义阶段检查清单

项目定义阶段检查清单

- 使用说明:

  如果对每个问题的回答都是"是",那么项目就具备了一个良好的开端并已经准备好可以进入 DMAIC 项目流程的测量阶段了。

- 项目团队已经……

  1. 确认项目是对公司有意义的改进活动优先项,并且取得了业务领导者们的支持。　　是　　否

  2. 提供(或起草)了一份简要的项目基本原理解释,就项目对顾客、利润可能产生的影响及其与公司业务优势之间的关系做出说明。　　是　　否

  3. 用两到三句话对问题做出描述(问题描述)并得到了大家的认可,而且描述只专注于问题产生现象(不不是原因或解决方案)。　　是　　否

  4. 有了项目目标陈述,该描述确定了我们在项目中想要取得的成果,并且有一个可以度量的目标(或为随后添加该目标预留了空位)。在项目目标陈述中没有就解决方案给出任何提议。　　是　　否

  5. 准备好了 DMAIC 项目章程的其他关键元素,包括

项目假设及前提条件清单、项目参与者及相应的角色、最初的项目计划和明细进度表，以及项目所涉及的流程的范围。　　　　　　　　　　　　　　　□是　□否

6. 把项目章程交由项目支助者进行审核，并确认取得了他的/她的支持。　　　　　　　　　　　　　　　□是　□否

7. 确定了将要实施改进的流程的主要顾客及关键需求，并就项目所涉及的区域绘制了 SIPOC 示意图。　　□是　□否

8. 针对预期流程中一开始就要实施测量的区域，绘制了相应的详细流程图。　　　　　　　　　　　　　□是　□否

DMAIC 中的"测量"阶段：确定问题的基准并对问题的内容进行完善

测量阶段是关键的过渡阶段，测量是对问题进行验证或完善并开始寻找产生问题的根本原因的过程，找出产生问题的根本原因是项目分析阶段的主要目标。测量阶段主要解决两个关键的问题：

1. 依据对过程以及/或者输出项的测量（通常被称为"基础表现"），提出问题的重点是什么？问题所涉及的范围有多大？

2. 哪些关键数据可能有助于把问题缩小到导致问题的主要因素或"少数至关重要的"根本原因上？（有关如何实施测量的一些背景信息，参见本书第 13 章的内容。）

接下来我们就来看看 AutoRec 公司是如何计划对问题进行测量的。

🎬 继续第 11 个案例：AutoRec 公司指定项目测量计划

在下次会议之前，项目组长艾尔（Al）发给所有项目成员一封电子邮件，要求大家思考哪些指标最有助于帮助公司了解客户订单交付中存在的问题，并

准备在会上与其他项目成员分享。会上，大家把指标归纳为两个大类：输出项和输入项/过程。去除了重复的内容后，他们得到的清单如下所示。

输出项指标：

- 按照缺陷种类区分的缺陷数
- 不合格品比例以及收率（总体表现以及按不同类型客户进行区分的表现）
- 输出项的西格玛水平

输入项/过程指标：

- 最终发货与客户订单之间的差异
- 每一个主要过程的时间周期
- 送货人员在季度末最后一天的工作节奏
- 零部件订货与收货之间的时间长短
- 零部件库存平均天数

项目小组意识到，不幸的是，有关不合格交付及客户投诉记录的现成数据不够详细，没法真正帮助他们进一步缩小问题的范围。因此，他们只好指定出新的数据采集计划。

"如果能够看看客户订单上要求的标准规范与我们发货的是否一致，"产品装配部门的达芙妮（Daphne）说，"那我们就会知道错误到底发生在客户订单输入环节，还是流程的其他环节出了问题。"

会议的最后，项目团队决定重点专注于3项指标。在接下来的几天时间里，项目团队的各分支小组就以下3项指标给出了操作性定义，并阐明了衡量各个指标的目的：

- **交货缺陷：** 该指标实际上是考察多个因素，包括交货日期、缺陷的类型（4种类型或机会）、产品型号（例如微型盒式磁带或数字存储器）、客户的类型以及销售代表。
- **过程周期：** 大家决定选取一些订单当作样本，在整个过程中对这些样本订单进行跟踪，并采集这些订单在过程中每个阶段的持续时间。为了实施这项任务，他们设计了一张简单的记录表格，并把表格附在一份文件后面，在从订单输入到发货的整个过程中对每一项工作进行跟踪。
- **订单/发货差异**：项目团队可以采用现成的（"历史的"）问题发货数据来衡量这项指标。正如达芙妮所建议的，他们想探个究竟：问题到底是由于客户订单上的错误导致的，还是在 AutoRec 公司的过程中所产生的。

测量信息的选择

对什么进行测量往往很难选择，一方面是由于可供选择的太多，另一方面则是由于采集数据所面临的挑战。在流程改进活动中，有几个阶段对需要进行数据采集，这也常常要耗时数月才能完成项目的众多原因之一。每个项目团队都需要小心仔细地选择将要测量的事物。有时根本不可能对我们想要测量的事物进行测量，因此，具备找出替代途径或充分利用只能收集到的数据的能力尤为重要。经过一段时间，随着选择测量的能力与资源配置的改善，项目将会进展得更快。六西格玛艺术的一部分就是：有效地以足够的事实为依据去制订决策及解决方案，并学会如何更好地利用数据。

现在，我们了解一下 AutoRec 公司是怎样采集数据并对数据进行解读的。

继续第 11 个案例：数据采集及数据解读

在项目初始计划中，收集与前面提到的 3 项指标有关的数据就需要整整一个月的时间。幸运的是，采集数据的时间段正好包括了当年第一季度的季度末，因此他们能够同时了解业务闲暇时段与业务繁忙时段流程的表现。（他们知道数据的代表性很重要，收集到的数据必须要能够反映出不同时期的工作负荷水平以及其他因素。）

他们从与每个指标有关的数据中得出以下结论：
- **交货缺陷**：收集到的与这个关键输出项（事实上是好几个指标）有关的数据被整理成一张电子表格。正如采购部门的埃琳娜所说："这些数据中有大量我们可以利用的信息。"然而，鉴于时间有限，大家只从数据中总结出两个观点：

1. 整个流程的绩效表现的 DPMO 是 122 800，也就是 2.7 个西格玛。

2. 按照缺陷的种类对收集到的数据进行划分，并用帕累托图来表示。帕累托图显示大多数的问题都与产品不兼容有关，而且大多数的产品不兼容问题都是由硬件问题所导致的。

- **过程周期**：从客户订单输入到订单交付之间的平均时间是 17.3 天。按照过程的主要步骤（来源于 SIPOC 示意图）对这个时间的进行细分显示：装配过程占用的时间最多，长达 11.6 天。

- **订单/发货差异**：项目团队采用现成的（"历史的"）问题发货数据来衡量该项指标。他们针对问题到底是由于客户订单上的错误导致的，还是在 AutoRec 公司的过程中所产生的，进行探究。从数据得到的结论是：实际发货与客户订单上标准规范（OPS 表格）不一致的比例，将近占到他们所调查的最近 4 个月不合格交货总数的 93%。项目小组还对大量的这种不一致做了进一步调查，发现 OPS 表格的内容是准确的——也就是说，表格上的信息的确反映了客户对产品配置的正确要求。

总体而言，以上这些数据使项目团队对问题有了一个更清晰的画面，并在开始寻找导致出现不合格交货问题的根本原因之前，帮助他们缩小重点关注的范围。根据在测量过程中的发现，他们因此也能够对问题描述进行更新：

AutoRec 公司 40% 的集团客户订单交货没能满足客户的需求，其中产品硬件及软件所导致的兼容性问题占总交货数的 30%。这些缺陷损害了公司的形象、造成客户不满，并且每个月花掉公司将近 35 万美元对交货不合格的产品进行返工。持续居高不下的交货问题正威胁到公司在这个增长的行业中的领导地位。

项目测量阶段到分析阶段的过渡

在宣布已经准备好开始进入 DMAIC 的分析阶段（本章接下来的一部分就

会对其进行讲解）之前，对项目的主要要求是：至少要有一个能够重复的可靠指标，对问题或机会进行确定并时常对问题或机会进行澄清。该项指标是在实施解决方案过程中以及实施之后，为了跟踪改进活动的效果而应该反复进行测量的指标。该指标带来的另一项常见的成果是：针对项目问题而产生的一系列全新的、更加复杂的疑问。存在这些疑问是个好现象，这表示大家正在思考怎样就问题展开调查，而不是随便地蹦出一些临时性的解决方案。

在进入项目的下一个阶段（分析阶段）之前，我们在工具 14-3 中重点概括一下在项目的测量阶段所"提倡的与避免的"行为，工具 14-4 则提供了一张检查清单，读者们可以在自己项目的这个阶段使用。

工具 14-3

六西格玛项目测量阶段所"提倡的与避免的"行为

- 提倡——在输出项与输入项/过程之间的维持平衡。
  - 即使项目关注的重点是提升流程的效率，也要确保跟踪项目对客户以及最终产品/服务所产生的影响。
- 提倡——利用测量指标来缩小问题的范围。
  - 尽量找出问题中最重要的部分，这样项目分析和解决方案将会有很强的针对性。
- 提倡——提前考虑好将来想要对什么进行分析。
  - 通过收集有助于发现根本原因的事实，尽量较少反复地进行数据采集的次数。
- 避免——试图做得太多。
  - 尽管很想尽快跳到项目分析阶段，但也不要贪心并试图一次测量过多的事物。专注于那些我们坚信会用得着、并且能够在合理的时间内（根据经验，1 周至 1 个月的时间比较合理）测量完毕的指标上。
- 避免——跳过测量阶段里的关键步骤。

- 为了避免收集到的数据没有价值以及进行令人沮丧的再度测量，在建立项目指标的操作定义，制订抽样计划，设计数据采集表格等活动上要投入时间，并且在指标启用之前对其进行实地检验。

工具 14-4　项目测量阶段检查清单

项目测量阶段检查清单

■ **使用说明：**

如果对每个问题的回答都是"是"，那么项目的测量就没问题了并已经准备好可以进入 DMAIC 项目流程的分析阶段了。

■ **项目团队已经……**

1. 就项目所涉及的问题和流程确定了需要进一步了解的情况，并且知道在哪里可以找到答案。　　是　　否

2. 已经确定了将要收集数据的指标类型，并且保持有效性/效率指标与输入项/过程/输出项之间的平衡。　　是　　否

3. 针对将要衡量的事物或特性制订了清晰、明确的操作定义。　　是　　否

4. 针对上述操作定义的理解情况在其他员工那里进行了实地测试，以确保大家能够对这些操作定义有清晰且连续一致的理解。　　是　　否

5. 在采集新数据与利用公司已经收集到的现成数据之间做出明确、合理的选择。　　是　　否

6. 针对需要确定的分层因素做出了明确说明，这些分层因素将有助于随后的数据分析工作。　　是　　否

7. 设计了容易使用并能提供完整一致数据的数据收集表格或检查记录表，并对表格的使用情况进行了实地检验。　　是　　否

8. 为确保抽样能够有效地代表所衡量的过程而确定了合理的样本量、样本子组内的样品个数以及抽样频率。　　是　否

9. 对测量系统进行了准备和检查，包括培训数据收集人员以及评估数据收集过程的稳定性。　　是　否

10. 利用数据得出了流程绩效指标的基准，包括产量和不合格品比例。　　是　否

DMAIC 中的"分析"阶段：成为对流程进行侦察的探员

分析阶段是 DMAIC 项目流程中最不可预测的部分。我们所应用的工具及其使用顺序在很大程度上取决于问题与流程本身，以及我们处理问题的方式。类似于侦探故事，读者们可以试着预测接下来会发生什么事情，但是结果却常常会出乎预料。六西格玛方法中最有价值的体会之一实际上是："一向被怀疑的对象"（那些我们认为是导致问题发生的根本原因）常常被证实是"无罪的"，或者只是主案犯的帮凶而已。（不好意思，我们不小心探讨到侦探故事的内容了。）

当项目小组及业务领导看到他们的直觉出现了一两次错误时，就会教导大家要小心提防各种想当然和有所依据的推测。不要忽视过去的经验或直觉，但是只依赖经验和直觉可能会让真正的罪犯逍遥法外，从而导致更多的问题。（侦探故事的比喻到此结束。）

根本原因分析循环

我们可以用一个循环（见图 14-6）来表示分析在过程改进中的应用。驱动这个循环的是，对问题的根本原因提出假设（或有根据的推测）并对假设进行评估。这个循环的起点可以是对流程及数据进行调查去确定可能的原因，也可以是对某个原因提出怀疑并想办法通过分析去证实或否决这个原因。当一个假

设被发现不成立，我们可能只好又重新回到这个循环最初的起点，设法提出一个全新的原因假设。即使原因假设被证明是"错误的"，实际上却是优化项目问题并缩小原因解释范围的一个好机会。

正如图14-6分析循环示意图所示，导致问题发生的真正原因的确定取决于两个关键：

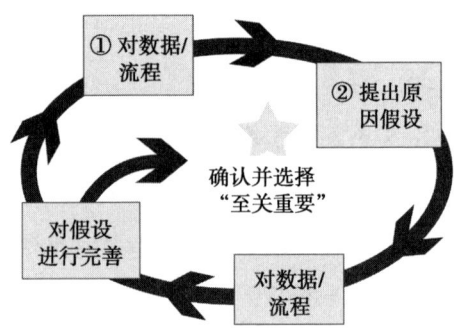

图14-6　根本原因假设/分析循环

- **数据分析**。利用指标及数据（已收集的或在项目分析阶段新采集到的）辨别问题中存在的规律、趋势或其他因子，不是揭示可能的原因，就是对可能的原因进行了证实/否定。
- **流程分析**。针对工作是怎么完成的、工作的中断与脱节，或其他可能导致出现问题或加剧问题发生的区域，进行更深入的调查与了解。

上述两种策略加在一起产生了六西格玛分析的真正力量。每一个策略都可以独立地就可能的根本原因给我们提供一个相当不错的想法，但是，除非同时既有来自数据中的发现，也有来自流程中的发现，否则，我们对问题的了解将永远不足。

对于过程改进团队来说，项目分析阶段最大的两个错误是：

1. 贸然地在这个循环中走捷径，在没有充分证据的情况下宣称所怀疑的原因"有罪"并实施解决方案，这样的做法跟错误地宣判某人有罪很相似。

2. 被这个循环困住了，从来都不相信有充分的数据、也从来没有足够的信心针对最有可能的原因实施解决方案。

在六西格玛早期阶段，避免这两类极端错误尤其重要。借助于实践经验，项目团队可以在问题分析方面养成好习惯并形成良好的意识，清楚进行哪些分析就足够了，而不至于太多。当我们逐步讲解项目的分析过程，并介绍AutoRec公司的故事时，将向读者们解释怎样才能尽量避免落入这些陷阱。

🎬 继续第 11 个案例：AutoRec 公司准备出一系列最初的原因

"在我们的六西格玛教材上提到，"在接下来的一次项目团队会议上，来自于订单管理部门的拉维（Ravi）提醒大家，"主要有两种分析问题的策略：对流程进行研究或对数据进行研究。我们应该用哪种呢？"

"这可不是二选一的问题。"一个声音回复道。发言的是马丁·怀克（Martin Wyck），他是和项目团队一起工作的六西格玛指导。"通常来说，同时对数据和流程进行密切观察会更好，"他补充道，"我们能够得到来自于两个来源的线索，而且一旦两个线索吻合，我们就对问题有了真正地了解。"

"我接受这个观点，"拉维承认，剩下的其他团队成员也都一致同意。然而，他们对首先采用哪种策略又犯难了：先对数据进行深入探究，还是仔细地研究流程。

在采购部门埃琳娜的提议下，他们决定一开始既不进行数据分析，也不进行流程分析，而是找出一系列有可能的根本原因。大家使用因果图，对可能导致公司居高不下的交货问题的所有原因进行集思广益。然后，再把原因清单缩减到只剩下几个主要的可疑原因，或者更技术地说，就是原因假设。这些假设的原因包括：

- 客户订单上的标准规范没能被正确地输入 AutoRec 公司的采购系统。
- 零部件供货商把产品标签贴错了，导致 AutoRec 公司在发货时出现连接器和适配器装箱错误。
- 为了满足客户最后交货期限而进行紧急发货，导致了错误的发生。
- 公司每个月雇佣数十名装配工，这些工人没能被充分地培训，而且是他们把磁带式记录装置同数字式记录装置给搞混了。
- 不同的待运货物在码头被弄混了，贴上了错误的送货标签，并最终发给了错误的客户。

"但这些都只是猜测而已！"销售部门的梅发表她的意见。

"的确是这样。"六西格玛指导马丁回复说，"你们已经完成的是把凭直觉找到的原因写在了纸上。所以，现在你们可以开始对数据和流程进行研究了，看看这些直觉是否有道理。但是，真正的原因甚至有可能并不在这个清单上。"

为了开展进一步的分析，项目小组开始分头行动：其中 3 名小组成员负责准备采购、装配和发货活动的详细流程图，另外 4 位成员则对他们已经收集到的数据进行更深入的研究。

原因分析循环的起点：因果图

AutoRec 公司的项目小组选择采用一种常见的方法开始进行项目的分析工作：列出一张写有潜在原因或原因假设清单。他们所选择的工具——因果图或鱼骨图多年来一直是众多质量小组的最爱之一，如今仍然被六西格玛改进团队所采用。因果图以效果问题为起点，或者在某些情况下以我们想要取得的效果或成果为起点，建立可能原因的系统化的清单。使用因果图的好处如下：

- 作为基本的系统化集思广益的方法，因果图是收集大家的想法和点子很不错的一个工具。
- 因果图中通过把潜在的原因分成不同的类别，有助于确保大家能够想到更多的可能性，而不是仅仅关注少数几个典型的区域（比如人员、不符合要求的物料）。
- 有助于开始项目分析阶段的工作。正如 AutoRec 公司项目小组所做的，采用因果图确定某些"最初怀疑的"原因，为帮助大家开始进行流程分析和数据分析提供了重点。

因果图也会让我们回想起本书第 2 章中所介绍的与变异有关的内容。我们曾讲到过业务过程中存在两种类型的变异：那些来自流程上游（输入项或过程）被称之为因子"X"所带来的偏差；另一种则是由于 X 的变化导致下游或输出项"Y"所出现的变异。我们同样也可以把这种 X 与 Y 之间的关系的原理应用在因果关系模型上，"结果"或问题是 Y，可能的根本原因则是 X。

图 14-7 显示了导致业务流程出现变异的 6 类典型原因，有时也被人们称作"5 个 M 以及 1 个 P"：

- 材料——流程中使用的消耗品或原材料
- 方法——工作程序、流程、作业指导
- 机器——机器设备，包括电脑以及其他非消耗类工具
- 测量——用于对工作数量/质量进行评估的技术，包括检验
- 环境——开展工作的环境，或对其他变量产生影响的环境因素。可能还包括基础设施，不单单是自然环境

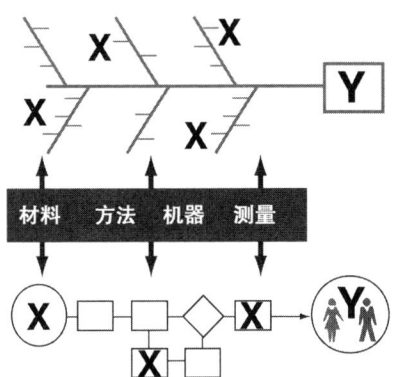

图 14-7　显示出导致上游因子（X）和下游因子（Y）出现变异原因的流程图与因果图

- 人员——在地球上六大洲广泛分布的一类灵长类动物，据说很聪明

在针对根本原因开展更深入的分析时，我们将会对所有导致变异的潜在原因进行研究，借此找出所谓的少数关键 X 或原因，也就是那些导致问题发生的最主要的原因。在开始之前，让我们对 AutoRec 公司从采购到产品发货的流程进行一下近距离的观察。

继续第 11 个案例：AutoRec 公司的流程

为了绘制从采购到产品发货整个过程完整的流程示意图，AutoRec 公司预留了一个上午的时间来开展这项活动，一共有 9 位与会人员。流程所涉及的每个领域都有一到两名代表受邀参加这次会议，以确保示意图囊括了广泛的信息输入。

"我们要了解的是流程的'现状'，"项目组长、产品设计部门的艾尔说，"我们还会让其他人对流程示意图进行检查，因此它不需要完美，但绝对不要按流程应该怎样被完成，或主管们所认为的方式来绘制'现状'流程示意图。"

实际上，完成整个流程示意图一共开了两次会议，每次会议时间为两个小时。在会议的间隙，大家采用电脑软件绘制了示意图的初稿并进行传阅，然后再根据收集到的反馈意见对流程示意图做出修改。

流程中很有意思的一部分涉及采购和产品组装之间的关系。采购的策略是，把诸如连接器、适配器以及软件包这些小物品的库存水平维持在一个月或一个月以上，因为这些物品都不贵，所以存货不会占用太多的流动资金，这样采购部门就能够把时间集中用在订购客户定制的、更复杂的部件上，诸如组装语音记录装置所需要的组件。

产品组装部门在收到订单后，为每张订单准备一个"发放配套元件的小推车"，小推车上配备有多个储物盒，用来盛装物料清单上列出的全部所需零部件，物料清单则是由电脑软件计算生成的。每张订单被安排了一个"双人组合"，其主要职责是确保所有的材料都能按时送到。放置配套元件的小推车准备好了之后，这个双人组合就在存货中找出记录装置所需的关键部件并放进小推车，如果有缺货，他们就会向采购部门提交订单。因为需求增长得太快，并且还在持续增加，几乎每张订单都需要对组装语音记录装置所需的元件再专门进行采购。

对于像连接器和适配器等这类保持一定库存数量的小元器件，装配车间的仓库主管们每周检查其库存水平。一旦发现某些元器件的库存较低时，他们就会通过电子邮件发送一份低库存元器件清单给采购部门进行订货。

面对着这个流程，大家把这两类零部件订货方式的不同之处记录下来，留待进一步研究。一名来自装配部门的代表在会上发表意见说，某些型号的适配器和连接器总在缺货，而其他的则只是偶尔才会出现断货。

会上的另一个发现涉及确保准时发货的职责以及参与情况。尽管AutoRec公司的每位员工都知道准时交货在公司拥有很高的优先级别，但看起来似乎只有发货部门的那帮家伙最关心这个问题，并在临近订单交货期限时向装配部门核实情况。"进入装配车间并帮他们把放置配套元件的小推车准备好，对我们来说简直是家常便饭，"发货部门的一位员工解释说，"我们按准时到货数来领取每个月的奖金，因此可能我们会更重视这个吧。"

听到这个解释，项目小组成员之间相互交换了一下眼神。会后，大家一致同意这可能就是问题的线索：发货人员参与了装配车间的工作。图14-8呈现的是流程图中的一部分。

流程图的绘制及分析

流程图是六西格玛最基本的工具之一，在对流程进行改善、设计、测量以及管理的过程中，流程图都是首要的专注点。流程图的内容很简单：一系列的作业活动（长方形）和判断/审核（菱形）点由带箭头的连线连接起来，箭头的方向则表示任务活动的开展顺序。图14-8中AutoRec公司的例子是一个经典的业务流程图，随后我们将会看到存在各种差异的流程图。

在读者们建立你们自己的项目流程图时，当开始听到公司其他部门是如何完成工作的，怎样对流程进行管理的，大家就会发现某些最发人深省的信息正是来自于实际绘制流程图的那些活动过程。一旦某个流程被写下来而且经过确认（也就是说，已经与从事这些工作的有关人员进行了复核，看看流程图是否与实际情况相符），读者就可以针对以下这些具体问题对流程进行分析：

- 脱节。两个步骤之间的交接环节处理不当，或供方与需方之间没能就相互之间的需求进行清晰地沟通。
- 瓶颈。流程中实际能力小于客户需求的环节，这个环节减缓了整个流程的进度。瓶颈是流程中无法按时把足够的产品及服务交付给顾客的薄弱环节。
- 冗余。在流程的两个环节上重复开展的同一项活动，也可能是复制同样结果的并行活动（例如：相同的数据资料被分别输入到各个部门的系统中）。
- 返工。大量的工作被返回到流程中，对存在的问题进行解决、纠正或弥补。

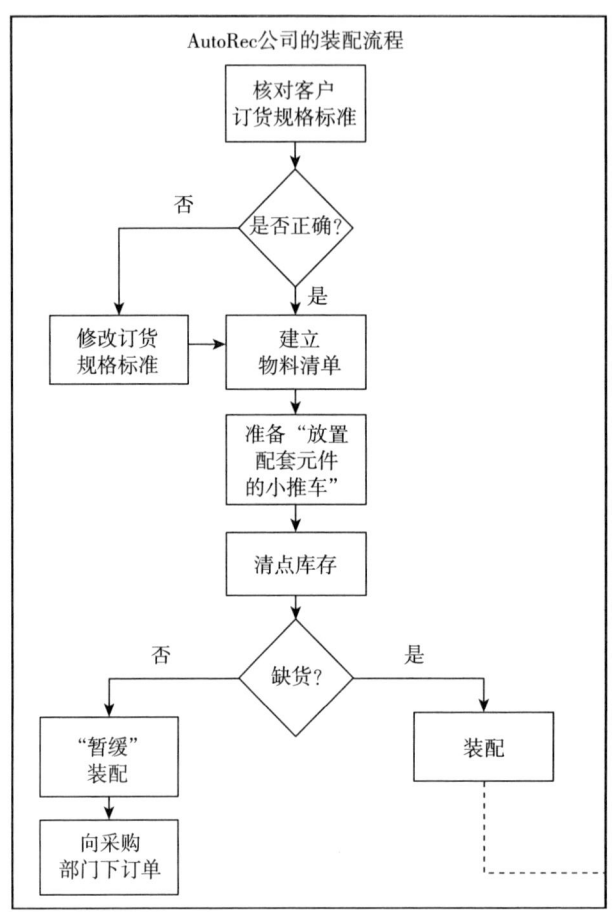

图 14-8　AutoRec 公司的装配流程示意图（部分）

- 判断 / 检查。流程中被介入的，可能会导致流程进度延缓的选择、评估、检查，或评价环节。这些活动容易导致业务和 / 或流程的周期被成倍地延长。

接下来，我们看看 AutoRec 公司是怎样对采集到的数据进行分析的。

继续第 11 个案例：AutoRec 公司进行有意思的数据分析

在项目小组对数据进行分析以便规划将要采取的措施时，他们从研究早些时候列出的可能原因清单入手，看看数据究竟是会支持他们的假设，还是会推翻他们的假设。为了提醒各位读者，以下是当初的原因假设清单：

- 客户订单上的标准规范没能被正确地输入到 AutoRec 公司的采购系统中。
- 零部件供货商把产品标签贴错了，导致 AutoRec 公司在发货时出现连接器和适配器装箱错误。
- 为了满足客户最后交货期限而进行紧急发货，导致了错误的发生。
- 公司每个月雇佣数十名装配工，这些工人没能被充分地培训，而且是他们把磁带式记录装置同数字式记录装置给搞混了。
- 不同的待运货物在码头上被弄混了，贴上了错误的送货标签，并最终发给了错误的客户。

由于通常情况下到货数量都是准确的，所以项目小组把贴错送货标签从根本原因中排除出去。"本来以为所有的交货数量都不对。"订单管理部门的拉维发表意见，"但是，我不认为我曾碰到过订货数量完全一样的两张客户订单。"

大家同意进一步研究导致故障的最大一类产品缺陷：硬件不兼容。项目小组专门针对硬件不兼容问题，绘制了一张第二层的帕累托图，与第一层帕累托图一起，显示主要的问题涉及连接器不兼容及适配器不兼容（见图 14-9）。

"据我所知，我们是在进行适配器和连接器的发货，"发货部门的阿诺地说道，"但这还是没法解释为什么会发生这些问题。"

项目小组所调查的问题需要一些统计分析。大家提出一个假设，由于匆忙地赶着订单出货而导致了问题的发生。根据实际到货日期与计划到货日期之间相差的天数，他们先画了一个显示不合格交货分布情况的直方图来（见图 14-10）。很明显，匆忙行事看来是个问题。然而，按照缺陷类型对不合格交货数据进行分层分析后——采用方差分析或亦称 ANOVA（参见第 17 章），他们发现就硬件不兼容而言，匆忙交货的不合格订单出现这类缺陷的比例，并不比正常交货的不合格订单更高。因此，这么看来"仓促行事"应该是导致缺陷的一般原因，与大家正在解决的主要问题之间没什么特定的关系。

第一层帕累托图

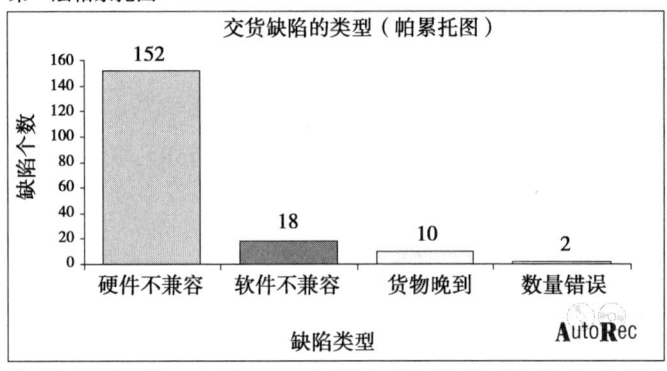

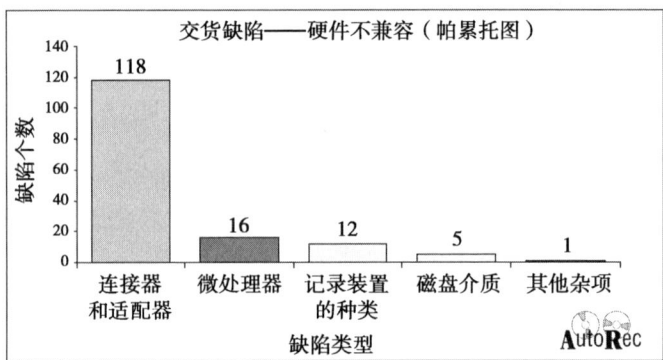

第二层帕累托图

图 14-9　AutoRec 公司两个层次的帕累托图

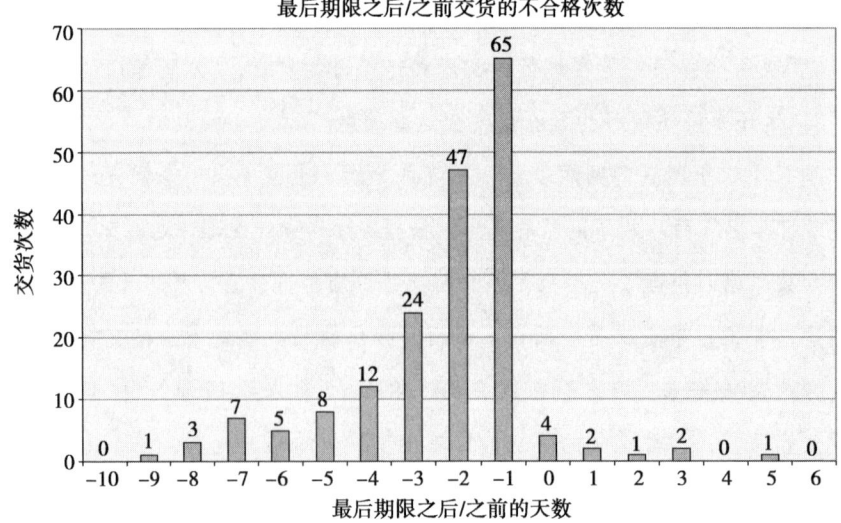

图 14-10　AutoRec 公司在客户要求的最后期限之前或之后交货的不合格次数分布情况

原因推理分析

对涉及流程改进问题的数据进行研究要有条理性、开放的心态、以及逻辑推理与创造性思维的结合（也许看起来很奇怪）。拥有一大堆类似 AutoRec 公司项目团队采集这类数据，我们想利用这些数据以及其他可获取的事实，让新的原因假设浮出水面，或者客观地对目前的假设进行检验，看看其是否与数据相吻合。

原因推理分析法是所有人凭直觉就能采用的一种方式，至少是在某些时候。比如说，如果某个小孩儿告诉你，"狗狗吃曲奇了，"然而你却看到他满脸都是曲奇的碎屑，你就会对这个小朋友提出的"假设"表示怀疑。或者说另外一个例子，你的汽车（SUV）无法启动了，而且马达没有一点儿动静，但除此之外，灯光、收音机、雨刮器、电动车窗等都工作正常，这些证据显示蓄电池不是问题。在上述两个例子中，我们所观察到的（事实）并不支持最初的假设。

原因推理法（严格地说是：逻辑推理）最突出的优势就是，不需要是某方面或某个技术领域的专家，我们就可以在缩小可能性原因范围方面做出贡献。这种原因推理分析的另一项好处是其客观性以及对事实的强调。这项技巧（同时也是一种思维方式）以各种疑问为主导，并且在大多数情况下以数据为支持，这些数据都是与流程、问题或产品有关的分层数据。（我们在第 13 章已经讨论过分层数据的采集，现在我们可以看看怎样使用这些分层数据。）涉及具体的 DMAIC 项目，读者可以提出的典型的逻辑分析问题包括：

- 哪些类型或种类的问题更常见？最常见问题的类型与其他问题的类型之间有什么不同？
- 问题在某些特定的地点（地区、事物自身上的不同区域）是否更突出？那些出现更多问题的区域有什么不正常？
- 在什么时间、哪些天、哪几周或其他哪些条件下，问题发生得最普遍？

- 什么因子或变量会随着问题的变化而变化（或与问题"相互关联"）？

上述问题以及其他质疑，通过缩小问题范围，排除掉不可能的原因（发现真正原因过程中的重要一步）或对假设进行验证，为根本原因分析循环提供支持。如果最初收集的数据没有涵盖分层因素，那么项目团队实施原因推理分析的能力将会受到很大的限制。然而，正如我们之前所述，进行好几轮数据采集也并不新鲜。

直观的数据分析工具

通常，理解数据的最佳方式就是直接"看看"这些数据针对我们提出的问题所给出的回答。在 AutoRec 公司的案例中，我们已经看到过几个这类直观的数据分析工具，在这里，我们将对最常见的 4 个技巧进行背景介绍，并举例说明怎样使用这些工具：帕累托图、直方图、链图以及散点图。

帕累托图或帕累托分析。帕累托图被用来把数据按从大到小的顺序分成不同的群组。作为一种特殊的柱状图，帕累托图有助于人们识别出最常发生的问题，或导致问题最常见的原因。然而，采用帕累托图，我们需要确保数据是离散型数据或按类别区分的数据，帕累托图不适用于诸如重量或温度这类计量数据（即连续型数据）。帕累托分析的依据是"80/20 法则"——观点 / 概念，80% 的成本或痛苦在组织中的是由 20% 的问题造成的。这两个数字并不正好总是 80 和 20，但效果通常都一样。大家可以在以下各种情况下采用帕累托图：

- 对按地区分组的数据进行排序，用以发现哪个地区出现的问题最多。
- 按照缺陷类型对数据进行比较，看看最常见的是哪一种缺陷。
- 按照星期几（每个月中的不同日期或一天中的不同时间）对问题进行对比，看看哪个时间段发生的问题最多。
- 把客户投诉按种类进行区分、排序，了解投诉最多的是哪一类。

直方图或频率分布图。直方图用来呈现一组数据（众所周知的"总体"）的区间范围以及变化大小。严格来说，直方图只能用来呈现连续型数据的分布情况，而频率分布图则可以展示计数型离散数据的分布情况（例如，缺陷的个数）。在这两种工具中，数据都是沿着横轴/横坐标（x）以连续增加的顺序排列，纵轴/纵坐标（y）表示的是事件发生的次数。尽管对直方图常见的考虑是看其是否是一个钟形曲线，但在流程改进过程中，直方图的应用则是对数据进行排序、分组，并用柱状图来表示各组数据。我们可以利用直方图或频率分布图：

- 查看连续型因子的区间范围及分布（比如每批运货的重量、每次采购的花费、每个打孔的大小、每台电脑重启需要的时间）。
- 了解流程在满足顾客标准/需求方面的表现与变化（例如尺寸大小、问题、成本，只适用于连续型因子）。
- 搞清楚一批不合格事物中每单个产品所出现的缺陷数（当每单个产品都存在出现多种错误的可能性时，这些缺陷可能包含着各种互不相关的特性）。
- 了解各个关键"计数"特性在某个群组或总体中是如何分布的（例如客户每年采购的次数、公司对供货商进行质量审核的评分）。

链图或时间序列图。链图显示某个流程、产品或其他因子随着时间的改变而出现的变化，正是由于流程天生就是在不断变化的，因此链图是了解流程的一个很有价值的工具。链图（也被称作"趋势图"或"曲线图"）及其表亲——控制图，都是显示从一个时刻到另一时刻、从某一天到另一天，等等，事物是在怎样发生着变化，这使得他们成为对持续的活动进行跟踪或跟踪绩效表现的最佳工具。在构建链图时，横轴或 x 轴从左到右永远都是时间或事件发生的顺序。纵（y）轴可以用来代表任何连续型指标或计数型指标，包括百分比、缺陷个数以及温度，等等。每个观察值或多个观察值中的样本，都按照其发生的时间及实际数值被标注在图上相应的位置。

我们可以运用链图或时间序列图：

- 了解某个流程或产品随着时间的改变而发生变化的大小及规律（例如，不同日期之间的测试数据有多大差别，产品与产品的加工周期之间的差异有多大)。

- 识别出现变化的潜在时间规律（比如说，是不是以每个星期为一个周期？流程中出现的变化是否与某些事件的发生相吻合？）。
- 看看某个流程或关键因子怎样对变化做出反应（例如，流程改进如何对绩效产生样影响，新的电话系统对来电人员持机等候时间有什么样的影响）。

散点图或相关图。散点图为大家呈现出两个因子之间的联系或"相关性"，这种联系体现在计数型或连续型数值的变化上。散点图揭示出两个因子之间可能存在的因果关系。举个简单的例子，冰激凌的销量与高温天气之间很容易表现出相关性：天气越热，人们就会买更多的冰激凌，这个结论太合理了。然而，仅仅因为两个因子之间存在相关性，就理所当然地认为是其中一个因子的变化导致了另一个因子发生变化，这么做会很危险。比如说，泳池用品商店的含氯消毒剂可能与冰激凌一样，销量都在增长（也就是说，两者之间有正相关性），但是我们相当确定并不是两者中的某个产品销量的增加导致了另一个产品销量的增加。另一个原因——酷热的天气，也许？正好同时对这两者都产生了影响。

尽管如此，散点图仍然是我们用来检验可疑原因与某个问题之间相互关系的有效工具。如果我们运用常识也得出了相同的结论，那么强烈的相关性可能就意味着我们的假设是合理的。

读者们会遇到下述几种类型的相互关系：

- 正相关。前面已经涉及过，正相关就是一个因子随着另一个因子的增大而增大。
- 负相关。在这种情况下，随着一个因子的增大或减少，另一个因子则会朝着与之相反的方向变化。
- 非线性相关（或曲线相关）。有点像是散点图版本的"物极必反"，在达到某个点之前，因子之间的相互关系一直都是正相关或负相关，一旦超过该点，因子之间的相互关系就完全反过来了。

如果因子间不存在相关性，那么散点图上数据点的分布就会几乎像一片云彩一样，毫无规律可循，一个因子的变化对另一个因子的变化没有任何影响。利用常见的大多数电脑程序表格，读者可以很容易地计算出两个因子之间具有统计学意义的相互关联。

我们可以利用散点图或相关图来：

- 了解某个因子的数值或性能表现的增加，与其他因子的数值增加或减少之间的关联程度。
- 检查某个被怀疑是导致问题的根本原因与问题水平大小之间的关系（缺陷数、成本，等等）。

现在，让我们就来看看 AutoRec 公司是怎样进行数据和流程分析的。

继续第 11 个案例：AutoRec 公司把数据与对流程的认知结合起来

再回到 AutoRec 公司的案例中，针对交货缺陷问题，项目团队中的两个小组一直在进行流程和数据分析。随后，整个团队被召集到一起来分享这两个小组的发现。大家意识到项目团队还未找到真正导致问题发生的根本原因，但他们已经准备好提出一些更加完善的假设。大家注意到，到目前为止最能反映问题的事实是：

1. 最常见的交货缺陷是连接器不兼容及适配器不兼容，占问题交货总数的 60%。

2. 连接器和适配器不是基于准时制原则进行订购的，公司一直维持着一定数量的连接器和适配器存货。一旦组装车间的仓库发现这两种部件的存货水平较低时，就会启动订购活动。

3. 那些刚好在截止日期之前交货的订单容易出现不合格，然而，每种类型的缺陷在各种不合格交货中的比例都一样，这就表明匆忙交货本身并不是出现大量适配器/连接器不兼容问题的原因。

有两个可疑原因（订单输入错误以及贴错送货标签）已经被排除掉了。产品组装人员培训不足看起来可能性也不大，同时项目团队感觉到流程中还存在着其他的当前数据没法证实的问题。

大家就接下来做什么展开了一场热烈的讨论。有几位管理者希望干脆直接告诉客户，他们要迟些时候才能收到货物，并延长销售人员向顾客承诺的交货提前期。

项目组长艾尔表达了另一个观点。他指出，如果仅仅为了减少缺陷就减慢交货速度，长期来说公司可能会遭受更大的损害："一旦TalkNBox公司推出他们的产品，交货速度对顾客就会很重要，如果TalkNBox公司能够比我们公司更快地完成客户订单交付，那么我们就只能望尘莫及了。"

最后，大家一致同意紧接下来要采取两步行动：

1. 艾尔将会同项目资助者帕特·迪莉娅（Pat DeLia）交换意见，以便了解公司高级管理人员对问题及交货周期的看法。

2. 项目小组则要对问题进行思考，并准备好带着接下来何去何从的其他想法，以及他们所做的分析一起，参加第二天的一个为期半个小时的会议。

缩小根本原因的范围

第二天，艾尔把项目资助人的反馈意见告诉大家。"公司不能延长顾客交货周期承诺，帕特在这一点上相当坚决，"他说，"从长远考虑，这么做将会降低公司的供货能力。如果我们能够保持对TalkNBox公司的优势，我们仍然期待着显著的业务增长。所以，我们的确需要搞清楚，为什么连接器和适配器会如此频繁地出问题。"下一个发言的是来自采购的埃琳娜："我在这个问题上做了很多的思考。有一件事我们未曾想到：一年半之前，当AutoTalk系统第一次亮相时，客户订单交货的不合格水平并没这么高。"

"那么，现在与那时的情况有什么不一样？"艾尔问道，"我的意思是，除了更多的员工和更多的客户，以及如果这个问题得不到解决公司业务可能会在六个月内出现倒闭之外。"

"很简单，"销售部门的梅说道，"那就是产品组合。"

"没错!"其他人员齐声和道。梅拿出一本小册子并翻到一张有图表的一页,按照 AotoRec 公司产品记录装置的不同,在图表中对磁带存储式产品及数字存储式产品的销量加以区分。图中显示:随着销售的增长,磁带式产品的出货量占公司产品总出货量的百分比从将近 80% 下滑至目前的 30% 左右(见图 14-11)。

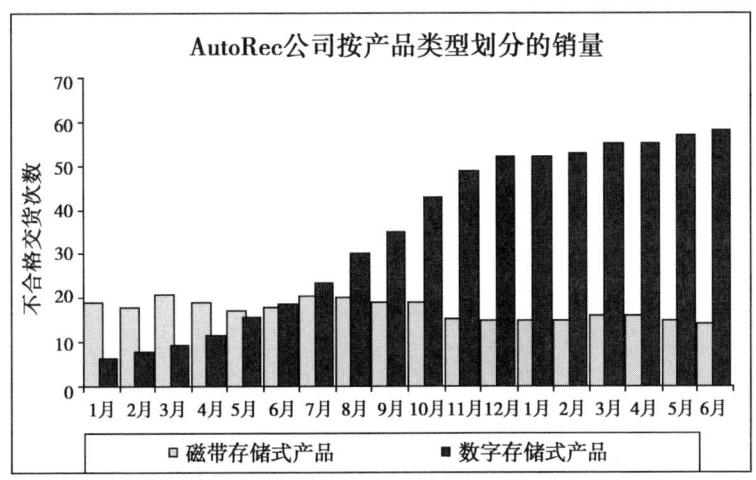

图 14-11 AutoRec 公司不同类型产品的销量趋势图

"就算是产品组合发生了改变,"订单管理部门的拉维问道,"这又是怎样导致问题的出现的呢?"

来自产品装配部门的达芙妮和迈克解释道,尽管用在公司两种不同类型产品上的连接器和适配器并不一样,然而隔着塑料袋却很难把它们区分开来。经过一番讨论,大家对根本原因提出了一个新的假设:

用于磁带存储装置的连接器和适配器被错误地与数字存储装置放到一起并发货,致使它们与语音记录装置不兼容,进而导致客户反映其收到的产品无法使用。

"但是,难道我们连这个不知道吗?"拉维质疑道。

达芙妮和迈克进一步向大家解释,一旦客户反映某个批次的交货"不合格",他们就立刻开始重新配货并正确无误地发货。"坦白地说,我们没时间就什么是真正的问题进行事后分析,"迈克解释说,"收到客户的退货后,退货处理小组所做的仅仅是把所有还能使用的元器件放回到库存中。"

"我们怎么才能检验这个假设呢?"艾尔问大家。

"简单。"阿诺德说,"如果数字存储式产品被配上了错误类型的连接器,那么不合格的交货里就应该包含这些产品。"阿诺德自告奋勇地承担对不同产品类型的数据进行比较的工作。同时,来自采购部并沉默了很久的埃琳娜说,她正打算检验她的另一个直觉。

对不合格交货问题的研究结果

阿诺德的图表赢得项目小组成员们的一阵喝彩(见图14-12)。"我认为这张图足以说明我们的问题所在,"艾尔说,"但是,我还是不明白为什么会装运错误的线缆。"

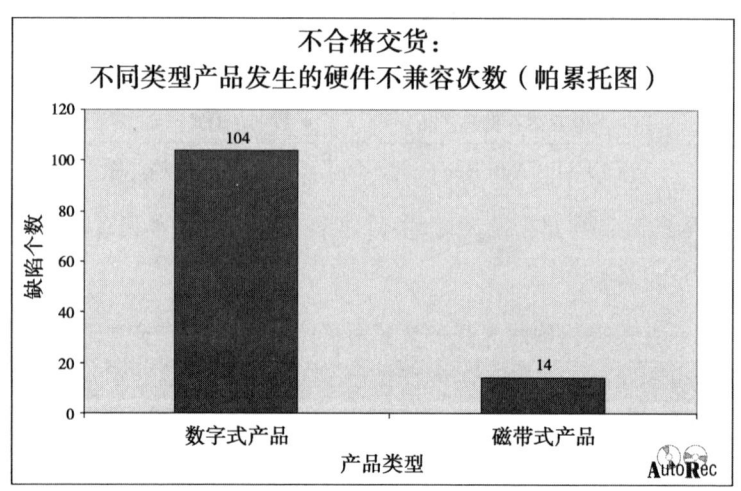

图14-12　AutoRec公司不同类型产品不合格交货分别发生的次数(帕累托图)

"我告诉过大家我有一个直觉,"埃琳娜发言了,"而且我是对的。我们根据连接器和适配器的用量预测,通过MRP(物料需求计划)系统下达采购订单。事实却是,我们的预测每4个月才更新一次,这么一来,我们订购的用于磁带式产品的连接器和适配器总是要比用于数字式产品的多得多。"

经过更多的讨论,所有的一切都清楚了。实际情况是,由于正确的连接器和适配器缺货,大量数字式产品的订单在装配过程中被迫中断。一旦临近订单最后的交付期限,准备好顾客订购的产品以供发货变得更加迫切时,发货人员就会在装配车间"帮忙"并（无辜地,但无意识地）把错误的部件装进了待发货的产品中。尽管客户订单被准时交付,但由于连接器以及适配器无法正常工作,这也注定了产品会被客户拒收。

"这个例子太棒了,"某个项目成员评论道,"它让我们了解到问题是怎样以及在什么时候变得严重起来,所有人对此都负有很大的责任。"

项目分析阶段总结

想要完全确定某个根本原因是不可能的。下面是分析阶段的最后几个步骤,这些步骤有助于我们确认原因假设,从而转入项目改进阶段。

1. 通过逻辑分析对原因进行证实。用收集到的数据资料对原因进行检验并发问,"这种解释是否符合实际情况,既包括我们看到的实际情况,也包括我们没有看见的事实？"

2. 通过观察来核实原因。对怀疑是问题原因出现的过程或场所进行考查,借此看看是否能够看到实际原因的发生。

3. 与了解流程的人员对我们所怀疑原因的对象进行确认。与参与工作的各方——客户、供货商或相关方面的专家进行对话,就假设原因取得他们的认可或否定,抑或对其进行完善。

4. 检查对分析结果所拥有的信心程度。作为一个团队整体,看看大家是否能够就下面的问题取得共识：

- 大家是否能够放心地说：对与制订有效解决方案有关的流程或问题,以及问题的根本原因有充分的了解？
- 就所带来的价值而言,是否值得投入更多的时间、资源及力量对分析结论进行进一步的确认？

如果对上述两个问题的回答依次是"是的"和"不",那么项目团队就做好了转入项目改进阶段的准备,我们将会在本章接下来的一部分进行讨论。但是在开始讨论下一阶段的内容之前，先来看看工具14-5所列出的、在项目分析阶段要牢记在心的"提倡的与避免的"行为清单。同时，工具14-6还提供了一张检查清单，这张清单有助于读者们顺利完成项目分析阶段的工作。

工具 14-5

六西格玛项目分析阶段所"提倡的与避免的"行为

- 提倡——认真地说明项目所怀疑的原因（也就是各种假设）。
  - 避免对怀疑原因的描述含糊不清或过于简单（比如培训不好、不合格的零部件）。概括性的原因描述不仅仅令人难以明白，也很难被证明是错误的。更确切地说，对我们所怀疑的因素，以及为什么我们认为问题是由这些因素所导致的要有一个明确的解释。
- 提倡——对假设保持怀疑态度。
  - 真正的原因应该与数据及流程相吻合。如果分析结果不是这样的，抵制让数据牵强附会于原因的这种诱惑。取而代之的，则考虑是否可能还包括其他什么原因。
- 提倡——运用常识和创造力。
  - 统计技术有其相应的角色，但其重要性并没有后面这些能力的重要性那么大。提出到位的问题，把握规律与趋势以及通过逻辑推理对原因猜测进行挑战，发挥这些能力的都可以采用某些创造性思维。
- 避免——分析过度。
  - 分析的深度和范围程度应该根据风险与收益进行调整。
- 避免——分析不足。
  - 走太多的捷径或缺乏对流程的理解，会导致我们制定的解决方案不是忽略了根本原因，就是在解决问题的同时又制造了其他新的问题。如果我们的确真正地了解流程以及问题所在，就可以开始制定解决方案了。否则，就应该考虑开展更多的调查。

工具14-6 项目分析阶段检查清单

项目分析阶段检查清单

- **使用说明：**

  如果对第5项或第7项的回答是"是"，并且已经完成了很多其他各项中所描述的任务，那么准备好转入DMAIC项目改进阶段的时机已经成熟了。

- **项目团队已经……**

  1. 对流程进行了研究，并确定了可能会导致问题的瓶颈、脱节及多余的环节。　　是　　否

  2. 实施了价值分析和时间周期分析，找到了这样的区域：公司在这些区域的工作上投入时间和资源，而这些工作对于顾客来说却无关紧要。　　是　　否

  3. 对流程数据及其绩效数据进行了分析，借此来帮助我们对问题实施分层分析、了解出现变异的原因并确定可能的根本原因。　　是　　否

  4. 就项目是应该专注于流程设计或再设计、还是流程改进实施了评估，并让项目资助人对项目团队的决定进行了确认。　　是　　否

- **针对流程设计／再设计**

  5. 确保大家都了解流程中的关键工作活动，以便为了充分有效地满足顾客的要求而开始建立新的流程。　　是　　否

  6. 制定了根本原因假设对正在解决的问题进行解释。　　是　　否

  7. 对根本原因假设进行了调查和确认，因此大家对发现问题的一个或多个少数关键的根本原因充满信心。　　是　　否

DMAIC 中的"改进"阶段：形成、选择并实施解决方案

如果项目团队及其所在的公司处理得当，对问题开展的定义、测量和分析工作都会在项目改进阶段取得回报。缺乏创造力，没有认真地对解决方案进行彻底思考，毫无计划地实施以及组织内的抗拒，这些因素都会限制改进项目可能取得的收益，尽管项目本身的用意是良好的。幸运的是，在对问题进行彻底调查之后，一旦开始提出那些会推动项目改进阶段进展的问题，绝大多数项目团队都会找到新的力量：

- 哪些可能的行动或想法将会有助于解决问题的根本原因并达成项目的目标？
- 这些想法中有哪些可以形成潜在的可行性解决方案？
- 在成本最低且对正常工作扰乱最小的前提下，实施哪种解决方案最有可能达成项目目标？
- 为了确保其有效性进而长期地执行，怎样检验我们所选择的解决方案？

我们认为，在项目改进阶段，找出能够使大家所付出的努力产生最大化收益的方法很重要。如果解决方案还能够帮助纠正其他问题，只要风险水平可以接受，就应该加以充分利用。很多情况下，只需要投入某种程度上更大的创造性并拓宽视角，项目团队就可以使项目取得更大的成就，而项目团队却采用狭隘的解决方案，这种现象太常见了。下面我们来看看 AutoRec 公司是怎样解决这个问题的。

继续第 11 个案例：AutoRec 公司通过头脑风暴形成与改进措施有关的点子

"我们的培训教材里讲到，"订单管理部门的拉维在接下来的一次小组会上大声说道，"开始项目改进阶段最好的方式是就如何解决问题提出大量的点子，然后利用这些点子制定出可行的解决方案。"（拉维已经有些像 DMAIC 项目流程方面的专家了，而且曾数次提醒大家哪些是关键步骤以帮助保持项目团队走在正轨上。）

经过20分钟头脑风暴，项目小组一共收集到了大概40个点子，包括一些相当不错的主意。但是，大家需要更多的点子。装配部门的达芙妮提议尝试利用布告栏去收集更多员工的想法："我们接触这个问题已经有一段时间了，我不确定我是否还有足够的创造力。"

项目指导马丁提出在公司三幢建筑周围的重要场所张贴白板纸，借此收集公司其他员工的想法。他在每一张海报上都写道："我们怎样才能阻止把错误的连接器和适配器发给客户？告诉我们你的想法！"这一招很奏效。3天之后，他们就收集到了40多条建议。

创造点子、目标以及方法

一个六西格玛组织如果被赋予了解顾客并对流程实施衡量的体系，那么这个组织对于创造性思维而言将会是一个绝佳的地方。理论上讲，新的点子能够为我们怎样工作扩展思路、提供新的视角，并提出挑战——同时也会有很多乐趣。

不幸的是，人们在工作中更习惯于考虑实际的操作性，这么做在执行某个解决方案时没问题。但是，当我们尝试"跳出思维定式"进行思考时，这么做可就惨了。下面是有效地创造点子以及有助于读者们拓宽思路的方法的一些基本原则，即使是在DMAIC项目实用主义的环境下，这些基本原则仍然适用。

头脑风暴成功的关键

1. 明确头脑风暴的目标。除非所有人员心中都有相同的目标，否则产生的点子将会乱七八糟。与点子的质量一样，另一个重要目标是点子的数量。设定数量目标（例如，"在接下来的5分钟里我们要产生30个点子"）能够帮助增加点子的数量并提高取得突破的概率。

2. 倾听他人的想法并在其基础上形成新的点子。头脑风暴的参与者需要关注其他人的想法，且不要完全局限于自己的思考过程。某个人的建议中的火花可以用点子激起其他人大脑中更大的创造性火焰，但是，如果不倾听他人的想法，这种情况是不会发生的。

3. 禁止对点子进行评论、评判或批判。该项成功的关键可能常常是最容易被忽略的。然而，典型的头脑风暴活动（在某个想法出现之后，接下来5分钟的讨论）通常都会牵制产生真正的新点子。

4. 避免自我审查。最潜在的、对各种想法有害的评判存在于人们自己的头脑中。我们绝大多数人对别人会怎样根据我们的想法来看待我们，都有清楚的认识。然而，请记住，我们提出的某个"滑稽的"想法很可能就是其他某个天才想法的灵感。（在头脑风暴统计资料中，我们称之为"抛砖引玉"。）

5. 抛开假设、尽情发挥。当然，完全做到毫无拘束，说起来容易做起来难。尽管如此，记住：在项目改进阶段的晚些时候，我们还有时间对各种点子进行分析并研究其可操作性。靠循规蹈矩无法达到六西格玛绩效水平。

其他产生点子的切实有效的考虑因素还包括：

- 时间和地点。避免选择大家精力不足或容易分散注意力的时间段，还要避免把地点选在人们容易考虑实际情况的场所。
- 参与。通常情况下，参与人员越多越好（当然，也得有个最大限度），参与者中包括其他小组和个人同样也很常见。另一方面，当老板在场的时，人们可能会没法完全自由发表想法。
- 了解点子形成的过程。如果了解我们计划怎样减少点子的数量并把各种点子综合为可行的解决方案，人们会更加放松。

一旦拥有了大量的、优秀的以及不怎么优秀的点子，紧接着的挑战就是如何把这些想法转换成真正的解决方案。我们来看看 AutoRec 公司针对新点子都做了些什么。

🎬 继续第 11 个案例：AutoRec 公司缩减与改进措施有关点子的数量

贴着便签的布告栏贴满了项目小组的整个会议室——全都是从头脑风暴活动中以及张贴在公司建筑物过道周围的布告栏上收集到的各种点子。项目小组首先清除掉重复的点子，然后采用类似法对剩下的点子进行整理。

经过整理之后，最终出现了 5 大类别的想法：

1. 改变 MRP 系统的数据更新频率（关于这一点，大家都一直认为简直是毋庸置疑）。

2. 改变按时交货的绩效激励机制。

3. 扩大发货准备岗位的职责范围。

4. 重新安排装配区域库房的布局。

5. 提高区分磁带介质零部件与数字存储零部件的容易程度。

经过一轮"复式投票"，也就是每个人投票选出其首选的点子后，最后缩减到剩下 12 个点子。

"我认为我们没法全部实施这些点子，"销售部门的梅说道。

"绝对没法全部都实施，"艾尔也赞同，"如果把这么一长串清单放到领导层面前，他们肯定会把这个扔掉。"拉维，到底是一直在留意 DMAIC 项目流程，提议大家尝试把这些点子合并成几个更加协调一致的解决方案。项目小组一致同意大家花几天时间私下地进行思考并交换意见，然后，周四再回来尝试具体讨论出一项最终的解决方案。

AutoRec 公司的改进计划汇总

在接下来的会上，所有项目成员对这些仍然还在考虑之列的点子都有了新想法。这些想法最终归结为两个主要选项，大家称之为"解决方案陈述"。

第 1 个选项：结合公司目前的产品组合，对 MRP 中连接器和适配器再订货数量的计算公式进行修改，借此消除交付给集团客户的产品中出现的硬件不兼容问题。同时也对贴在连接器和适配器包装上的标签实施改变，使其变得更容易被区分。

第 2 个选项：通过把包括连接器和适配器在内的所有元器件纳入到准时制订货系统、清空装配区域库房中的全部元器件，以此来消除交付给集团客户的产品中出现的硬件不兼容问题。修改绩效标准，对采购、装配以及发货人员全部都以客户订单正确无误地准时交货为标准进行考核。

项目团队很快就开始把这两种解决方案分别称之为"保险的选项"和"有风险的选项",而且第二个选择明显地涉及更多的可持续的改变。为了帮助大家选择出最合适的方案,他们设定下列选择标准:

- 实施成本
- 运行成本
- 实施的难易程度
- 达成项目目标的可能性
- 额外的/长期的收益
- 组织内的接受度

项目团队建立了一个标准矩阵,对上述两种方案进行比较。这两种方案所需要的实施成本以及运行成本几乎一样。尽管第一种解决方案(保险的选项)明显更加容易执行,然而大家并不确信实施该方案是否会达成目标或者是否还能够解决诸如软件不兼容等其他类型的不合格交货问题。而且,尽管改变绩效标准可能会遇到阻力,他们觉得能够就改变的必要性取得采购、装配以及发货部门员工的理解。

"我们必须付出更多的努力才能使第二个解决方案奏效,"采购部门的埃琳娜说道,"但总体来说,第二个方案是个更好的选择,第一个方案太过于侧重权宜之计。"

为了赶在第二天公司领导层开会之前准备好最初的实施计划,绝大多数项目成员当天晚上都工作到很晚,在此期间艾尔也完成了一份报告,报告的内容是关于解决方案的提议。第二天早上10点,他们获准把所有元器件的采购都转成准时制订货,并想出横跨履行客户订单的三个关键职能部门的新的绩效标准。

对各个方案进行综合并选择

项目改进阶段产生的各种点子就像原料一样,需要通过提炼加工才会真正对组织有价值。通常,六西格玛解决方案都是由多个点子合并在一起而形成的一个规划，目的就是取得项目成果，无论是减少缺陷，缩短时间周期，还是为顾客提升价值。有很重要的一点读者要认识到，挑选方案可能并不是非此即彼的选择过程，把数个行动合并成一项计划没问题。另一方面，针对问题采取许多不同小措施的类似于"散弹枪"式的解决方案可能会是一个巨大的资源浪费。

解决方案陈述对提议的改进措施给出了清晰地描述。方案陈述的价值在于其确保团队对所考虑的点子有一个完整的定义和理解。我们建议项目团队始终坚持建立这类陈述，借此确保大家对各种解决方案进行全面的考量。一旦选择实施某个解决方案，方案陈述就变成了项目的目标。该方案陈述同时也成了 DMAIC 项目团队在每个流程改进项目过程中应当建立的四个关键陈述（问题描述、目标陈述、假设描述以及方案陈述）中的最后一项陈述。

按照标准做出选择是体现出解决方案提议背后合理性的一种方式，这也正是为什么 AutoRec 公司的艾尔能够如此之快地获得公司高级管理人员的批准。成本/收益分析也可以被纳入这个决策过程。

现在，让我们花点篇幅来总结一下 DMAIC 项目最终解决方案逐步形成过程中的关键步骤：

1. 产生各种方案点子。采用头脑风暴、常识，以及其他技巧（比如分析最佳实践，征询专家意见，等等），针对根本原因的解决，找出大范围系列的可能性。

2. 缩减选项并建立方案陈述。把各种想法提炼成能够在流程/业务中实施的可行性方法。采用正式的陈词进行描述。

3. 选择将要推荐的/实施的解决方案。对候选选项进行仔细研究，进而确定为了达成项目目标要执行的解决方案。同时还要意识到，可以把其他不错的潜在解决方案放到随后的实施规划中。

实施改进措施

这个项目改进阶段的中间点对团队来说是一个主要的关卡。经过了通常需要耗时数周的讨论、测量与分析后，项目团队终于要采取措施了。取决于解决方案本身的属性，一个团队可能需要其他的知识和资源。风格从对事实的反映转变为采取行动。

随着实际改善越来越近，尽管潜在的收益在增加，同时风险也在增加。为了成功地启动方案，读者们应该专注于制订计划，进行试点以及防止出现问题。

- 制订计划。对一个流程实施改变或修复需要强大的项目管理技能。拥有具体的计划是关键，计划的内容涵盖行动、资源和沟通交流，随着方案的复杂度的增加，这个计划就显得尤为重要。
- 进行试点。在一定的范围限度之内试行解决方案是必需的。没预料到的问题出现的概率很高，而且在转变为新的工作方式时，其对应学习曲线的变化幅度可能会很大。
- 防止出现问题。在令人激动的改进项目的实施途中，提出诸如"将会出现怎样的危机和破坏"这类难以回答的问题，可能被认为是负面的考虑。但是，为了确保团队对各种可能会出现的困难进行了充分的考虑并做好主动应对这些困难的准备，这么做很关键。

接下来就让我们了解一下，为了实施有效的改进措施，AutoRec 公司都做了些什么。

继续第 11 个案例：AutoRec 公司对解决方案进行落实

AutoRec 公司的项目小组立刻忙于对他们的解决方案进行规划。鉴于他们的提议包括两个主要的部分——把所有元器件的采购都转成准时制（JIT）订货以及开发新的绩效标准，他们组建了两个并列实施小组。原先的项目章程中已经包含了一位 IT 支援联络人鲍勃·麦格贝特（Bob Megabyte），但是，改变绩效标准明显地需要人力资源部门的一些帮助。因此，HR 副总裁答应让 HR 部门经验最丰富的员工之一邦妮·菲茨（Bonnie Fitz）成为方案实施小组的一分子。

每个实施小组都针对解决方案的试点制定了相应的计划。为了全面实施 JIT 订货方案，其中某个适配器供货商被挑选出来，尝试采用新的订货及交付规程进行为期两周的试运行。在解决了最初的系统漏洞之后，整个过程就一直运转得很顺畅。主要的挑战来自于，让公司的装配部门、采购部门以及供应商的员工们习惯于这种采购适配器的新方式。然而，一旦 AutoRec 公司的员工亲历了发生在一个供货商上的转变，他们则会对其他供货商进行这种切换感到更加放心。

因为最大的担心是供货商可能会无法满足 AutoRec 公司所对快速周转供货的要求，采购和装备部门同意再保留一份备用库存，这样一来，即便是新系统运转不正常，也不会导致公司在客户订单交付上出现更多的延误或不合格。(他们手头上备份连接器的数量只够用于一次客户订单交付，而且经过一段时间后还要消除多余的库存。)

为了防止新的绩效标准出现问题，他们所采用的技巧之一就是让公司员工对这个新体系发表看法。由于许多员工已经知道了不合格交货对公司所造成的破坏，他们都对这个改变持开放的态度。事实上，其中的一项建议是：不要仅仅衡量按时交货，还要包括客户订单的实际完成周期。整个计划首先在装配部门开始，也进展得很顺利。在一个月的时间之内，新的指导原则和绩效标准在全部三个部门都取得了成效。

AutoRec 公司对结果进行衡量

在方案规划及试点期间，项目团队继续对客户交货缺陷进行检测。很有意思的是，导致问题的原因一经被发现，过程绩效立刻就出现了一些改善。解决方案的各个部分都被推出之后，如他们所绘制的链图所示（见图 14-13）：不合格交货水平出现了急剧下降。

其他原因类型的不合格交货也有所减少。随着被赋予了一个清晰的、共同的绩效标准：尽可能早地完成订单，但要确保正确无误，采购、装配以及发货部门之间的协作水平大幅提高。一些自发的小组在项目团队开发的数据的帮助下，开始着手调查导致问题交货的其他原因。他们能够对某些规程做出改变以避免由其他原因导致的交货缺陷，而且仓促交货的情况在某种程度上也有所缓解。随着不兼容缺陷问题的减少以及其他好处的产生，整个过程的 DPMO 也相应地从 122 000 降低到了 39 000——西格玛水平大概是 3.3。

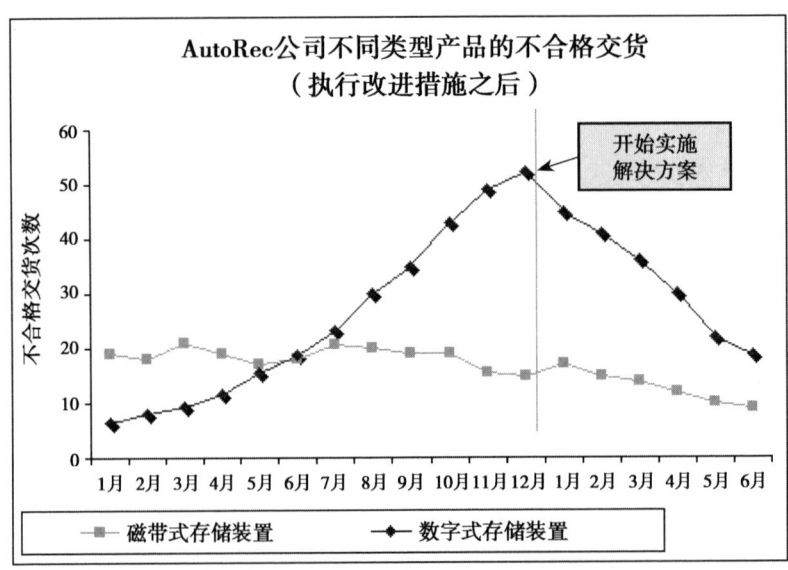

图 14-13　显示 AutoRec 公司实施 DMAIC 项目解决方案之前 / 之后交货缺陷的链图

项目结束

项目成果甚至超出了他们雄心勃勃的目标，项目小组成了一个无比自豪的团队。大家与项目所影响的关键部门的管理者一起，把各种改进措施转变为相应部门的职责。既然我们随后会对项目控制阶段进行讨论，现在就让 AutoRec 公司的项目团队去享受项目过后的派对（配备有 DJ）吧，以及他们在六西格玛改进过程中新的承诺。

项目改进阶段总结

对解决方案进行测试、衡量改进成果并确保 DMAIC 项目的成功需要一定的时间。方案执行过程中的最后一项关键要素是，当改变开始发挥作用时，获取相应的数据以便跟踪其所产生的影响,既要记录取得的结果,还要寻找是否存在任何可能的小毛病。在转入下一章的内容之前,我们在工具 14-7 中列出了 DMAIC 项目改进阶段所"提倡的与避免的"行为,读者们应该牢记在心,同时,工具 14-8 还提供了一张有助于读者们顺利完成项目改进阶段的检查清单。

工具 14-7

六西格玛项目改进阶段所"提倡的与避免的"行为

- 提倡——寻找真正创新的解决方案。
  - 每个六西格玛项目都是把业务表现提升到一个新水平的机会。尽管能够产生指数级改进的方法通常都是流程设计/再设计,但是任何改进方案也都有可能是一记本垒打(漂亮的一击)。
- 提倡——确保解决方案的目的性。
  - 始终将项目目标牢记在心。警惕头脑风暴过程中产生冲动并形成导致其他变革的解决方案,而这些变革却并不能对项目团队要解决的问题产生直接的影响。
- 提倡——积极主动并仔细地制定规划。
  - 仓促地实施解决方案会削弱大家所付出的努力。流程都很难被改变,而且人都是习惯于固有事物的事物。在采用任何的解决方案时,我们必须意识到只有第一次就把事情做好才能让大家接受解决方案。
- 提倡——密切地注意变革管理。
  - 截至改进小组和公司领导们准备好实施某项解决方案时,他们对问题或流程都已经完全熟悉了,甚至于都感到厌倦了。但是,请记住,对于其他大多数人来说,通常他们才刚刚开始对变革的必要性进行了解。我们应该在方案实施之前努力争取得到相应的支持,而且,现在也是时候更加专注于取得大家的认可并帮助他们度过这个转变阶段了。

- 避免——急于进行全面实施。
  - 未能有效地管理风险并在实施过程中错失学习的机会将会导致彻底的失败。找出对变革进行测试或试点的方法,这样我们就可以对结果实施评估、确定并解决方案中所存在的漏洞,并在从事和管理相关工作的人员中树立信心。我们可以从小的挫折中恢复并应对一定限度范围之内的问题。但是,如果解决方案对组织产生了适得其反的效果,我们可能会无法恢复元气了。

- 避免——忽略对指标的测量。
  - 各种评价指标帮助我们了解哪些措施在发挥作用、哪些措施没起作用,指标能够证明项目所取得的成果,并有力地说服其他人:这些改进措施,真的很棒!没有评价指标,项目成果只能是大家听到的一些传闻,而且项目成功与否则取决于人们主观的看法。

- 避免——忽略对成功进行庆祝。
  - 成功的改进会令人激动。当改进措施发挥作用时,分享并享受这些成功。同时请读者们记住:小小的收获也是胜利!

工具 14-8 项目改进阶段检查清单

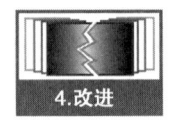

项目改进阶段检查清单

- 使用说明:

如果对每个问题的回答都是"是",改进措施就取得了成功,并且项目也已经准备好了就项目流程/解决方案的"控制"而制定相应的规划。

- 项目团队已经……

  1. 就潜在的解决方案列出一张包含各种创新性的点子清单。　　是　否

  2. 采用各种缩减和筛选技巧进一步形成各种潜在的解决方案并判定是否符合要求。　　是　否

3. 至少推荐了两种可能的改进措施，并建立了相应的方案陈述。　　　　　　　　　　　　　　　　　是　　否

4. 根据成功的标准对最终采取的解决方案做出了选择。　是　　否

5. 同项目资助者对解决方案进行了确认，得到认可并获准实施解决方案。　　　　　　　　　　　　　　是　　否

6. 为解决方案的试点和测试工作制定了相应的规划，内容包括试点策略、行动计划、结果评估、进度明细，等等。　　　　　　　　　　　　　　　　　　　　是　　否

7. 对试点的结果进行了评估，并且确认能够取得项目目标陈述中所定义的成果。　　　　　　　　　　　是　　否

8. 根据在试点过程中所取得的经验教训对解决方案进行完善并实施。　　　　　　　　　　　　　　　　是　　否

9. 就解决方案及完善措施的全面实施制定了相应的规划并进行落实。　　　　　　　　　　　　　　　　是　　否

10. 对项目解决方案可能导致的问题和意想不到的后果做出了考虑，并制定了相应的预防措施和应急预案。　是　　否

如果读者们所在的公司不是 AutoRec 公司

当然，读者们所在的公司不可能是 AutoRec 公司。我们讲述的这个故事以及接下来在第 15 章流程设计 / 再设计中涉及的案例，反映的都只是某个改进项目中可能会出现的一部分而已。在改进的道路上，绝大多数项目将要遭遇的坎坷可能会比 AutoRec 公司项目团队所经历的碰撞更多。另一方面，既然有许多项目都比本章中的项目更加复杂，同样也会有许多项目比其更加简单。但是，比项目细节更重要的是，我们希望读者们能够重点关注 AutoRec 公司项目团队所遵从的流程：

1.遇到问题并对问题进行澄清。定义!

2.对问题衡量测量并缩小问题的范围。测量!

3.对数据和流程进行研究、了解问题并搞清楚是什么原因导致问题的。分析!

4.项目团队对导致问题的原因进行仔细考虑,针对消除原因并取得团队所承诺的改善制定并实施相应的解决方案。改进!

虽然要面对大量工具、问题和挑战的涌现,而事实上就是这么简单。

第 15 章 | The Six Sigma Way

用六西格玛进行流程设计/再设计（路线图步骤 4B）

本书第 2 章中所描述的创造全新的流程或彻底更新的流程的能力，对 21 世纪的组织来说是一项极其重要的核心竞争力。想要达到世界水平的绩效表现并与市场变化和技术更新保持步调一致。公司需要采用一系列的变革/改进方法，包括全面的设计/再设计。相对于渐进式改善而言，这项彻底改造活动则专注于指数级的改进，这是我们在本章中所关注的重点。

通过提出一些关键问题，我们就可以揭示 DMAIC 流程在业务流程设计或再设计中的应用，详见工具 15-1。

工具 15-1

实施业务流程设计再设计时要提出的关键问题

- 流程设计所涉及的业务活动的范围或程度是什么？

- 新流程必需能够实现的关键输出项、对输出项的要求以及服务需求是什么？未来流程应该满足哪些新的标准？
- 哪些内部绩效目标是新流程成功的关键（例如速度、成本、使用方便、灵活性，等等）？
- 新的工作流程和职责可能是什么样的？怎样能够对首次的再设计加以提高？
- 怎样对新的工作流程进行测试、完善并实施切换？
- 怎样对实质性的重大变革所对组织所产生的影响进行管控？如何完成这项工作？

在讨论怎样回答工具 15-1 中所提出的问题之前，让我们先对某些关键问题进行仔细探讨，这些问题都与为什么及什么时候需要开展流程设计／再设计有关。

六西格玛设计所带来的好处

并不只是流程设计，六西格玛设计还包括用于创造新产品和新服务的工具。事实上，第 17 章所涵盖的一些高级六西格玛技术常常被应用在创造高性能、低缺陷率的新产品方面。单就我们在本章所关注的流程设计和流程再设计而言，六西格玛就能够提供许多下列的好处：

- 强调价值和顾客。六西格玛流程设计／再设计强调提升给客户的价值，并大幅提高生产力、速度以及效率。
- 规模可控的重点方法。六西格玛中的再设计工作重点专注于具体的细分业务或重要的变革机遇，从而产生较小的、更容易控制的设计项目或再设计项目，而不是对整个组织进行全面革新。还有，尽管这类项目所花的时间几乎总是要比流程改进项目所花的时间更长，但重点是更集中的设计项目却也更容易管理并更快地被实现。
- 设计／再设计活动具有更广泛的应用。使流程设计／再设计成为六西格玛体系标准的一部分，为更广泛的参与和一系列更好想法与技能的产生流出了余地。同样还有，整个组织范围的全面革新，站在 3 万英尺[一]的高度来看可能很美，但是，一旦执行起来，可能就会发现其并不切合实际。与此同时，那些与流程关系密切并且已经习惯于用某种方法从事工作的人们，在为设计工作而寻找新方法的过程中可能无法"进行打破常规的思考"。

- 流程设计/再设计的成功取决于是否能够在打破常规与实际可操作之间取得平衡。在设计/再设计活动中，更大范围的人员参与将有助于公司业务认识到：这项活动绝不仅仅只是解决问题，还要设计出有效的流程。

- 聪明地采用技术。信息技术（IT）是经常被提到的组织绩效改善的驱动因素之一。但是，IT 革新在流程简化和提高客户服务水平上的应用已经被证实是一把双刃剑。互联网、数据库技术、客户关系管理（CRM）系统以及不断提高的计算机处理能力使得许多公司都能够更好地管理库存，更快地做出响应，个性化公司所提供的产品或服务，等等。在许多实际案例中，为了利用这些技术能力优势，很多业务流程都被进行了彻底的重新设计。

然而，这把 IT 之剑的另一面是：现实中存在有一种趋势，那就是实施庞大的系统升级项目并期望其能够神奇地产生显著改善的业务流程，如今这种观念已经被证实过于乐观。如果不出意外的话，复杂的、全公司范围的 IT 解决方案简直就是个麻烦（也很昂贵、充满风险和难题）。在重大 IT 项目中所发生的很多的延误、挫败、拼凑解决措施以及无法满足需求有关的故事，都暗示着不要急着尝试进行大规模的 IT 系统改革。

当两者自然而然靠近到一起时，六西格玛流程设计与 IT 改革之间的连接就会变得更加紧密。现在，六西格玛设计在通用电气公司是很多 IT 工作的重要部分：任何重大的系统或软件实施必须遵循公司的流程设计/再设计模式。

[一] 1 英尺 = 0.3048 米。

实际上，在通用电气公司推行六西格玛活动最初的两年，集团的六西格玛主管加里·雷纳（Gary Reiner），同时也正是公司的首席信息官。

着手开始进行流程设计/再设计

决定什么时候开始进行流程设计或再设计通常并不黑白分明。一会儿进行介绍的流程再设计的案例研究中，项目团队在早期就决定他们需要对一个无效的流程进行重新设计。然而，在很多其他的情况下，项目小组则是在DMAIC项目活动的过程中才决定（获得项目支助者的批准）需要进行设计或再设计。先让我们对这个案例的背景作个了解，然后再对设计/再设计活动进行详细探究。

第12个案例：某家保险公司需要更快地完成保险合同的起草工作

随着公司变得更加依赖于信息技术，重要系统发生的中断和崩溃所带来的风险也变得非常大。前段时间发生的互联网服务中断表明信息技术对服务的损失负有潜在的责任，更不用提可能导致的信息丢失和收入损失，以及其可能会威胁到那些从事信息技术业务的公司的实际生存。幸运的是，自由市场存在着一项法则："哪里有风险，哪里就有保险业务。"

事实上，在独立创办的企业以及大型保险公司新业务部门所产生的需求的刺激下，IT事故责任险已经渐渐地成长为保险行业中一部分很大的业务。保险协议（LOA）作为传统保险业务的实践经验之一，被延续到这个新的领域。在向大型IT提供商或大公司销售IT事故与责任险时，LOA是最初提出承保范围的文件。虽然不是官方的保险单，但LOA对将要提供的保险服务的总体指导准则进行了阐述。法律上，保险公司在签订LOA之后有12周的时间完成保单的准备工作，而保单则代表了官方的正式保险合同。

计算机事故责任保险公司（COLA）的员工对所谓的12周时间界限所存在

的担忧一直在增加。（COLA 公司是国际保险与保障公司的一个独立运营的机构，国际保险与保障公司是保险业排名"第三"的一家大型保险公司）。关于标准的 4 个月保单拟定时间，下面是大家意识到的诸多问题：

- 耗时 8～12 周的合同拟定过程的效率令人怀疑。COLA 公司的 CEO 鲁特·比埃尔（R. O. Biere）在一些场合发表意见说："如果我奶奶还健在的话（愿她老人家安息），她都能在六个星期之内写完一份合同。"

- 在签订 LOA 和完成保单期间所涌现出的一些法律上的问题，包括在承保范围条款上所产生的纠纷和权利主张，致使 COLA 公司的法务部门永远都在疲于招人，而且每个月耗费两三百万美元的成本。

- 客户正开始对签订 LOA 与正式保单发放之间的时间间隔产生强烈的抱怨。尽管某些行业并未对这个为期 12 周的时间界限表现出大惊小怪，但在 IT 行业，12 周之内就能够完成两次并购，并且 12 周的时间可以涵盖 IT 产品的 3 个生命周期。通常，在首份保单准备好之前，公司会为客户起草一份新的 LOA。只拿到了半官方的保险条款，即便是没有理赔记录的某些客户也表示他们觉得很被动。

- 有传言保险行业监管部门正考虑缩短这个为期 12 周的时间界限，时间可能要减半。

COLA 公司的流程改进项目

在过去的一年半时间里，COLA 公司启动了几个致力于减少完成保单所花时间的项目。每个项目都取得了一些进展：某个项目小组发现 LOA 竟然是按后进先出的原则被处理的，进而把到最后一刻才完成保单拟定和保单拟定时间超期的情况降低了 20%。另外一个项目则改变了 LOA 的撰写方法，这样就更加容易把 LOA 中基本条款转换成正式的保单内容。

尽管付出了这些努力，与客户签订了 LOA 之后，COLA 公司完成保单的平均时间仍然长达 10.4 周，原来是 11.2 周，但距客户的要求还有很长一段距离。

实施流程设计/再设计的基本条件

COLA 公司的人们面临着一种困境，对于六西格玛组织来说，这种困境会变得格外常见，"在目前这种情形下，哪种方法是对我们的业务进行改善的最佳方法？"COLA 公司的领导们可以采取以改进为基础的方式，毕竟他们在早些时候的项目已经取得过成功。而另一方面，他们所担心的是：更多额外的流程改进项目，就算都很有效，可能也还不够。

业务领导者常常问是否有现成的公式可以用来决定什么时候启动再设计活动。我们的诚实回答是"没有"，因为在绝大多数情况下，必须要考虑很多的变化因素，从想要改变的流程的范围，到承受业务动荡的自愿程度，再到要求取得重大绩效成就的紧迫程度。然而，我们可以提供一个以两个主要条件为基础的评估模型，如果想要流程设计/再设计发挥作用，必须满足这两个条件。接下来这部分内容就是对这些条件的描述，然后我们再了解 COLA 公司，我们的案例研究对象公司，是如何对待这些条件的。

条件 1：出现重大需要、威胁或机遇

流程设计/再设计的好处可以从各种来源的威胁中显现出来。尽管下列各种威胁的源头存在某种程度上的重叠，但这些情形仍表示可能需要一个新的流程。

- 顾客的要求/需求发生变化。新涌现出的需求、更严格的要求以及顾客所面对的市场及行业出现变化，这些都会对业务施加压力，促使公司在服务、产品特性、交付能力等方面实施引人注目的改变。

- 需要更大的灵活性。日益细分或个性化的客户需求，意味着公司的流程需要处理更加广泛的要求和需要。当前流程可能还无法满足一对一的个性化这个目标。

- 新的技术。不管是被当成威胁，还是被看作是机遇，组织都需要适应那些影响公司产品和服务的技术前进。注意，新技术可能跟我们的产品或

服务本身并没什么关系，正如，书基本还是跟以前一样，但互联网的发展则对书店的业务流程提出了新的要求。

- 规章制度发生改变或出现新的规章制度。在过去二十几年的时间里，解除管制在很多行业的各种流程中都扮演着重要角色。新的法律《美国残疾人法案》或《空气和水污染防治指南》也都带来了显著的影响。那些能够对这种变化做出快速且果断反应的公司可以取得巨大的优势。

- 竞争对手正在实施改变。服务于同一市场的其他公司或新加入的竞争者，或许正在利用我们所忽略的顾客需求或错过的机遇。当竞争达到白热化程度时，可能正是我们寻找方法在价值、速度或其他竞争因素上超过他们的时候。

- 曾经的假设前提（或思维模式）不再成立。这种内部觉醒对觉察到的因素予以重视。有时候，公司虽然看到了顾客需求、业务市场和技术所发生的变化，但却仍然没有领会其中的含义，或是没把这些变化放在心上。

举一个令人遗憾的例子。一家我们打过交道的高科技企业，作为整个技术领域数年间的明星公司，在经历了快速以及最后致命的衰退之前，这家公司曾经辉煌一时。就在公司的光环开始消退的时候，我们观察到了其中的一个因素：公司的基本客户已经从一群曾经自给自足、高度技术型的用户最终演化成了更加"普通的"非技术型用户。尽管出现了这种转变，这家公司却没有为客户支持配备专门的资源。那些本应专门致力于重要的新产品设计工作的工程师们，却一直被抽调到用于处理客户所面临的问题中。与此同时，公司的一个重要新产品已经延误了两年的时间。然而，却没有迹象表明公司在为改变这种状况而付出任何努力。

- 有必要在某些时候通过流程再设计，对公司的统治者或支配组织行为的各种想当然进行刺激，让其从一切进展顺利的白日梦或毫无根据的信心中清醒过来。

- 当前的流程简直是"一片混乱"。与诸如"目前的流程不能胜任""能力"是一个统计学定义,或者"流程已经达到了其最好的水平"这类学术上的定义相比而言,我们更喜欢"一片混乱"这个说法。单凭对流程进行的统计学或学术上的评估就无法告诉业务领导,是否有必要对某个流程进行重新设计。比如说,在很多情况下,可以通过妥善地实施改进活动对某个糟糕的流程进行充分改善(换句话说就是,并不是流程再设计)。另外一些类似 COLA 公司的流程到处都是乱七八糟的问题或根深蒂固的陈旧工作方式,只要努力清除导致这些问题的根本原因,就会硕果累累。

条件 2:公司已经准备妥当,并愿意承担风险

设计/再设计所面临的危险可并不是无足轻重的,但是这些危险是可以被管控的。因此,真正的问题是"我们是否已经准备妥当并能够完成这个项目吗?"就承担再设计活动的额外风险所提出的某些要求,下面的描述将会做出说明。

- 允许变革耗费较长的时间。在多数情况下,设计或改变某个流程所需的时间比我们预期的时间还要长。
- 具备相应的人才和资源。我们不能希望仅仅只是采用新流程替换陈旧的流程而已。再设计团队成员需要了解顾客、产品/服务、流程、技术以及相关的人员。每当我们对工作进行彻底的"反思"时,要求进行资本投入,采用新的 IT 系统,甚至于添加合适的新员工的概率就会增加。
- 领导者以及整个组织整体上均支持这项工作。鉴于组织中肯定存在某些阻力,因此没必要非得要达成全面的共识,但有能力通过令人信服的实例来支持流程再设计是一个巨大的优势。领导者也需要准备好做出痛苦的选择,因为新流程实际上可能需要更少的员工。
- 可接受的风险水平。重大改变在发生错误,招致反对,出现技术问题等方面会导致更高的概率。公司应该考虑是否采用其他某种更局限性的方

式（比如说，流程改进项目），而这种更加局限的方式显示出更加安全的可能性。

🎬 继续第 12 个案例：转向再设计

COLA 公司的 CEO 鲁特·比埃尔与他的高管团队一直在讨论对进一步缩短保单完成过程的要求。"我认为我们有一个机会，"负责市场推广的副总裁萨尔·斯帕雷纳（Sal Sparilla）说，"我们最近的客户反馈数据显示，IT 高管们对我们的表现和整个事故责任险部门在保单周期问题上所采取的处理方式非常不满。"

"我知道在保单处理方面存在着许多问题"，保单管理部门的副总裁戴安·艾迪索塔（Di Edsota）坦白承认，"我能给你们提供七八个今天就可以启动的项目，但我仍无法保证能够取得我们想要的成果。这个在行业中根深蒂固的长达 12 周的期限已经运行了很长时间。"

然而，针对再造完成保单的过程，公司高管团队却对其可能造成的组织上的伤害心存顾虑。退一步来讲，管理大规模的变革也是一项令人望而却步的挑战。最后，团队同意，或者可以说是在鲁特的强烈坚持下被迫同意组建一个小组，对这个从头到尾的再设计进行仔细研究。"这可能是我们唯一的出路。"比埃尔说道。

从一年多之前启动流程改进活动到目前为止，COLA 公司从未开展过任何一个流程再设计项目。为了联合推广备用电力系统，公司与一家设备制造商启动了一个合作项目，并建立了一个新流程。"当然，那要容易一些，"管理流程（COLA 公司六西格玛活动的名称）总监胡安·卡路里（Juan Callorri）评论道，"因为在推广备份电力系统的案例中，并未涉及用新流程取代旧流程的问题。"

在接下来一周的一次会议上，卡路里给高管团队带来了一份项目申明草稿。

项目申明

公司所面对的信息技术行业市场对速度有很高的要求。不幸的是，我们公司以及其他的保险公司在事故责任险业务中的管理活动没能对这项重要的需求做出响应。客户要求我们在数天之内提供保单，而我们所用的时间却一直都超过 10 个星期。即便我们的表现比行业平均水平要更好一些，但公司在面对反应速度更快的竞争对手或客户可能选择实施的自我保险时，显得非常脆弱。

我们需要对完成保单拟定以及将其送达客户手中整个过程进行彻底反思并重新设计。这么一来，我们就能够为公司的保户和未来潜在的客户提供重要的好处、提高公司的盈利能力、降低员工们的沮丧感，并为 COLA 公司的快速增长带来优势。

在对这些文字进行仔细研究时，有几位高管发表意见认为：大幅消减完成保单所需时间的想法令人振奋。

"不错，"首席法律顾问汤姆·柯林斯（Tom Collins）说，"但也有点儿让人紧张。"

"定义"阶段：确定再设计的目标、范围和要求

继续第 12 个案例：COLA 公司组建一个再设计团队

当准备对保单制定流程进行重新设计这个消息在 COLA 公司内传开之后，大家的反应五花八门。某些人员很高兴并觉得这是一个迟到的决定。而其他员工要不就是不理解原因，要不就是对变化心存恐惧。尽管如此，还是有许多员工立刻自告奋勇地站出来要求加入再设计项目团队。首先选定的是团队队长，托妮·卡瓦哈尔（Toni Kwahter）。托妮已经在 COLA 公司工作了两年半的时间，同时在整个公司都受到尊重。作为曾经的核保人员，她拥有保险公司所要求的核心资历，她还曾经在一家网络公司供职数年并了解 COLA 公司客户的思

维方式。她目前的职位是客户关系主管。

托妮与保单管理部门的副总裁戴安·艾迪索塔以及将来为团队提供建议的顾问艾尔特·格拉斯（Art Glass）一起商讨并挑选出团队成员，成员的组成横跨公司的内部流程与职能部门：

Bev Ehride	人力资源
Ike Scube	保单核保
Bob Tull	法务
Colleen Waters	信息系统
Tye Neebublscz	保单管理

在小组成员们第一次开会时，托妮向大家展示了项目的声明，并告诉大家，他们正在从事一项具有挑战的工作。"很多员工会说我们想要实现的结果——快速完成合同是不可能的或没必要的。我们必须为成为公司改革的代言人做好准备，而且在制定项目章程时，我们要重点把握那些能够对公司，尤其是公司的顾客产生重大影响的机会。"

设计 / 再设计项目章程

流程再设计项目章程的基本目的与改进项目一样，设定方向并确定项目的限制因素。然而，流程设计项目章程的精神应该有所不同。尽管流程改进小组的工作也是分析并解决问题，但再设计项目的意义则更加深远，设计并为组织的关键活动带来一种新的工作方式。或许对局外者来说这种改变并没什么大不了的，但对业务活动的参与者来说则具有很强的目的性。如果缺乏愿景，团队可能会表现出较差的创造力和动力，而且新流程只能是在数量级上比过去的流程表现得更好而已。

还有，这里也允许对问题和目标的描述稍微有些模糊，因为专注点通常都是更加整体性的问题，而不是某些具体的问题。评价指标仍然很重要，但是过于实际的目标陈述事实上反而为项目团队降低了标准门槛。比如说，对于在质量上具有技术方面背景的人来说，这些想法或许看起来缺乏严谨性。而理由依据则是，六西格玛设计欲追求的收益水平所需要的热情和决意要超过流程改进项目所需要的热情和决意（尽管对于流程改进小组来说拥有热情也是一件好事）。

下面我们就来了解一下COLA公司是如何通过精心制定问题和目标陈述而开始项目的定义阶段的。

继续第12个案例：COLA公司的项目小组

对问题、目标和范围进行定义

为了使活动集中注意力，COLA公司的项目小组决定给他们的项目起个名字。由于他们正努力打破让客户非常苦恼的12周的期限这个观念，大家同意采用"极限克星"这个名称。想出问题和目标陈述耗费了较长的时间，但是，经过令人疲倦的一整天会议，项目小组最后还是完成了最终的草稿。

问题描述

COLA公司完成客户保单需要耗时10.4周。虽然之前的努力已经把公司超出行业标准为12周的保单数量降了下来，但是依然与公司在计算机和网络领域客户所要求的速度相差甚远。如果我们不大幅消减保单完成周期，COLA公司就会面临着这样的危险：现有客户的流失、潜在客户转而寻求自我保险或与那些比我们公司反应更迅速的竞争对手开展业务。因此，在对流程进行大幅的改善是COLA公司生存和增长的关键所在。

目标陈述

我们的目标是重新设计COLA公司完成保单的流程，从保险协议的签订到保单文本的执行，在本财务年度结束之前减少至1.5周。如此一来，我们将会提升COLA公司的竞争力和盈利能力，并为整个行业建立一个新的绩效标准。

极限克星小组制定章程时最初所做出的决定之一与项目范围有关，并以短语"从保险协议的签订到保单文本的执行"的形式在目标陈述中体现，而且很快就成为会议上最具有争议的部分之一。

"我们真的能够对整个流程进行重新设计？"HR 的贝芙·艾瑞吉（Bev Ehridge）问道，"这可是一项巨大的工程。"

"别开玩笑啊，"公司的律师鲍勃·塔尔（Bob Tull）也问道，"这看起来好像已经超出了我们所能把控的范围。"

经过几轮争辩之后，托妮（项目组长）向团队的顾问艾尔特·格拉斯询问他的想法。"这个吗，"艾尔特若有所思地停顿了一下并轻轻地摸了摸胡须说，"有两点。"他又停顿了一下，然后接着说："可能应该是三点。"（大家都被预先提醒过：艾尔特很有才华，但让他把才华展现出来需要花点时间。）

"第一点，为了实现目标，你们可能必须从整个流程入手。毕竟，把流程的时间消减 4/5 或 9/10，甚至是 5/6，或许需要对流程中的每一项工作进行研究并从中消减时间。第二点（艾尔特现在充满了劲头），你们是对的，范围越大也将越难进行管控，因此，如果可以的话，你们可能需要把范围缩小一下。第三点，也就是我觉得我应该提出来的，为了达到项目的要求并根据在进一步工作中所获得的信息，你们可以晚些时候再对范围进行调整。"

"我建议，"他继续说，"你们先保持现状，待得到更多数据资料后再对其进行仔细研究或修改。"

至此，项目小组对他们所拟定的草稿感觉好多了，并一致同意先暂时保持项目范围不变。他们也很高兴有艾尔特所提出的建议，尽管某个项目成员对另一名队员发表意见说："幸好这里是禁烟场所。不然的话，如果给那个家伙一个烟斗，我们还不得听他絮叨好几个钟头。"

项目/流程的范围

"范围"一词通常指的是问题的大小或团队所专注的事物的广度。在六西格玛项目中，范围一词拥有更具体的定义；提到"范围"，我们的意思是项目团队谋求对其实施设计或再设计的流程的边界。因此，范围就指出了秀场或界限，在这个秀场或界限之内，所有的流程活动都将是再设计工作的考虑对象。确定范围对流程改进项目也有帮助，因为在哪里可以实施解决方案这个问题上，其能够为项目团队提供指引。

为项目选择合适的范围可能会是一项巨大的挑战。正如 COLA 公司的项目目标陈述所示，其范围是简单地通过指出涉及的流程并明确将要被重新设计的起始步骤和终止步骤来确定的：

- 我们将重新设计付款流程，从收到发票直至公司的账户上票款两清。
- 新的包装流程的起点是给装满产品的容器贴标签，终点是把产品装到托盘上以备发货。

拥有 SIPOC 示意图或一个更将详尽的流程图有助于我们确定范围，因为其容许大家在示意图上真正地画出流程的边界。

对范围的选择常常是一个主观的判断。比如说，先前所举的每个例子，其范围都可以更广或更小，而且仍然"正确"。其实，在 COLA 公司的极限克星小组中出现的争论很正常。范围可能而且常常会随着设计项目的发展进程而调整。

为了帮助澄清项目范围，下面几个段落描述了我们应该采取的步骤和提出的问题：

1. 指出流程的名称。最好避免使用部门名称（例如销售流程），这样就会清楚地把再设计（对开展工作的方式进行改变）与机构重组（改变某个团体或职能部门内部的汇报结构）区分开来。比如：

- 采用"付款流程"，而不是"应付账款"。
- 采用"客户服务来电调度流程"，而不是"技术支持流程"。

2. 确定终点。一个流程最重要的元素是最终产品、服务或输出项。确定终点的最佳准则是：找出流程所处理的"事物"是在哪里被完成并传递给顾客或下一个流程的。回答下列问题：

- 流程的关键输出项是什么?
- 谁是客户?
- 我们考虑包括在项目范围以内的最终的一个步骤是什么?
- 实际上,我们是否能够指望重新设计活动涉及这个环节?

3. **确定起始点**。下一个步骤是对将要设计的流程的上游边界进行阐明。如果流程有一个清晰的触发点或起始点(例如一次客户来电、一张工作单、原材料或零部件的接收),那么起始点就可以被轻易地指出来。而在其他情况下,尤其是流程内部的各种活动,对起始点的确定可能会更加主观。提出下列问题:

- 流程起始于哪个环节?或者流程是从哪项活动开始的?
- 哪项关键输入或交接环节可能会成为一个合理的起始点?

4. **对范围进行检验**。随着流程的边界成形,项目小组需要提防其涉及了过多的或过于有限的活动。在此,平衡又返回到我们的两个通用标准,有意义并可以管控。回答下述问题:

- 已确定的界限范围之内是否涵盖了实现目标所必需的各个活动?
- 我们是否能够对目前该范围之内的所有活动实施有效地设计和管理?
- 如果对这些步骤实施改变或改进,我们是否真的能够提升绩效标准、效率、竞争力、价值等?

确保项目范围可控

适合于现如今对速度以及不断变化的业务环境要求的一种方式是,分阶段地对某个流程进行重新设计。为整个流程新一代的绩效表现设定了愿景和目标之后,高级管理人员、流程的所有者以及/或项目成员可以把设计工作划分为几个不同的阶段,这样一来,对某个流程的彻底大修就被分成了两个或更多的串联项目(或者是不常见的并行项目)。例如,如果需要重新设计提供服务的过程以便提升公司的整体能力,所有的活动或许可以界定为 3 个阶段:①服务的订购。②服务的准备。③服务的交付和实现。

无论是在什么时候,当读者们冒险承担更大的项目范围时,请记住这条规则：随着流程边界"宽度"的扩大，项目的复杂程度也趋于出现指数级的增加。六西格玛设计所面临的众多挑战之一就是，我们不仅仅是在对项目范围之内的流程实施改变，也可能会对当前项目中所有的输入项以及接口环节进行改变。一个范围界定合理的再设计项目可能会有 2~8 个关键的和许多其他次要的接口环节。随着边界的扩大，这个数量将会急剧增加。如果对输入项的要求出现变化，可能就需要与更多大量的供方商讨，进而使整个活动充满了更多的挑战。

接下来，我们看看 COLA 公司的项目范围是什么样的。

继续第 12 个案例：把项目范围写到纸面上

COLA 公司的项目小组与公司领导团队一起对他们起初的问题和目标陈述进行了审核。同时还包括保单完成过程的 SIPOC 示意图（见图 15-1），这个 SIPOC 示意图"借鉴"于之前已经完成的流程改进项目之一。

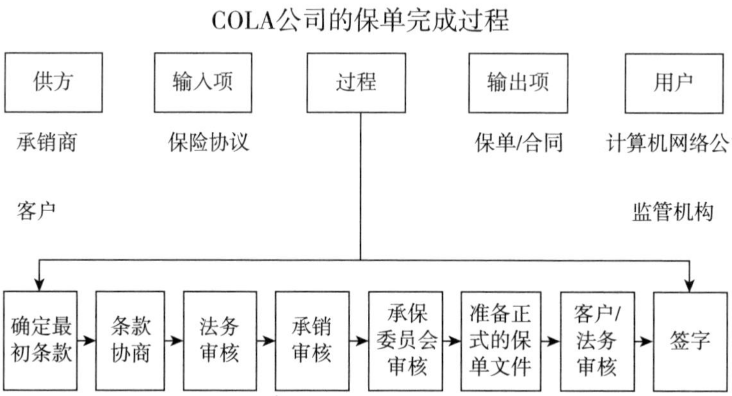

COLA公司的保单完成过程

供方	输入项	过程	输出项	用户
承销商	保险协议		保单/合同	计算机网络公司
客户				监管机构

流程步骤：确定最初条款 → 条款协商 → 法务审核 → 承销审核 → 承保委员会审核 → 准备正式的保单文件 → 客户/法务审核 → 签字

图 15-1 COLA 公司保单完成过程 SIPOC 示意图

对流程的输出项和需求进行确定和修订

最令人振奋和鼓舞人心的流程设计/再设计故事来自于那些充分利用项目去重新确定他们对顾客需求的理解的团队，在某些情况下，甚至改变客户对自己所提出的要求的了解情况。在这个步骤，与许多流程设计/再设计活动一样，一个根本的目标是对现存的假设前提提出质疑，这些假设前提涉及什么是重要的、为什么重要以及其是怎样被实现的。困难是旧的假设前提很难被舍弃。

例如，我们所知道的一家培训公司以客户需要高品质、色彩丰富的培训教材这样的假设前提为依据，在这方面耗费了巨大的资源，包括购买印刷生产线。尽管客户对培训"个性化"和"定制化"的强调在增加，这家公司却继续采用传统的印刷机印制大量的培训材料。由于个性化培训材料的用量通常都比较少，因此许多培训资料最后都以报废收场。

最后，公司终于清醒地认识到现实：客户更在乎的是培训是否符合他们的具体要求，而不是培训材料本身的色彩或花哨程度。这个迟到的发现使得这家培训公司能够把材料的印刷转换成按需求打印（在高速黑白激光打印机上打印小批量的培训资料），同时关闭了公司的仓库并卖掉了印刷生产线。这一切均是由于他们开始相信，那些曾经对客户重要的事物已不再重要了。

对输出项和客户需求进行明确所采取的步骤

输出项和需求构成了流程之所以"存在的理由"（或法语中所说：存在的价值）。不管怎样，在设计活动的进程中，我们都需要采取行动并提出工具 15-2 中所示的问题。

工具 15-2

对输出项和需求进行明确所采取的步骤

1. 确定流程输出项并进行再次检查，提出下面这些问题：
- 流程目前的输出项或最终产品是什么？
- 这个输出项是否依然是满足顾客需要和目标的最佳"事物"？
- 我们或许能够提供的其他替代选择——产品或服务是什么？或许可以怎样对输出项的属性实施改变？

2. 明确或仔细检查对输出项的关键要求，回答下列问题：
- 输出项的哪些特征或特性使得其对客户有用或有效果？

- 其他还有哪些未实现的特征或特性？
- 我们能够帮助客户有效地满足其客户的哪些要求或正在改变的需求？
- 其他还有哪些能够使产品／服务对客户更有价值、更好用并且更加方便的机会？
- 通过对客户如何使用输出项进行了解，可以确定哪些经验教训或其他的要求？

3. 与客户一起对输出项假设和需求假设进行仔细研究和再次检验。提出下列问题：

- 针对公司对客户需求的假设和客户自己对需求的假设，怎样核实其有效性？
- 近期的哪些数据可以确认这些需求？哪部分数据存在疑问？
- 对流程所涉及的不同类别"客户群体"是否应该分开来对待？

工具 15-2 中所列出的所有问题都体现了我们的观点，如果读者们正准备要打破公司流程所依据的思维模式，现在是时候开始行动了。我们的一位同事要求涉及再设计工作的团队把他们对流程的所有前提假设都写到纸面上，然后再将其撕成碎片，以象征着与过去进行决裂。

我们通过了解 COLA 公司怎样对流程的输出项和需求进行明确来结束 DMAIC 的这个阶段。然后，为了帮助读者们顺利完成自己的流程设计／再设计工作，工具 15-3 列出了"提倡的与避免的"行为清单，这样我们就可以进入 DMAIC 项目的测量阶段了。

工具 15-3

六西格玛流程设计／再设计项目定义阶段所"提倡的与避免的"行为

- 提倡——对成果、收益和改进范围存在远大的抱负。
  - 充满热情和雄心壮志的人往往会不顾阻力的存在，更有创造力和更加坚韧不拔。流程设计团队的成员需要把自己视为变革的代言人。

- 提倡——对机会和风险进行权衡，确定一个合理的项目范围。
  - 虽然范围越大收获越多，但项目的复杂程度也相应地急剧增加。在项目期间根据需要对范围进行调整。
- 避免——假设输出项和要求是静态不变的。
  - 把设计/再设计当作是建立新标准，甚至是对提供给客户的解决方案进行改变的一次机遇。
- 避免——在变革准备工作方面被动地等待。
  - 变革管理规划应该是设计/再设计团队与项目支持者及团队组长一起合作所开展的最初工作的一部分。

继续第 12 个案例：COLA 公司的项目团队对客户进行拜访，借此了解怎样才能够改善公司的流程

极限克星小组决定，在项目早期，他们将重点着眼于对客户的计算机系统事故责任险以及 COLA 公司能够为客户增加价值的其他方面获得更新的了解。他们开始对手头现成的客户呼声资料进行全面的研究，并记录每个关键输出项和要求。

接下来，项目团队与客户公司包括风险管理、高级管理人员和法务在内的多个部门的人员安排了一系列的电话会和现场会议。与客户的讨论证明非常有启发。大家开始认识到：他们能够"取悦"顾客的不光是更快地完成保单，还包括让保单文件本身变得更容易理解。通过为保单完成流程的输出项建立起一系列的初步设计标准，他们完成了项目的定义阶段。

"测量"阶段：建立绩效表现的基准

就算项目小组在流程设计/再设计项目测量阶段的工作与流程改进项目测量阶段有所不同，但也几乎没有关键的差异能将两者区分开来。而且，流程设计/再设计项目的测量可能还更简单，因为流程设计的目标并不是要寻找根本原因，对当前流程的了解程度只要能够确保新的流程能够实现明显的绩效改善就足矣。一如既往，在决定开展任何测量活动时，都要确保目的明确并对项目整体目标的实现有价值。

标杆分析以及外部标准

测量阶段的另一个层面是外部标准，其能够给流程设计/再设计活动带来特殊的好处。（对标杆流程进行分析也是改进项目的一个选项，但其更适用于正在进行重建的流程。）外部参照标准有助于确立公司绩效表现与其他类似流程之间进行比较的重点。

通常，参考标准的最佳候选对象并不是公司的直接竞争对手。原因很明显，让竞争对手把他们的信息拿出来分享绝非易事。此外，行业内的"近亲繁殖"务必会导致在整个业务领域中重复最糟糕的（而不是最佳的）实践经验。当读者们考虑在自己所在的组织以外的其他地方收集数据或进行测量时，提出问题"谁在这方面的确做得不错，我们该如何设定更高的标准并学到更佳的实践？"从接近的难易程度与配合情况的角度考虑，在公司自己的整个组织范围之内对其他事业部、业务部门或并购的业务进行研究，或许也是获取标杆数据一个不错的来源。

确定未来的评价指标

建立随后对设计选项进行测试中所采用评价指标，通常是起始于六西格玛设计过程测量阶段的任务之一。利用在定义阶段所确定的顾客要求，就可以形成可衡量的具体因素，项目小组将会采用诸如实验设计等这类过程模拟工具以及/或者过程模拟方法，对这些因素进行评估。

尽管早期建立的评价指标有助于确保各种关键要求在整个设计活动中都被满足，但也不应该刻意保持一成不变。

在我们进入DMAIC项目的分析阶段之前，我们一起来了解COLA公司是如何着手开展其项目的测量阶段的。工具15-4还提供了在该阶段所"提倡的与避免的"行为清单,以帮助读者顺利开展自己项目测量阶段的工作。

工具 15-4

六西格玛流程设计/再设计项目测量阶段所"提倡的与避免的"行为

- 提倡——针对流程全部的关键要求都拥有严谨的基础表现评价。
  - 当我们对项目成果进行确认并跟踪新流程的绩效表现时,我们需要将其与基础数据进行对比。
- 提倡——同时在流程内部及组织之外,对有助于我们识别再设计机会的那些信息进行搜索。
  - 这里的意图是找出产生较好绩效表现的途径,评价指标能够在这方面予以帮助。
- 避免——搜索与根本原因有关的数据,而计划却是对流程进行重新设计。
  - 各种不必要的评价不仅会浪费我们的时间,太多关于当前流程的数据也会使大家不堪重负,从而限制了我们的创造力。

继续第12个案例:COLA公司的项目团队对流程的速度和表现进行测量

关于保单完成过程最终输出项的时间周期,COLA公司的流程再设计小组已经拥有了质量不错的数据。然而,他们也认识到,如果他们对当前流程的表现有更好的理解,那将有助于他们得知这个总时间在整个过程中是如何分配的。根据来自于客户的最新反馈,他们还决定再增加一个先前被遗漏的评价指标——保单文件篇幅的长度。

项目团队制订了一套数据采集及抽样计划,采用跟踪记录表对流程中每个步骤所花费的时间进行记录。他们希望能够了解保单文本的大小对处理速度有何影响。有了数据在握,他们已经为接下去进行项目分析阶段工作的推进做好了准备。

"分析"阶段:为再设计奠定基础

在流程改进项目中,分析或根本原因发现阶段非常关键。相比而言,一旦组织或团队决定对流程进行重新设计,根本原因分析就不再重要了。取而代之的目标则是运用新的工作流程、步骤、技术等创造一个全新的流程,以满足明显更高水平的绩效要求。过度分析事实上会造成人们的思想禁锢于目前的工作方式,从而对再设计活动产生束缚。与此同时,正如COLA公司项目小组所发现,在分析阶段,会出现某些关于再设计活动会怎样带来激动人心的绩效改善、有用的榜样。让我们看看COLA公司的项目团队都了解到了什么。

继续第12个案例:COLA公司的项目团队对流程的速度和表现进行测量

COLA公司的项目小组所收集的评价数据相当有启发意义。正如他们所怀疑的一样,保单完成过程中8个主要步骤中的绝大多数步骤所耗费的时间都相差不大。他们在柱状图上把每个步骤的时间都表示出来(见图15-2)。然而,当他们采用散点图对保单篇幅长短与总时间之间关系进行研究时,这些数据就更有启示作用(见图15-3)。

更进一步地对流程进行研究

到目前为止,尽管有了这些发现,但团队中仍有许多成员持怀疑态度,这些怀疑论者不确定重新设计流程真的会使他们向在一个半星期之内完成保单这个目标靠近。一段冗长的开场白之后,项目顾问艾尔特·格拉斯提议大家进行"价值和时间分析"。

"那是个什么东西?"来自法务部门的鲍勃问道,他又立即后悔向艾尔特抛出问题。

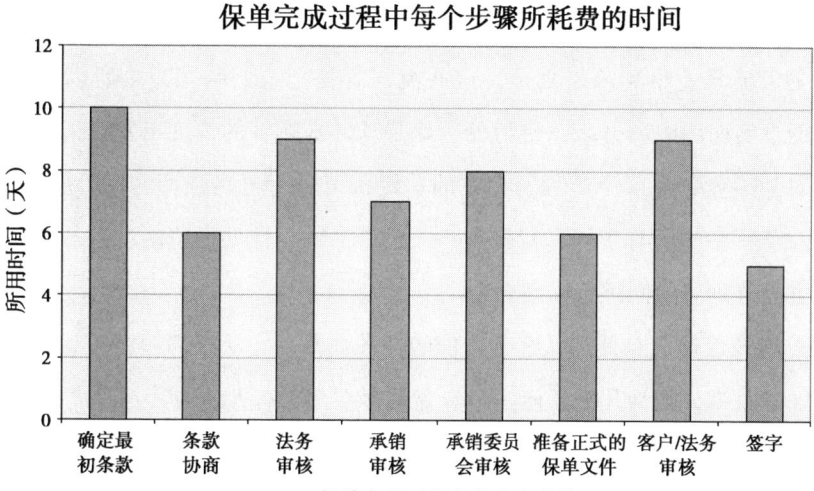

图 15-2　COLA 公司保单完成过程中每个步骤所耗费的时间

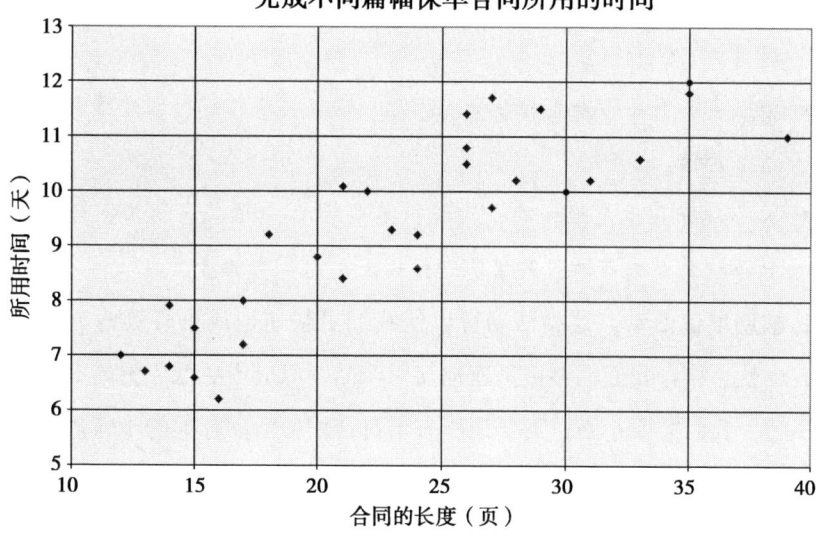

图 15-3　COLA 公司完成保单所用时间（Y）与合同长度（X）之间的散点图

让鲍勃感到庆幸的是，艾尔特的回答出人意料地简短："就是如何搞清楚流程中有多少工作是真正重要的工作，以及你们在这些活动上花了多少时间。"

流程价值分析

随着流程变得越来越复杂，这些流程容易把人们与客户之所以光顾某项业务的真实原因隔离开来。价值分析就是从外部顾客的角度出发对工作进行研究，对某项业务或某个流程所存在的关键价值进行再次强调。在价值分析中，我们对流程中的所有步骤进行分类——增值活动、辅助增值活动以及非增值活动，下面分别对他们进行详细介绍。

1. **增值活动**。对外部顾客有价值的任务或活动。从外部顾客的观点出发这一点非常关键，因为几乎任何一个步骤的存在都会有人认为其是有理由的。"因为老板需要，我们就开展该项活动"并不意味这项任务给最终客户带来了价值的增加。

下面是读者们在从事顾客增值活动时应该仔细考虑的三项标准：

- 如果顾客知道我们正在开展一项活动，他对该项活动表现出在乎并/或愿意为之付款。
- 给服务或产品带来某种改变。因此，仅仅将事物进行四处移动通常都不增加价值。
- 第一次并且也是唯一的一次进行某项活动。（维修、返工、换货等活动只不过是对先前所犯的错误进行纠正，都不增加价值。）

2. **辅助增值活动**。这类活动可以使我们更快速地或更有效地为顾客开展工作，也就意味着我们能够更迅速地交付产品，以成本更低、更高准确度，等等。不过，我们需要小心，不要让所有不符合增值活动标准的步骤都成为辅助增值活动。这类活动通常都相当少见。

3. **非增值活动**。这些流程中"令人震惊的"地方并不为顾客增加价值，但是，似乎绝大多数组织中都存在着数不胜数的这类活动。符合这种类型的活动包括返工，除此之外还有：

- 各种延误
- 各种检验

- 各种审查
- 运输/传送（从一个地点或步骤到另外一个地点或步骤）
- 内部汇报和评判
- 前期设置和准备工作

这类非增值活动看起来似乎相当残酷。因为当我们对这类进行彻底的了解，我们就会发现典型的组织中所发生的绝大多数事情，在顾客的眼中看来并没有为其增加任何价值。你们（作为我们的读者）可能并不关心我们是否购买了专门书写软件，以便提醒我们在写下每一句时都要诙谐有趣。就你们所关心的而言，你们付钱是为了得到我们所提供的价值，而不是我们购买使文字天花乱坠的软件所耗费的成本，不是吗？我们购买书写软件可能是在浪费金钱，承认这一点或许会令人伤心，但是，这就是非增值活动的残酷现实。读者们可以打个赌，许多在你们公司所进行的所谓"为了顾客利益"的工作，实际上客户根本就不在意。

在增值活动和非增值活动之间取得平衡

从现实的角度出发，取消所有的非增值活动则是一个糟糕的想法。例如，整理税务申报单、为员工提供福利或对电脑文件进行备份，尽管从顾客的角度来看，这些活动都不增加价值，但是如果公司还想继续开展业务，开展这些活动则是为了公司的最佳利益。

再举另外一个例子，为了保护公司远离那些赖账不还或拖延付款的买主，进行客户信用审核是一项明智的业务惯例。从客户的角度出发，这类活动绝对不增加价值，但公司大概也不想放弃这类活动。另一方面，认识到这些活动的确没有增加价值，将有助于公司正确地看待这些活动。在没有太多风险的情况下，公司可以加快信用审核的速度，甚至是取消信用审核。而且，事实上由于众多公司希望找到既能够减少非增值活动对顾客所产生的影响，同时仍然对业务风险进行控制的方法，即时信用审核的重要性在金融服务领域正不断地增加。

实施价值分析的步骤

为了进行有效的价值分析,我们需要对流程有详细的了解。相反,技巧则是相当的简单:

1. 确定将要分析的流程,并画出流程图。

2. 按照标准分别对每个步骤进行归类:增值活动、非增值活动或辅助增值活动。

3. 计算每类活动所占的比例,并评价增值工作与非增值工作之间的平衡情况。

下面我们一起接着了解案例中的保险公司是如何开展流程的价值分析活动的。

继续第12个案例:COLA公司的项目团队

对流程进行价值分析

针对保单完成过程,COLA公司的项目团队用了数天的时间准备更加详细的流程图。接着,他们按照过程开展或跨职能部门的形式对流程图进行条理化安排,把部门和客户放在流程图每一列的最上方,各个步骤则被放在与之对应的部门或客户一列。大家在每个步骤的右边都标注出该步骤的类别:增加价值(VA)、辅助增加价值(VE)或不增加价值(NVA)。

大家的总体发现显示:在整个过程的45个基本步骤中,增加价值的步骤有4个(8.9%),辅助增加价值的步骤有两个(4.4%),剩下的39个步骤(86.7%)都是不增加价值的活动。"我认为这很有道理,"项目组长托妮发表她的意见,"我们所销售的是保险或风险保护,而不是文件。"

来自信息系统部门的珂琳·沃特斯表达了她的观点:由于面临有悖于法律监管要求的风险,有几个不增加价值的步骤可不是公司想取消就可以随便取消的,而且他们仍然还未能证明流程时间可以被缩短到1.5周。

"没错,"托妮表示赞成,"我们还需要把时间因素考虑进来。"

流程时间分析

为了提升对流程的了解程度，我们可以在流程的价值分析过程中增加时间分析的两个方面：

1. **操作时间**。在产品或服务流向客户的过程中，公司对其进行某种操作实际所花费的时间。

2. **等待时间**。产品或服务用在等待进行操作的时间。想象一下，有一堆零部件、一摞申请或一车产品都无所事事并不停地摆弄他们的大拇指（如果他们有大拇指的话），等待有人过来并对他们进行操作或移动。流程中的这部分也被称作"排队时间""集结时间"或"延误"。

如果之前未曾有人对其加以留意，那么时间分析可能会是另外一个震撼。也许时间分析对你来说并不是什么新鲜事，但是，业务过程中的确存在着大量的闲置时间。在那些把改善流程时间作为优先事项的领域，时间分析在缩短流程所需时间方面已经得到了巨大的好处：从数个小时到以分钟来计、从几个月到按天来计。在过去的15年间，对速度的要求从准时制交付，到快速产品更新换代，再到基于时间的竞争，已经在遍布全球的众多公司中推动了某些最引人注目的改善。

我们一起来了解一下这家保险公司对时间信息所进行的分析有哪些启示。

🎬 继续第12个案例：对时间信息所进行的分析显示 COLA 公司所可以显著地缩短完成保单所需要的时间

当 COLA 公司的流程再设计团队从整个流程的角度出发对时间信息进行研究，这项研究给大家带了比价值分析甚至更大的启示。

"好吧，我开始相信我们可以完成目标了。"信息系统部门的珂琳在看到分析数字之后说道。大家对流程中每个步骤实际所需的操作时间做出了大概的估算，然后再通过与具体从事各项工作的人员进行交谈，进而对他们所估算的时间进行核实与修订。当大家把所有每个步骤可能做到的时间加总到一起时，他们发现：在平均完成保单大致上所用的 10.4 周（52 天）时间里，只有 8 天或 15.4% 的时间是实际操作时间。

把时间信息按价值因素进行分析甚至更有启发：大量的工作时间被用于各个不增加价值的步骤上。总体而言，他们估计在保单完成过程的总时间中，只有 3% 或不到两天的时间是在从事增加价值的活动。

"12 周的界限太宽了，其将会成为历史！"保单核保部门的艾克（Ike）惊呼道。

"没那么快，"顾问艾尔特仍然慢条斯理地提醒大家，"你们不能简单地取消现行流程中的所有步骤并砍掉闲置时间，并期望把绩效表现维持在足够的水平上，同时完全控制……"总而言之，要领就是真正的解决方案来自于对 COLA 公司如何制定保单文件进行重新思考，进而找到一个能够满足 1.5 周期限标准的方法。大家一致认为他们已经为再设计工作的开始做好了准备。

分析阶段总结

在流程设计项目中，价值分析和时间分析是很有用的工具，大家可以利用的这些工具核实在效率和有效性方面取得明显改善的可行性或提出各种问题。在我们所见证过的最令人震撼的"大吃一惊"的表现中，某些是在人们了解到自己的工作与时间中有多少实际上是必要的时候所表现出来的。

在流程改进活动中，抑或是当某个团队拿不准是应该解决流程中的问题还是对流程进行重新设计的时候，这些技巧也都会很有帮助。

尽管这类数据可以给大家带来很多启示，但在使用时还是小心谨慎。一方面是，公司对流程再设计工作的开展可能还没准备妥当。正如艾尔特·格拉斯所说，公司不能仅仅只是取消所有的非增值活动，并宣布在流程中禁止出现等候时间。另一方面则是，那些不增加价值的活动（其中的某些对公司可能极其重要）代表着员工们的工作岗位。告诉每天都在努力工作的员工，他们中大部分人员的工作并不增加价值，会产生各种后果，公司最好尽量避免出现这些后果——就像我们将要了解到的 COLA 公司所发生的事情一样。然后，我们在工具15-5中列出了在分析阶段所"提倡的与避免的"行为，以帮助读者顺利地实施自己项目的分析阶段，这样我们就可以进入项目的改进阶段了。

工具 15-5

六西格玛流程设计／再设计项目分析阶段所"提倡的与避免的"行为

- 提倡——利用流程分析对再设计活动获益的潜在可能性进行澄清。
  - 寻找数据来支持我们的结论：实施再设计活动很有必要，而且也是有助于我们实现目标的切实可行的方法。
- 提倡——随时准备根据我们所获知的信息对计划进行修改。
  - 例如，如果我们发现某个单独的解决方案就能取得巨大的收获，并不需要进行彻底的再设计，那么就改变工作重点。如果不需要，那就不要开展再设计工作。
- 避免——着手对每个问题都进行详细的分析。
  - 保持视野开阔。对具体问题研究得越深入，可能就越难在不受各种根深蒂固的条条框框的影响下实施再设计工作。

继续第12个案例：缩短流程时间可能会导致消减工作岗位，因此COLA公司正面临着员工们的轻微反抗

"我必须把即将发生的事情向员工解释清楚。"COLA公司的CEO鲁特·比埃尔在由领导团队所参加的一次会议上谈到，会议是在公司突然出现大规模裁员的传言的情况下紧急召开的。"如果保持沉默，我们将会一无所获。"他表示道。

托妮·卡瓦哈尔也被邀参加了此次会议，她清楚地表明自己的看法："我们可能有机会对公司员工的数量进行消减，鲁特，难道这不再是一个选项了吗？"

"可能必须得这么做，托妮，"比埃尔赞同道，"当然，如果你们可以想出

更快的流程，我也期望公司所能取得的业务增长为每位员工都提供了足够的工作机会。但是，我们也不能粉饰这一点：公司可能会裁撤某些岗位——我们不允许有人待在公司而无所事事。"

保单管理部门的副总裁戴安·艾迪索塔（再设计项目团队的支持者）做出道歉："好吧，鲁特，我必须得承认，托妮以及她的团队已经向我提出过几次要求：让你就这个项目以及我们可能的计划发表一个比较坦白的通告。在这个问题上，我应该向你提出强烈要求，但我并没做到。"

"大家都知道，"COLA 公司管理体系的负责人胡安·卡路里开始发表他的评论，"我认为很多公司不得不越来越重视这类问题的处理。要想在业务改进方面变得更加积极主动或是与客户同步保持且不落后于竞争对手，也就意味着更大的、也更加频繁的变革。因此，我们必须得学会怎样更好地对这些冲击进行管理。"

第二天，COLA 公司的全体员工都收到了一封来自鲁特·比埃尔的电子邮件，部分内容如下：

> 为了继续保持业务增长，并满足客户在风险管理方面对快速响应不断提高的要求，COLA 公司必须大幅提升完成保单协议的速度，但还要保持与目前同样水平的准确性和专业化程度，目前的准确度水平和专业化程度是公司所拥有的良好声望的基础。公司为此组建了一个项目小组，力图对保单完成过程进行重新设计，目标是把完成保单所需的时间从超过 10 个星期缩短到两周以内。我们的目的并不是裁减员工数量，但在对工作方式进行调整时，可能会取消某些工作岗位。我们也可能需要增加新员工。我会及时通知大家该项工作进展情况，并保证比现在做得更好。同时要求每位员工对这项活动都给予支持。如果我们取得成功，对 COLA 公司以及全体员工都意味着巨大的新机遇。

接下来的几天，COLA 公司的高管与员工们召开了一系列的午餐会。对传言背后的真相予以明确的说明，尽管员工中依然存在着某些担忧，但公司的总体气氛变得正面积极了许多。

"改进"阶段：对流程进行重新设计并执行全新的流程

想象并重新设计一个全新的流程，然后再使其开始运转，可能是一项几乎会令人抓狂的工作。由于该项工作试图突破公认的行为模式、打破疑虑、确认新的工作流程及作业程序，进而建立一套经济实用、不出问题、无须返工，并在绩效表现方面取得重大成就的全新工作方式，项目小组需要展现出各种不同的人格特质。还有一项额外的挑战来自于这样一个事实：那些从事日常工作的员工对公司现有的流程都已经习惯了。

鉴于这些常见疑虑的存在以及对多种人格特质的需求，流程设计要遵循的最佳途径是：随着活动的进展，交替使用创造性与分析力在增加细节与设计改良之间进行轮换。紧跟着最初设计阶段的就是改良阶段，在对设计进行改良期间，更多的工作则是对流程进行测试、改良并确保万无一失，最终则是对流程进行全面执行的实施阶段。图15-4呈现了在改进阶段从设计到实施过程的宏观步骤，然后我们再看看案例中的COLA公司是怎样制定出保单完成过程的宏观示意图的。

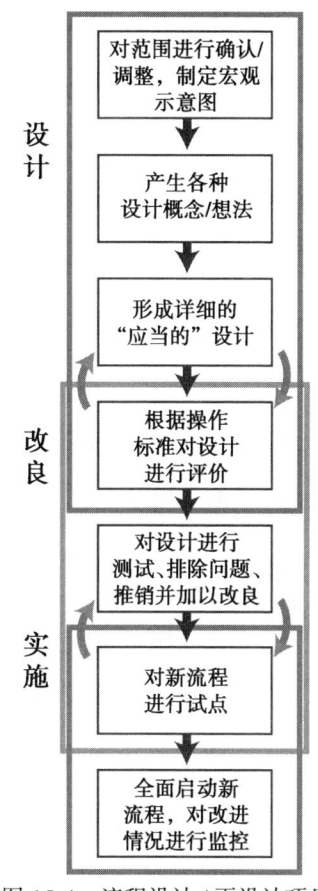

图15-4　流程设计/再设计项目改进阶段的总体步骤

🎬 继续第12个案例：COLA公司的项目团队对想要改进的流程做出总体考虑

对项目的担忧引起了一些小小的动摇，在接下来的会议上，极限克星小组首先对项目章程进行了回顾，并对保单完成过程再设计的基本要求做出重申。

大家决定选择公司以外的某个场所开始对流程进行重新思考，这样有助于避免他们还想着当前是怎样完成这个流程的。在艾尔特和胡安的指导下，项目小组为设计工作绘制了一个流程图，其中包括数轮创造性设计、紧接着的仔细审核和分析，再然后就是实施。

在对设计进行讨论的早期，大家一致赞成合理的流程应该具备一项重要特征：合同文件本身必须大幅简化。"虽然这并不是我们计划的一部分，但长达30页的合同所造成的影响的确显而易见。我们可以让工作进展得更加迅速，如果客户同时还能够理解我们所提供的东西，他们将会更加满意。"保单管理部门的泰（Tye）发表他的看法。

当然，更简短的合同必须经得起法律上的推敲并符合保险法规的要求。COLA公司的法务部门必须予以支持，否则整个想法就会偏离正确的轨道。法务部门的鲍勃·塔尔自告奋勇地组建了一个单独的的合同再设计工作小组；大家一致赞成鲍勃与托妮一起同保单管理部门的戴安·艾迪索塔以及鲍勃的老板——首席法律顾问汤姆·柯林斯进行会面，就合同修订子项目取得他们的支持。

大家所讨论的其他设计准则或思路还包括：

- 减少并且/或者取消各种审核
- 为合同设定更多的标准特性，作为保单的"构成要素"
- 把保单中某些条款的决议放到在保险协议签订阶段确定
- 去除流程中的等候时间
- 用电子化的手段进行文件传递
- 针对每份合同都安排一个相应的"所有人"或"协调员"，对合同的及时完成负责

在公司之外所召开的这次会议上，最后一项活动就是绘制出宏观流程示意图（见图15-5）。"我们的流程曾经包括8个步骤，现在只剩下4个了，那么这就是我们的起点。"贝芙指出。

流程设计中的基本要素

当团队开始着手建立一个全新的流程时，检查所有基本要素是否到位尤为

重要。我们将在下面几个段落中对这些要素进行描述,虽然其中某些是常识,但其他还有一些要素或许并不那么显而易见了。

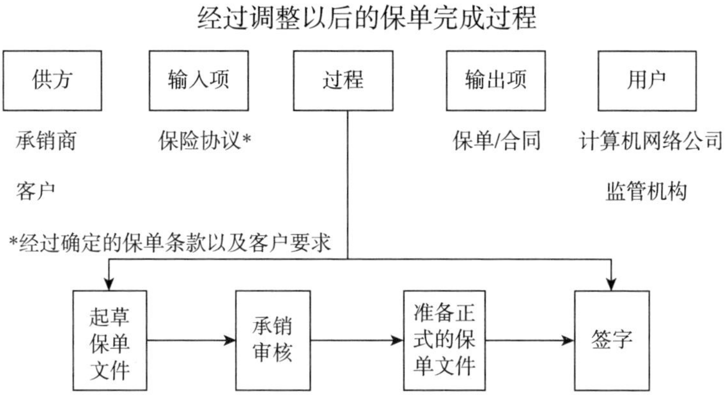

经过调整以后的保单完成过程

```
供方          输入项         过程          输出项         用户
承销商        保险协议*                     保单/合同      计算机网络公司
客户                                                      监管机构
```

*经过确定的保单条款以及客户要求

起草保单文件 → 承销审核 → 准备正式的保单文件 → 签字

图 15-5　COLA 公司重新设计的保单完成过程 SIPOC 示意图

- **清楚明确的目的、目标以及/或者愿景**。这些均有助于团队了解公司希望新的流程朝哪个方向发展。作为指路明灯,它们就像远处机场所矗立的白绿相间的信号灯一样。
- **清晰的流程范围**。如果对流程/项目的范围进行任何明显的改变,都应该经过支持者以及/或者业务领导者的审核。
- **改变各种规则的意愿**。不幸的是,新流程设计思路的障碍常常是,对如何或应该如何完成工作所存在的各种下意识的想当然或信念。可以通过团队以及那些即将与新流程为伍的同事们协调一致的努力,去克服各种陈旧过时的想当然。
- **创造性思维**。有能力想象并找出取得全新绩效水平的方法扮演着一个重要的角色。能够创造性地借鉴来自于各个不同组织中的最佳实践,也同样如此。
- **技术/实施方面的知识**。随着各种想法逐步变得清晰起来,能够对各种想法的实用性进行评价并使其成为现实,则需要更高的本领。
- **考核/运行标准**。如果再设计活动的目标类似于机场的灯塔,那么对新流程而言,考核标准以及运行标准就像是机场跑道上的指示灯:指引大家走向正确的道路以便顺利着陆。提前明确这些标准，通过提供各种指导准则、并同时确保有合理的方法用于想法评价，实际上能够帮助使人们更具有创造性。

- **时间**。引用托马斯·潘恩（Thomas Paine）的一句名言："时间，而非说理，会使更多的人转变观念。"有时间进行思考并适应各种新的手段，就创造力以及取得大家的认同而言，是必不可少的。
- **信任**。信任是流程设计活动取得成功的一项关键原则及要素。举例来说，流程中之所以存在许多非增值活动，只是因为员工有出现工作失误的可能性，而我们又不相信员工不会犯错而已。但是，流程能够顺利进行的一项基本前提就是：如果了解我们对他们的要求，得到相应的支持并具备合适的技能，人们就能够把工作做好。

继续第12个案例：通过在框架上添砖加瓦，一个全新的流程逐步浮现出来

COLA公司的项目团队决定分成两个小组，开始着手建立全新的工作流程。其中一个小组立刻投入到在墙上画出"应该的"流程示意图；另一个小组则进行头脑风暴，找出缩短流程时间的方法，同时还要确保合同内容充分涵盖了源自客户的意见输入以便满足他们对承保范围的要求。（"快速但错误百出，可不是选项。"鲍勃·塔尔发表意见。）在绘制新流程的示意图的时候，两个小组还就每个步骤是否增加价值或辅助增加价值展开了讨论。任何不增加价值的步骤都被标上星号，以便随后再进行探讨。

概括而言，大家在新流程中植入了几项全新的创举。

- 保险协议中包含一个表示承保范围的代码，每个代码都有与之相对应的保单模板。根据代码及模板，就能够更快地起草与之相应的保单合同。
- 保单条款（也就是客户为了确保他们不会面临过高的风险所提出的要求）也被确定为"一揽子的内容"。在保险协议中对这些一揽子的内容进行描述，如此一来，只需要在合同中包含经过修订的条款（如果有的

话）就能够完成保单。

- 保单协调员对分配给他或她的每份新保单负责。每位协调员与数量不超过两个的销售/核保团队一起工作，以确保在整个过程中都保持对顾客始终如一的了解。
- 在整个流程的一开始，每一份保险协议/新保单都会被赋予一个编码，而不是像以前那样在过程中间再编号。流程中每个步骤所需要的时间周期在保单数据库都有一个指导标准，这样就可以在保单数据库中对每份保单的进度进行跟踪，如果保单进度超过截止日期，系统就会发出警示。
- 取消法务人员对保单进行审核这个步骤，除非保险承保责任超过了一定的金额（这种情况在保单总数中所占的比例只有很小的一部分）。
- 同时，公司为保单完成团队专门配备了一支由核保人员组成的小组，最开始包括成员，负责审核那些没必要向客户所提出的问题。
- 正如在前面已经做出的决定，保单合同的内容将会被简化，目标是平均篇幅长度为8页。通过电子邮件把保单审核稿发给客户供其进行审核，为客户提供详尽的指导并重点突出关键的文字内容，以便于他们对那些需要他们予以密切关注的关键点进行核实。当两个小组分享各自的想法进而整合形成"应该的"流程示意图时，整个流程由原来的45个步骤减少到只剩下了16个步骤。

工作流程以及流程管理的几种选择

提高流程的表现有多种选择，取决于具体的产品/服务以及将要完成的工作。下面几个段落对适用于不同流程设计情形的各种原理进行了描述。

流程简化。步骤越少，流程的运行路径就越连续一致，我们就越能够消除缺陷并对变异进行控制。我们可以拥有数量更少的"交接环节"、人员（"人多反倒误事……"等）与非增值活动。如果在手工劳动的情况下工作的复杂程度更低，简化流程是一个避开实施自动化的理由。

线性流程。按顺序安排任务有助于避免出现交流和合作方面的问题。人们最容易对直线型流程进行跟踪和管理。然而，直线型流程却存在着一个巨大的弊端：如果某项任务未被按时完成，就会耽误接下来任务的开始时间，从而增加了整个流程需要的时间。

并行流程。同时或平行开展多项任务，减少整个流程的时间周期。例如，在一个新产品的开发过程中，可以分别对各个部件进行独立设计，然后再整合形成最终的完整产品。并行流程所面临的挑战是可能被称为"异手"综合征：在流程中某个分支做出的决定或改变并未被其他分支所知晓。结果是，当各个分支路径在下游开始汇集时，流程就出现了问题。

替代路径。根据不同的产品类型、技术、顾客需求等等，为了灵活完成相应的工作而预先规划，其重要性在每个产品或订单都很特别的商业环境中日益增加。替代路径允许我们针对任何数量的因素采取相应的处理措施。举例来说，当患者到医院看病时，取决于其身体所处状况的紧急程度，患者或许会采取不同的就诊"渠道"。然而，由于一项任务存在着多种不同的处理方法，替代路径这种方法所面临的风险则是很难在流程中对任务进行跟踪和管理。

瓶颈管理。几乎所有的流程中都存在处理能力不足或操作时间过长的环节，从而导致工作进度减缓或任务堆积。在对瓶颈进行管理时，瓶颈环节的处理能力被"提高"，以便使整个流程的运转顺畅起来。但是，请注意！增加人员或机器设备可能并不是消除瓶颈环节的最佳方法。也可以考虑如何对产品、服务或任务/作业程序本身进行改变以消除流程的减缓。还有，消除某个瓶颈可能会在流程下游更远处创造出另一个瓶颈。我们需要以"整个流程"的观点来进行瓶颈管理。

提前做出决定。由于做出的决定会受到挑战，自然而然的倾向就是把做决定的工作拖延至流程的后期。但是，这种拖延会迫使大量工作的开展只能以假设为基础，而这些假设随后又被证明是错误的。推动在流程的上游做出各种决定，可以降低随后仓促行事或进行返工的可能性。在COLA公司的项目中，其设计活动中的一项决定就是要求在前期对保单条件及条款进行澄清——提前做出决定。这样一来，保单的实际完成过程就可以畅通无阻。

标准化的选项。这种方法既简化了决策过程，又通过确定固定数量的选项，使流程准备好应对不同的选择，从而为流程提供了灵活性。这种设计的输出结果将是一件半定制化产品或服务。选择要素的数量将会决定可能出现的不同最终产品个数。

这种方法最广为熟知的例子之一就是汽车工业。各个汽车厂商提供一系列颜色搭配以及其他选项以供消费者选择，除非是标准套装的其中之一，否则就不可能存在米黄色地毯与蓝色车身这种搭配。以 COLA 公司为服务行业的例子，当项目小组为了加快合同完成速度而决定建立保单要素集合时，他们所采用的正是这种方法。

单个联络人或多个联络人。这两个系列的客户接口终端包括许许多多的选择。在单个联络人选项中，一位客户以及/或者一张订单被安排给某一名员工或某一个小组负责处理。这些人员或小组也被称作专案工作人员。如果某个客户拨通客服电话并被告知"始终向艾米咨询"，那么其所遇到的就是唯一联络人负责制的流程（除非这家客服中心有很多人都叫艾米……）。

具备多个联络人的流程通常都伴随着强大的客户以及/或者订单跟踪系统。这套系统允许使用该系统的每位员工对顾客提出的要求和问题进行跟进并做出回复。当顾客拨通客服电话，按提示输入客户代码，在与客服代表展开对话之前，自然而然地就会出现这一幕：只要系统不出问题，甚至在客户说"哈啰"之前，系统就已经调出了与该客户有关的所有信息。

关于工作流程选项的总结。在为组织进行流程设计探索时，读者们应该考虑某些更加常见选择，其中还包括各种已经存在了很长时间的设计选项。近些年，在管理思想上最重要的发展之一就是对这些选择做出了更加清楚的定义，并允许人们能够更清醒地决定哪种方式最适合于其所在的特定组织或特定流程。当然，最重要的问题还是："从顾客的角度出发，哪种设计最有效？"

对设计进行评价和改良的方法

有各种各样有用的技巧可以帮助大家对最初的流程设计进行评价和改进。

在这项工作中，还可以展开更多的细节以及各个次级元素。针对下面的段落就某些在设计改良阶段更有用的方法进行了描述。我们应该选择那些对具体项目最有帮助的测试和改良活动，最重要的是：在这些活动中不断学习，并根据经验教训对流程加以改编／改进。

流程模拟和排练。甚至是只对流程进行从头到尾的讨论，也是一种对事物的运转情况进行验证的好方法，暴露潜在的问题、确定哪里需要更多的细节，等等。某些流程软件可以让人们模拟运行不同选择下的各种样本情形，以便了解各种选择对成本、时间周期以及其他相关因素的影响。通过采用复杂的建模软件还可以完成更复杂的模拟，不过其所涉及的工作和成本可能会很高。

对关键时刻进行评估。识别流程中公司与客户打交道的关键环节并对其实施评估应该是一个优先事项。公司或许有了不起的新方法，能够更快地为顾客提供更好的产品。但是，如果客户在过程中未能被善待或者被忽视，到头来他们可能会变得比原来更不满意。

专题小组与意见反馈会议。更广泛的意见反馈，尤其是来自顾客以及／或者熟悉流程的人员所提供的反馈，能够暴露那些我们甚至连做梦想不到的疑虑和问题。既然我们不喜欢别人指出我们聪明地设计出的全新流程中的漏洞并进行抨击，那么最好让这种事情早点儿发生，而且是在会议室里，总比在启用新流程的时候发生要好。寻求大家的意见输入也有助于取得他们的支持，或者至少让他们知道他们的意见是有价值的。还有，小心不要只是礼貌性地倾听，然后却完全忽略他们所提供的意见反馈。

分析潜在的问题。每个流程都存在着许多潜在的问题。流程设计团队无法应对可能发生的每一个问题，但可以尽量识别出重大的潜在问题，并制定出各种预防手段以杜绝问题的发生或降低问题的严重程度。在分析潜在问题的过程中，基本策略是重点关注流程中至关重要的步骤并提出问题："会出现什么错误？"然后把精力集中在发生概率较高、造成影响较大的问题上，进而制定出预防措施（能够减轻或阻止各种问题所产生的影响的那些行动）或应急措施（旨在遏制或克服问题所导致的后果的各种措施）。在本书第17章中，我们将会探讨对潜在问题进行分析的一种更加详细的方法：失效模式与影响分析（FMEA）。

分析可能带来的意外后果。这种方法以全局的观点对新流程及其所带来的各种作业程序、工作及系统进行考量。执行新的流程就像是往池塘中抛掷石块：其影响向水面（也就是员工和流程）的各个方向扩散。变革的波涛会造成其他一些我们未曾预料到、可能很严重的问题。想要实施有效的潜在后果分析，了解各个流程之间的相互关联性是关键所在。举例来说，我们可以追踪到流程的上游，看看新的要求会对谁产生影响并是产生怎样的影响。反过来说，为了了解各种改变可能会在哪里导致无法预料的困难，我们就需要在流程的下游对新的作业程序或服务的实施情况进行跟踪。

为改进计划赢得支持

在一方面关注于有效执行的同时，流程改进过程中重要的一部分是使人们接受流程设计或过程改进。有两种方法能够帮助领导者或团队应对在争取支持过程中所面临的挑战：进行有策略的推销以及力场分析。接下来先详细介绍这两种方法，然后紧接着再回到我们所虚构的保险公司的案例中，看看他们是怎样为保单完成过程再设计计划赢得支持的。

进行有策略的推销。谈到有策略的推销，我们的意思是把工作的重点集中在关键的影响者和决策者身上，他们能够帮助建立起公司对计划的支持，并就如何实施改进提供有用的建议。最好从那些有可能赞成我们想法的人员入手。这通常都意味着需要把精力放在管理者或高级执行人员身上，但我们也应该没必要就此止步。重要的影响者有可能会遍布于组织中的各个部分。

力场分析。该工具用以识别并分析对变革或想法持赞成意见或反对意见的各种因素。力场分析始于系统化的头脑风暴活动，进而引发一场关于如何应对那些与项目团队的想法相抵触的因素或问题的讨论，并制订相应的计划。一个关键的前提是把注意力集中在转变或削弱抵触或牵制势力。因为我们在驱动力一方所施加的力量越大，通常只会导致反对一方越大的抵制力。

🎬 继续第 12 个案例：COLA 公司对新设计的保单完成过程进行精密调整

尽管 COLA 公司的项目团队对新的流程设计很满意，但大家也意识到要取得每个人的赞同可不是件容易的事情。他们也知道，在新流程投入使用之前还需要制定出来大量的细节内容。

首先一步是向高管团队介绍他们的计划。实际上，在正式的报告之前，项目小组与项目支助人戴安·艾迪索塔以及主管销售的菲力·库勒尔（Phil Cooler）进行了一次会面，对计划进行讨论。大家认为菲力的支持将尤为重要，因为他们正打算要求销售人员在保险协议中添加更详细的信息，而这有可能会给销售过程带来时间的增加。同时他们也知道，菲力是持续改善活动的强力拥护者，并能够明白项目团队所采用的推理过程的优点。

高层管理团队仍存在某些疑虑，尤其是对取消法务审核这个打算。因为其意味着很可能要解雇约 20 名律师，而这并不是最初的项目目标。最后，领导们同意让项目小组继续前进，同时需要对流程规划调整并确保其按照大家所设想的那样运转。

在把新流程给向公司的其他团队公开之前，大家决定自行对流程开展一些苛刻的评估，并同意让鲍勃·塔尔开始进行保单合同模板的起草工作。他们所做的第一项分析是对新设计的流程中的每一步进行排练。经过一整天的讨论，他们能够为流程充实一些更加重要的作业程序，并确定还有其他哪些地方需要被进一步完善。

这项排练同时也致使大家对新设计中采用数据库对保单进行跟踪提出了一个质疑：用于保单跟踪的数据库。"信息系统团队非常忙，"项目组长托妮说，"这可能会耽误整个项目，而且我不确信人工跟踪是否还会跟目前一样无效。"

项目团队把下一步工作分成两个主要的领域：

1. 分析流程中的潜在问题。
2. 准备一个初步的试点计划。

在对潜在问题所进行的分析过程中，大家发现了一些他们能够予以解决的可能的困难点。比如说，其中有这么一个例子：

流程中的步骤：客户合同审核。

潜在的问题：通过电子邮件所发送的审核文件被客户进行在线编辑，使得公司难以对被修订的内容实施跟踪并难以保证文件的法律效力。

预防措施：发给客户带有标记栏的文件，这样客户就可以在标记栏中添加修改意见，而实际上无法对文件本身进行编辑。

应急措施：没有。

获取专题小组对重新设计的流程的反馈意见

接下来的改良活动是召开一系列专题小组会议，与 COLA 公司的同事们对仍在发展中的流程设计进行探讨。究竟是召开几次由多个部门人员参加的会议？还是每次会议只集中于某一个部门？项目成员之间为此进行了反复争论。最后，他们采取了一个折中的办法：一共召开 3 次会议，与会人员分别来自于保单管理、核保、销售、会计和理赔部门，每个部门分别派一到两名代表出席每次会议。考虑到裁员的潜在可能性，让法务部门员工参加这几次跨部门讨论当然不是个好主意。因此，大家决定与法务部门的一些员工单独召开一次特别的会议。

项目团队为这些会议做了大量的准备工作。首先，项目小组希望用积极的眼光并能够准确地介绍新流程。其次，他们还想要确保与会人员不能一言不发，而且也不能不提供有用的批判意见。绝大多数的反应都是正面的，而且很显然，鲁特·比埃尔针对"大规模裁员"谣言事件所进行的沟通，已经帮助使员工准备好迎接即将发生的变革。然而，除了那些有用的建议之外，同时也出现了某些严正的批判观点。与会人员提出了许多项目小组没预料到的问题，这为他们的思考提供了更多资料，并促使形成更多关于如何使流程运转得更加顺畅的想法。

在对流程进行了一系列修订的最后，托妮、贝芙·艾瑞吉以及一名财务经理一起为新流程的实施制定了一份预算。整个预算包括对律师进行裁员所需要遣散费和为其提供再就业服务所需要的费用、某些职员的搬家费，当然也包括两名新增核保人员的薪资。托妮与鲁特·比埃尔以及戴安·艾迪索塔进行单独会面,并向他们出示了最新的计划和预算。会议刚结束,她就给项目小组发了一封电子邮件:"获得批准!"

实施新的流程:先从试点开始

重申前一章内容中关于实施六西格玛解决方案的观点:我们应该始终先从试点入手,而不是一开始就进行全面启动。试点工作为团队提供了一次对新流程中的各种假设、作业程序以及人员方面的挑战进行测试的机会,考验一下各个衡量系统,并在事情进展不理想的情况下对可能造成的破坏进行控制,而这种情况的确会出现。

在大家为试点工作做准备时,有多种选项可供选择。最复杂的试点工作可以被当做实验,用来对不同的方法进行比较并确定各个因素之间的最佳组合,以确保流程绩效表现的效率与效果。下面几段内容介绍了一些被广泛采用的试点策略,选择不同的试点策略对我们最终所采用的流程也将产生永久性的影响。

离线试点:类似于实验室测试,在这一方法中,试点其实就是模拟/复制真实环境下的"模拟样本"运转。这种方法的最终输出项可能不会被销售或交付给顾客,但是我们仍然可以对其质量进行评估,借此检查流程的有效性。为了测试新流程、新设备或开发用于试销的新产品,某些公司会建立一个试点。

挑选时间段:对试点的时间长短加以明确有以下几项好处:

1. 如果知道试点有明确的终点,参与人员就会以更加开放的思想去对待测试。

2. 试点过后的停工期间为调整或改良活动提供了时间,如果继续运行试点,可能就会难以实现调整或改良。

3. 各种对比措施则更具有启示意义。举例来说,如果绩效表现在试点阶段得以改善,但试点过后又随之消失了,这就增加了结论的合理性:绩效改善是由解决方案(而不是其他的某个未知因素)所带来的。

挑选任务或客户。这一方法实际上是在现有流程中建立一个另类路径，在其中执行某种类型或一定数量的真实任务。该试点策略很适合于新旧流程的并列实施，以便越来越多的工作采用新的流程。

挑选地点。如果组织中存在着不同的地区或地点，就可以挑选一个地点作为试点来实施新的流程、收集数据、进行改良，并在适当的时候对其他地方的流程进行转化。

挑选解决方案的组成部分。可以独立地对流程改变所涉及不同组成部分进行实验，而不是测试整个流程。作为最佳的实验性方法，更多关于这种方法的内容详见本书第 17 章中的"实验设计"部分。

选择一套试点策略。上述这些试点策略可以被混合起来搭配使用。比如说，我们可以对新流程中的某个组成部分实施离线试点，或者也可以某个地点开展一项有时间限制的测试。取决于新流程或解决方案所涉及的范围、复杂程度以及潜在的风险，为了尽量确保全面实施过程的进展顺利，在不同的维度以及/或者阶段开展试点工作将是关键所在。我们一起来了解一下 COLA 公司针对试点计划所做的决定。

继续第 12 个案例：COLA 公司制定出新旧流程同时并列运行的试点计划

极限克星项目团队计划选择一个保单处理小组开展为期 4 周的试点工作，同时采用新旧两套流程对两位销售人员的新保险协议进行处理。事实上，来自销售以及核保部门的小组成员已经开始让相应的客户准备好在保险协议签订之前就做出更加详细的决定。到目前为止，针对 COLA 公司要求客户在签订保单协议之前对其在承保范围上的需求做出更明确的定义，客户并没有表示反对，而且补充细节内容也没有给销售过程增加多少时间。"如果你们能够更快地把我的保单准备妥当，"一家互联网服务提供商的 CEO 说，"提前做一些工作没什么问题。"

大家一致同意，保单协调员对其所负责合同的进度保持进行手动跟踪和测量(也就是说,不采用中心数据库)。"这可是一项大量的工作,"保单管理部门的泰·尼布洛斯基(Tye Neebublscz)告诉试点小组,"但也的确很有意思。随着试点工作的进展,我越来越激动。"

在4个星期的第一次试点工作之后,是为期两周的评估时段。这个环节将决定是否还需要开展第二次试点工作。假如不需要进行第二次试点,那么接下来的实施计划就可以分为两个阶段:先让试点小组把他们的流程全部切换至新流程,然后再对剩下的其他部分进行转换。

在会议的最后,顾问艾尔特·格拉斯就试点小组所完成的出色工作进行了一个简短的(对他自己而言)发言。设计项目小组随后向参与试点工作的人员做出解释,称艾尔特在整个项目中是一个巨大的帮助:"不过,你得适应他个人的风格。"

COLA 公司重新焕发活力

几乎类似于任何一次试点工作,为期4周的新流程测试同样也经历了一些坎坷。事先确定的承保范围目录与新的保单模板并不是很匹配,因此,保单协调员只好付出一些额外的工作,以澄清哪些条款和保险批单是必要的。由于协调员把绝大多数时间都花在与他们的销售/核保搭档保持紧密接触方面上了,因此,团队协作使得上述调整更加顺利。大家还发现,向客户索要电子邮件地址以往并不是例行程序,这样一来,当保单文件准备完毕时,他们不得不先给客户的办公室致电去索要邮件地址,然后才能够把保单文件发给顾客进行审核。

随着COLA公司的员工开始真正地留意并集中精力于8天之内完成保单文件,尤其是试点工作的不断进展,实际的时间周期开始接近目标了。从某种程度上讲,对客户的审核时间进行管理有些困难。有时候,公司得等待4~5天才能拿到客户的意见反馈。但是,只要客户能够在一天之内返回他们的审核意见,整个时间周期就少于一个星期。

在试点工作的最后,整个团队召开了一场试点工作评估专题会议。大家确定了进一步的改良措施：

1. 把客户电子邮件地址的收集纳入到保单协议信息表中。

2. 明确指定一名代表客户进行文件审核的主要人员以及一名备份人员（作为主要人员碰巧不在办公室时的后备人员）。

3. 调整承保范围代码和保单模板，以便保单文件中所采用的项目正确无误。

4. 在准备通过电子邮件发送保单文件审核稿的前一天就通知客户一声，并在文件发出两天之后发送一封用于提醒客户的电子邮件。

大家还意识到他们所设的指标并没有达到应有的明确程度，而且对顾客所扮演的角色也要加以重视。因此，为了使目标更加具体，他们决定对指标做出下列改变：

把每个月保单完成时间周期设定为平均 7 个工作日，每个保单的完成时间最长为两周（在出现客户延误的情况下）。

对指标的操作性定义进行更新，明确规定自客户签署保险协议的当天开始计时，除去那些在下午 3 点以后所签署的协议将会从下一个工作日开始计时。任何出现下列情况的保单合同，均被视为保单在时间方面的缺陷：

1. 当客户签署用时少于或等于 3 天时，保单完成时间超过 8 天。

2. 在客户签署用时超过 3 天的情况下，保单完成时间超过 10 天。

保单完成过程的另一个主要输出项指标，"合同的正确性"将继续保持不变。

在为期 4 周的试点工作中，平均保单完成时间为 8.5 天，在总计 150 份保单中只有 5 份保单的处理时间超过 10 天。整个团队，包括设计团队和试点团队都有坚信：上述这些改良措施，再加上一段时间的经验积累，最终会让他们达成目标。

最终流程的全面推广

如果取得一次试点的成功之后就变得过于自信，这将是一个巨大的错误。相对于真实的环境，试点通常都是在更加受控的情形下进行的，需要管理的变化因素以及涉及的人员都比较少。在新流程从测试阶段向最终全面推广的转换过程中，几乎必然会出现其他各种问题。成功地启用一个经过重新设计的流程需要一些至关重要的因素，其中包括：

- **培训**。要想打破旧习惯，人们需要学习新方法。
- **文件编制**。关于如何实施具体工作的参考资料、对常见问题的解答以及流程示意图等，都很重要。
- **解决问题**。对于可能出现的问题由谁去处理，职责要清楚。
- **绩效管理**。留意是否有必要/机会对岗位职责描述、激励措施以及绩效评估标准进行修改。
- **测量**。对改进结果需要加以记录。

最后，让我们看看 COLA 公司项目团队所取得的成绩，然后我们在工具 15-6 中列出了改进阶段所"提倡的与避免的"行为，以帮助读者顺利完成自己项目的改进阶段。

工具 15-6

六西格玛流程设计/再设计项目改进阶段所"提倡的与避免的"行为

- 提倡——把注意力集中在寻找流程运行的新方式上。
  - 设法找出支配当前流程的各种规则或假设，并提出问题："这些规则或假设是否还成立？为什么？我们怎样才能够使其不再成立？"
- 提倡——设定绩效标准，借此对设计进行分析。
  - 为团队提供一套体系，针对流程的实际可操作性对他们的创造性想法进行评估。
- 提倡——反复地进行流程改良和提高。
  - 收集反馈意见、采用各种模拟、开展流程演练，并不断增加内容细节。
- 提倡——在得到保证的前提下，对流程的各个方面进行试点。
  - 这么做也许会花更长时间，但最重要的好处就是更加顺畅的最终实施。

- 避免——在停工的状态下开展试点。
  - 在各种不同条件下进行流程测试，包括当一切都忙得不可开交的时候。
- 避免——想当然地认为每个人都将喜欢新流程。
  - 哪怕只是无意中的反对，也终将会出现。从中学习并对其做出反应，但也要准备好在面对明显挑衅的时候，强化新规程的实施。
- 避免——把视线从流程上转移开来。
  - 除非出现问题，并且大家也为问题的发生做好了准备。至少从头到尾始终对一个流程循环保持警惕。准备向控制阶段过渡。

🎬 第 12 个案例大结局：COLA 公司的项目小组宣布再设计活动取得胜利——保单完成时间从 12 周降低至 8 天

新流程第一次试点 6 个月之后，COLA 公司的员工就开始奇怪他们怎么会曾经接受并忍受为期 12 周的期限标准。新流程在整个公司的全面推广也遭遇到了一些问题。新流程对保险协议内容增加了要求，但并不是所有的销售人员都愿意承担这些额外工作。实际上，有几名销售人员只能选择离开公司。

客户返回保单文件的速度也并没有大家所希望的那么快。随着时间的推移，公司掌握了几种方法，这些方法能够更好地让客户为审核工作做出准备。尽管更短篇幅的保单文件已经是一个巨大的成功，COLA 公司还是进一步在流程中增加了一个文件审核环节，在该环节中保单协调员会与客户一起把保单从头到尾过一遍（通常都是通过电话）。实际上，这个新的"关键时刻"被证明是提高客户满意度的一个重要的推进器。

实施新流程之前和之后的结果对比将说明一切（见图 15-6）。即便是面对顾客更加严格的需求，流程绩效表现与能力也还是取得了进步。没有了耗时 10 几个星期的旧流程中所出现的承保范围条款上的持续混乱，保单管理、核保、销售以及理赔部门的员工发现他们的工作更加有意义。

在国际保险与保障公司（COLA 公司的母公司）的年报中，特别提到了

COLA 公司的六西格玛设计工作：

指标	流程再设计之前	流程再设计之后
保单完成过程：绩效表现数据对比		
整个周期时间	10.4 周	8.2 天
平均每份合同的页数	26.3 页	9.2 页
平均每份合同的修订次数	7.1 次	0.4 次
DMPO（取整）	321 000	75 000*

*以 8~10 天的新要求为基础来计算。

图 15-6　COLA 公司实施新流程之前和之后的成绩报告

身处保险业最快速增长的市场之一，计算机事故责任保险公司（COLA）在对高科技公司的响应度、客户至上以及客户需求了解这几个方面，已经为其自身确立了领导者的地位。"如果没有 COLA 公司的努力工作，"来自财务领域的第 5 大互联网服务提供商——NetSetGo 公司的 CEO 表示，"许多公司或许不得不因为过高的责任风险而选择关门。COLA 公司的工作的确使得我们公司能够在这个行业继续。"COLA 公司的 CEO 鲁特·比埃尔预测接下来 5 年业务的年增长率是 35%。就在今年，比埃尔已经被任命为国际保险与保障公司的董事会成员。

第 16 章　The Six Sigma Way

对六西格玛体系进行推广并加以整合（路线图步骤 5）

设想一下，我们决定通过新的六西格玛饮食规划实施减肥。在适当定义的问题（"我的体重比理想值多了 25 磅"），认真记录的有效测量数据，对饮食及锻炼过程所开展的仔细研究以及某位医生和一些健身教练所提供建议的帮助下，我们开始实施一项与改变饮食以及增加锻炼有关的减肥方案。我们非常成功，以至于超过了我们为自己所设定的目标把体重降低了 27 磅，并且正好可以赶上暑期休假时光。

这个成功的故事可能会怎样收尾呢？控制饮食跟六西格玛一样：视情况而定。

旧的习惯很难被打破。可能我们已经囤积了大量自己所喜好的食物，天一下雨就停止慢跑，购买添加全脂牛奶而不是脱脂牛奶的拿铁咖啡。于是，在我们有所觉察之前，体重已经反弹到了减肥之前的水平。另一种做法则是提高自制力：为了控制体重，我们决定注意自己的饮食和锻炼过程，保持健康的饮食方式并采用图表对体重数据进行跟踪。我们甚至还设法降低了体内胆固醇的含量,大家都说我们看起来好极了。

与节食者一样,实施六西格玛的公司也面临着很多同样的挑战。一旦改进项目或设计项目达成了其降低缺陷或减少浪费的目标,自律就成了保持成果的关键所在。由于流程所涉及的不只是节食者一个人,而是很多人,所以当然要比降低体重更加复杂。当各种解决方案进入日常的全面运行时,六西格玛的获益是否会逐渐减少?减肥人员的体重会不会出现反弹?

即使改进活动产生了作用,但六西格玛公司还会面临着另外一个类似于减肥人员所面临的挑战:减掉最初的几磅很容易,但随着进展,体重降低会变得越来越困难。如果没有持续的专门努力,最初的改进决心将会丧失动力,并且公司将变成一个昔日的六西格玛组织。

在本章中,我们将针对保持六西格玛改进成果,以及把路线图步骤1至步骤4中的全部概念和方法融入日常的跨职能部门管理方式中所面临的各种短期与长期挑战进行研究。在对六西格玛绩效进行管理的过程中,公司需要采取以下三项重要措施。

1. 执行正在进行的各种评价与措施,以保持项目所取得改进(DMAIC中的控制阶段)。

2. 为流程的所属权及管理确定相应的职责。

3. 实施闭环监控并鼓励大家迈向六西格玛的绩效表现。

步骤5A:执行正在进行的各种评价与措施,以保持项目所取得改进(控制)

我们首先要考虑的是如何对通过六西格玛努力所获得的各种成果加以巩固。在流程改进或流程设计/再设计活动的结尾,我们所取得的各种成果最容易被破坏。单独一个团队无法保持他们所付出的各种努力就会逐渐消失。这个小节为大家提供维持改进成果的各个基本要素。

为解决方案建立可靠的支持

采取聪明的方式让其他人员理解并认可各种解决方案，是六西格玛中的一个常见话题，而且永远都有必要对解决方案进行"推销"。在接下来的几个段落中，我们对其中某些最重要的考虑因素分别予以介绍。

- **与负责对流程进行管理的人员一起工作**。如果对全新流程进行管理的人员也参与了新流程的制定，那就会很有帮助。否则，项目团队和支持者就必须仔细地对改进活动所带来的好处加以说明。让流程或者解决方案的负责人对项目所带来的改变承担职责，能够让这项任务变得更加简单。

- **采用包含事实与数据的项目情节概要**。项目情节概要以文字与图片的形式告诉人们改进活动的背景、情节过程以及成果。为了让人们确信新方法是正确的选择，需要能够就我们所形成的变化为什么以及如何对顾客进行具有意义的说明，这将是一个漫长的过程。

- **把使用新流程的人员视为顾客**。针对需要接受改变的不同内部团体，对"推销"的内容和宣传基调进行相应的调整。各种改进成果需要采用大家能够理解的方式来表达。例如，客户支持人员会很高兴听到"减少客户投诉"，但可能不会太在乎"额外推荐的业务"。如果要求员工从事新的或额外的工作是解决方案的一部分，那么就需要清楚地说明他们工作中的其他方面如何会变得更加轻松。

- **营造使命感和热情意识**。分享制定解决方案所带来的荣誉感并建立员工的参与意识并不只是一种推销工具，也是一种很现实的事情。正如我们之前曾提到过，没有任何一个黑带或项目团队能够指望仅凭一己之力就可以实现意义的改善。

对各种改变和新的方法进行记录

在很多人的脑子里，对某个作业程序或流程（即使是自己所创造的）进行记录的思想介于牙科手术所产生的恐惧感与填写所得税申报单时所带来的疯狂感之间。但文件工作是一个必要的痛苦，而且甚至文件工作本身或许就是一项具有创造性的工作。为了摆脱由于大量作业手册和过程描述的存在所带来的各种恐惧，一个成功的六西格玛组织需要找出新的且更好的方式，以便使文件能够适用且容易理解。

下面几段内容提供了一些普遍的指导原则，这些指导原则将有助于人们切实地遵守我们所制定的各种说明以及/或者文件，然后我们再研究一下与一个家居用品公司有关的案例，为了能够跟上消费者正在改变的偏好，这家公司利用六西格玛对公司开展业务的方式实施了一系列的改革。

- **保持文件简单。** 采用直接的语言编写文件，避免使用各种行话。如果必须使用新员工可能无法理解的特定术语，那就给出一份定义或术语表。对 TLA 和 FLA（3 个首字母缩写和 4 个首字母缩写）加以说明也很重要。如果需要阐述大量的细节，可以考虑把这些细节内容包含在辅助文件或参考资料之中，这样人们就能够很容易地获取各种基本信息并在必要的时候取得更多的背景资料。

- **保持文件清晰易懂并引人注意。** 尽可能地利用各种图片和流程图能够使我们的信息更加清晰易懂。采用留白、着重号、各种不同的字体以及重点突出的方式，既可以让文件的浏览更容易，也会使文件更加吸引眼球，在当今这个由视觉所主导的世界里，这是一项重要的判断标准。

- **包括用于不同突发事件的各种选项及操作说明。** 为了确保流程及作业程序不会被中途抛弃，其中有一种方法就是，针对各种不同的条件制定出相应的调整规划并形成文件。同时还包括如何对问题或麻烦进行识别的这类内容。

- **保持文件简洁。** 没错！（实际上，还有更多……）如果读者想要知道什么是简洁说明，只要看一看蛋糕食谱就明白了。一般来说，各种蛋糕食谱就是清晰和简洁的典范。相反，如果翻开电视机的操作说明会怎样？各种说明的内容越多，人们就越不可能有时间对其进行阅读或理解。

- **保持文件方便使用。**表明组织没有认真对待控制阶段的一种迹象就是很难找到各种文件,无论是实物文件还是网络在线文件。难以找到文件所传达出一种暗含的信息,不顾一些人员所付出的辛苦工作及分析,在流程的进行过程中,只要人们愿意,他们就可以随心所欲地采取任何过去的工作方式。但是,大家猜猜这会导致什么样的后果?曾经的痛苦、偏差将会偷偷地趁机再次出现,而这可不会给公司带来任何好处。

针对文件的更新与修订,制定一套相应的流程。只是口头表示"必须保持文件及时更新"并不够。类似于测量,文件工作也是一个需要进行设计并加以管理的流程,文件的跟踪和修订是该流程中的重要部分。在对文件进行设计的过程中,文件需要进行修订应该是最重要的考虑因素之一:文件越复杂,对其实施更新就越困难。但是,文件越是不经常修订,人们就越有可能忽视这些文件。

当然,公司还面临着产生一种文件官僚作风的风险。在某些公司,"文件控制"部门的存在发挥了很好的作用。然而,我们的建议则是尽量让文件的所有权与实际工作保持密切关系,并且掌握在那些最能够就需要对什么进行记录、详细到哪种程度以及什么时候应该实施修订做出判断的人员手中。同样,为了保持组织内部的统一性,制定各种相应的指导原则也很重要。

第 13 个案例:一个家居用品公司采用六西格玛对公司的业务实施改革

UpHome 公司是一家成功的小型零售连锁企业,公司在大西洋沿岸中部各州的 17 个地方销售"现代乡村"风格的家居用品。UpHome 公司所提供的产品既保留了乡村风格,又具有现代气息,作为首家销售这类产品的商家,UpHome 公司赢得了这个细分市场。那些希望家里的装饰风格既温馨舒适但又不陈旧过时的消费者是 UpHome 公司的绝佳客户。

然而,随着家居用品市场的多样化,UpHome 公司的销售开始出现一些下滑。通过对公司的前景进行研究,公司的领导层与店面经理得出结论:他们的产品仍然能够使他们在竞争中一枝独秀，但真正的优势则将来自于公司为顾客们所提供的服务。UpHome 公司随即启动了一项以六西格玛体系为基础的改革，主题就是"体验 UpHome 公司"。

在最早完成的项目中，有一个项目是针对家居用品的租赁制定出一套新的流程。为了确保 UpHome 公司产品在实际中能够正常工作，公司推出一种能够让人们在家中试用家居产品的手段，公司的销售人员（被称为"邻居"）与广告宣传人员开始积极地推广这种选项。在全面实施之前，他们在公司的两家店面对这种"搬到家中"的流程进行了试点，试验结果显示这套流程获得了巨大的成功。

然而，"搬到家中"并不是一个简单的流程，因为其涉及了诸如库存、交货、可能出现的损坏以及失窃的风险等问题。制定该流程的团队在设计阶段解决了尽可能多的问题，然后又在两家试点店面的管理人员及员工的积极参与下对各个操作程序加以微调。

由于试点工作取得了大量令人激动的成果，公司决定在整个 UpHome 全面推广"搬到家中"这个流程。来自试点店铺的销售人员给出了各种褒奖，盛赞该流程的存在使他们能够与顾客之间形成更加牢固的关系。在项目启动之后，数据显示公司的销售立刻出现了接近 25% 的激增。

除了在每个地方开展一系列的培训对新的流程和任务进行解释以外，每位员工都收到一份个性化的"如何帮助实施'搬到家中'"的指导手册。最有帮助的是一个内容全面的公司内部网站，这个网站与用于发布各种麻烦及问题的一个在线分享网站相连接，针对如何处理可能出现的各种问题及麻烦，公司内部网站提供了详尽的说明。存在流程关键要素示意图的那一部分是最受欢迎的特点之一，在对流程做出调整时，一个由来自于每个零售店铺的代表所组成的委员会将负责进行审核并对网站实施更新。

为了确保不出现由于员工不确定"搬到家中"的政策和操作程序而给顾客带来问题，每位员工每个月有三次"自己决定"的机会，届时员工无论想做什么都行。唯一的要求就是必须把各种决定发布到网络共享平台上。

建立有各种意义的评价指标与图表

想象一下，假设你是一支美式橄榄球队的教练，在比赛中你并不清楚比分的多少或比赛所剩余的时间。那么你怎么才能知道采用哪种战术打法呢？在面对第四档进攻且还差 1 码就取得 10 码（fourth-and-one）的情形时，怎么处理？让比赛继续进行还是叫暂停？好吧，经验可能会让你做出一些相当不错的猜测，这正是众多管理人员大部分时间所依赖的做法。

现在，我们已经成功地实施了六西格玛项目，然而，如果公司又恢复到依靠猜测去进行管理的游戏中，那么我们就把胜利置于了危险的境地。另外一方面，通过采用经过精心挑选及充分执行的评价指标来跟踪项目流程与解决方案的运行情况，我们就能够避免进行各种猜测。到现在为止，我们希望大家已经理解了前面各个章节中所涵盖的与测量有关的一些基础知识和工具。因此，在路线图第 5 个步骤中的两个问题就是："我们需要继续使用哪些评价指标？"以及"怎样才能使这些评价指标发挥作用？"

挑选日常的评价指标。我们已经研究了几种对评价指标进行分类的方法：输入项指标、过程指标及输出项指标，效率指标与效果指标，预测指标（X）及结果指标（Y）。选择各种日常评价指标的首要原则之一就是要在这些不同类型的指标之间取得一种平衡，以便公司能够了解整个组织系统的全貌。例如，缺陷水平评价指标可以告诉我们公司在满足顾客需求方面表现得怎么样而应对即将发生的问题，过程评价指标则能够更好地提供早期预警。各种财务指标确实有用，但其他的数据或许更能揭示到底是什么在左右着公司的成本。

另外一个考虑因素是变化频率。那些变化更加频繁的事物，尤其是对顾客、产品或服务的质量，以及成本/利润能够产生影响各种因素，在测量事项清单中应该处于较高优先级别。虽然不能忽视那些变化较慢的因素，但我们或许可以通过不同的途径对其加以留意，而不是进行日常的测量。

测量对象应该也会受到在特定时间点所出现的重要事物的影响。诸如缺陷、时间周期以及单位成本等指标将是各种事物的长期评价指标。其他一些指标则视情况而定。例如，在推出一个新流程后的前几个月，为了确信一切运转正常，大家可以对该流程中的数个方面实施评价，一旦改进所取得的成功看起来很确定了，然后就可以逐步淘汰这些评价。还有其他一些评价指标则可能会是以改善为重点。明显的例子就是，在 DMAIC 项目期间为了收集与某个问题或原因有关的数据而启用的评价指标，或者与诸如新产品上市这类与公司业务的某个当务之急密切相关的那些评价指标。

最后，读者们可以采用我们特别喜欢的两项标准对每种可能的评价指标进行考查：有意义且力所能及。测量的数据是否真正有助于对业务的进展情况实施跟踪并促使大家做出更好的决定？公司是否负担得起数据收集背后所需的各种资源及后勤保障事项？

使用日常的评价指标。怎样对各种评价指标进行设计和报告，就像对待任何产品一样，越是能够按照需要进行量体裁衣，效果就越好。有些人很喜欢细节，而且如果没有全面的数据表格他们就会不满意。而另外一些人却只想了解一些最基本的概况。

同样，一般的原则就是：比较简单、图表形式的评价报告通常都最有效。这种类型的评价报告便于人们进行更加快速的阅读、更容易实施各种对比，而且令人赏心悦目。比如链图或趋势图、帕累托图以及直方图等，我们在本书中已经提到过的这类图表，连同许多其他我们所熟悉的各式"数据图"，可以作为对测量结果进行报告的主力形式。还一种技巧就是我们在第 17 章中将要介绍的控制图。控制图能够帮助大家一眼就看出流程中所存在的偏差有多大，以及该流程是否"受控"。

由于数据是在整个组织中各种不同的环节所收集的，因此，为了让高层领导能够有效地对业务前线正在发生的事情有所了解，对为数众多的测量结果加以总结的必要性就显得至关重要。由罗伯特·卡普兰（Robert Kaplan）和大卫·诺顿（David Norton）所推广普及的平衡记分卡，是大家可以用来获取宏观见解的最受欢迎且最有用的工具之一。在对关键业务指标的测量结果进行选择并以一种浅显易懂的形式呈现出来，这方面，平衡记分卡（BSC）是一种很灵活的工具。许多并未介入六西格玛活动的组织，包括很多政府机构在内，也都利用 BSC 来建立共同的绩效评价指标并对业务保持更加密切的关注。

平衡计分卡概念的优点之一是对四种类型评价指标的强调：创新、流程、顾客以及财务。因此平衡记分卡能够为测量对象的选择提供某些帮助。但是，不管是采用常见的平衡记分卡还是开发公司自己的方法，只要我们采取行动为各种测量数据建立起易于理解的展示方式，就能够帮助确保对各种评价指标的加以使用成为六西格玛组织中的各种新习惯的一部分。

制定流程应急预案

考虑到芬尼根定律力量的强大（"墨菲是个乐观主义者"），我们可以完全确信：任何流程迟早都会出现错误，即使是已经由一支优秀的六西格玛团队所改进过的流程也难以幸免。针对可能发生的问题，预先就什么时候采取行动以及采用什么样的行动制定出一套指导准则，在任何一家六西格玛公司都是其积极主动的管理实践中的一部分。

流程应急预案包括三个主要的元素：

1. **行动预警**。在流程的输入、过程及输出阶段中的各关键环节建立明确的标准及指标对流程的绩效表现进行跟踪，为了纠正某个问题或令人担忧的情况，我们可以把触发点设置在需要采取措施的各个环节。例如，如果检测数据表明生产出的电路板正在接近额定耗电量的边缘，为了了解流程中发生了什么问题，可能需要某位工程师开始着手进行调查。再比如说，如果一家酒店的预订爽约率比当季正常水平高出了 5%，就可以开始实施一些专门的应急措施了。

2. **短期或紧急的解决措施**。绝不是每个问题都允许等到安排一个特定的团队或黑带进行解决。针对各种快速解决措施制定一些指导原则，意味着这些措施将会更加有效，而且造成连带破坏的可能性也更低，而毫无计划的短期解决方案往往都会带来各种连带的破坏。

3. **持续改善计划**。用于发现各种日常问题或严重问题并确定优先级别的一种流程，这样一来，问题就可以成为 DMAIC 流程以及其他诸如战略规划和预算制定等这类宏观活动的供给来源。各种指导原则的建立也可以针对，问题的严重性或机会的大小必须达到哪种程度才符合开展持续改善活动的要求。在闭环的六西格玛业务管理系统中，持续改善计划是关键的一环。

对可能出现的各种问题进行预测，显然也是有效的应急预案中的一个重要组成部分。类似于潜在问题分析以及 FMEA（涵盖在第 17 章中）等技巧可以为这项工作提供帮助。让我们了解一下家居用品公司是如何对新流程实施监控的。

继续第 13 个案例：为了了解新流程的运行情况，UpHome 公司继续保持关注

尽管家居用品零售公司 UpHome 所推出的"搬到家中"这项全新的服务和流程取得了初步的成功，但是公司却并不准备宣布他们已经获得了胜利。每个零售店铺都被要求对新流程中的各种关键变量继续保持跟踪：

- 在参加"搬到家中"活动的顾客中，产生购买行为的顾客所占的比例。
- 与"搬到家中"活动相关的销售额，总金额以及按"邻居"（销售人员）划分的。
- 各种缺陷信息（例如漏掉或错误的送货、错误的账单，等等），也包括西格玛得分。
- 损坏/丢失的商品。
- 顾客满意度指数。

这些数据由每个零售进行报告，然后再汇总为整个 UpHome 公司的总体数据。

为了帮助大家理解 DMAIC 中的控制阶段，针对日常持续进行的测量及控制，工具 16-1 列出了各种"提倡的与避免的"行为清单，工具 16-2 则提供了一份大家所应该遵循的步骤清单。

工具 16-1

在日常持续的评价及控制过程中所"提倡的与避免的"行为

- 提倡——制定合理的文件以便为新流程提供支持。

- 保持文件简单、清晰且容易使用，并针对文件的更新制定一套相应的规划。

■ 提倡——针对流程绩效表现的监控，选定一套均衡的评价指标。
- 着眼于各种结果、过程变量、客户需求及成本，避免只限于财务指标。

■ 提倡——编写各种测量结果报告，要求能够简单快速地把数据转换为各种信息。
- 相对于原始的文字及数据表格，采用各种曲线图和图形则更加可取。

■ 提倡——针对流程中可能出现的各种问题，制定一套相应的行动措施。
- 同在不知所措的情况下做出被动反应相比，按照预先规划好的有效方式做出积极响应要好得多。

■ 避免——任由文件积满灰尘。
- 针对文件的使用设计并找出各种办法，有助于确保文件保持随时更新，并防止流程又恢复到旧的坏习惯。

■ 避免——漏掉流程图。
- 如果想要对快速参考各种工作流程、客户/供货商关系以及实施测量的关键点进行研究，流程图是最好的工具。流程图的存在也使改变流程的过程变得更加容易。

工具 16-2 项目控制阶段检查清单

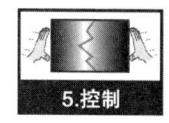

项目控制阶段检查清单

■ 使用说明：

如果对每个陈述的回答都是"是"，你就已经完成了 DMAIC 项目中的全部关键步骤，而且准备好了对改进所取得的成功进行庆祝并维持改进成果。

■ 项目团队已经……

1. 对各种结果数据进行了汇总，并确认改进活动已经达到了 DMAIC 团队章程中所确定的目标。　　　　　　　　是　　否

2. 选定了日常的评价指标，以便对流程的表现及解决方案的持续有效性进行监控。　　是　　否

3. 确定了该流程的过程记分卡中所采用的各种关键图表/曲线图。　　是　　否

4. 为调整过的流程制订出了全部的必要文件，包括各种重要的作业程序和流程图。　　是　　否

5. 确定了流程的所有者，他/她将接手解决方案并负责对持续的运行进行管理。　　是　　否

6. （与流程的所有者一起）制定了流程管理图表，对各种要求、评价指标以及针对流程中所出现问题的应对措施做出了详细说明。　　是　　否

7. 准备了一套项目情节概要，记录了项目期间的团队工作以及收集到的数据。　　是　　否

8. 把我们无法处理的其他问题/机会转交给高层管理者。　　是　　否

9. 为项目团队所付出的辛苦工作及取得的圆满成就进行庆祝。　　是　　否

步骤5B：为流程的所属权及管理确定相应的职责

一旦开始采用并实施六西格玛路线图中的各个步骤，为了打破职能部门间的壁垒并处理组织孤岛现象，我们将指引组织采取最有前途的解决方案：一种流程管理手段。读者们可能会问，就公司的运转而言，这种采用及实施究竟意味着什么？好吧，下面是这种流程管理设想中的一些要素：

- 业务负责人需要集中精力让工作能够在各职能部门之间高效地推进并产生效果，以便为顾客带来好处，并最终符合股东的利益。
- 在员工的心目中，流程同他们自己所在的职能/部门一样重要。
- 所有层级的员工都明白他们的工作怎样才能符合流程的要求，并为客户

增加价值。
- 整个流程都了解客户的各种要求。
- 各种流程将会经历不断的测量、改进以及重新设计。
- 把更多精力和资源集中在为顾客及股东提供价值的过程中，而不是浪费在官僚作风及各种内讧上。

流程的所有者

在流程管理进行改革的过程中，或许最必不可少的步骤就是指定流程的所有者。

流程所有者的各种职责

尽管没有关于流程所有者的正式职位描述，但是在以持续改善为重点的组织中，接下来几段中所描述的各种职责则是这个角色的关键所在。

对流程文件进行维护。流程所有者是建立流程设计信息（即各种示意图、工作流程及作业程序）、与顾客需求有关的背景数据以及其他各种对流程加以明确的文件，并成为这些数据、信息及文件的保管者的个人。其职责中的一部分还包括对数据及文件保持随时更新。

对流程的表现进行测量/监督。读者们也许已经在寻思："所有与流程有关的测量及跟踪工作将由谁来负责实施呢？"流程所有者们很清楚应该采用合理的方式实施正确的评价。

发现各种问题和机会。作为最早看到绩效表现数据的观察者，一旦流程中出现各种异常，流程所有者应该是第一个发现问题的人员，或者是当其他人员观察到问题或麻烦时首先汇报的对象。流程所属权理论上也包括针对问题采取快速措施并实施长期解决方案的权力。

启动改进活动并提供支持。一旦确定对某个流程实施改进、设计或再设计项目，如果该流程的所有者不需要进行指挥，那么他/她也要承担起负责提供支持的角色。在流程所有者从项目改进团队手中接过新流程的时候，同时接手对改进成果进行维护的职责也同样重要。

与各职能部门管理者以及其他流程进行沟通与协调。流程所有者这一角色背后最重要的准则之一就是，即将进入流程以及尤其是即将离开流程的工作与流程内部的工作同样重要。在为外部顾客提供服务的过程中，其中最大的障碍就源自于内部供应者与顾客之间糟糕的合作。流程所有者只有通过促进上下游之间的合作，才能够消除在职能化的环境中所出现的各种壁垒或相互抗争的本位主义。流程所有者必须与各供应者及客户一起工作，才有可能满足实现高水平绩效表现的目标。另外，为了确保工作能够顺利进展并圆满完成，流程所有者需要把流程中的不同团体联合起来。

最大限度地提高流程的绩效表现。到目前为止所指出的全部职责都是为了这个最重要的目标。流程所有者是组织实现六个西格玛水平的质量、效率以及灵活性的关键推动者。

存在于组织中的流程所有者

存在了数十年的职能化管理不可能一夜之间就让位于以流程为导向的管理方式，而且也不应该这样。为了维持职能化系统在指挥与控制方面的优势，一种将流程与等级结构相结合的混合方式或许更加有效。

例如，某些业务把流程所属权划分为不同的等级，整个流程由一位核心的流程所有者所负责，另外还有两个或多个子流程所有者也参与到流程管理小组之中。尽管他们每个人同时还承担着某个职能化的管理职责，但流程所有者这一角色则主要侧重于全面的跨职能部门运转以及流程改进活动。如果这些流程管理层级形成了一种新的汇报体系，但我们并不清楚可能会比现有的组织等级制度胜过多少。这个问题又提出了与流程管理有关的一个进一步的问题，随着时间的推移，每家组织必须根据自己的需要和经验对这个问题加以解答。

关于流程所属权，有一点很清楚：流程管理强调对工作流程进行测量、改进并保持协调一致，这种强调需要一套在某种程度上有别于职能化管理的技能，如果不是更加广泛的话。大家设法寻找的潜在流程所有者的身上可能会存在以下这些特点：

- 以结果为导向，同时强调取得"双赢的"成果以及以顾客为中心。
- 受到高层领导、中层管理者以及全体员工的尊重。
- 拥有丰富的业务知识，能够以一个多面手的身份进行思考和工作。
- 具有优秀的人员管理技能，尤其是在团队发展、建立共识以及谈判领域。
- 精通各种六西格玛概念、测量以及各种流程改进与设计方法。
- 既能够分享成功的荣誉，也能够为挫折负责。

丰富的技术知识或统计学专业技能也会有帮助，但是，对流程所有者更重要的要求是从多面手的角度出发，就算缺少这些专门知识也不是什么大问题。

具体在组织中什么地方可以找到流程所有者的候选人，这一点谁也说不准。为了在组织中发现具有合适技能与潜质组合的人选来填补这一角色，公司很可能需要采取某种创造性的人才物色活动。然而，可以肯定地说，那种命令式的老派管理者并不适合这个角色，除非他们能够改变自己的管理方式。实际上，流程管理之所以需要一段长期的发展，其中一个原因就是存在这样一个事实：当前的很多管理者在适应这种新的"横向"管理方式的过程中都会出现问题。可能需要启用全新的一代人员才能真正地形成这种新角色所需要的人才。

把流程所有者安排在哪里

我们已经在本书的第 11 章中为这个问题的回答打下了基础，我们在那里对各种核心流程以及辅助流程进行了探讨。在组织制订其关键流程或战略流程详细清单的时候，也正在为流程所有者的安排搭建舞台。就像在之前所提到过的组织一样，在较为大型的组织里，设置不同层级的所属权则是最佳的选项。没人可以自己单独照料一个规模庞大且多变的流程。在这种情况下，大规模流程的职责被拆分，而那些流程所有者们将会组成一些公司所称之为的流程管理团队（PMT）。

把流程所有者部署在业务的操作层面也很重要。我们曾看到过这样的情形，一家拥有几个事业部的公司在公司集团层面建立了一套宏观的流程管理体系。很不幸的是，尽管不同的事业部之间都存在着共同的流程，但每个事业部又都很特别并且需要事业部层面专门的流程所属权。在意识到这项错误并加以改正之前，这家企业挣扎了好一段时间。

流程所属权是否能够适用于各个具体的部门或职能层级？在适当的条件下，答案是"可以"。很显然，一些职能部门内部流程的管理也可以采用与跨职能部门流程同样的方法以及评价方式。尽管如此，我们还是主张：在部门层面实施流程管理最好是出于某项有针对性的改变，而不是机械地在职能内部任命一名新的流程所有者。负责对职能部门实施管理的各种人员实际上已经存在：副总裁、总监、经理，等等。

接下来，让我们一起来看看案例中 UpHome 公司是如何对新流程的所有者进行挑选的。

第 14 个案例：UpHome 公司为其新流程的管理挑选流程所有者

UpHome 公司的高层管理者对"搬到家中"的流程设计及管理所带来的成果感到很满意。然而，由于公司正处于六西格玛活动的早期，所以他们仍然不确定流程管理的概念是否或者怎样才能适合于这种分散式的零售业务。

新流程的投入似乎提供了一次不错的机会，公司可以测试流程所有者这一角色将怎样发挥作用，并且了解新的流程是否能够为组织及其顾客增加价值。针对为"搬到家中"这个流程设立一名流程所有者的想法，经过一番讨论之后，公司高层一致认为该流程的确符合几项重要的标准：

- 这是一个涉及公司多个部门的跨职能部门的流程。
- "搬到家中"是一项持续性的工作，并不只是一次市场营销活动，因此，将其确立一个关键业务流程是一个恰当的选择。
- 有能力对"搬到家中"这一流程实施测量、评估及改进将是其持续成功的关键。随着顾客需求、产品组合、市场竞争等因素的变化，很可能也需要对这个流程做出相应的调整。

有个问题引起了一些争论：流程所有者是否真的可以对这项在17个不同地点所开展的活动实施监管？最后的决定是任命一位公司层面的流程所有者，并同时为每家门店安排一名流程协调员。（有些协调员可能会同时负责两三家门店。）

幸运的是，挑选流程所有者的过程很轻松。在新流程的设计团队之中，一位名叫玛吉·麦克马洪（Margy McMahon）的团队成员已经展现出了一种领导力及流程观点，这种领导力及流程观点对于该项重要的跨职能部门活动非常理想。

玛吉的第一项工作是把由设计团队所准备的大量文件和记录整理到一起并为整个流程制定一份指导手册，自打试点工作开始后，这些文件和记录就再也没人碰过。完成了这项工作之后，她就动身起程对公司的各个店铺进行视察，开始挑选流程协调员。

步骤 5C：实施闭环管理并推动实现六个西格玛

建立流程管理既是六西格玛路线图的终点，也是成为一个真正的六西格玛组织的开始。任何至少遵循了路线图中从第1步到3步的业务或流程，都会建立起流程管理方式所需要的关键元素。让我们简要地回顾一下这些步骤以及他们的各种贡献：

1. **识别核心流程和关键顾客**。确定流程与关键步骤、流程的客户以及输出项，并为流程管理建立蓝图。

2. **确定顾客的需求**。流程的目标和绩效标准是由市场与客户所决定的，这是任何流程存在的理由。具体了解各种需求有助于大家回答一个基本的问题："对流程进行管理是为了什么？"

3. **评价当前的绩效表现**。在流程管理系统中，测量将会针对结果（Y）及关键的流程因素（X）提供必要的持续反馈。

一旦大家在六西格玛活动方面变得成熟起来，流程改善及流程设计/再设计（DMAIC）就成了公司的一种战略，这种战略能够把工作流程推向更高的西格玛水平，并针对顾客在新产品、新服务及各项能力方面对公司所提出的各种需求做出积极的响应。

流程管理工具

我们所描述或者提到的每一种工具，也包括我们将在下一章中予以研究的各种工具，在为流程管理提供帮助的过程中都可能会扮演某种角色。然而，对于那些力求保持流程运转顺畅并不断改进的流程所有者来说，还有其他几种对他们具有特殊价值的方法。我们先一起研究一下其中的两种方法，然后再看看案例中的 UpHome 公司是如何对其新流程实施管理的。

- **流程计分卡或指示卡**。类似于先前提到过的平衡记分卡，流程计分卡可以针对关键的流程绩效表现指标提供一份概括性的更新。通常平衡计分卡都会提供涵盖整个组织范围的数据，而流程计分卡则是针对某个具体流程所设计的。如果一个关键的指标接近出问题的程度时，流程记分卡还可以包括各种警示信息，以便提醒关键指标是否以及什么时候正处于发生问题的边缘。举例来说，通过把具体交货时间标注在一张周期时间曲线上，流程所有者就可以看出交货时间是否正接近超出客户所要求的限度。事实上，包括通用电气公司的许多业务在内的一些公司，通过向客户提供定制化的流程计分卡数据来告诉他们："这是我们公司流程的表现情况。"
- **客户报告卡**。及时的客户反馈是取得最佳流程绩效的一个关键组成部分。在各种能够帮助实现这项要求（也就是整个顾客声音收集系统中的一项要素）的专门工具中，客户报告卡就是其中的一种。理想情况下，关于流程在满足客户要求方面的表现，客户报告卡可以为公司提供具有代表性的数据（一份准确公正的样本）。最好的客户报告卡并不只是各种客户调查或投诉的信息，他们为组织提供与绩效表现以及各种令人担心的问题有关的输入信息，这些信息对顾客和公司都很有意义。在各种业务往来关系中，为了使报告卡所提供的"评分等级"或其他反馈是以每位客户的独特需求及优先事项为基础而制定的，公司还可以针对具体客户对其进行相应调整。

继续第 14 个案例：流程管理为 UpHome 公司开创了一条正确的道路

在玛吉·麦克马洪被任命为 UpHome 公司的首位流程所有者并开始掌管名为"搬到家中"的产品试用流程 6 个月之后，公司领导开始确信流程管理可以给整个组织带来巨大的好处。

之所以这样，原因之一就是由于玛吉与各家分店的流程协调员一起为"搬到家中"流程的持续成功做出了很多重要的贡献。例如：

- 推出新流程 3 个月后，丢失的商品数量开始攀升。玛吉与流程协调员们能够一起做出判断：UpHome 公司的某些销售人员未能记录完整的客户地址信息，从而导致在公司需要收回试用商品时，却没办法再次联系到客户。他们采取了一项很简单的措施就解决了这个问题。
- 通过对"搬到家中"项目所带来的销售增长最快的各种类型产品进行跟踪，他们可以预测增加的存货需求，并为更高的销售需求做好准备。这项改变不但促进 UpHome 公司取得了额外的销售，而且还使公司有机会从供货商那里获得各种折扣。
- 一旦销售与产品送货部门之间出现各种争论，玛吉和流程协调员在多数情况下都能够采取措施以避免事态失控。通过坚持以顾客为中心，各种问题能够在大家都满意的前提下得以解决。

玛吉为"搬到家中"所创建的流程记分卡可以帮助每位员工随时了解到该流程的绩效表现（详见图 16-1 中的例子）。

作为推广这种流程管理方法的第一步，UpHome 公司的领导们安排了一次为期半天的会议，以便开始制定公司的所有核心业务流程。

"搬到家中（TIH）"流程计分卡（季度总结）

目标		绩效表现			备注
		7月	8月	9月	
新产品	6个/月	●	●	○	超过目标
平均每件TIH租凭商品上的缺陷个数（DPU）	0.01（99%的合格率）	○	○	◐	0.031个DPU
TIH商品销量增长率	环比增长率6%	◐	○	◐	达成目标
TIH商品采购完成百分比	75%	◐	○	○	季度平均值为68%
客户评价TIH为"优秀"的百分比	95%	◐	●	●	充分的正面评价
由TIH所带来的销售额增长（估计值）	20%	●	●	●	25%的增长约800万美元

● 超过目标　　◐ 达成目标　　○ 低于目标　　UpHOME

图 16-1　UPHOME 公司的"搬到家中"流程计分卡

小结：迈向六个西格玛

在本章一开始，我们使用了一个类比：经过一轮成功的节食减肥之后又恢复了减掉的体重。我们提醒各位读者，一旦组织把注意力转移至各种看似更为急迫的问题上，就像那些自满且缺乏自律的减肥者一样，公司注定会走回头路。我们也注意到，类似于节食减肥活动最初所减掉的几磅，获得各种六西格玛成就在一开始会相对容易一些，但在力争达到六个西格玛水平的过程中，越是接近六个西格玛，过程就越艰辛。

流程管理法是推动"继续降低体重（或缺陷）"的动力来源。流程管理是一种机制，它能够确保公司把各种评价以及改进活动作为日常的工作职责，而不只是一次偶然性的任务。此外，随着业务沿着六西格玛之路上不断前进，为了超越 4 个及 5 个西格玛，大家将会发现更多的使用各种复杂工具的机会。为了帮助读者们管理自己所在组织的六西格玛绩效，工具 16-3 列出了各种语义"提倡的与避免的"行为。我们将在第 17 章中对六西格玛中的各种高级工具加以研究，但是，首先让我们以工具 16-3 作为总结。

工具 16-3
对六西格玛绩效进行管理时所"提倡的与避免的"行为

- 提倡——对流程改进及流程设计/再设计项目中的各种步骤和经验教训加以记录。
  - 项目情节概要将会有助于我们"推销"各种解决方案，并为将来的改进团队提供帮助。

- 提倡——形成一套完整的规划，以便对流程实施控制并维护取得的成果。
  - 对流程进行推销、记录、测量并积极响应是对成功加以巩固的基本要素，而且也是建立流程管理体系的重要信息来源。

- 提倡——认真仔细地确定组织中流程所有者的角色及职责。
  - 作为业务领域中新的参与者，流程所有者以及与其一道工作的人员需要对流程所有者一职的职能和目标有一个明确认识。

- 避免——在缺乏事先仔细考虑的情况下就开始实施流程管理。
  - 一下子就执行全面的流程管理可能并不明智。如果有必要的话，大家应该先尝试一下并从中进行学习（也就是对概念进行试点），以避免产生不必要的业务动荡。

- 避免——重蹈现有报告和文件的覆辙：制定各种流程报告及文件，最后又不能得到充分利用。
  - 首先把重点放在我们所知道的或其他需要的信息上，然后在必要时加以补充。

The Six Sigma Way | 第 17 章

六西格玛中的高级工具：概述

到目前为止，在通往六西格玛之路的旅程上，我们一直把注意力集中在那些相当简单的工具和方法上，在绝大多数组织和流程中，大量的改善是由这些简单的工具和方法所推动的。同时我们也已经注意到，那些把六西格玛完全与各种繁重的分析方法联系起来的宣传的确言过其实。那些在持续改善的路程中始终坚持的组织都认识到，大多数的问题和机会都可以用几乎任何人都会使用的技巧进行解决。与此同时，六西格玛体系所具备的明确优势之一就是对更加复杂工具的应用，这一优势为学习与改进活动提供了更多的能量。

在本章中，虽然我们的目的不是使读者们成为这些方法的专家。然而，我们将尝试让大家熟悉那些最常见的六西格玛技巧究竟是什么、为什么这些工具会有用，以及如何能够把这些方法运用到设计、管理与改进工作中去。我们所涉及的每一个强大的工具都存在一项或多项具体的应用，而且类似于任何的工具，如果不仔细地进行选择和应用，这些工具同样也会被滥用或毫无成效。

下面是我们将要介绍的各种方法，并用斜体字标出每个工具各自最常见的作用。

- 统计过程控制及控制图——识别问题
- 统计学显著性检验（卡方检验、t 检验以及 ANOVA）——确定问题与根本原因分析
- 相关性及回归——根本原因分析与结果预测
- 实验设计——分析最优解决方案与结果验证
- 失效模式与影响分析——确定问题的优先次序并进行预防
- 错误防范——防止缺陷与流程改进
- 质量功能展开——产品、服务以及流程的设计

统计过程控制及控制图

统计过程控制（SPC）涉及对过程中所存在的偏差进行测量与评价，以及为了限制或控制这些偏差而采取的各种努力。在其最常见的应用中，SPC 可以帮助组织或过程的所有者识别可能存在的各种问题或异乎寻常的事故，以便能够及时采取行动去解决这些问题或事故——换句话说就是，对过程的表现进行控制。

为什么以及在什么时候使用 SPC/ 控制图

SPC 和控制图的使用被视为是对流程目前的表现进行监控、预测未来的表现以及提议是否需要采取纠正措施的理想方法。只要稍加说明，人们就很容易理解什么是控制图，它可以成为一个有效的沟通工具。为了使员工对日常活动、各种趋势、规律以及潜在问题的征兆加以关注，大量的公司在方便显眼的区域张贴其关键过程的控制图。这项实践经验可以让每位员工都参与到公司的管理以及问题的解决过程中。

控制图在六西格玛体系中有着 3 项举足轻重的作用：

1. 在 DMAIC 项目早期的测量活动中，控制图有助于项目团队识别问题或失控状况的类型和发生频率。甚至可以就什么类型的调查或纠正措施或许会最

有效做出提示。

2. 在进行试点工作或实施针对流程的某个解决方案或改变时（在项目的改进或控制阶段），控制图有助于进行结果跟踪、显示各种行动对偏差和过程的表现产生了什么样的影响，甚至对更多需要开展工作或研究的领域提出建议。

3. 第 3 项，作为一套持续的报警系统，控制图提醒观察人员对过程中所出现的异常活动加以注意，并启动我们在第 16 章中所讨论过的应对预案。

读者们可以把 SPC/ 控制图的第 3 项应用理解为一个安装在房间内的烟雾探测器：只要安装位置得当、电源工作正常，一旦出现火灾险情，烟雾探测就能够及时发出警报并被位于附近的任何所听到，从而采取措施来防止该区域毁于大火。

SPC/ 控制图中的"控制"一词的含义是什么

"控制"的意思是保持某个过程在一个可预测的偏差范围之内运行。目标是保持稳定一致的流程表现。在 SPC 的讨论中，我们加入了统计学上的控制概念。因此，为了搞清楚某个过程在统计学意义上是处于控制之中还是失控状态，首先需要按照时间顺序对过程进行实际测量，然后再考查我们所收集到收据中的偏差。有了足够的数据，我们就能够计算出所谓的"控制限"，从而在了解流程运行情况的过程中迈出第一步。

我们来举个例子。想象一下你正管理着你们公司的电子邮件系统，你想知道每小时发出邮件所存在的数量偏差。当然，为了得到答案，你必须得收集某些数据。于是，在对一个月时间内每单位小时所发出电子邮件的数量数据进行汇总之后（毫无疑问，采用的是很棒的数据采集方法），你把单位时间内电子邮件的流量数据绘制成一张链图或趋势图（也就是以时间先后为顺序，而且我们已经在第 14 章中作过介绍）。接下来，你用这些数据计算出控制限（UCL 表示上控制限，LCL 表示下控制限），并把控制限以及一条表示平均数或均值的直线添加到曲线图上。现在，你就拥有了一张控制图（见图 17-1）。

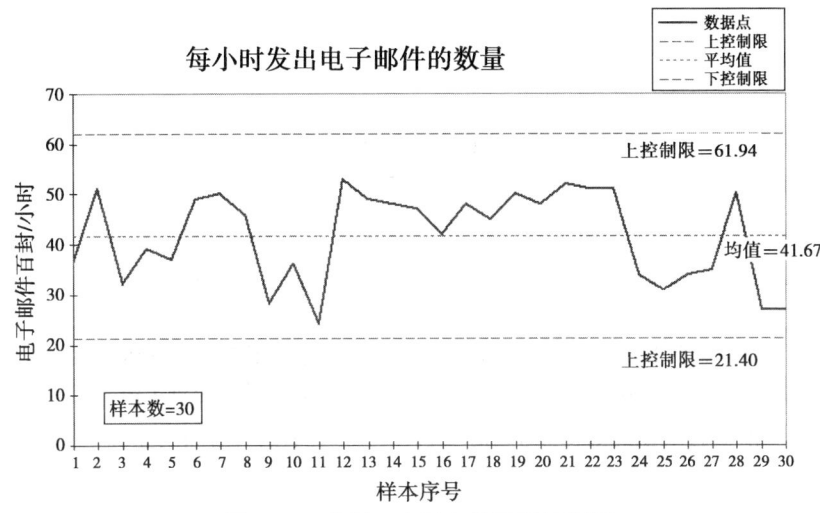

图 17-1 举例：电子邮件数量控制图

如果继续收集有关电子邮件流量的数据，控制图不仅会使你具备对电子邮件数量的变化进行跟踪的能力，还能够让你了解该过程是否失控或者不再按可预测的方式运行，并且知道什么时候出现了流程失控的情形。

控制图上的报警信号

由于我们认为处于正常条件下的过程所出现的偏差将是随机的，因此下列几个情况的出现均表示过程处于失控的状态：

- 超限——任何超出控制限的数据点
- 趋势——一系列连续上升或连续下降的数据点
- 位移或链——一连串的数据点都落在中心线的同一侧
- 循环或周期性——交替上升和下降的一系列数据点，或数据点呈波浪式上下交替
- 倾向性——数据点连续落在中心线附近或控制限附近

控制图与顾客需求

对控制图的误解之一就是把过程"受控"与过程"合格"等同起来。如

果一个电脑维修车间决定对其日常维修工作所花费的时间进行测量并建立控制图，控制图上可能会显示整个过程完全受控。然而，问题却是，他们日常维修工作的平均耗时是 5 天，而客户却希望这些工作在两天之内完成！

读者要记住我们在本书中所介绍的两种类型的界限（控制限和标准规范的界限），这两种类型界限的形成过程截然不同。

控制限是通过对实际的过程数据进行计算所得来的，随着时间的推移，控制限会随着过程表现的变化而发生变化。标准规范界限来自于顾客，标准规范界限只随着顾客需求的改变而变化。

控制图的使用

现在，大家应该已经熟悉了实施 SPC 的基本步骤：选定重要的衡量指标、实施数据收集计划、绘制控制图、查看结果并采取适当的行动。这个过程与闭环系统相当一致，而闭环系统则是六西格玛组织的基础。控制图的绘制以及数据的判断可以轻易地使用统计学软件完成。直接在软件中输入数据或把数据从表格中拷贝到软件中，在软件菜单上选择控制图的类型以及想要进行的分析，于是我们就拥有了一张控制图。

选择使用正确类型的控制图非常重要。有多种因素决定了哪种形式的控制图适合于你们自己的情况。比如说，如果测量指标属于连续型数据（重量、时间、温度，等等），那就采用两种类型中的一种（控制图分为离散型数据控制图和连续型数据控制图两大类）。针对如何选择合适的控制图，关于 SPC 的书籍通常都会重点介绍各种方便实用的指导原则。

公司不应该一直不停地建立新的控制图，因为控制图的真正价值只有在对过程的变化进行监控时才能体现出来。因此，我们应该只是偶尔的情况下才会遇到问题："我们应该采用哪种类型的控制图呢？"

最后，记住 SPC 以及控制图只是我们对过程进行了解和监控的方法而已。这个工具在解决问题或改善绩效表现方面无所作为，除非我们采取纠正措施或运用六西格玛的改进方法。

工具 17-1 列出了某些我们所"提倡的和避免的"行为，大家在使用 SPC 和控制图时应该记住。

◐ 工具 17-1

SPC 及控制图的使用过程中所"提倡的与避免的"行为

- 提倡——及时采集数据、画图并进行检查。
  - 要想实现 SPC 的价值，关键就是获得问题或机会的早期预警。如果数据收集系统和报告过程要耗费数天或数周，或者根本没人理会这些信息，控制图就失去了其存在的意义，为什么还要浪费资源呢？
- 提倡——仔细选择测量指标并确定优先度。
  - 一两个真正有意义的控制图会是个巨大帮助。但是，如果同时建立 10 个或 15 个没什么重大意义的控制图，那就只能表示公司很快就会放弃对控制图的关心了。
- 提倡——设定报警信号并进行精密调整。
  - 利用对过程的了解来改善应对预案。在关键事件上所采取的行动越是及时、有效，就越有可能保持顾客和股东满意。
- 避免——过于频繁地重新计算控制限。
  - 由于是数据的函数，所以控制限几乎是一直在不断地调整，这一点会导致对警觉情形进行察觉变得更加困难。只有在过程出现了明确已知的改变之后才紧接着重新计算控制限，是最佳的方式。（在使用软件生成控制图并进行判异时，为了防止软件自动地重新计算控制限，大家要设定好自己的参数选择。）
- 避免——认为采集到的数据是完美的。
  - 使用诸如 Gage R&R（测量系统的重复性与重现性）方法，经常对搜集到数据的质量进行检查，这一点对于确保不是由于数据本身的问题而导致发出警报的信号非常重要。

统计学显著性检验

在我们对某个过程或产品进行测量和分析时，有可能仅仅通过查看数据就会得出有效的结论。

然而，有时候数据所呈现出的经验信息并不明显或确定。人们可能会看着数据并表示："我没看到有任何帮助。"或者可能对正在发生的事情有很好的直觉，但希望我们的结论非常确信地得到数据的支持。在这些情况下，我们可以采用更加严密的统计学分析方法去发现或确认数据中所存在的各种趋势或规律。

统计学显著性检验是统计学家们所采用的最重要技术中的一部分，用以寻找数据中规律或检验他们对数据所存在的猜测。在六西格玛中，这些工具有着各种可能的不同用途，包括：

- 对某个问题或绩效表现的重要改变进行核实
- 检查数据的有效性
- 确定一组连续型数据的规律或分布类型
- 根据数据的规律和不同而形成根本原因假设
- 证实或推翻根本原因假设

统计学分析基础知识：原假设

一场持续10天的热浪袭击了你所居住的城市，于是人们都说："这是全球在变暖。"在高尔夫球场上，你在两周时间内打出了两记一杆进洞，并欢呼："我的高尔夫水平真的在突飞猛进。"办公室的电话看来是要一直响个不停，所有人都说："这将是一个忙碌的季度。"你在食品杂货店看到一群学生制造了很多噪音，你便对自己说："现在的孩子就是没教养。"

上述这些结论的有效性如何？人们很容易从简单的观察中引申出广泛的解释，而且在某些情况下这并不是问题。然而在很多情况下，那些我们认为自己所了解的所谓的规律事实上只不过是随机误差而已。如果时间足够长，我们将会看到同样多的证据也支持着相反的结论。在遭受寒潮袭击的第4周，某些人一定会推论冰期正在到来。在一个月之内，当你第 4 次打出糟糕的一轮高尔夫球，你认为自己已经"过了巅峰状态"等。

在统计学中，通过接受所谓的"原假设"，以避免虚假的规律误导人们得出错误结论的可能性。原假设宣称在某个总体或过程中所观察到的偏差、变化或差异纯粹是由于偶然。跟极端怀疑论者所持的态度有些类似，除非我们能够"证明"，否则他们不会相信任何事情。而且，说服怀疑论者的方式通常都不是对我们的理论的正确性进行"证实"，而是推翻其他任何的解释。这就是我们在统计学显著性检验中所采用的方式。

进行统计学显著性检验：方法和例子

跟使用控制图一样，当进展到需要对某个假设进行统计学检验时，我们可以在几个方法中选择，下面各段落分别对这些方法做出了介绍。

卡方（χ^2）检验。这种技术适用于离散型数据的分析，然而在某些情形下也会被用于连续型数据。例如，我们可以运用卡方检验以便：

- 比较不同两个地点的缺陷率，了解其是否存在显著的差异。
- 对客户在产品选择上所存在的周与周之间的变化进行检查，看看偏差是否呈现出有意义的水平。
- 检验不同的员工数量水平对顾客满意度的影响。

t 检验。我们采用这种方法对两组连续型数据或样本进行显著性检验。（正如我们在第 13 章中指出，连续型数据指标比离散型数据指标具有更强大的性能，但读者们需要加以小心，因为只有当数据满足某些条件时，这些统计学检验才有效。）假设数据符合要求，t 检验可以被用于下列场合：

- 针对流程中某个关键步骤的周期时间，对一个季度内不同的两个星期的数据进行比较，核实是否存在重大的改变。
- 检查两个不同区域的客户收益水平，看看是否某个区域明显地侧重服务于低收益水平客户或高收益水平客户。
- 检验两个不同批次磁盘驱动器的寻道速度是否存在差异。

方差分析（ANOVA）。ANOVA 是对连续型数据进行显著性检验的另一种方法。然而与 t 检验不同，ANOVA 可以用于比较超过两组的数据或样本之间的差异。（如果发现三组或三组以上的数据之间存在显著性差异，为了找出具体是那几组数据不同，我们就得进行更多的分析。）下面是跟 t 检验中所列举的相同例子，但数据或样本的组数却不同，并用黑体字标了出来：

- 针对流程中某个关键步骤的周期时间，对一个季度内**每个星期**的数据进行比较，检查是否存在重大的改变。
- 检查**四个**不同区域的客户收益水平，看看是否某个或多个区域明显地侧重服务于低收益水平客户或高收益水平客户。
- 检验**五个**不同批次磁盘驱动器的寻道速度是否存在差异。

多变量分析。上述三种方法中所进行的比较都是以单个因子或变量（时间、收入、速度，等等）为基础的。当然，其他因子也可能正在发生变化。多变量分析（有时候也被称作 MANOVA）被用于确定多个因子之间差异的显著性水平。（通常，最好的方式是：在开展多变量分析之前先进行 ANOVA）。

统计学检验的基本步骤

关于在业务问题中运用统计学的好消息是，由于各种统计学软件的出现，许多乏味的工作现在已经被彻底淘汰了。然而，无论软件的运算速度有多快，了解统计学检验的主要步骤仍然具有重要意义。下面是对这些步骤的具体描述，紧跟着的工具 17-2 中列出了大家在进行统计学显著性检验时所"提倡的与避免的"行为。

1. 确定将要进行分析的问题。我们想要运用统计学检验对什么样的关键问题或重要事物进行分析？进行核实，以确保的确有必要实施统计学验证，答案是否已经相当清楚？

2. 形成假设以及统计学原假设。在假设（众所周知的"备择假设"）中对你认为正在发生的事情进行描述，然后通过得出结论："我们所看到的实际上只不过是偶然的可能性"（原假设）来对你所作出的假设进行否定。

3.选择合适的统计学检验方法。在最终选择某个连续型数据的检验技巧之前，大家需要对数据进行研究，以确定将要选用的方法是否适用。

4.实施运算并对结果进行研究。基本上会出现3种可能的答案：①原假设得以证实，这意味着数据所提供的证据并不支持我们的假设。②基于这些数据，原假设不成立，这表示某个显著的因子正在对数据产生影响，因此我们的假设可能是正确的。③由于工具的选择不合适或数据的某个方面不正确而出现错误。

工具 17-2

实施统计学显著性检验时所"提倡的与避免的"行为

- 提倡——确保使用的数据是有效的。
  - 使用存在问题的数据进行统计学检验毫无意义，甚至很危险。例如，如果样本量太小，就会导致我们发现数据之间存在"显著性"差异，而这种显著性差异事实上却并不存在。
- 提倡——选择正确的检验类型。
  - 例如，如果数据是离散型的，就应该选择卡方检验。
- 避免——仅凭个人知识就对统计学分析做出直觉判断。
  - 把个人经验与统计学结合起来才具有意义。
- 避免——过早地认为自己是个专家。
  - 在使用这些工具的过程中，大量错综复杂的情况以及各种细微的差别会随之而来。在现实世界中，各种异常情况的出现实际上并不出人意料，因此，为了了解统计分析的前因后果，读者们可能需要积累更多的经验。

相关性和回归分析

相关性和回归分析包括一系列的工具，人们可以利用这些工具对两个或更多个因子之间的相互关系进行分析。在本书第 14 章中，我们在散点图中已经对相关性的基础做出了介绍。如果两个因子之间相互关联，那么一个因子的改变将会伴随着另一个因子的变化。通过对数据实施统计学运算，我们可以对各因子之间可能存在的相互关系的强度进行评价，此外也可以得出一些其他有用的结论。

不同类型的相关性分析和回归分析工具能够帮助我们：

- 通过找出可疑原因（X）与结果或输出项（Y）之间所存在的关联，对根本原因假设进行检验。
- 测量各个不同因子（X）对结果（Y）的影响程度并进行比较。
- 预测流程、产品或服务在某些确定条件下的绩效表现。

相关性和回归只能用于对两个或更多因子之间的关系进行分析，而且各个因子的数据点之间必须存在一一对应的关系。（这点与统计学检验不同，统计学检验是对数据的组与组之间进行比较。）在表 17-1 中，我们举例说明了一种可以实施相关性分析的情形。

表 17-1　相关性分析举例

复印机	维护时间间隔	复印缺陷

在这个例子中，为了进行相关性分析，我们需要同时具备维护时间间隔数据以及复印机 A、B、C 等所出现的复印缺陷数据。

特别是在进行原因分析时，由数据本身的自然特性所决定，与诸如卡方检验和 ANOVA 相比，相关性和回归分析工具具备某些重要的优势。这些工具使人们能够在更小的数据样本中看到更加细微的规律，并了解不同变量的变化是如何对某个整体结果产生直接影响的。

相关性和回归分析的类型

再次强调，计算机、电子表格以及统计学软件的发展已经使得人们很容易使用这类分析工具。接下来的几个段落分别对其中某些常见的应用以及一些关键的概念进行了介绍，再然后就是工具 17-3，使用相关性和回归分析时所"提倡的和避免的"行为。

工具 17-3

进行相关性和回归分析时所"提倡的与避免的"行为

- 提倡——确保采用配对的数据。
  - 能否实施相关性和回归分析取决于数据的收集及整理。如果各个因子之间的数值不匹配，哪怕是只有一条，我们都无法进行相关性分析。
- 提倡——利用相关系数和相关性百分比（r 和 r^2）对用于绘制散点图的数据进行更好的理解。
  - 作为最简单的统计学指标之一，r 和 r^2 对于解释散点图上一大堆数据点将是一个巨大的帮助。
- 提倡——运用更高级的方法，在准备就绪时，对过程和产品中更多的知识进行了解。
  - 使用得当，相关性和回归能够显著地提升我们对业务偏差的理解：为什么会出现偏差、偏差是怎样产生的，以及如何控制业务中的偏差。
- 避免——把从数据中所得出的预测作为事实。
  - 在绝大多数情况下，回归分析是根据数据的趋势而得出预测，这就意味着可能仍然有许多我们所不了解的变异存在，并且可能会导致出现我们未曾预料到的结果。
- 避免——采用单一的方式对数据进行研究。
  - 如果我们所强烈怀疑的某个相关性并未显现出来，有可能是被掩盖起来了。在彻底得出不存在相互关系的结论之前，或许要考虑对数据进行分层或进一步收集更长时间跨度的数据。
- 避免——认为出现相关性就意味着存在因果关系。
  - 正如我们在第 14 章中所讨论过的，两个看起来相互关联的事物之间可能根本就不存在因果关系，或许是其他某个事物正同时对两者产生影响。

相关系数。对用于绘制散点图的数据进行计算处理，就可以得出一个数字，记作 r，告诉人们各个因子之间是否存在相关性以及相关性的强烈程度。相关系数 r 的大小范围是从 -1 到 1，通常，当相关系数 r 小于 -0.7 或大于 0.7 时，就值得进一步进行认真的调查。（r 为负数表示因子之间存在负相关性。）

相关性百分比。另一个数字 r^2 之所以被许多人喜欢，是因为其反映了 Y 或因变量的变化中有多少或百分之多少看起来是由 X 因子所导致的。（只需要对 r 进行"平方"，我们就能得到 r^2）。例如，假设我们发现复印机维护时间间隔与复印缺陷之间存在着明显的正相关性，r 值为 0.72，因此 $r^2=0.52$，这意味着大概 50% 的缺陷增加与维护时间间隔相关。提醒广大读者，怎样理解 r 或 r^2 并做出反应将取决于实施分析的目的以及数据的类型。

回归。尽管存在各种不同形式，但回归分析的重点都在于利用现有数据对未来的结果进行预测。最常见的就是适用于两个变量的线性回归（或简单的回归模型）。

下面我们通过案例研究来说明如何进行回归分析。

第 15 个案例：Percy 复印机维修公司为客户进行复印缺陷率分析

Percy 公司想要向客户表明其所提供的维护保养服务的价值。经过收集维护保养时间间隔与复印缺陷之间相互关系的数据，他们发现复印机维护保养时间间隔每增加两周，复印缺陷率往往都会增加 15%。

通过采用线性回归工具，Percy 公司就能够为潜在的客户提供预测：在每次电话紧急维修服务之后的第 3 个月，客户复印机所产生的"不合格"复印件将会达到 25%。结果证实这个预测是准确的，现在，这家客户与 Percy 公司之间签订了一项维护保养间隔周期为两周的服务协议。

多元回归。类似于多变量分析，多元回归所检测的是多个因子与结果之间的关系。表 17-2 中所显示的是在流程性环境下的两个例子。

表 17-2　多元回归分析举例

软件安装	软件包装	软件大小（MB）	网络中的用户数量	服务器的处理器速度（MHz）	安装过程中的系统停机时间（分钟）
酒店预订和入住	预订	与预订人员对话之前的等候时间（秒）	入住天数	呼叫中心当班预订人员的数量	客人办理入住所花费的时间（分钟）

通过使用多元回归，我们将能够量化每一个 X 对 Y 所产生的影响，并了解不同 X 之间存在着怎样的相互作用。在更高级的应用中，当各个因子组合在不同的条件下产生相互作用时，多元回归被用来建立模型以便对结果进行预测。

实验设计（DOE）

DOE 是对流程、产品、服务或解决方案进行实验并优化其绩效表现的一种方法。通过大量地利用我们前面刚刚讨论过的各种技巧（也就是，统计学显著性检验、相关性以及回归），DOE 帮助人们了解某个产品或流程在不同条件下所表现出的行为。相对于只是运用众所周知的经验法则对现实世界中所发生的事件进行观察和收集，DOE 的独到之处则是其为我们提供了这样的一个机会：利用实验对各个变量进行规划并加以控制。

在六西格玛组织中，DOE 具有大量的潜在应用。DOE 能够使公司：

- 对顾客呼声体系进行评估，找出在不打扰客户的情况下产生有效反馈的最佳方法组合。
- 为了分离出导致问题或缺陷的至关重要的根本原因，对各个因子进行评估。
- 试点或测试各种可能的解决方案组合，以便找出最优化的改进策略。

- 对产品或服务的设计进行评价,从而识别出潜在的问题并从产品或服务问世的第一天起就将缺陷减少。

尽管同应用在人员方面而言,DOE 往往更容易被应用于具体的事物,但是在服务环境中开展实验仍然存在可能。服务环境中的实验往往是对现实世界的测试,在实际过程中对各个变量加以控制,然后再对各种结果进行比较。举例来说,为了找出提升销售的最佳变量组合,一家大型销售组织对 14 个变量开展了为期 4 个月的测试。经过实施以现场实验为基础所确定的解决方案,公司销量最大的区域的销售上涨甚至超过 50%。

实验设计的基本步骤

实施实验设计所采取的基本步骤描述如下,然后我们在工具 17-4 中列出了使用实验设计时所"提倡的与避免的"行为。

第 1 步:确定将要评估的各个因子。我们想要从实验中了解什么?哪些因子可能对流程或产品产生影响?为了获取更多数据,就需要对更多的因子进行测试,在选择因子时,要记住在测试更多因子所带来的好处与相应所增加的成本及复杂性之间取得平衡的重要性。

第 2 步:明确要测试的各个因子的水平数量。如果出现像速度、时间以及重量这样的变量因子,我们可以对这类因子实施无限个数字水平的测试。因此,在这个步骤,我们不仅要选择具体数值,同时还要确定每个因子的水平个数。至于散型数据,因子水平或许只有两个(这个/另一个),比如说,在对某种表格进行测试时,可以将实验设计为包括电子邮件地址,或者不包括电子邮件地址。

第 3 步:建立各种实验组合的排列。在 DOE 中,人们通常都想避免采用单因子轮换试验法(OFAT),OFAT 就是分别对每个变量进行独立的测试。相反,为了获得对所有因子都具有代表意义的数据,DOE 对条件组合排列进行检验。大家可以通过统计学软件工具生成可能的组合或排列,或者在统计学表格中找到这些排列组合,而且采用统计学软件或表格有助于我们避免对所有可能的排列组合都进行测试。

第 4 步：在各种规定条件下开展实验。这一步的关键是要避免其他各种未经测试的因子对实验结果产生影响。

第 5 步：对结果和结论进行评估。如果准备从 DOE 的数据中了解各种规律并得出结论，诸如 ANOVA 以及多元回归则是必不可少的工具。我们或许会从实验数据中得到清晰的答案，也可能会产生更多的疑问需要通过额外的实验进行测试。

工具 17-4

使用实验设计时所"提倡的与避免的"行为

- 提倡——作好把 DOE 的概念应用于现实世界流程的准备。
  - 除了产品设计、工程以及生产制造以外，其他绝大多数业务活动都不适合在实验室进行。读者们可能需要在真实的人物身上进行实验（例如，试点一项新的解决方案）。

- 提倡——充分利用/使用各个实验的排列组合。
  - 通过以更少的实验产生更多的数据，DOE 能够为我们节省大量的时间和资源。如果实施正确的话，就可以利用节省的时间去开展各种我们或许未曾考虑到的实验。

- 提倡——把对问题的预防纳入到 DOE 的计划中。
  - 如果在实验的进展中出现某种错误，后果是否会很严重？如果是，为了确保实验不会导致适得其反的效果，我们需要规划出各种预防措施以及应急预案。举例来说，可以在顾客身上试点某个解决方案，只是不要把公司与客户之间的业务往来置于过多的风险之中。

- 避免——未能考虑到各种各样的因子或影响因素。
  - 很多实验都是被各种未能预料到的变量所搅乱的。

- 避免——陷入实验中而止步不前。

- 就像是在 DMAIC 的分析阶段中一样，我们可以不断地实施更多的测试并收集更多的数据。DOE 只是个工具，而不是目的。

失效模式与影响分析（FMEA）

失败模式与影响分析由一系列的指导准则、流程以及一种固定形所构成，旨在对潜在的问题（各种失效）进行识别并确定优先次序。把各项活动建立在 FMEA 的基础之上，管理者、改进小组或流程的所有者就能够把精力和资源集中在最有可能取得回报的预防、监控以及应急预案上。FMEA 出自诸如航空航天和国防这类高风险行业，FMEA 是本书第 15 章中所讨论过的潜在问题分析这一概念的一个更加缜密的应用。

在一个六西格玛的环境中，FMEA 具有多种应用，其不仅能够找出在工作流程及改善活动中所存在的问题，还适用于发现存在于数据收集工作、了解顾客呼声的活动、各种规程，甚至是六西格玛活动的推广过程中的各种问题。在面对复杂或高风险情形时，我们想要对问题的牵制予以特别的强调，是使用 FMEA 的唯一前提要求。

使用 FMEA 的各个步骤以及关键概念如下：

1. 确定要分析的流程或产品 / 服务。

2. 列出可能会发生的潜在问题（失效模式）。基本的问题是："什么会出错？"针对潜在问题的各种想法可能会出自包括头脑风暴、流程分析以及标杆分析在内的各种来源。可以按照过程步骤或产品 / 服务的组成对潜在问题进行分组。避开不重要的琐碎问题。

3. 对问题的严重程度、发生概率以及检测难度分别打分。采用 1～10 分的标准范围，对所有潜在问题的每一个因素进行评分。问题越严重，所得分值就越高；越是难以被检测到的问题也就得到越高的分数。再次强调，这些评分可能都是以我们的判断或者以历史或实验数据为基础。

4. 计算风险系数（RPN）并排出行动的优先顺序。将上述三个分值相乘就可以得出每个问题的总体风险评分。计算出所有问题的 RPN 值，我们就得到了整个过程或产品/服务所存在风险的全面情况（RPN 的最大值＝1 000）。

5. 制定各种行动措施以降低风险。首先把重点放在拥有最高优先级别的潜在问题上，然后再想出各种行动措施以降低某个或全部因素的风险：严重程度、发生概率以及检测难度。众所周知，公司能够投入到对问题进行管控上的资源总是有限的，FMEA 的一项关键好处就是使公司所投入的有限资源获得最佳的收益。

下面，我们就通过案例来了解一下怎样应用 FMEA：

第 16 个案例：一家电子商务公司采用 FMEA 以确保其产品目录被准确无误地进行更新

Nitwit.com 是一家电子商务公司，公司的管理者和技术人员想要确保公司在线产品目录的更新过程不出差错。下面是他们所发现的两个问题及相应的分析：

1. 新商品采用了错误的插图。

   严重程度＝5

   发生概率＝5

   检测难度＝3

   RPN＝5×5×3＝75

2. 买家无法下订单。

   严重程度＝8

   发生概率＝5

   检测难度＝6

   RPN＝8×5×6＝240

根据这项评估，他们把重点放在不能下达订单这个问题上，并制定预防措施以确保所有新产品的编号都放进了订货系统中。

防错法（或称防呆法）

防错法可以被认为是 FMEA 的一项延伸，或者是六西格玛的日常饮食中用以减轻最终体重（也就是各种缺陷）的附加规定。鉴于 FMEA 有助于问题的预测和预防，而防错法所强调的则是：在错误成为交付到顾客手中的缺陷之前，发现错误并对其进行纠正。防错法特别关注于任何流程都面临着的一个持续威胁——人为失误。

防错法，也就是日语中的防呆法，背后的基本思想是由日本的一名管理咨询师新乡重夫（Shigeo Shingo）所发展起来的。新乡重夫的思想曾经颇具争议，部分是由于他提倡"检验"（他所选择的用词）是流程中每个步骤完整的一部分，而不是一项单独分开的职责。然而，当我们更进一步地进行研究，就会发现防错法的本质核心不过就是对流程中的每项活动予以仔细留意，并在每个步骤实施检查以及问题的预防。问题的关键则是要不断地进行及时反馈，就像平衡和方向信息从自行车手的耳朵传递到大脑，时刻使他或她能够保持自行车的平衡并骑行在正确的车道上。

防错法可以用来：

- 对 DMAIC 项目中的改进活动和流程设计进行精确调整。怎样能够避免那些最具有挑战性的不寻常错误或对其进行管理？
- 收集流程在向六西格玛绩效表现靠近的过程中的数据。越是"完美"的流程，就越难以测量。
- 消除流程中妨碍使其从 4.5 个西格玛水平提升至 6 个西格玛水平的各种问题与缺陷。

防错法的基本步骤

防错法最适合于在 FMEA 预测及预防措施的全面评估工作完成之后再应用。接下来几个段落将分别对防错法中的各个步骤进行描述，然后，我们在工具 17-5 中列出了使用该工具时所"提倡的与避免的"行为，各位读者应该牢记在心。

第1步：识别出那些尽管存在预防措施但仍有可能出现的错误。 对现有流程中的每个步骤实施评估，同时提出问题："该步骤可能会出现哪些人为失误或机器设备故障？"

第2步：确定一种方法，以便发现正在出现或即将出现的失误或故障。 比如说，汽车中电子装置能够告诉我们是否系好了安全带。通过执行电子商务软件程序指令，就可以得知软件中的某个字段是否缺失任何数据。在装配车间，用于盛装零部件的专用托盘有助于工人发现是否缺少零件。

第3步：确定并选择适当类型的措施，以便在发现失误时采取行动。 防错装置的基本类型包括：

- **控制**。类似于自动拼写检查/校对软件，能够对流程进行自动纠正的这类措施。

- **停机（或中止）**。一旦出现错误，就能够阻止或中断流程继续运行的一套装置或作业程序。家用电熨斗的自动断电功能就是一个例子。另一个例子是复杂的投资软件，这类软件针对客户都设置了一定的投资限额，以防投资超出其所能承受的额度范围。

- **警告**。正如名称表明，该手段向参与工作人员发出警示：流程中正在发生某种错误。安全带提醒信号就是这类手段的一个例子。同样，控制图的应用也属于这类手段，一张控制图能够表明某个过程可能正在失控。警告常常很容易被人们忽视，因此，通常来说控制和中止这两项手段更加可取。

想出发现问题并进行自我纠正、阻止/中断或发出警告的方法需要真正的想象力和创造性。常见类型的防错措施包括：

- 对物料和文件进行颜色及图形编码
- 为诸如法律文书等这类关键事物设定独特的样式
- 采用符号和图标对容易混淆的事物加以区分
- 利用电脑化的检查清单、清楚的表格、最新一流的作业程序以及简洁的工作流程来帮助防止错误最终变成顾客手中的缺陷半导体设备制造商美国应用材料公司（在本书第3章中有所引用）的戴夫·波尼茨表示，防错法已经成为他们的改进活动和精益制造工作中的重点："我们所寻找的装配方式是如此的万无一失，以至于人们不可能以错误的方式完成组装。因此，我们已经完成了诸如更加可视化的显示等这类的工作，针对部件应该怎样组合在一起，我们配备了彩色的示意图。"还有，各种夹具和固定装置的采用使人难以对零部件进行错误的组装，非常类似于一把钥匙只能打开特定的一把锁。

同时，为了检查每个步骤的工作，公司还采取了额外的应对措施："各工序的员工在自己所生产的产品进入下一道工序之前必须对其进行检验，然后下一工序的员工负责对自己收到产品进行检验。通过这种步调一致的举动，他们就能够消除生产装配过程中可能出现的绝大多数失误。"

工具 17-5

使用防错法时所"提倡的与避免的"行为

- 提倡——尽可能想出所有可能会出现的错误。
    - 在这里，组织中那些完全消极负面及持怀疑态度的人员终于能够提供真正的帮助。
- 提倡——通过集思广益利用全部的创造力找出聪明的方式，以便使错误的发现与纠正成为工作过程本身的一部分。
    - 把缺陷的发现工作留给下游的检验人员或客户，就会导致彻底的失败。
- 避免——陷入"犯错乃人之常情"的固定思维。
    - "绝大多数时间都会把事情做对"也是人类的一个特点。找出员工是怎样对上游未加防范的问题予以自行纠正的，并分享这些最佳的实践经验。
- 避免——指望人们总是能够发现自己所犯的错误。
    - 如果我们的流程表现只有2个西格玛水平，那不能撤掉在下游实施检验这道安全屏障。

质量功能展开（QFD）

质量功能展开是确定顾客输入的优先次序并将这些输入转化为产品、服务或流程设计及标准规范的一种方法。尽管QFD所涉及的工作细节可能既复杂又巨细无遗（更不用说令人精疲力竭了），但这种方法的本质是基于那些我们已经了解过的常识性的思想及工具。

作为一种健全可靠的方法，QFD具有各种不同的形式，因此用途也很广泛。QFD可以应用于：

- 根据客户的要求及目前的绩效表现，确定改进项目的先后次序并选择改进项目。
- 针对竞争对手的情况，对公司某个流程或产品的绩效表现进行评估。
- 把顾客的需求转化成流程、产品或服务的绩效表现指标。
- 对新流程、新产品及服务进行设计、测试和改良。

QFD绝不是一个孤立的工具。其作用的发挥依赖于其他各种各样的方法，从顾客的呼声中收集到各种实验设计。

质量功能展开基础知识

QFD方法中最广为人知的构成元素是一种特殊的多维度矩阵，也被称着"质量屋"。一个完整的QFD产品设计项目将会涉及一系列的这类矩阵，在整个产品设计过程中从头到尾把顾客和竞争的需求转换成最详细的过程标准。在各种QFD资料所包含的全部细节中，无论如何都不会脱离两个核心概念：

1. **QFD循环**。为了开发各种可操作性设计与计划而付出的一项反复努力，分为4个明显的阶段：

（1）把顾客输入与竞争对手分析转化为产品或服务的特征（基本设计元素）。

（2）把产品/服务的特征转化为产品/服务标准以及各种评价指标。

（3）把产品/服务标准以及评价指标转化为各种流程设计特征。（怎样通过流程实现符合标准要求的各种特征？）

（4）把流程设计特征转化为流程的绩效表现标准以及各种评价指标。

2. 确定优先次序及相互关系。对具体要求、特征、需求以及评价指标之间的相互关系进行详细的分析。类似于质量屋或简单的 L 型矩阵（见图 17-2）等这类矩阵的是使用能够保持这种分析的有条不紊，并记录下整个设计工作背后的合理性依据。

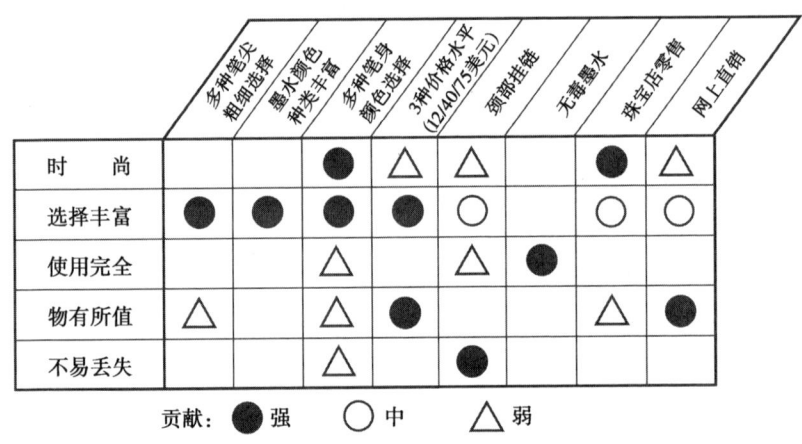

图 17-2　举例：钢笔设计所采用的简化的 L 形矩阵

本质上，QFD 循环就是在整个设计过程中建立起下游的 Y（顾客需求和产品标准）与上游的 X（流程标准）之间的联系。对于现有的流程或产品，QFD 可以用于澄清那些从未研究过的各种关系并进行记录。质量屋的另一项好处是该矩阵所提供的一种 "斜线" 关系检查，对各个斜线组合进行考查，而人类普遍存在的线性思考过程可能从未考虑过这类组合。

工具 17-6 是我们针对质量功能展开的使用所 "提倡的与避免的" 行为，请大家记住。

工具 17-6

使用质量功能展开时所 "提倡的与避免的" 行为

- 提倡——让这种方法的复杂度适合于具体的情形。

- 设计一个复杂的产品可能会涉及多个层次及大量的细节。仅仅为某个现有的流程建立评价指标应该简单得多。(各种 QFD 软件套装中既包括比较简单的，也包括更加详细的质量屋矩阵。)
- 提倡——精力集中获取有效的数据及输入信息，而不只是"在各个空格中填满内容。"
  - 一个 QFD 矩阵可能有许多空白空间。通常，我们将根据自己的判断去填写最佳的内容。然而，如果纯粹只是为了填补空白而在表格中随便填写内容，那就不必了。
- 提倡——利用 QFD 中竞争对手分析这一特性，把其他外部数据纳入到设计和标准的考量因素之中。
  - 为顾客进行设计，同时注意竞争对手。
- 避免——忽视其他工具在该方法中的应用。
  - 比如说，为了使各种设计特性的性能表现最大化，实验设计的应用可能极其重要。也可以采用诸如项目章程等工具为帮助一项设计活动奠定基础。

The Six Sigma Way | 结束语

取得成功的 12 项关键

在我们沿着六西格玛之路即将到达我们本次旅程的达终点时,我们希望这对各位读者来说只是一个开始。从某种程度上讲,本书对各种思想、工具和准则所进行的概述仅仅只是浅尝辄止。(我们很可能对某些观点做出了再三重复,以至于勤勉的读者目前正在表示:"够了!我已经明白了!")为了圆满结束本书,我们对书中的一些关键要点以及许多不同组织设法掌握六西格玛方法并建立持续改善文化的经验进行总结,并列出通向成功的各个关键要点。希望这个清单可以弥补我们未能进行更深入讨论的部分,并帮助读者从已经详细涵盖的内容中抓住关键要点。

取得成功的关键

1. 把六西格玛改进活动同业务战略与优先事项联系起来

即使最初的努力只是致力于范围相当有限的各种问题上,但其对关键业务需求的影响也应该清楚明确。尽可能就项目及其他活动与公司的使命、客户、财务表现以及竞争力之间存在着怎样的联系进行说明。

2. 把六西格玛作为一种经过改良的方法进行管理

对于 21 世纪的成功组织来说，六西格玛的方法与工具很有意义。这些方法与工具是开明的公司和管理者所获得的经验教训的产物，能够用来解决由快速变化、激烈竞争以及日益挑剔的客户所带来的各种挑战。

3. 保持信息简单明确

小心不要让奇怪的术语和行话疏远大家，在六西格玛环境中，各种奇怪的术语及行话都会导致等级分化。尽管新词汇和新技巧明显是六西格玛准则中的一部分，但是对于每位员工来说，六西格玛体系的核心以及公司改进活动的愿景都应该容易被理解并且具有意义。

4. 形成公司自己通往六西格玛的途径

应该以对业务最有效的原则为基础确定所有的主题、优先事项、项目、培训以及组织架构。想想看：针对某种方法，一个死板的形式怎么可能会建立一个更加灵活、反应更积极的组织？

5. 致力于短期的结果

能够让组织更具有竞争力、更加盈利并且使客户更加忠诚和高兴，这就六西格玛力量的证明。制定并推进相应的计划，以便使一开始 4～6 个月中所取得的最初成果能够得以巩固。

6. 致力于长期的成长和发展

在努力争取获得早期成果的同时，还要认识到这些早期成果必须要为实现六西格玛的真正能力奠定基础：打造一家能够长期以客户为重点、反应更积极、适应能力更强并且更加成功的公司。

7. 宣传取得的成果，承认遇到的挫折，并从两者中汲取经验教训

不要指望（或断言）六西格玛工作在公司的开展会一帆风顺。既要认可取

得的成功并进行庆祝，也要对各种挑战和失望给予同样的重视。随着活动的进展，随时准备对公司的六西格玛流程进行不断改良，甚至是重新设计。

8. 进行投资

没有时间、支援和资金的投入，公司业务中各种习惯以及现有流程将不会出现很大的改变。各种成果很可能会给投资带来快速的回报，但公司必须首先进行投资。

9. 聪明地使用六西格玛工具

在六西格玛体系中，没有单独某个工具或规范就能够提高利润或者让客户更加高兴。统计学可以解答各种问题，但不能提供优秀的服务。有创意的想法可以抓住潜在的可能性，但是如果没有各种流程来完善并实现这些想法，他们也仅仅只是各种幻想而已。组织在六西格玛上的成功将取决于其是否能够为了使成果最大化而正确地平衡全部方法的应用。而且，应该高度重视能够发挥作用的最简单工具的采用，而不是最复杂的工具。

10. 把客户、流程、数据以及创新与构建六西格玛体系关联在一起

在六西格玛方法中，这些核心要素被集中到一起。了解公司所面对的市场以及公司的运行状况，并能够利用创造力和各种措施来实现价值与绩效表现的最大化，从而形成一个强大的组合，使竞争对手的日常业务变得痛苦不堪。

11. 让高层领导承担职责并对最终结果负责

在组织、事业单元乃至部门的高级管理人员同意把改进作为其工作中不可分割的一部分进行推进之前，六西格玛行动真正的重要性就值得怀疑，而且行动背后的动力也会被削弱。为了达到目的，他们需要对自己的管理过程以及领导习惯进行检查与提升。

12. 让学习成为一项持续的活动

短短数月的培训，无论怎么强化，也无法巩固对六西格玛进行维持所需要的全部新知识和新技能。随着时间的推移，大家应该把目光投向持续改善的原

则以外，了解其他各种方法和思想，对本书所介绍的工具加以补充。

幕后花絮——使六西格玛成为乐趣

是的，这项关乎业务生存、竞争以及评价的内容的确很严肃，有时候让人感到困惑，甚至有点恐慌。但是，六西格玛方法向各种新的想法、新的思考方式以及新的成功气息敞开了大门。融入幽默并与六西格玛愉快相处只会增加成功的机会：任何时候，一旦人们享受某件事情所带来的乐趣，他们几乎会自然而然地在其中投入更多的精力与热情。

最后的建议

从商业语言的角度出发，我们不得不使用简短的措辞来描述各种复杂的想法。"六西格玛"并只是"有经济效益的策略""组织优化"或者其他任何我们每天都在使用的简写术语。从本书一开始我们就提到，事实上我们把六西格玛称为一套体系，这套体系包含着大量的概念、工具以及原则。怎么称呼并不重要，重要的是：为了满足组织的各种需求及目标，我们如何使用并对其进行调整。

我们相信，并且也希望读者们赞同：作为每个成功业务的一部分，六西格玛体系所包含的各种要素在某种程度上都是必不可少的、强大的且具有价值。与此同时，为了最大限度地对组织的独特文化、所在行业、市场地位、员工以及战略产生影响，我们强烈鼓励大家对六西格玛中的原则及方法进行相应的调整。我们最大的担心是，人们对待六西格玛就好像是对待某件物品一样，不是接受就是抵制（因为顾此失彼而成为的牺牲品），而不是把其作为一套灵活的体系加以使用。

最后一点，尽管一直致力于这项重要的话题并与应用六西格玛的公司进行合作，到目前为止已经有些年头了，但我们还是不断地感到震惊：我们仍然还有很多东西要学习，还在出现大量的新观点。我们会很乐意听到读者们的各种见解、新思想，以及对《六西格玛管理法》这本书的看法：这本书是否有帮助以及如何对大家产生帮助的。读者们可以通过这个电子邮件联系到我们：ssw@pivotalresources.com。

我们期待听到大家在六西格玛旅程中的成功故事。

附　录 | The Six Sigma Way

西格玛计算表

一个流程的西格玛水平可以通过多种方式来确定。下面的步骤是根据流程最终的缺陷数，通过查表计算出相应的西格玛水平（通常被确切地称为"过程西格玛"），这是一种最为简单的方法。

第1步：选定流程、产出单位以及相应的要求

- 确定想要评估的流程：_____（流程）
- 该流程所产出的主要"事物"是什么？_____（产出单位）
- 顾客对每个产出单位的关键要求是什么？_____（要求）

第2步：定义"缺陷"和"机会次数"

- 根据上面所提到的要求，列出单个产出单位中可能出现的所有缺陷（例如晚到、数据缺失、尺寸不对、交货地址错误，等等）。确保描述的各种缺陷都能够被客观地进行判断。_____（缺陷种类）
- 单个产出单位中可以存在多少个缺陷？_____（机会次数）

第3步：收集数据并计算 DMPO

- 收集流程最终的数据：＿＿＿＿（产出单位个数）＿＿＿＿（总的缺陷个数）
- 确定所收集到数据中的总的机会数：

  产出单位个数 × 机会次数＝＿＿＿＿（总的机会次数）

- 计算每百万次机会中的缺陷数：

  （总的缺陷个数 ÷ 总的机会次数）× 10⁶＝＿＿＿＿（DPMO）

第4步：将 DPMO 换算为西格玛

- 利用西格玛换算表，进行反查并记录西格玛估值：＿＿＿＿

注：1. 换算表只能提供一个非常粗略的西格玛水平范围。
　　2. 基于数据的准确性以及每个产出单位身上被确定的机会次数，西格玛数字可能会出现明显差异。

Copyright © 1999 Pivotal Resources, Inc. For Information call: 800/699-6220

术 语 表

affinity chart (diagram) 亲和图 进行头脑风暴的工具，用于收集来自大量人员的各种信息。通常，将各种点子写在有黏性的便签上，然后把内容相近的点子划分为同一类别并形成多个栏目类别，分别赋予每个栏目类别一个总体的名称。

analyze 分析 DMAIC 中的一个阶段，该阶段的工作内容是针对改进机会对流程细节进行仔细的检查。①对数据进行研究与核实，借此对大家所怀疑的各种根本原因予以证实并用事实来支持问题描述（参见因果图）。②实施流程分析，包括对流程图开展增值/非增值活动方面的研究（参见流程图、增值活动、非增值活动）。

balance scorecard 平衡计分卡 将日常的衡量指标划分为 4 个重要的领域：财务、流程、人员及创新。作为一种报告工具，就某项业务或某个流程的进展情况向支持者、高级管理层以及其他人员进行更新，对流程的所有者也很有用。

baseline measures 基准指标 绩效水平数据，用以表示某个流程在改进项目最初阶段（实施解决方案之前）的表现。

black belt 黑带 项目团队负责人，接受过 DMAIC 流程以及各种项目推动技能培训，负责带领完成改进项目。

cause-and-effect diagram 因果图 也被称为一个"鱼骨图"或"石川图"。按原因类别进行头脑风暴的工具，针对某种具体的结果（鱼头部分），确定根本原因假设以及各种潜在的原因（鱼骨部分）。

charter 章程 团队文件，确定改进项目的前后背景、具体细节与计划。内容包括商业案例、问题描述、目标陈述、各种限制条件与及前提假设、小组成员的角色、初步计划以及项目范围。与支持者开展定期回顾以确保项目同业务战略的一致性，在整个 DMAIC 过程中，定期地以数据为基础对项目章程进行审核、修订和改良。

checksheet 记录表 帮助进行数据收集和整理的各种表单、表格或电子表格，亦考虑到分层数据的采集（参见分层）。

common cause 普通原因 正常原因，每天都会对流程产生影响，通常更难被彻底消除，需要对流程进行改变。由普通原因所导致的问题被称为"慢性疼痛"（参见控制图、链图或时间序列图、特殊原因、变异）。

continuous data 连续型数据　任何能够在无限细分的连续区间或量程范围内进行测量的变量，主要的类型包括时间、金钱、尺寸、重量、温度以及速度等，也被称为"计量型数据"。

control 控制　DMAIC 中的 C 阶段。在各种解决方案实施以后所开展的持续评价，对改善的稳定性及流程的可预见性进行跟踪与确认。通常包括各种流程管理技巧及流程管理体系，这些技巧和体系包括流程负责制、各种指示图以及/或者过程管理图表等（参见流程管理）。统计学原理表明：某个在预计的偏差范围之内运行的流程主要受普通原因因素的影响，处于这种状态的流程也被称为"受控"（参见控制图、过程能力、变异）。

control charts 控制图　体现过程的表现、均值（平均数）及控制限的特殊时间曲线图或链图，帮助判断对过程产生影响的普通（正常）的或特殊（不正常、特别）的原因。

cost of poor quality（COPQ）劣质成本　金钱指标，描述流程中存在的各种问题（内部及外部失败）所产生的影响，包括交接、返工、检验以及其他非增值活动所涉及的人工成本和物料成本。

criteria matrix 标准矩阵　针对几个关键因子（例如成本、实施的难易程度、对顾客的影响）对各种潜在选项进行评分所采用的决策制定工具。提倡在制定决策过程中使用事实、数据以及明确的业务目标。

customer 客户　接收流程输出项（产品或服务）的内部或外部人员/组织，同时了解流程对内部和外部用户所产生的影响，是进行流程管理和流程改进的关键。

customer requirements 顾客需求　确定顾客的要求和期望，为了确保符合顾客的要求，将这些要求和期望转化为可衡量的术语并在流程中使用这些术语。

cycle time 周期时间　完成一个流程所使用的全部时间，包括实际工作时间和各种等候时间。

defect 缺陷　产品或服务中所出现的未能满足客户需求的任何事件或情形。

defect opportunity 缺陷机会　产出单位（输出项）中所存在的一种对顾客很重要的潜在缺陷类型。例如，在某张表格上，一些对客户很重要的特殊部分存在着出错的机会。

defective 次品　存在一个或多个缺陷的任何一个产出单位（参见缺陷）。

define 定义　DMAIC 中的第一个阶段，对问题/机会、流程以及顾客需求进行定义，由于 DMAIC 一个往复的循环，为了明确流程中的问题、工序流向以及各种需求，在其他几个阶段也应该对这些问题、工序流向以及需求进行核实和更新（参见章程、顾客需求、流程图、顾客的呼声）。

discrete data 离散型数据　无法在无限细分的量程范围实施定量测量的数据。包括关于某项特征或某种类别的计数、比例或百分比（例如性别、贷款类型、部门、地点，等等），也被称为"计数型数据"。

downstream 下游　出现在有问题的工作

或活动之后的各个流程（活动）。

DFSS "六西格玛设计"的缩写。介绍六西格玛工具在产品开发及流程设计工作的应用，目标是"设计出"六西格玛水平的绩效表现。

DMAIC 一项流程改进/管理体系的缩写。各个字母分别代表定义、测量、分析、改进和控制，为流程改进、流程设计或再设计的应用提供了一套框架。

DPMO（defects per million opportunities）百万机会缺陷数 各种六西格玛流程改进活动中所采用的一种计算方法，表示在某个流中每一百万次机会中所出现的缺陷总数。缺陷数量÷（产出单位的数量×每个产出单位中所存在的机会数量）＝DPO×1百万＝DPMO（参见DPO、六西格玛、缺陷机会）。

DPO（defects per opportunity）机会缺陷率 流程改进活动中所采用一种计算方法，用来确定每次机会中所存在的缺陷数量。缺陷数量÷（产出单位的数量×每个产出单位上所存在的机会数量）＝DPO（参见缺陷、缺陷机会）。

effectiveness 有效性 各种与流程输出项满足顾客要求的程度有关的评价指标（例如准时到货、符合标准、服务体验、准确率、各种增值特点、顾客满意水平），主要与顾客满意度相关。

efficiency 效率 与产生流程输出项所使用资源的数量有关的各种评价指标（例如加工成本、总时间周期、消耗的资源、缺陷的成本、报废以及/或其他各种浪费），主要与公司的盈利能力相关。

external failure 外部失败 存在缺陷的产品一路通过流程并到达客户的手中。

force-field analysis 力场分析 对支持或抵制某个想法的各种势力/因素进行识别，抵制因素和驱动力被分别排列在左右两边。该方法用于强化各种优势（积极的想法）并对各种缺点或阻力加以克服。

goal statement 目标陈述 对流程改进或流程设计/再设计想要达到的目标或希望取得的成果的描述，通常，团队章程中都会包括目标陈述，并且得到实际的数据和详细内容的支持。

handoff 交接 一位员工（或工作岗位）按照流程的进展方向把事物传递给流程中另一位员工的任意时刻，可能会导致增加整个流程中的缺陷、时间和成本。

histogram（frequency plot）直方图（频率分布图） 统计学中常用的一种图形。使用图表直观地表示某个集合中的数据频率、分布以及集中趋势（趋中性）。

hypothesis statement 假设描述 对导致流程问题的怀疑原因所做出的一个完整描述。

improvement 改进 DMAIC中的I阶段，该阶段创造性地产生并确定各种解决方案和点子。一旦对某个问题有了全面的认识、评价和分析，就能够针对问题描述所提及问题的解决而确定潜在的解决方案，并为目标陈述提供相应的依据（参见章程）。

input 输入项 供方所提供的那些进入到流程中的任何产品、服务或信息。

input measures 输入项指标 与流程输入项有关的各种评价指标和描述，各种输出项指标的预测因子。

institutionalization 制度化 日常行为、态度和习惯的根本改变，能够使各种改变成为"永久性的"变革，就流程改进、设计或再设计活动中所实施的各种变革，对组织文化进行调整，包括诸如 HR、MIS 以及培训等复杂的业务体系。

ISO-9000 用来证明某个组织有能力制定各种书面流程并遵照执行的一套标准及准则，主要与各种质量保证体系相关，而不是质量改进。

judgment sampling 判断抽样 根据知识及经验对哪些事物或人员具有总体的代表性而做出推测的一种抽样方式，通常都要避免采用这种抽样方式。

management-by-fact 基于事实的管理 采用标准和事实进行决策制定；用数据支持直觉；常用的工具包括流程评价、各种流程管理技巧以及理性的决策制定工具（例如标准矩阵）。

measures 测量 DMAIC 中的 M 阶段。该阶段的主要工作就是确定各项关键指标，对各种数据进行收集、整理并进行展示，以看得见的数据为基础对各种具体特性和/或者性能表现水平所实施的定量评估。

moment of truth 关键时刻 流程中外部客户有机会对该流程或组织形成某种评价（正面、中等的或者负面的）的重要活动或环节。

multivoting 多轮投票法 缩小范围并确定优先次序的一种工具。面对各种点子、问题或原因等，每位小组成员只有一定数量的投票权，每轮投票之后，再对得票最多的那些选项施以进一步的关注/考虑。

non-value-adding activities 非增值活动 流程中所存在的步骤/任务，不能为外部顾客增加价值，且无法满足增值活动所具备的全部三项标准，包括返工、各个交接环节、检验/控制、等待/延误等（参见增值活动）。

operational definition 操作性定义 对被测量的因子或正在使用的术语所进行的准确清晰描述，保证对术语的明确理解，并确保连续一致运转某个流程或收集各种数据的能力。

output 输出项 各种流程活动所产生或生产出的任何产品、服务或信息。

output measures 输出项指标 与流程输出项有关的各种评价指标和描述，流程的总体特征/综合评价指标。

pareto chart 帕累托图 以帕累托原理为基础的质量工具；用柱子的高低不同代表计数型数据的大小不同并按降序排列，发生频率最高的（最高的柱子）排在最前列；用一条累计曲线来追踪每个种类/柱子所占的百分比，分辨出导致 80% 问题的 20% 原因。

pareto principle 帕累托原理 80/20 法则；以维尔弗雷多·帕累托（Vilfredo Pareto）研究成果为基础：少数（20%）至关重要的原因比大量（80%）微不足道的原因拥有更大的影响。

pilot 试点 为了确保方案的有效性并对测试方案的影响，在有限范围内开展某项解决方案的尝试实施，对根本原因假设进行确认所需要的一项实验。

plan-do-check-act（PDCA） 持续改善的基本模式或一套基本步骤（参见"休哈特（Shewhart）循环"或"戴明（Deming）循环"）。

precision 精确度 测量的准确性，与量具的类型或操作性定义的细节有关，也可能会对样本量产生影响。

preliminary plan 初步计划 针对与流程改进有关的团队活动而形成各个里程碑，包括各项关键任务、目标完成日期、职责、潜在的问题、各种障碍与突发事件，以及沟通策略。

problem/opportunity statement 问题/机会描述 对流程所表现出的症状或"痛苦"的描述，一般以名词——动词结构形式来表达，通常都会包含在团队章程之中，而且一旦获得数据，就会得到各种数字及更多细节内容的支持（参见章程）。

process capability 过程能力 对某个流程在正常偏差的情况下是否能够满足顾客需求所作出的判断，与流程的分布进行比较，就流程满足/不满足顾客需求的程度所得出的评价（参见控制、控制图）。

process design 流程设计 建立各种新推出的活动、系统、产品或服务所需要的革命性流程。

process improvement 流程改进 为了消除或减少缺陷、成本或时间周期，把带来量变的解决方案/变革作为重点的一种改进方法，流程的基本设计和各种假设前提保持不变（参见流程再设计）。

process management 流程管理 对各种明确的书面流程持续进行日常监控，确保各种指标能够针对流程的进展/运行情况提供反馈，主要评价指标包括：财务、流程、人员以及创新（参见控制）。

process map（flowchart）流程图或流程运转示意图 流程运转方式的图形化展示，描绘了流程中所有的活动、决策点、返工循环以及交接环节。

process measures 过程指标 与每个单独步骤以及整个流程有关的各种评价指标，是各种输出项指标的预测指标。

process redesign 流程再设计 对流程运转过程中的各种元素进行重组的一种方法，旨在消除各个交接环节、返工循环、检验环节以及其他非增值活动，通常都意味着对某个业务分支进行全新的设计、适应各种重大的变革或带来指数级的改善，类似于业务再造（参见流程改进、业务再造）。

project rationale（Business Case）项目基本原理（商业案例） 关于业务担忧或机会领域的概括描述，包括各种改善可能会产生的影响/收益或不进行流程改善所面临的危险，与业务战略、顾客以及/或者公司的价值相关联，由业务领导者提供给改进团队，并被用于问题描述和项目章程的形成。

proportion defective 次品比例 存在缺陷的产出单位所占的比例，用次品数量除以产出单位总数量，得出一个十进制的小数，再把小数转换为百分数。

quality 品质 关于优异程度的一个广义概念以及/或者准则，一项重要的特性或本质；符合标准规范，具备可衡量的对照标准，以便各种努力都能够持续一致地直接针对各个业务目标。

quality assurance（QA）质量保证　保持产品或服务符合顾客的标准规范的制度（或部门），主要采用的工具是检验以及统计过程控制（SPC）。

quality council 质量委员会　组织中对质量或六西格玛活动的开展给予指导的领导小组，建立质量改进团队，对质量改进活动的进展进行审核并提供支持。

random sampling 随机抽样　一种抽样方法，完全随机地选择将要进行评价的每件事物或每位人员。

reengineering 业务再造　业务设计或再设计。类似于流程再设计，但通常业务再造所涉及的规模或范围都要大得多。

repeatability 重复性　与测量系统的稳定性有关的概念，同一人员采用同样的方法对同一事物进行重复测量，每次都能够得到相同的结果，确保数据一致性和稳定性的必备条件（参见重复性）。

reproducibility 重现性　与测量系统的稳定性有关的概念，不同人员采用同样的方法对同一事物进行测量，每次都能够得到相同结果，确保数据一致性和稳定性的必备条件（参见重现性）。

revision plans 修订方案　为了对各种流程、作业程序以及文件进行更新而采用的一项机制（流程）。

rework loop 返工循环　在一个流程中，不得不把经过流程的事物被返回到先前的步骤或者人员/组织进行纠正的任何情形，增加时间和成本，并可能导致出现混乱及更多的缺陷（参见非增值活动）。

rolled-throughput yield 直通率　流程中各步骤所产生缺陷的累计计算结果。用进入流程的产品总数减去第一个步骤所产生的不合格产品数量，得到"通过"第一个步骤的合格品数量，用通过每个步骤的合格品数量除以进入该步骤的产品总数，得出一个百分比，针对每个步骤重复这个计算过程，再将每个步骤所得出的结果进行相乘，最后就会得到一个总体直通率百分比（参见收率）。

run chart（time plot）链图或时间曲线　对测量结果进行展示的一种工具，显示出测量结果随着时间所发生的变化；提示各种趋势、规律及导致变异的特殊原因的存在（参见控制图、特殊原因、变异）。

sampling 抽样　用一个较小的集合来代表整体。统计学的基础，可以节约时间、资金及付出的努力，能够考虑到那些更有意义的数据并改善测量系统的准确性。

sampling bias 抽样偏倚　对数据存在某种方式的偏爱，且无法代表整个。

scatter plot or diagram 散点图　用于描绘两个因子或两个变量之间相互关系或相关性的曲线图。

scope 范围　定义流程或流程改进项目的边界。具体地明确存在改进机会的流程（起始点与终止点），确定在何处对什么事物进行测量和分析，需要在项目小组所能够影响与控制的势力范围之内，范围越大，流程改进工作就越复杂，而且也耗时越长。

should-be process mapping 绘制应有流程的示意图　对流程应有的设计（例如没有非增值活动、精简的工作流程并考虑全新的解决方案）进行描绘的一种流程图绘制方式，与流程"现状"示意图的绘制形成对比（参见流程设计、增值活动、非增值活动）。

SIPOC　供方、输入项、过程、输出项及用户的首字母缩写，能够对流程形成一个全面宏观的看法。

Six Sigma 六西格玛　流程的绩效表现水平，相当于每一百万次机会或活动中只出现3.4个缺陷。对各种以西格玛为评价指标、以及/或者追求六个西格玛绩效水平的流程改进活动进行描述所用的术语。

solution statement 解决方案描述　对提议的解决方案所进行的明确描述，用于评估并选择最佳的解决方案以供实施。

special cause 特殊原因　对流程产生影响的各种特殊情形或事件。也就是说，不是流程常规、日常运行的一部分（参见一般原因、变异）。

sponsor（champion）支持者（倡导者）　向高管团队反映项目小组所面临问题的人员。在质量委员会中对项目小组的各种提议给予最终批准并为这些工作提供支持；协助团队获得其所需要的资源；帮助黑带及团队克服各种障碍；担任黑带的导师。

statistical process control（SPC）统计过程控制　利用采集到的数据及分析结果对流程实施监控、发现绩效表现问题，并确定变异程度/能力（参见链图、控制图）。

storyboard 项目情节概要　DMAIC项目流程中所有组成部分的一个形象化展现，用于项目团队取得项目解决方案。在给支持者、高级管理人员及其他人员所做的汇报中被采用。

stratification 分层　对诸如哪些事物（类型、投诉等）、什么时间（月份、日期、年份等）、在哪里（地区、城市、州等）以及谁（部门、个人）等某项信息中的几个不同层面进行研究。

stratified sampling 分层抽样　把数量较大的总体分成各个不同的子组，然后再从每个子组中进行抽样。

supplier 供方　向流程提供输入项（产品、服务或信息）的人员或组织。在服务型组织中，多数情况下客户也是供方。

systematic sampling 系统抽样　按照相同的区间间隔（例如每半个小时、每第12件事物）从总体中选取各个样品的一种抽样方法，对多数的六西格玛测量活动都建议采用这种抽样方法。

upstream 上游　出现在有疑问的工作或活动之前的各种流程（工作、活动）。

value-adding activities 增值活动　流程中符合外部顾客对价值所规定的全部三项标准的各个步骤/任务：①顾客在乎。②经过流程的事物发生了某种变化。③第一次就正确无误地完成。

variation 变异　某项具体特性所出现的变化或波动，能够判断出流程的稳定性或可预见性。受环境、人员、机器/设备、方法/作业程序、测量以及物料的影响，任何流程改进都应该减少或消除变异（参见一般原因、特殊原因）。

voice of the customer（VOC）顾客的呼声 代表客户对公司看法／要求的各种数据（投诉、调研、意见、市场研究等），应该被转化为对公司流程所提出的可衡量的要求。

X 自变量 用于表示业务流程或系统的输入项或流程分支中各种因子或评价指标的变量。

Y 因变量 用于表示业务流程或系统的输出项中各种因子或评价指标的变量。等同于"结果"，六西格玛方法的一个主要原理就是：Y是上游因子的函数，或 $Y=f(x)$。

yield 收率 通过流程的各个步骤并经过正确操作的产出单位总数。

参 考 文 献

Process Improvement and Design/Redesign

Ashkenas, Ron, Dave Ulrich, Todd Jick, and Steve Kerr. *The Boundaryless Organization: Breaking the Chains of Organizational Structure.* San Francisco: Jossey-Bass, 1995.

Cross, Kelvin E., John J. Feather, and Richard L. Lynch. *Corporate Renaissance: The Art of Reengineering.* Cambridge, MA: Blackwell Publishers, 1994.

Davenport, Thomas H. *Process Innovation: Reengineering Work Through Information Technology.* Boston, MA: Harvard Business School Press, 1993.

Hammer, Michael. *Beyond Reengineering: How the Process-Centered Organization Is Changing Our Work and Our Lives.* New York: HarperBusiness, 1996.

Hammer, Michael and James Champy. *Reengineering the Corporation: A Manifesto for Business Revolution.* New York: HarperBusiness, 1993.

Harrington, H. James. *Business Process Improvement: The Breakthrough Strategy for Total Quality, Productivity, and Competitiveness.* New York: McGraw-Hill, 1991.

Holpp, Lawrence. *Managing Teams.* New York: McGraw-Hill, 1999.

Ramaswamy, Rohit. *Design and Management of Service Processes: Keeping Customers for Life.* Reading, MA: Addison-Wesley, 1996.

Stalk, George Jr. and Thomas M. Hout. *Competing Against Time: How Time-Based Competition Is Reshaping Global Markets.* New York: The Free Press, 1990.

Voice of the Customer

Carlzon, Jan. *Moments of Truth.* New York: HarperCollins, 1989.

Gale, Bradley T. *Managing Customer Value: Creating Quality and Service That Customers Can See.* New York: The Free Press, 1994.

Heil, Gary, Tom Parker, and Deborah C. Stephens. *One Size Fits One: Building Relationships One Customer and One Employee at a Time.* New York: John Wiley & Sons, 1999.

Kaplan, Robert S. and David P. Norton. *The Balanced Scorecard.* Boston, MA: Harvard Business School Press, 1996.

Treacy, Michael and Fred Wiersema. *The Discipline of Market Leaders: Choose Your Customers, Narrow Your Focus, Dominate Your Market.* Reading, MA: Addison-Wesley, 1995.

Learning and Innovation

Imparato, Nicholas and Oren Harari. *Jumping the Curve: Innovation and Strategic Choice in an Age of Transition.* San Francisco: Jossey-Bass, 1994.

Janov, Jill. *The Inventive Organization: Hope and Daring at Work.* San Francisco: Jossey-Bass, 1994.

Senge, Peter M. *The Fifth Discipline: The Art and Practice of The Learning Organization.* New York: Doubleday, 1990.

Organizations and Six Sigma

Breyfogle, Forrest W. *Implementing Six Sigma: Smarter Solutions Using Statistical Methods.* New York: Wiley-Interscience, 1999.

Porter, Michael E. *Competitive Advantage: Creating and Sustaining Superior Performance.* New York: The Free Press, 1985.

Rummler, Geary A. and Alan P. Brache. *Improving Performance: How to Manage the White Space on the Organization Chart.* San Francisco: Jossey-Bass, 1990.

Slater, Robert. *Jack Welch and the GE Way: Management Insights and Leadership Secrets of the Legendary CEO.* New York: McGraw-Hill, 1999.

Tichy, Noel M. and Stratford Sherman. *Control Your Destiny or Someone Else Will: Lessons in Mastering Change—from the Principles Jack Welch Is Using to Revolutionize GE*. New York: HarperBusiness, 1993.

Voice of the Process

Brassard, Michael and Diane Ritter. *The Memory Jogger II*. Methuen, MA: GOAL/QPC, 1994.

Fraenkel, Jack, Norman Wallen, and Enoch I. Sawin. *Visual Statistics: A Conceptual Primer*. Needham Heights, MA: Allyn & Bacon, 1999.

Kume, Hitoshi. *Statistical Methods for Quality Improvement*. Tokyo, Japan: The Association for Overseas Technical Scholarship, 1985.

致　　谢

第 2 版

对一本书进行更新和再版是一件非常棘手的事情，我们既不希望失去老版中的精华，但又必须提供新的见解和信息。如果没有露丝·米尔斯（Ruth Mills）所提供的专家指导和重要贡献，第 2 版的完成是不可能的。露丝是一位经验丰富的编辑，是她（我们认为）帮助我们找到了恰当的平衡，并为第 2 版的发行承担了大量的工作。

其他则主要感谢众多的读者、客户和同事，是他们帮助我们不断地以新的方式学习并了解六西格玛的各种挑战。曾经很多次，我们认为对六西格玛的过度炒作和批判（虽然过于严厉，但通常都很有道理）将会葬送掉六西格玛。但其他很多人却对这些极端的想法不予理睬，并发现只要正确实施，六西格玛的各种好处部分就不会昙花一现，能够产生巨大的价值。如果没有这些人，第 2 版的发行根本就没有意义。

第 1 版

我们现在终于知道为什么电视上的颁奖典礼总是要持续很长时间了。当然，部分是由于主持人缓慢地讲述各种老套的笑话。但一般都是因为获奖者需要感谢的人太多了。虽然并不是获得了某个奖项，但我们也想花些时间来表达对相关人员的谢意。然而，我们在麦格劳–希尔出版社（McGraw-Hill）的朋友们曾经告诫说，如果致谢篇幅太长的话，他们将会对致谢内容进行删减再出版上市，因此我们会尽量保持简短。

我们将最重要的感谢致以佩茜·玛丹巴（Percy Madamba），她孜孜不倦地为各种善意且不可或缺的工作付出了大量的时间，正是由于这些工作才使本书的出版发行得以实现。她使每件事都井井有条，确保所有的内容都经过校对，提供了无数的建议，对书中的笑话不吝笑声（我们希望她的幽默感能够代表广大普通读者所具备的幽默感），绘制各种图表并完成其他各种不计其数的琐碎工作，包括本书原稿的寄送。（现在，我们所担心的是佩茜会不会辞去工作并开始撰写她自己的书籍。）

carolyn Talasek、Kelly Fisher、Carla Queen、Chet Harmer、Mona Draper 和 Amanda Dutra 连同毕威特管理咨询公司（Pivotal Resources）团队的其他成员一起，为各种图表、编辑、各种建议和研究做出贡献，同时也贡献了许多想法和见解。整个团队（毕威特小组）在大量经验与成功案例的汇集工作上发挥了很大的作用，使得本书能够得以采用。本书知识源泉的其他关键贡献者还包括 Pamela Schmidt-Cavaliero、Fred Kleiman、Mercie Lopez、Greg Gibbs、Jane keller 以及 Rosalie Pryor。同时也要感谢我们的同事 Larry Holpp，他提供建议并联系出版社，帮助我们使本书得以问世。

特别感谢我们客户组织中的许多人员，他们在世界各地对六西格玛进行实践。正是这些人使六西格玛获得成功，并学会如何在各种不同的环境下让六西格玛发挥作用。尤其要感谢某些个别人员的支持，包括 GE 资本公司学习与卓越运营中心的朋友们——Mike Markovits、Mo Cayer、Hilly Dunn、Jenene Nicholson、Kelly Babij、Mike Mosher 以及其他众多人士。没有通用电气公司员工所完成的出色工作，没有他们对六西格玛的承诺，就不会有这本书的存在。同时也感谢雇主再保险公司（Employers Reinsurance）的杰出人员，包括 Kaj Ahlmann、Alan Mauch、Tom Felgate、Lee Tenold、Julie Hertel、Mike Nichols 以及其他许多人；感谢美国全国广播公司（NBC）的 John Eck 以及 QNBC 团队成员，在他们那里我们开始观看 NBC 的今夜秀实况转播并帮助把六西格玛引进给一个全盛时期的组织；感谢胜腾抵押公司（Cendant Mortgage）

包括 Pat Connolly、Tanya DeLia、Suzanne Wetherington 及其他许多人在内的整个优秀团队；感谢 Auspex Systems 公司的 Tamas Farkas 和 Charlie Golden（他目前实际上在为基因泰克（Genentech）公司工作），流程再设计作为 Auspex 公司的质量组成部分已经有几年了。

感谢下列人士投入时间为本书提供特殊见解，这些人士包括 Dave Boenitz、Chuck Cox、Bob Golitz、Barbara Friesner、Aldie Keene、Alan Larson、Rich Lynch、Celeste Miller 和 Jessica Shklar。

非常感谢麦格劳－希尔出版社的编辑 Richard Narramore，感谢他从顺利开始直至排版付印的最后一分钟都在指导我们。我们也在追求达到六西格玛绩效！

我们的家人们也理所应当得到爱意的表扬及衷心的感谢，他们不得不忍受着爸爸或丈夫长时间伏身在电脑前进行工作。（致 Olga、Stephanie 和 Brian Pande：现在，书终于写完了。我们一起出去玩吧！）

最后，我们致以此书特殊的献词，以此纪念我们的好朋友及好同事 Bill Lindenfelder。Bill 不仅是帮我们教授六西格玛的伙伴，同时他还将热情、鼓舞和无限的能量传递给每位结识他的人。和许多人一样，我们都非常怀念 Bill，并希望他能为他的某些想法在书中的体现以及他对本书所产生的巨大影响而感到骄傲。

译者简介

毕超

1996年本科毕业于中国药科大学，2006年获得天津大学在职MBA学位。先后就职于中美天津史克制药、杜邦化工、美国生命科技、阿博利斯生物科技等公司，从事质量管理、供应链、采购及精益六格玛工作。现就职于美国瀚森化工，担任黑带大师一职。

崔丽野

1996年本科毕业于中国药科大学后，加入中美天津史克制药，从事生产管理、技术及价值流管理工作。工作期间于2006年获得天津大学在职MBA学位。现就职于赛诺医疗科学技术，担任生产运营副总一职。

马睿

1999年本科毕业于中国药科大学药物制剂专业。曾就职于中美天津史克制药，从事生产管理、价值流管理及精益六西格玛工作。现就职于天津天士力圣特制药，担任运营总监一职。

推荐阅读

金矿：精益管理 挖掘利润（珍藏版）

作者：[法] 弗雷迪·伯乐 迈克·伯乐 ISBN：978-7-111-51070-3

本书最值得称道之处是采用了小说的形式，让人读来非常轻松有趣，以至书中提及的操作方法，使人读后忍不住想动手一试

《金矿》描述一家濒临破产的企业如何转亏为盈。这家企业既拥有技术优势，又拥有市场优势，但它却陷入了财务困境。危难之际，经验丰富的精益专家帮助企业建立起一套有竞争力的生产运作系统，通过不断地改善，消除浪费，大幅度提高了生产效率和质量，库存很快转变为流动资金。

金矿Ⅱ：精益管理者的成长（珍藏版）

作者：[法] 迈克·伯乐 弗雷迪·伯乐 ISBN：978-7-111-51073-4

在这本《金矿》续集中，作者用一个生动的故事阐述精益实践中最具挑战的一项工作：如何让管理层和团队一起学习，不断进步

本书以小说形式讲述主人公由"追求短期效益、注重精益工具应用"到逐渐明白"精益是学习改善，不断进步"的故事。与前一本书相比，本书更侧重于人的问题，体会公司总裁、工厂经理、班组长、操作员工以及公司里各个不同层级与部门的人们，在公司通过实施精益变革进行自救的过程中，在传统与精益的两种不同管理方式下，经受的煎熬与成长。这个过程教育读者，精益远不止是一些方法、工具的应用，更是观念和管理方式的彻底转变。

金矿Ⅲ：精益领导者的软实力

作者：[法] 迈克·伯乐 弗雷迪·伯乐 ISBN：978-7-111-50340-8

本书揭示了如何持续精益的秘密：那就是培养员工执行精益工具和方法，并在这个过程中打造企业的可持续竞争优势——持续改善的企业文化

今天，越来越多的企业已经开始认识并努力地实施精益，这几乎成为一种趋势。不过大多数实践者只看到它严格关注流程以及制造高质量产品和服务的硬实力，少有人理解到精益的软实力。本书如同一场及时雨，为我们带来了精辟的解说。